チャールズ・ウィーラン
山形浩生・守岡桜 訳

WRITTEN BY CHARLES WHEELAN
TRANSLATED BY YAMAGATA HIROO,
MORIOKA SAKURA

MONEY

もう一度学ぶ お金のしくみ

CHARLES WHEELAN
NAKED MONEY
A REVEALING LOOK AT WHAT IT IS AND WHY IT MATTERS

TOYOKAN BOOKS

ＣＪに捧げる

謝辞

本書を書き上げるのには苦労した。ただコンピュータの前にすわって、金融政策に関する興味深い考えをタイプすればすむ話じゃない。内容が難しい。だからそれをとっつきやすく、おもしろくするのも難しい。欠かせない背景調査をはじめ、執筆のあらゆる段階で、まわりの人々の助けを借りた。ジャック・ピントはすばらしい研究助手で、本書におさめたおもしろい逸話の数々をかき集めてくれた。ジャックの卒業後は、ザッカリー・ハードウィックがジャックの担っていた大きな役割を引き継いだ。執筆終盤にはジェフリー・ラングが、しばしばかなりギリギリの時点で、内容に欠かせない詳細を調べてくれた。

ダートマス大学の同僚たちは、大小さまざまなことにつけて力を貸してくれた。ジム・フェイラーはマクロ経済学のあらゆる質問について、揺るぎない相談役を務めてくれた。ふらりとかれのオフィスを訪れて、思いつくまま質問するのはいつも楽しく、助けになることが多かった。かれの多岐にわたる知的好奇心には敬服する。

デヴィッド・"ダニー"・ブランチフラワーは、本書の情報源であり、また――しばしば同時に――愉快なゴルフ仲間でもある。筆者は何回かゴルフカートにデジタルレコーダーを持ちこんでは、かれの話を録音させてもらった。ダグ・アーウィンには金本位制についての興味深い研究と、草稿への有益なフィードバックの両方でお世話になった。

アンドリュー・サムウィックはダートマス大学ロックフェラーセンターこと「ロッキー」を、筆者にとってのすばらしい知的な拠点にしてくれた。こんなにも才能と思いやりにあふれた教授陣、スタッフ、学生たちとともに仕事ができるのは特権だ。学部教育をどう改善できるか考えながら一日を始める人は少ないが、この「ロッキー」では皆がそうしている。

2人の元FRB議長が、多忙な中で時間を割いて金融政策について話してくれた：ポール・ヴォルカー氏、ベン・バーナンキ氏だ。お二人の公務への献身ぶりには尊敬の念を抱いている。ヴォルカー氏――第5章に登場するスーパーヒーロー「インフレファイター」――は、1970年代を通してアメリカにつきまとったインフレに、大胆に立ち向かった。バーナンキ氏は、大恐慌以来最悪の金融危機の中で世界の舵取りをした。いずれも、その取り組みを公共の場で政治的に糾弾されている。

W・W・ノートン社の行動力ある2人組、ジェフ・シュリーブとドレイク・マクフィーリーは、みごとな手腕を発揮して、すぐれた考えをすばらしい本に変えるのに必要なツールをすべて活用してくれた。そもそもプロジェクト立ち上げを手伝ってくれたのは、ティナ・ベネット。長きにわたる確かな支援に感謝を捧げる。

最後になるが、リア、カトリーナ、ソフィア、CJ。ちょうどいいバランスで混沌、冒険、支えをくれた。きみたちが家庭にもたらしてくれた喜びに感謝をこめて。カトリーナは大学教授という生き方をずっと怪しく思っていて、こう尋ねるのが好きだ。「本当はどんな仕事をしているの?」少なくともいまは、こう言える。「この本を書いたんだよ」

目次

第II部　なぜお金が重要か

注

訳者解説

はじめに

財布から20ドル紙幣を取り出して、よく見てみよう。いい紙だ――繊維の含有量が高いから、洗濯してしまっても大丈夫――でも、ただの紙だ。デザインも悪くないとはいえ、芸術の域には達していない。

おそらく最も重要なのは、この紙幣と他の何か――黄金、銀、何ひとつ――との引き換えが保証されていないこと。アメリカ通貨の発行について責任を負うＦＲＢこと各地の連邦準備銀行（造幣は財務省が担当）へ持っていっても、何もくれない。ＦＲＢの中にはシカゴ連銀のように、ちょっとしたすてきな博物館を併設しているところもあるけれど、その20ドル紙幣（あるいは１００ドル札ですら）をロビーでふりまわし、代わりに何か具体的なものを要求したとしても、けげんな顔をされて、おそらくはつまみ出されるだろう。

ではこの紙幣にはどんな価値があるのだろう？　価値がないわけじゃない。20ドルくらいの価値だ。ばかげた表現ではない。少なくとも見かけほどには。20ドルを持ってサンドイッチ屋に行けば、２人分の充分な昼食が手に入る。スーパーへ行けば、鶏の胸肉1.3キロあまりか、いいピノ・ノワールのワインが一本手に入る。アメリカのほぼすべての人、そして世界各地の人の多くが、この紙切れ一枚の価値についてとても鋭い感覚を持っている。だれかのポケットから20ドル紙幣が落ちたなら、みんな喜んで拾い上げるだろう――これは道端で風に舞う紙切れすべてに当てはまることではない。

本書はお金についての本だ。懐の中の紙切れがどうやってそんな価値を得たか、見たところ役立たずな紙切れと実物財の交換という奇妙なしきたりが、現代経済にとってどれほど不可欠かを扱う。当然ながらついでに、小切手を切ったり、携帯をかざしたり、プラスチック製の四角いカードを手渡したりすると、新しい家具や、事務用品や、自動車までが手に入るというさらに奇妙な考え方についても扱う。

実は、他人のお金を使っても同じことができる。お金というのは、自分の財布の中の紙幣だけを指すわけじゃない。私たちの金融システムの中心には、単純ながら大きな力を持った考え方がある：**信用**だ。銀行をはじめ、銀行のような機能を果たす機関の多くは、貸し手と借り手をマッチングさせる仲介役を務める（当然ながら、このサービスについて手数料をとる）。この貸付プロセスで、画期的なことが起こるのだ：金融機関が信用を創造して、それがお金の供給を拡大する。単純な例を考えてみよう：

1. 私の手持ちが1万ドル。あなたの手持ちはなし。
2. 私が1万ドルを銀行に預けて、銀行があなたに9千ドル貸しつける。

3．私は自分の1万ドルを銀行預金として相変わらず所有し（それに対して小切手を切ることも可能）、あなたの手持ちはいまや9千ドル。

4．私が1万ドルを銀行に預けて、銀行があなたに9千ドル貸しつける。マネーサプライ——財やサービスにただちに使えるお金——は1万ドルから1万9千ドルになった。

すごい。これが信用の力だ。当然ながら、正確には私に属するお金をあなたが使っているという事実は、経済力と不安定性の源だ。

良いしらせ：信用は、学生が大学で学んだり、家族が家を購入したり、起業家が新事業を立ち上げたりするのを可能にする。銀行部門のおかげで他人の資本を生産的に活用できるのだ。

悪いしらせ：（2008年のように）信用が破綻すると、経済全体に致命的な結果が生じかねない。私が急に自分のお金を必要として、あなたが（家や車やレストランの食事にそのお金を使ってしまったなどで）借金を返せない場合、問題が生じる。

金融の歴史は、金融パニックの歴史でもある。貸し手がお金を返してほしいのに、借り手がすぐにお金を用意できない場合、両者の契約を仲介している機関は破綻しかねない。金融機関に破綻のリスクがあるとき、貸し手は自分のお金をもとめて殺到しがちだ——それが実質的に破綻を確かなものにしてしまう。2008年、ずいぶんご大層な名称の金融部門の一部（レポ市場、コマーシャルペーパー市場、等々）ですら、人々が不安に陥れば大恐慌のときの銀行とまったく同じように、取り付け騒ぎにあってしまうことを、私たちは身をもって知った。

システムがうまく機能していれば、お金と信用はシステムを円滑にして、人の創意工夫に力を与える。2008年のようにシステムが破綻すると、金融組織は崩壊して、膨大な人的損失を出す。本書はそれについて書いた本でもある。

中央銀行とは、アメリカのFRB、イングランド銀行、欧州中央銀行など、いまのすべてを管理する主要な責任を負う機関だ。通貨の価値を維持して、金融システムの安定性を守る務めを負う（アメリカのFRBは、その権限を使って完全雇用をめざすことも義務づけられている）。これらの機関は並外れた力を持っており、その一つが新しいお金をつくる独占的な権利だ。

そう、アメリカのFRBは新しくお金をつくれる。それはとてつもない裁量を必要とする力だ。2008年以来、中央銀行の重要性はことさら大きくなった。アメリカでは、最近の最高裁主席判事4人（ロバーツ、レンキスト、バーガー、ウォーレン）の名前を挙げられる人よりも、最近FRB議長を務めた面々（イエレン、バーナンキ、グリーンスパン、ヴォルカー）の名前を挙げられる人のほうが多いだろう。

金融危機以来、アメリカではFRBが景気回復に手を尽くしていないとか、むしろやりすぎだとかについて、政治紛争が繰り広げられている。低金利は国民の再雇用を増やし、賃金の引き上げに寄与している。一方で、低金利は預金者に厳しく、低すぎたり長期に及んだりすると、インフレをもたらしかねない。2012年の大統領選挙期間に、共和党のリック・ペリー大統領候補は、FRBのベン・バーナンキ議長の金融危機に対する積極的な対応を背任行為と評した（はっきり言って、ばかげた不適切な意見だったが、この問題にまつわる政治的な側面はよくわかる)。

ちなみに、この手の話はまったく目新しいものではない。ウィリアム・ジェニングス・ブライアンと、かれが1896年に民主党大会でおこなった「黄金の十字架」の演説について、歴史の授業で学んだのを覚えているだろうか。当時まだFRBは創設されていなかったけれど、ブライアンは、借金を抱えるアメリカの農家が高金利で苦しんでおり、解決策はお金(具体的には、黄金だけでなく銀でも裏付けられたお金)を増やすことだと主張した。

点と点をつないで補足説明すると、リック・ペリーは新しいお金を減らしたかった。ウィリアム・ジェニングス・ブライアンは、増やしたかった。お互いに気が合わなそうな2人だ。何が言いたいかというと、本書ではFRBが何をするか、どのように実行するか、それが重要である理由を説明する。

どれもアメリカに限った話じゃない。他の国々にも、物を買うのに使える小さな紙切れがある。そこでもやはり、お金は政治闘争の種になっている。大西洋の向こうのドイツ人とギリシャ人は、愛のない結婚にとらわれた70歳の夫婦のように長年言い争っている。この2国は他のEU加盟国17カ国(およびEUに属していない数ヶ国)と共通の通貨、ユーロを採用している。この単一通貨が導入されたのはおよそ20年前で、ヨーロッパの国々を政治的、経済的に結びつけるものとして、高い期待が寄せられていた。

この大実験の栄光は失われつつある。ユーロのもと、ヨーロッパで生産性が最も低い国々——ギリシャだけでなく、イタリア、スペイン、ポルトガル——は低迷している。具体的にいうと、これらの国々は、ドイツのような経済大国との共通通貨と引き換えに、自国通貨があるから利用できる最も重要なマクロ経済的ツールの一部（たとえば金利を設定して、通貨価値を管理するなど）を失ってしまったのだ。ユーロの将来はいまだ定かではない。

そう、本書ではそういったこともすべて扱う。

太平洋の向こうでは政府の厳重な監視のもと、中国政府が自国通貨の人民元を、経済にまつわる他のすべてと同様に管理してきた。10年以上にわたり、国会議員から国際通貨基金（IMF）の職員に至るまで多くの観察者が、意図的に人民元の価値を過小にしていると言って中国政府を糾弾してきた。この不正とされる行為には、アメリカをはじめ各地で中国の財を安価にして、中国の輸出を強化して労働者の雇用を維持する効果がある。2015年の夏、中国株式市場の急落を受けて中国当局が人民元を2パーセント切り下げたとき、アメリカの二大政党の政治家はこの対応を不公平な通商慣行と評し、「通貨政策に関して、中国を信頼できないさらなる証拠」と激しく非難した(1)。

これについては不思議な点がいくつかある。第一に、国会議員たちは中国がアメリカに対して財を本来より安く売っていると非難している――資本主義の国では、めずらしい不平だ。第二に、ここで難問が持ち上がる…

複数の国が（ユーロのように）通貨を共有する場合、結果として通貨に関連した摩擦が生じてきた。

その一方各国に（ドルや人民元のように）独自の通貨がある場合にも、結果として通貨に関連した摩擦が生じてしまうのだ。

本書では通貨、為替レートのほか、各国がちがった紙切れをお金として用いるときに生じる摩擦を扱う。そして、各国がお金を共有しようとするときに持ち上がる難問もそれぞれとりあげる。

でもここで話はさらに奇妙になる。日本では安倍晋三がインフレを約束して首相に選出、再選された。そう、読み間違いではない。20年超に及ぶ物価の下落（デフレ）と経済低迷の後、日本の指導者は健全な経済を取り戻すツールのひとつとして、デフレを終わらせると誓ったのだ。1970年代のアメリカのインフレを経験した読者や、この時期についての文献を読んだことがある読者にとっては、責任感の強い政府がさらなるインフレを誓ったこと（そして実現できないといって厳しい評価を受けている！）は、皮肉に思えるはずだ！　本書はインフレ、デフレ、そして日本でこの20年間に起きている得体のしれないことについての本だ。

一方アメリカでは、議員たちが中国はアメリカに物品を安く売りすぎだと批判するかたわら、2008年の金融危機を受けて、銀行をはじめとする金融機関への新たな規制もつくってきた。市民はいまだ「救済」に腹を立てている。「救済」というのは危機への対応をさすようになった包括的な用語だ。実は政府のやった多くの介入で政府はお金を儲ける結果になっているのだけれど、向こうみずな貸し手と借り手の過ちを正すための税金投入に、正当にも腹を立てている有権者たちにとって、そんなことは理解の埒外だ。依然として残る疑問は、規制によって金融システムは安全になったのか、それとも次に訪れる別種の金融パニックの土台を築いたにすぎないのか、という点だ。多くの賢い人たちは、後者を懸念している。

本書では1929年、2008年のものを含めた金融危機を扱う（ネタバレ：2008年はいろいろなことに正しく対処したので、大恐慌の再来は防げたと主張する）。

その一方で、最も興味深い金融関連の発展の一つが、インターネット上でみられており、そこに議会その他の行政機関の監督はほぼなかった：ビットコインなどの「暗号通貨」の創造だ。紙幣――政府が発行した、内在的価値のない紙切れ――ほど奇妙なものはないと思ったら、紙も政府もないお金の登場だ！

ビットコインは複雑なアルゴリズムを解いたコンピュータユーザによって「採掘」されて、解いた報酬としてビットコインが与えられる。驚いたことに、このビットコインを利用して実物財やサービスが買えるのだ。さらに奇妙なことには、ビットコインのコンピュータプログラムを書いた謎の男（もしくは女、あるいはプログラマ集団が、偽名を使っている可能性もある）は、一度も公の場に名乗り出ておらず、その発明について功績を認められたこともない。本書ではビットコインについて説明して、なんとか理解できるようにする。

ここで列挙した現象には、何が共通しているだろうか？　お金だ。もっと広く言うと：お金、銀行事業、中央銀行業務――現代経済の中心に位置する3つの関連した制度だ。お金は取引に使うツールだ：ローマ時代は袋詰めの塩、刑務所ではパック入りのサバ、違法薬物や武器をインターネットで買うときはビットコイン。そして当然ながら、その他ほぼすべての購入には、ドル、ユーロ、円などの各国通貨が使われる。

はっきりさせておくと、本書はお金について書いた本であって、富についての本ではない。この2つは別物だ。ウォーレン・バフェットの富は、筆者に比べるとはるかに多い。でも筆者よりたくさんお金を持っているかはわからない。本書で議論するに、**お金とは一般に、即座に買物に使える資産をさす**。現金はお金だ。当座預金口座など、小切手を振り出せる口座の預金もお金だ。いま買物に使えるのだから。一方で、高級車や邸宅は「お金」とは見なされない。どちらも大きな価値を持っているし、富の源だけれど、いずれも商取引には頻繁に使われない。

金庫にしまってあるスペインの金貨は、時代がちがえばお金と呼べたかもしれないが、現在ではお金とは定義されない。株式や債券も、お金じゃない。これらを売ってお金に換えれば、それで物が買える。だからお金はすべて富だけれど、すべての富がお金ではない。このためにウォーレン・バフェットが筆者ほどお金を持っていない可能性があると言っても差し支えないのだ。確かにかれは数十億ドル相当の株式や債券に加えて、飛行機と、ホテルもいくつか所有しているかもしれない。でも財布や当座預金口座に、私よりたくさんお金が入っているだろうか？　入っているかもしれないし、入っていないかもしれない。

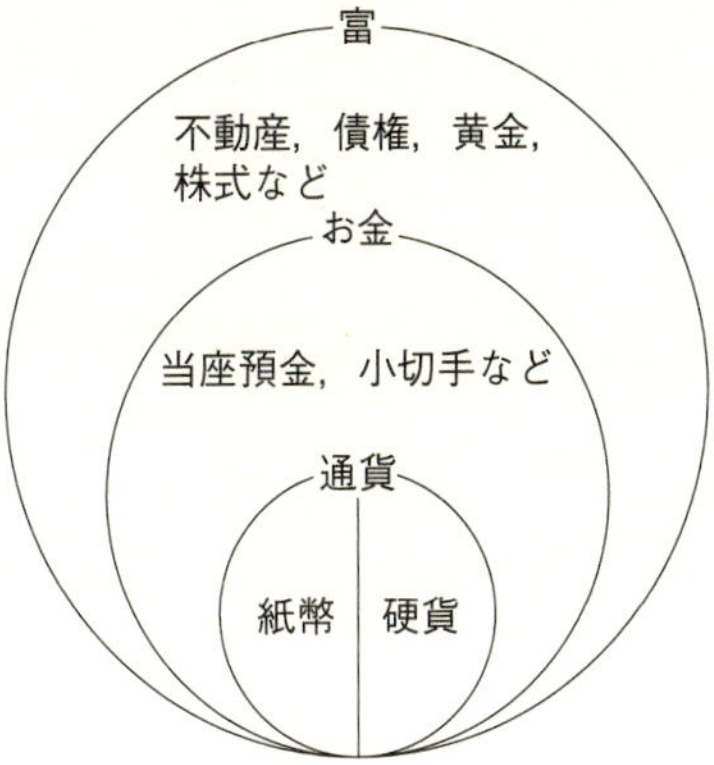

ついでに、ここで「通貨」と「お金」の重要な区別をつけておこう。通貨は正確にいうと、流通紙幣と流通硬貨で構成される――財布の中のドル紙幣、タンスの中の硬貨、などなど。お金という広い概念には、通貨のみでなく、買物に利用できたり、すぐに通貨に換えたりできる他の資産、すなわち当座預金なども含まれる。通貨はすべてお金だけれど、すべてのお金が通貨ではない。

それはさておき、国の通貨、たとえば日本円や人民元というと、紙幣と硬貨だけでなく、一般にその国のお金すべてをさす。この点では、英語の言葉の発展がずさんだったけれど、たいていは文脈から意味がつかめる。

そして最後に「現金」は、たいていの場合通貨の同義語だ――でも必ずしもそうとはかぎらない。ヤクの売人が現金取引をする、というとき、現金とは札束を意味する。でも投資家たちが株式を売って現金を保有している、と新聞が報じている場合は、投資家たちが100ドル札の詰まったスーツケースを持っているわけではない。この場合の主旨は、投資家が「流動」資産（たとえばマネーマーケット預金）を保有しているということだ。**「流動性」**は、全編を通して出てくる用語で、ある資産を予想可能な価格でいかに早く現金に換えられるか示す尺度だ。国債の流動性は高い。フィンセント・ファン・ゴッホの絵画の流動性は高くない。

専門用語にとらわれて全体像を見失ってはいけない。お金と（広く解釈した場合の）銀行業は、現代経済を動かしている。私たちのあらゆる重要な取引の基礎をなしているのだ。これに対して、中央銀行はお金と銀行事業を動かしている。

すべてがうまく機能しているときは、だれも特に気づかない。ほとんどの人は、わざわざ財布の中の20ドル札を調べる手間暇はかけない。20ドル札なんて、アンドリュー・ジャクソンが表に描かれた紙切れにすぎない――でもこの紙切れが、奇跡ともいえるやり方で現代経済に力を与えている。このシステムが破綻したら――「お金」が使えなくなったら――その結果は大惨事になりかねない。

言うまでもなく、だれもが後者より前者を望む。本書では金融政策がなぜむずかしいのか、金融政策をきちんとやるのがなぜそんなに重要なのかを扱う。

第 I 部

お金の正体

第1章

お金ってなに？

あの小さな円盤や紙切れの本質は何だろうか。そのもの自体は役に立つように見受けられないのに、それでも経験則に反して、最も有用な商品と引き換えに手から手へ受け渡される。それどころか、だれもがそれを手に入れるためにいそいそと自身の商品を手放そうとするのだ。

カール・メンガー　オーストリア学派の創始者、1892年(1)

２００９年、北朝鮮が同国の基準で見ても異常なことをやった。紙幣の金額からゼロを２個取り去った新通貨を発行したのだ。だから新通貨１ウォンは、旧通貨１００ウォン相当とされた(2)。

１―お金の価値をゼロにする北朝鮮、ゼロからお金をうみだすアメリカ

これ自体はとりたてて新しいやり方じゃない。これまでさまざまな国が、インフレと闘うツールとしてゼロを減らした新通貨を発行してきた。１９９４年、ブラジルはまったく新しい通貨レアルを発行して、インフレに苛まれたクルゼイロレアルに換わる存在とした。政府はこのまっさらな新レアルは２７５０クルゼイロレアル相当であると発表した。

旧通貨を新通貨と自由に交換できるかぎり、このどれも消費者にとって本質的に良くも悪くもない。アメリカにドル紙幣がなくて、すべてがペニーで値付けされていたと想像してほしい。ある日、政府がペニーは法貨として認められなくなったと発表する。かわりに１００ペニーは新通貨ドルと交換できて、すべての価格はドル表示されるという。かつて価格が２００だった商品は、

2になる。購買力には何の変化もない。ペニーをたくさん持っていた人は、ドルをたくさん持つことになる。銀行口座はもっと単純で、すべての口座のゼロが2個減る。価格は下がったように見える（だからインフレと闘うツールとされる）が、蓄財という点でみれば、裕福な人は相変わらず裕福で、貧しい人は相変わらず貧しい。単位がペニーでなく、ドルになっただけだ。

7歳以上なら、5ドルは500ペニーと変わらないとわかる（6歳児ですら、そう何度もだまされない）。ポケットに入れておくコインが減るだけだ。店ではもうペニーを受けつけないけれど、ソファのクッションの下で300ペニー見つけたら、銀行に行けばいつでもドルに換えられる。ブラジルは、旧クルゼイロレアルと新レアルの交換期間をおよそ1年間設けた。ヨーロッパにはドイツなどのように、旧貨幣（ドイツマルク）は永久にユーロと交換可能と発表している国もある（ドイツマルクからユーロに切り替えたのは15年以上も前だけれど）。

でも北朝鮮は、他の国とはちがう。北朝鮮が通貨改革を断行したとき、政府は一定額――公定レートでおよそ690ドル相当（闇市場レートでは、たった35ドル）――の旧通貨しか新通貨と交換できないと発表した[*1]。旧通貨を大量に保有していた人は、蓄えた財産の大部分を失った。それこそが狙いだった。北朝鮮政府は公式な配給を基盤とした経済の外でおこなわれる、闇市場の活動を容認できなくなりつつあった。闇市場のトレーダーはこっそりと現金の山を築いていた。政府が一筆書くだけで（あるいは何であれ北朝鮮の最高指導者が法を公布するのに使う手段だけで）、不法に蓄えられた財産の大部分が没収された。

当然ながら、北朝鮮の一般市民の多くは、冬と春を飢えずにしのげるように現金を蓄えていた。

通貨改革の発表後、北朝鮮から漏れ伝わるわずかなニュースによると、貯蓄のある人たちは旧通貨を新通貨に換えようと家路を急ぎ、「市場と鉄道の駅では混乱」が見られたという(3)。北朝鮮の人々が割り当て分の旧通貨を新通貨と交換できたのは24時間のみだったのだ。亡命者の一人は『ニューヨーカー』誌のバーバラ・デミック記者にこう語っている。「一日で有り金すべてが消えました。ショックで病院に担ぎ込まれた人たちもいました」(4)

北朝鮮政府は価値あるお金を価値のないものにしてしまった。興味深い権限だ。

ちょうど同じ頃、アメリカで起きていたことと対比させると、さらに興味深い。2008年の金融危機を受けて、FRBは金融システムに積極的に「流動性を注入」していた。流動性の概念については、後に詳しく見る。いまおさえておきたいのは、FRBは手を尽くして金利を下げ、苦境にある銀行、事業、消費者たちが、不動産暴落後に簡単に信用にアクセスできるよう計らっていたという点だ。北朝鮮に匹敵する奇妙な部分はここだ：FRBはその任務を達成するとき、お金を新たに創造した。どこからともなく創ったのだ。ニューヨーク連邦準備銀行には窓のない部屋があって、トレーダーたちがそこで電子マネーを文字通り創造して、数10億ドルの金融資産を買いつけた。2008年1月から2014年1月までの間に、FRBはおよそ3兆ドルの新し

[*1] 政府の公式為替レートがつねに通貨の市場価値を反映しているとはかぎらない。北朝鮮のようなところではなおさらだ。北朝鮮ウォンは国外では基本的に無価値なので、諸外国はそんなものを持ちたがらない。結果的に、ウォンをもっと有用な国際通貨（ドルや人民元など）と交換したい人は、ウォンの価値が政府の値付けよりはるかに低いことを思い知る。たとえば2013年末のドルとウォンの公式為替レートは1ドルあたり96ウォン。闇市場レート――取引人がすすんでドルをウォンと換えるレート――は、1ドルあたり8千ウォンだ。

いお金を米国経済に供給している(5)。

FRBの指示のもと、トレーダーがそれまで存在しなかったお金でさまざまな民間金融機関の持つ債券を購入して、電子資金をその企業の口座に移動させて証券の支払いをする。新しいお金。数秒前までは存在しなかったお金だ。カチッ。ニューヨーク連邦準備銀行でコンピュータの前に座っている男が10億ドルを創造して、シティバンクから資産を買うのにあてる音だ。カチッ、カチッ。これでさらに20億ドル。

北朝鮮の最高指導者が価値あるお金の価値をなくした一方で、FRBはその逆をやっていた：ゼロからお金を生み出したのだ。北朝鮮ウォンもアメリカドルも、内在的な価値はない。どっちの通貨も、発行元政府に持ちこんで、かわりに形あるもの（黄金、米、料理油など）を要求はできない（ただし少なくともアメリカでは、要求したところで強制労働収容所送りにはならないが）。北朝鮮はお金を一掃できたし、アメリカは生み出せた。どちらの国でも、お金が紙や、（ますます増えつつある）コンピュータ上のビットやバイトにすぎなかったからだ。

そしてここから、北朝鮮がお金をだめにして、アメリカがお金を生み出していた頃に起きていた、三番目の奇妙な点に話は移る：アメリカの囚人たちは取引の多くにパック入りのサバを使っていた。そう、あの脂ののった魚、サバだ。

2　サバだってお金になる

アメリカで収監されている囚人たちは、現金の所有を認められていない。かわりにちょっとした物品を買える売店に掛け勘定口座を持つのが一般的だ。現金を流通させることなく、売店の商品を通貨として使える：切手帳、栄養補助食品のパワーバー、等々。過去の例にもれず、こういう商取引は、掛け勘定の統一単位について非公式の合意が形成されているとやりやすい。第二次世界大戦中の捕虜収容所では、それがタバコだった。2004年に連邦刑務所での喫煙が禁じられて以来、アメリカの刑務所内取引の代表的な存在になったのが、パック入りのサバ、「マック」だ[6]（缶詰でなくパック入りなのは、囚人たちが容器を鋭い凶器に加工して、刺し合いをしないようにするためだ）。サバのパックは持ち運べるし、保存がきく。おかしなことに、サバは刑務所の外では、ディスカウント店でも人気がない。でも刑務所では、ツナ、カニ、鶏肉、牡蠣より売れ行きがいい——理由のひとつは、サバのパックは売店ではおよそ1ドルで販売されていて、マックを単位とするとドル計算がしやすいからだ。ドルやウォンとはちがって、サバには内在的価値がある。いつだって食べられるのだ。

もしも北朝鮮やアメリカの経済がサバでまわっていたら、最高指導者もFRBも、さっき述べたような対応はできなかっただろう。最高指導者がテレビ放送に登場して、「サバがもはや無価値になった」とは言えない。サバはサバだ。冬用の外套と交換しようとしたら逮捕されるかもしれないけれど、地下に貯蔵しておけば、しばしば生じる飢饉の際には夕食にできる。価値があるものを無価値だと宣言はできない。政府がすべてのサバの没収を試みることはたしかにできるけれど、それはまったく別の作業だし、ずっとむずかしい課題だ。

同様に、アメリカのFRBが何も存在しないところに一瞬でサバのパックを数百万個生み出すことも不可能だ。FRBの窓のない部屋でボタンを押すと、シティバンクにサバが登場したりはしない。カチッ、カチッ、カチッ。この音ではサバは生まれない。

お金はどうしてこんなにヘンテコになったのだろうか。第一の、最も重要な洞察が、お金が富と同義ではないということだ。家は富だ。その中で暮らせるし、貸すこともできる。米一袋もやはり富だ。取引できるし、食べられるし、植えられるし、貯蔵しておいて後でこのどれかを実行することもできる。でも米一袋は——家とはちがって——比較的均一な財なので、それが交換手段として潜在的に価値を持たせている。特に米が好きでなくても、支払いとして米一袋を受け取る場合もあるだろう。脂ののった魚が好きでなくても囚人たちがすすんでサバのパックで精算するように。

なぜかって？　米（あるいはサバ）を好む人は他にたくさんいるからだ。私にとって米に価値があるのは、他の人にとって米に価値があるからともいえる。これがさまざまな文化で歴史を通じて交換手段として使われてきたあらゆる財の重要な特徴だ：塩、黄金、タバコ、イルカの歯、ワンパム［訳注：第8章を参照のこと］、動物の生皮。

すこし例を拡大してみよう。20キロ入り米袋が10個、地下室にあるとしよう。商取引の際に、この米袋を持ち歩きたくはない。そこで凝った証書を10枚作成して1枚ずつ署名して、証書と20キロ入り米袋の交換を約束する。1枚は、ゴルフのパットを教えてくれるゴルフプロに渡す。そして相手には、かれ本人でもだれでも、この証書を持った人ならいつでも地下室の米袋を引き取りに来てかまわないと伝える。これで紙幣のできあがりだ。商品（袋入りの米）に裏付けられた紙幣ではあるけれど。

そしてこの米の証書をもらったゴルフプロが、それを飼い犬の散歩係の女性への支払いに充てたら、流通紙幣のできあがりだ。だれであれ証書の持ち主が米を必要としたら、米と交換する。でなければ、証書は商取引に使われて、かなりの長期間、米袋は地下室に眠っていることになる。皮肉なのはこの点だ：米の証書の利用者たちの大部分は、いつでも引き換えできると確信しているかぎり、あわてて引き換えようとはしない。でも米の証書の価値にわずかでも疑いが生じたら——それが正当な懸念であってもなくても——人々が証書をかざして玄関口に押し寄せて、米を要求するだろう。これは商品を基盤としたお金にかぎらず、もっと広範な金融システムの攪乱要因にもなりかねない。複雑きわまる金融システムの成功や失敗も、人々がどっちを信じているかに左右される。

第二に、現代のお金は信頼に左右される。興味深い例として、インドのルピーについて考えてみよう。インド準備銀行によると、汚損したルピー紙幣は、記番号の数字が2桁無事に残っていれば、法貨と見なされる（これはアメリカの通貨でも同じだ）[*2]。しわくちゃになった紙幣、あるいは汚れたり破れたりした紙幣をインドの銀行で提示すると、法律により銀行はその汚損紙幣をピン札と交換しなければならない。でもムンバイの町では、ルピー紙幣の記番号がはっきり読みとれて、無事に残っていたとしても、破れた紙幣や、ぼろぼろになった紙幣を受け取ってくれる人を見つけるのはとても難しい。店主も、タクシー運転手も、露天商も受け取らない——だから店主、タクシー運転手、露天商を相手に商売をする人々も受け取らない。まぬけにも汚れた紙幣を銀行にわざわざ持って行って交換するはめになりたいヤツはいない。

でも当然ながら、だれもが汚れた紙幣を受け取るなら、だれもわざわざ銀行へ行く必要はない。筆者はアメリカで、破れたドル紙幣、しわくちゃのドル紙幣、絵や電話番号が書き込まれたドル紙幣、セロハンテープでつなぎ合わされたドル紙幣、ジョージ・ワシントンの顔が切り抜かれたドル紙幣も受け取ったことがある。スターバックスの店員が手渡してきた紙幣の記番号が２桁あれば、受け取ることにしている。だれだってそうするだろう（だから筆者も受け取るのだ）。

インドの事情はちがう。だれも破れたルピー紙幣を受け取らないのは、他のだれも破れた紙幣を受け取らないからだ。当然ながら、筆者がインドに旅行しても、汚損したルピーは受け取らない——そうしてこの現象を永続化させているのだ。

２０００年代前半のソマリアでは、興味深いことに正反対の現象が起きていた：法的価値を持たないお金が大いに利用されていた。小口取引に好んで使われる通貨、ソマリアシリングは法貨ではなかった（大口取引には一般にドルが使われた）。長引く内戦のせいで、ソマリア中央銀行は閉鎖されていた。ソマリア連邦の暫定政府が金融政策を任されていたはずだったが、当局はかろうじて首都モガディシュを統治するのが精一杯だった。

当時の法的見地に照らし合わせると、ソマリアシリングの正当性はモノポリーゲームのおもちゃのお金程度でしかなかった。20年前に流通紙幣を発行した政府は、もはや存在しなかった。英『エコノミスト』誌によると、「紙幣の利用は一般に、発行政府への信頼の表れと見なされる」(7)。ソマリアの例では数十年間、実質的に政府が存在しなかった[*3]。でも通貨——単なる紙切れ——は、着実に歩みを続けた。なぜだろうか?

短い答えは、ソマリアシリングが人々に受け入れられるのは、ソマリアシリングが人々に受け入れられているからだ。もっと詮索すれば、理由はいくつかある。

第一に、シリングは小口取引の交換手段として便利だった。囚人たちが値付けと小口取引をサバでおこなうのに慣れているように、ソマリアの人々はお茶とパンをシリングで買うのに慣れていた。小型の固形石鹸の値段が何シリングか、だれもがよく知っていた。

第二に、ソマリアには強い氏族・親族制度がある。政府はなくても、この制度が強力な社会糊の役割をして、通貨への信頼を補強したのだ。氏族・親族の人脈に連なる人々は、他の構成員たちもシリングを受け入れると見こんでいた。当時の英『エコノミスト』誌は、こう説明している。「紙幣はつねに、実体ある商品と紙幣を交換できるという利用者の暗黙の了解を必要とする。

[*2] 政府が法貨と定めたお金は、当該国のすべての公的債務および民間債務の支払い手段として認められる。財布の中の20ドル紙幣に内在的価値はなくても、それはアメリカの法貨だ。
[*3] 暫定政府は2012年に統治を終了、ソマリア中央銀行は業務を再開している。

だがソマリアでは、この協定の力がやや強い：制度を軽視する者は、かれ自身、そして本人が属する氏族への信頼も危険にさらす」(8)

最後に、機能する政府がまったく存在しないのは、この例では紙幣の価値に良い影響を与えていた。シリングの供給がおおよそ一定だったのは、増刷する政府がなかったからだ。これに対して、なまじいい加減に機能している政府は権力を保とうとして、しばしば通貨を乱発する（たとえばベラルーシのルーブルは1990年代に初めて発行され、バニーと呼ばれるようになった。紙幣に野うさぎの図柄が刷られているからだけでなく、著しく増殖しやすいからだ）。内戦中のソマリアシリングの供給増は偽造によるものだけで、高品質な偽造紙幣も少なかった。偽造は特殊な才能、設備、材料を必要とするからだ。このため、ソマリアの商人たちも、銀行も高品質な偽造紙幣を受け入れることがあり、それが心惑わせる理屈を生んだ。当時のニュースはこう伝えている：「もともと名目的な価値しかない物の模造品は、何らかの価値を持つようだ」(9)。銀行が偽造されたモノポリーのおもちゃのお金——ただのニセ札ではなく、ニセのニセ札——をすすんで受け取るようなものだ。

でもこの文脈で何がニセものなんだろうか。破れたインドルピーは本物のお金なのに、お茶一杯も買えない。ソマリアシリング——もちろん偽造されたソマリアシリング——は、法貨と認める政府が存在しないため、本物のお金じゃない。なのにそれを使ってお茶が買える。ここで単純なことが難解になる：あるものを容易に、予想通りに財やサービスと交換できる場合、それはお金だ。できなければ、それはお金じゃない。

前者と後者の中間さえある。アフリカの両替商は、新しい紙幣には古い紙幣より良いレートを提示する。現在の財務長官の署名がある100ドル札は、ジョン・スノー（ブッシュ政権）やロバート・ルービン（クリントン政権）の署名がある100ドル札より高いレートになるのだ。ピン札は、汚れた古い紙幣より高いレートで交換される。そして100ドル札1枚は、20ドル札5枚よりも価値が高い(10)。

アメリカでドルを使う人間にとっては筋の通らない話だけれど、アフリカで価値に差がつくのにもそれなりの理屈がある。『ウォールストリート・ジャーナル』の説明によると、「一部の両替商や銀行は、アメリカの高額紙幣が偽札ではないかと心配する。小額紙幣をわざわざ扱いたがらない者もいる。古い紙幣や汚損した紙幣を他の人に受け渡せないリスクを負いたくない者もいる。そして単に見た目が気にくわないという者もいる」(11)。お金によくあることとして、人々がどう行動するかが人々の行動に影響する。アフリカ各地の港をまわる国際客船の従業員たちは、支払いが古い紙幣ばかりだと雇用者に訴えたという——ロバート・ルービンの100ドル札ばかりで、ヘンリー・ポールソン（この支払をめぐる反発が起きた当時の財務長官）は少ないというのだ。

すこし整理してみよう。すべてのお金は——ドルからサバのパックに至るまで——理想的には3つの目的を果たすはずだ。

第一に、お金は**会計単位**だ。物の価値を評価するとき、人は具体的な通貨単位に基づいて考える。たとえば初歩的な仕事の面接を受けたとしよう。会社によると、初任給は牛6頭とオレンジ

11箱だという。これは高給といえるだろうか。一見しただけではわからない。見当をつけるために牛とオレンジをドルに換算してはじめて、この給料は意味を持つ。会計単位は——それがドルであっても、円でも、イルカの歯でも——万能翻訳機のようなものだ。羊毛織のセーター1枚がニンジン何本に相当するかとか、トヨタカローラ1台に店頭表示価格の27インチの薄型テレビを付けたものと、経済学入門教科書3千冊相当のホンダシビック1台とでは、どちらが価値が高いかとか、いちいち考えずに済む。すべてをドルに換算して比較したらいい。いまや物理的なお金はなくなりつつあるけれど、取引価格決定のためには必ず何らかの会計単位が必要だ。筆者はスターバックスで現金払いのかわりにカードを機械に通すが、それでもグランデサイズのコーヒーの代金が引き落とされるときは、ドルとセントで考えている。

　第二に、お金は**価値貯蔵手段**だ。いま支払いを受け入れて、その購買力を後で用いる

図 1.1　このトイレではトイレットペーパーしか使えません。段ボール、布、ジンバブエドル紙幣、新聞紙はダメ

方法をもたらす。刑務所で散髪を請け負う囚人は、差しあたり欲しいものがなければ、髪を切ってやってマックを自分の監房に積み上げておけばいい。ドルの支払いを受け入れる場合は、その価値はしばらく変わらないと合理的に確信できる。袋入りの米や、無額面切手（アメリカ郵政公社が存在するかぎり、将来いつでも、定型封書をアメリカ国内のどこへでも郵送できる）にも同じことがいえる。歴史を通じて、お金として使われてきた財は一般に、塩、タバコ、動物の皮など保存が利くもので、リンゴ、花、鮮魚などではなかった――理由は明白だ。刑務所の散髪屋役が商売の場に新鮮なサバを積み上げていたら、財産の大部分は（おそらく顧客の大部分も）たちまち失われてしまう。

言うまでもなく、これこそまさに北朝鮮の貨幣に関わる陰謀をとても狡猾なものにしている。新しいウォンと交換できる古いウォンの量を制限することで、政府は市民が将来に向けた価値貯蔵手段と見なしていたものを一掃した。タンスの裏に隠してあったウォンの山は、食料、衣服、電化製品、その他、価値あるものを求める権利の象徴だった。最高指導者の発表を受けて、こういったウォンの山は、せいぜいが火をおこしたり、屋外トイレに持ちこんだりしかできない紙くずに成り下がった[*4]。2004年、似たようなことがアメリカの刑務所で起こった。この頃まで、刑務所内で好まれる通貨はサバでなく、タバコだった。拘置所や刑務所が禁煙になって、タバコ

[*4] 屋外トイレへ、というのは軽薄な思いつきではない。1990年代のジンバブエのハイパーインフレでは、1千ジンバブエドル紙幣の価値はトイレットペーパーより下がり、隣国の南アフリカ共和国のさまざまな事業所では、ジンバブエドルをトイレに捨てないようにとの注意書きを掲げることになった。写真：Eugune Baron

を大量に隠匿していた人は、北朝鮮の闇市場の商人と同じ心持ちになっただろう：運の尽きだ。

最後に、お金は**交換手段**だ。つまりそこそこ手軽に取引に使える。この点で、紙幣は明らかに使いやすい。100ドル札の束は財布にすんなりおさまり、合法だろうと、違法だろうと、アメリカでも、しばしばその他の地域でも、ほぼ何でも望みのものと交換できる。黄金、銀、その他貴金属はさまざまな文化で交換手段として利用されてきた。アフリカでは、プリペイド式携帯電話の通話時間がお金として使われている。携帯電話の通話時間は他の電話端末にも移せるし、現金とも交換できるし、店舗でも使える[12]。重要なのは、お金が価値ある存在になるために、必ずしも内在的価値は必要ないという点だ。交換を促進できればいい。携帯電話の通話時間には内在的価値がある。バッグや財布の中の100ドル札にはない。

現代経済が繁栄しているのは、人々が特定の財やサービスの生産に特化して、それをまた別の財やサービスの生産に特化している他の人々と取引できるおかげだ。お金は――どんな形をとっているにせよ――それを容易にする。英『エコノミスト』誌は、この基本原理をつぎのように要約している：「地球外生命体に、金塊でいっぱいの部屋、20ドル紙幣の山、コンピュータスクリーンに映る数字の羅列を見せても、それがどんな機能を持つのか当惑するだろう。これらをわれわれが尊重するのは、かれにとってはニワシドリのオスの行動（つがいを惹きつけるために、きらきらした物で巣を飾る）のように、奇妙に思われるかもしれない」[13]。お金は目的のための手段だ。特化と取引を円滑にして、私たちの生産性を高めて、もっと豊かにする。

3 お金に適した性質、向かない性質

お金の基本的な役割がわかれば、発達してきた各種のお金を理解するのは簡単だ。お金は通常は運搬可能、つまり商いをしながら持ち運び可能だ。袋入りの米は、可搬性という点ではよろしくない。20ドル分の米は4キロを優に超えるからだ。実は地下室の米の例は、数ページ前に見受けられたほど現実とかけ離れてはいない。その商品についての証書の発行によって、可搬性の問題は解決される。

2010年、ハイチは大地震からの復興中で、国連は飢えつつある人々への食糧援助に着手していた。食料配給制が危険で無秩序だったのは、トラックの後部から作業担当者が食料袋を投げると騒ぎが起きることがおもな理由だった。そこで国連は配給券制に移行した――米の証券の変種だ。配給券1枚を、袋入りの約25キロの米と引き換えられる。消費者は、米よりも配給券のほうが安全に保管できる。援助機関は監視の行き届いた数少ない配給所に米を貯蔵しながら、配給券を広く分配できる。この配給券も通貨となって、他の乏しい物品と交換できた(14)。

お金には耐久性がもとめられる。退職後の備えが枯れたり、溶けたり、腐ったり、錆びたり、ネズミに食われたり、消えてしまったりしたら嫌だろう。また、お金は小分けにできると、とてもうまく機能する。崩して小銭にしたり、規模の異なる取引をしたりといったことも容易にできる。100ドル紙幣は商取引に良い。1ドル紙幣も役に立つ。黄金は価値が高すぎて、小口取引をい

くつもおこなうには向いていない。現在の価格では、ガム1パックは黄金およそ20分の1グラムに相当する。これは砂一粒より小さい。ジンバブエは最終的に自国通貨を廃止して、通貨として米ドルを選んだので米ドル紙幣が流通しているけれど、硬貨はないに等しい。ジンバブエの行商人は、ドルを受け取ってお釣りをキャンディやマッチ、コンドームで返してくることもある[15]。

何より重要なこととして、お金には予想できる希少性が求められる。貴金属が数千年にわたってお金として好まれてきたのは、固有の美しさのせいだけでなく、一定量しか存在しないからでもある。黄金と銀は、発見・採掘されしだい社会に持ちこまれる。貴金属を追加で生み出すことは（少なくとも安価には）できない。米やタバコのような財は栽培できるが、時間と資源を必要とする。ジンバブエのロバート・ムガベほどの専制君主も、米を100兆トン生産するようには政府に指示できなかった。かれにできたのは新ジンバブエドルを何兆も生み出して配布することだったため、最終的には通貨としての価値よりトイレットペーパーとしての価値のほうが高くなってしまった。月ごとのインフレ率が最高潮に達した2008年11月には、ジンバブエのインフレ率はおよそ800億パーセントだったと計算されている[16]。

というわけでパラドックスが出てくる：現代のお金——アメリカ、カナダ、ヨーロッパ、日本、中国、その他の先進国や先進地域で用いられる通貨——は、無限に生み出せる。これらは「法定通貨」、つまり発行元である政府がこれらを法貨と宣言したので価値がある通貨だ。

1世紀前、これらの国では商品貨幣が使われていた——黄金、銀、あるいはこの2つの組み合わせ。進歩という名のもとに、世界で最も経済的に活力のある国々のすべてが、供給に限りがある内在価値を持ったお金をやめて、内在価値を伴わず、無限に生産できるお金に切り替えたのはどうしてだろうか。もはや上質な紙と特殊なインクも不要で、コンピュータのキーを数回叩くだけで済む。動物の皮とタバコを利用して商取引をしていた頃から、私たちは進歩したのだろうか、それとも後退したのだろうか？

本書ではこの先で、法定通貨は繁栄と安定性を促すと主張する。黄金、銀、その他の商品に裏付けられた通貨を使うよりも、こっちのほうがうまくいっている。これは経済学者の圧倒的多数が賛同している通りだ。シカゴ大学ブースビジネススクールでは、さまざまなイデオロギーを持つ著名な経済学者たちを対象に、現代の政策問題について定期的に調査をおこなっている。2012年、ブーススクールでは約40人の経済学者たちにつぎの質問をした。アメリカが現行の法定通貨のかわりに、一定量の黄金で裏付けられたドルを使うとしたら――つまり金本位制の復活だ――物価の安定と雇用面でみると、平均的なアメリカ人の生活は良くなるか？　アメリカにとって有益だと答えた専門家が少しでもいただろう。答えはゼロ。一人もいなかった(17)。ちなみにシカゴ大学ブースビジネススクールの経済調査（IGMフォーラムと呼ばれる）を筆者は何年も見守ってきたけれど、他の質問で回答が全員一致したことは一度もない。

要するに、経済学者たちは（豊富な証拠をもとに）現代経済では内在的価値を持たない通貨のほうが、一定量の商品に固定された通貨よりはるかに望ましいと信じている。お金の決定的な特性のひとつが希少性であることを踏まえると、これはまったく直観に反した考え方だ。法定通貨はひどいハイパーインフレを招いた。必需品を買うだけのために、通貨を山積みした手押し車をドイツ人が押している様子を写したワイマール共和国の時代の写真を見てるだろうに。これに対して、商品に基づくお金でハイパーインフレが起きた例は記録にない。理由は明らかだ。米、油、黄金の供給を数ヶ月のうちに100万パーセント増やすことはだれにも、ロバート・ムガベにもできない。

この一見すると知的な矛盾に思えるものを理解するために、ちょっと理論的なまわり道をしてみよう。完璧なお金を新たに創造できるとしたら、どんなものになるだろうか。先述の3つの機能を果たす必要があるのは言うまでもない：会計単位、価値貯蔵手段、交換手段。そのためには、可搬性、耐久性があり、分割可能で、予想可能な希少性を持つ商品が求められる。このすべての指標において、黄金は（小銭問題はあるが）みごとな成績だ。でも黄金にも欠点がある。すぐれた装飾品にはなるけれど、他の用途は限られているのだ。小隕石が落ちてきて、生涯の蓄えの黄金を持って地下室に閉じ込められても、特に豊かには感じられないだろう。これに比べて、水のボトルと、ビーンズ缶を抱えた人は、ビル・ゲイツのように見えてくる。

小隕石はさておき、黄金の供給は必ずしも経済全体と同じ比率で増加するとはかぎらない。北極の氷が溶けて、新たに金鉱床が現れたら、他の財に対する黄金の量が急増して、インフレになる。この新たな黄金の供給が経済成長率に遅れをとった場合は、デフレになる。供給量がちょうど適切な量——通常の状況で安定した物価をもたらす、経済成長と等しい比率——増えたとしても、世界の金の埋蔵量の大部分は、中国とロシアにある。最適通貨を創造するなら、お金の供給

（マネーサプライ）の管理を、利害関係が自国と必ずしも一致しない外国勢力に委ねてはいけない。そんなわけで黄金にはいくらか問題がある。

かわりに袋入りの米か小麦など、別の商品を選んでもいい。小分けにできるし、ロシアや中国が仕切っていない。可搬性の問題はなんとかなる。袋入りの米や麦を貯蔵して、これらの資産に対して紙幣を発行する商品銀行を想像するといい。この便利な紙幣、あるいはその電子版を利用すれば、あらゆる取引ができるし、現行のドルとはちがって、各証書を商品銀行で内在的価値を持つ商品と引き換えられる。こうして可搬性を持つ通貨で、予測可能な会計単位、まともな価値貯蔵手段（銀行はネズミから米を守れるものとする）ができあがり、ハイパーインフレの危険もない。

でも本当に米や小麦に基づいた財産が望ましいだろうか。これらの作物は、意外と予測のつかない価値貯蔵手段だ。ある農家が、米の収量が3倍、4倍になる新技術を発明したとしよう（最近実際に起こったことだ）。米の供給が激増すれば、生涯の蓄えの価値は下がってしまう。あるいはその反対で、米の病気で備蓄が一掃される可能性もある。そして通常の状況下でも、選ばれた商品の供給が経済成長と同じ比率で増加すると考えるべき根拠はない。つまり他の商品に対するその商品の量で、物価の上下変動が左右される。10年後、20年後、30年後に、他の商品に対する米の価値がどうなっているかわからないとしたら、米建ての長期契約を結びたいだろうか。

ありがたいことに、どんな財の供給にまつわる不確実性も解決できる簡単な方法がある：財のバスケットを基盤とする通貨だ。「商品ドル」は1ドルあたり、米1キロ、ガソリン1ガロン、牛乳1クォート、iTunesの楽曲6曲、等々と交換可能だとしよう。会計は少々複雑になるが、通貨の価値が安定しているかぎり、消費者はこの制度に慣れる。これらの財産ドルの所有者は、ひとつの財の供給の急な増加／減少の影響を受けない。この通貨は実物による、明確な購買力を持つ。通貨の基盤となる商品バスケットが大きければ大きいほど、通貨の価値は安定するし、経済全体の成長との相関性も高くなる。

ご承知の通り、これは思考実験なので、すこしばかり想像してみよう。ある通貨を湿っぽい奥の小部屋に持っていくと、予測通りの量の食料、エネルギー、電力、自動車、自転車と交換できると想像してほしい。このお金の基盤は黄金でも米でもない。日常的に消費するすべての財やサービスのサンプルが基盤となっている。さらに良いことには、多様な財のバスケットに対するこの風変わりな新しいお金の購買力の変動は、年間数パーセント以内におさまる。財やサービスを持ち金でどれだけ買えるか、現在についても、ずっと先についても、かなり正確に想像できるのだ。このすばらしい仮想上のお金は、ひとつの商品を基盤とするお金の長所すべてを持ちながら、短所がない。お金の各単位を、長期間にわたって予測通りのレートで広範な商品のバスケットと引き換えられるのだ。

さて、この実験でショッキングなのはここから：いま説明したのはドル、ユーロ、円、その他さまざまな法定不換通貨だ。そう、これらはただの紙（あるいはビットやバイト）だが、通貨を発行する政府がきちんと仕事をすると、この紙切れ（およびビットやバイト）は広範な財やサービスのバスケットに対して、はるか将来も、予測通りの価値を持つ。

そこに現代の金融政策の課題がある。中央銀行はゼロからお金を創造できる。お金をなくすこともできる。カチッ、カチッ、カチッ。中央銀行の職員がマネーサプライを増加／減少させる音だ。責任ある中央銀行当局は、法定通貨を操作して金融パニックを食い止め、安定した経済成長を促す。無責任な政治家は、同じすさまじい権力を使って向こう見ずにお金を乱発して、紙幣の価値をトイレットペーパー以下にしてしまう。

歴史には両方が登場してきた。

第2章 インフレとデフレ

インフレかデフレか、できるものなら教えてほしい：われわれがなるのはジンバブエか、それとも日本か？[1]

マール・ハザード

「中央銀行業、不動産担保証券、物理について歌う、最初にして唯一のカントリーアーティスト」を自称第二次世界大戦中、ナチスドイツはイギリス政府に揺さぶりをかける狡猾な作戦をしかけた。この策略はロケット砲、銃、その他、従来の軍備はまったく使わない。兵器となったのは偽造貨幣だ。捕虜たちはポンド紙幣（その後、ドル紙幣）の偽造に協力させられた[*1]。目的はイギリスに偽造紙幣を大量に流入させて、イギリスポンドへの信頼、ひいては経済全般への信頼をそこなうことにあった。この陰謀が結局一部のユダヤ人彫刻師の命を救う結果になったことは、書籍『ヒトラー・マネー』と2007年にアカデミー賞を獲得した映画『ヒトラーの贋札』で詳しい。1945年には、流通ポンド紙幣の約12パーセント（額面で計算）が偽札だった。

結局この偽造計画はうまくいかなかったようだけれど、その理論自体は実にしっかりしたものだった。およそ50年後、同様の計画がジンバブエで見事に進められた。通貨が国にあふれ、その価値は無に等しくなって、商人たちは紙幣を数えずに重さを量りだした。2008年7月4日、ハイパーインフレが頂点に近づき、首都ハラレの酒場では、ビール一杯の値段が1千億ジンバブ

[*1] 最近公開されたCIA文書によると、2000年にOceaneering Technologies（タイタニック号を発見した団体）がおこなった湖底サルベージ作業で、オーストリア西部のアルプスに位置するトプリッツ湖の底から、イギリスポンドとアメリカドルの偽造紙幣が詰まった木箱が発見されている。この偽札は1945年に連合軍が迫る中、ナチスドイツが沈めたもので、寒冷で酸素のない湖底にあったため、完全な状態が保たれていた。David Kohn, "Hitler's Lake," *60 Minutes*, November 21, 2000, http://www.cbsnews.com/news/hitlers-lake-21-11-2000/.

エドルになった。1時間後には、同じ酒場の同じビールが1500億ドルになっていた。やがてこの見境のない新通貨の発行は、紙幣に使われる良質な紙の不足によって止まってしまった(2)。ハイパーインフレによってジンバブエ経済の崩壊は加速し、ナチスの偽札計画が経済的破壊兵器としてさほどおかしなものではなかったことを証明した。

でもジンバブエの壊滅的なハイパーインフレには、ひとつ興味深い事実がある。外敵がしかけた策略ではなかったという点だ。ジンバブエはハイパーインフレ兵器を自国向けに使った。第二次世界大戦のたとえを続けるなら、イギリス政府がロンドンを爆撃するようなものだ。ロバート・ムガベの準独裁政権は、新しいお金を大量に生み出し、ある時点では史上最高額の紙幣を発行した：100兆ドル紙幣だ。筆者の卓上にも1枚ある。ネットオークションでおよそ10（アメリカ）ドルで買ったものだ。この価値の大部分は目新しさによるもので、購買力によるものではない。

世界のお金の大部分は、もはや商品に紐付けられていない。ジンバブエは、良質な紙とインクが切れるまでとてつもない量の紙幣を発行できた。そして紙が切れても各紙幣にゼロを足すことはできた。もっと先進的な経済では、お金はますます電子化されつつある。財布の中には紙幣が2、3枚しかない人でも、当座預金口座には何万ドルも入っていたりする。銀行口座に預けられた資金は電子記録としてしか現れないのに、100ドル札の束と同じ購買力を持つ。中央

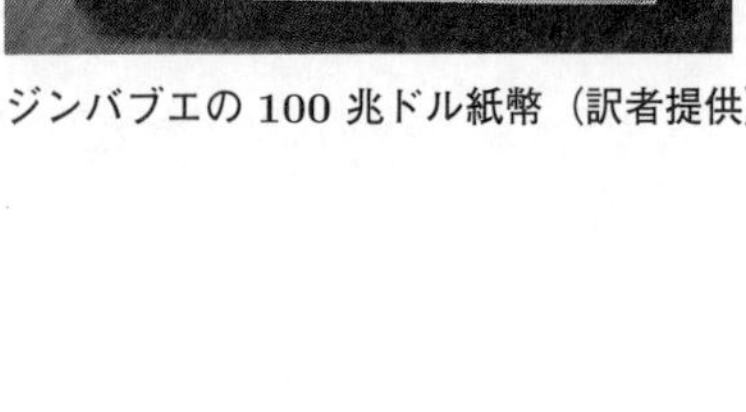

ジンバブエの100兆ドル紙幣（訳者提供）

銀行の職員ひとりとノートパソコン、インターネット、濃いコーヒー入りのポットがあれば、ロバート・ムガベが酷使した印刷機よりもはるかに多く新しいお金を生み出せる。これはインフレの惨事にもなり得る——またはとても重要な政策ツールにもなる。法定通貨は商品貨幣にはできないやり方で、政策の柔軟性をもたらす。2008年の金融危機と闘うためにFRBが3兆ドルを生み出したのをご記憶だろうか。

だから目標は、お金を「ちゃんと」することだ。前章の終わりに示したように、お金は広範な財とサービスのバスケットについて長期にわたり予測可能な価値を持つとき最もうまく——会計単位、価値貯蔵手段、交換手段として——機能する。では、どうしたらこれを実現できるだろうか。実はお金をちゃんとするためには、不思議な課題があるようだ。うん、たしかにインフレはよろしくない。物価がぐんぐん上昇し、別の言い方をすると経済学者の考え方では、お金が価値をどんどん失う。1杯目と2杯目の間にビールの値段が500億ドル上がって、頭にこない人がいるだろうか。

だがデフレのほうがもっと悪いことになりかねない。穏やかなデフレでも、不都合な経済的反応の連鎖を起こしてしまう。はいはい、杯を重ねるごとにビールの価格が下がるのは、なんとも結構なことだと思えるかもしれない。でもその時、自分の所得もおそらく下がっている。まだ悲劇とはいえない——所得が下がり、いつも買うものの価格も下がるというだけだ。でも借金の額は下がらないと想像してみよう。給料が着実に下がる一方なのに、銀行は毎月同じ額の返済を期待する。大恐慌へようこそ。

1 マイレージのインフレ？

インフレ-デフレの難問は、金融政策に関する基本的なトレードオフを示す。商品貨幣はハイパーインフレ問題を解決する。政府は新たに大量の黄金、銀、パック入りのサバは生み出せない（それでも商品貨幣だって多少のインフレはもたらせる。これについては後述）。だが柔軟性に欠け、供給を制御できない商品貨幣も、独自の問題を生み出す。すなわち、特に景気にかげりが見えてきたとき、政府には経済的に有益な形でお金の供給（マネーサプライ）を操作できないという問題だ。2008年、アメリカが金融危機のどん底にあったとき、当時のFRB議長、ベン・バーナンキは、経済復興のためにアメリカ（と世界の他の地域）を新しいパック入りのサバで満たすことはできなかった。でも新たにドルを生み出すことは可能だった。要するに、ベン・バーナンキが大不況と闘うのを可能にした柔軟性は、ジンバブエでロバート・ムガベに100兆ジンバブエドル紙幣を発行させた柔軟性でもあるのだ。

生活のさまざまな側面についてと同じく、童話『3びきのくま』は、効果的な金融政策についても、この上ない洞察を提供してくれる：熱すぎても（インフレ）、冷たすぎても（デフレ）いけない。どんなお金の価値も（商品貨幣を含め）、他の財の供給とお金の供給の相対的関係に左右される。

仲間たちからポーカーに誘われたとしよう。主催者が、かび臭いタンスの裏から古びたプラスチック製のポーカーチップを出してくる。プラスチックをリサイクルしたら2、3セントになる以外に、このチップに内在的価値はない。でもポーカーを始めるとき、各プレイヤーは100ドル相当のチップを買って、テーブルの上に置く。購入に使われた現金は、買われなかった余りのチップ（したがって、リサイクルした場合の価値しかない）と一緒に靴箱にしまわれる。一方、テーブル上のチップには価値がある——ゲームを終えたら、靴箱の中の現金と交換できるからだ。

では3つのシナリオを考えてみよう。最初のシナリオでは、徹夜でポーカーに興じた結果、一部の人が大勝して、他の人はすべてを失った。でもテーブル上のチップが減ることはなかったし、新しいチップが持ちこまれることもなかった。チップは一晩中、各プレイヤーの間を行き来して積み上げられていただけだ。ゲームをお開きにして換金するときのチップの価値は、ゲーム開始時にプレイヤーに買われたときと同じだ。チップが1枚1ドルだったとすると、342枚保有しているプレイヤーは、靴箱の342ドルとの交換が見込める。不満顔のプレイヤーもいるけれど、それはポーカーで負けたからで、お開きになった時点のチップの価値が予想より下がっていたからではない。チップに内在的価値はないけれど、求められている役割は果たした。ポーカーゲームを円滑に進めたのだ。

つぎに2番目のシナリオを考えてみよう。主催者は思っていたほどりっぱな人物ではなかった。かれは一晩中負け続けるにつれて、こっそり靴箱に手を入れて、現金を新たに投入せずに新たなチップを手にしていた。ゲームを終えて、プレイヤーたちは事態に当惑した。靴箱のお金をテーブル上のチップの数で割ると、チップ1枚の価値はゲームを始めるときより下がっていた。主催者がチップ250枚をゲーム中に盗み、手持ちに補給していたとしよう。換金の段階で、テーブルの上にはチップが1250枚あり、靴箱には相変わらず1千ドルしかなかった。だれが犯人かわからなければ、合理的なのはチップ1枚の価値を0・8ドルとすることだ。言うまでもなく、テーブルの上のチップを増やしても、プレイヤーたちは豊かにならない（主催者の利益にはなったが。これについては次章で）。本当に価値を持つ物のストック（この場合は靴箱入りのお金）を増やさなければ、集団の財産は増やせない。追加されたチップはただのプラスチックで、すでにテーブル上にあるチップの購買力を削ぐだけだ。

　では最後のシナリオを考えてみよう。ゲームの合間の休憩中に、主催者の犬がテーブルに近づいてきて、プレイヤーたちがきれいに積み上げたチッ

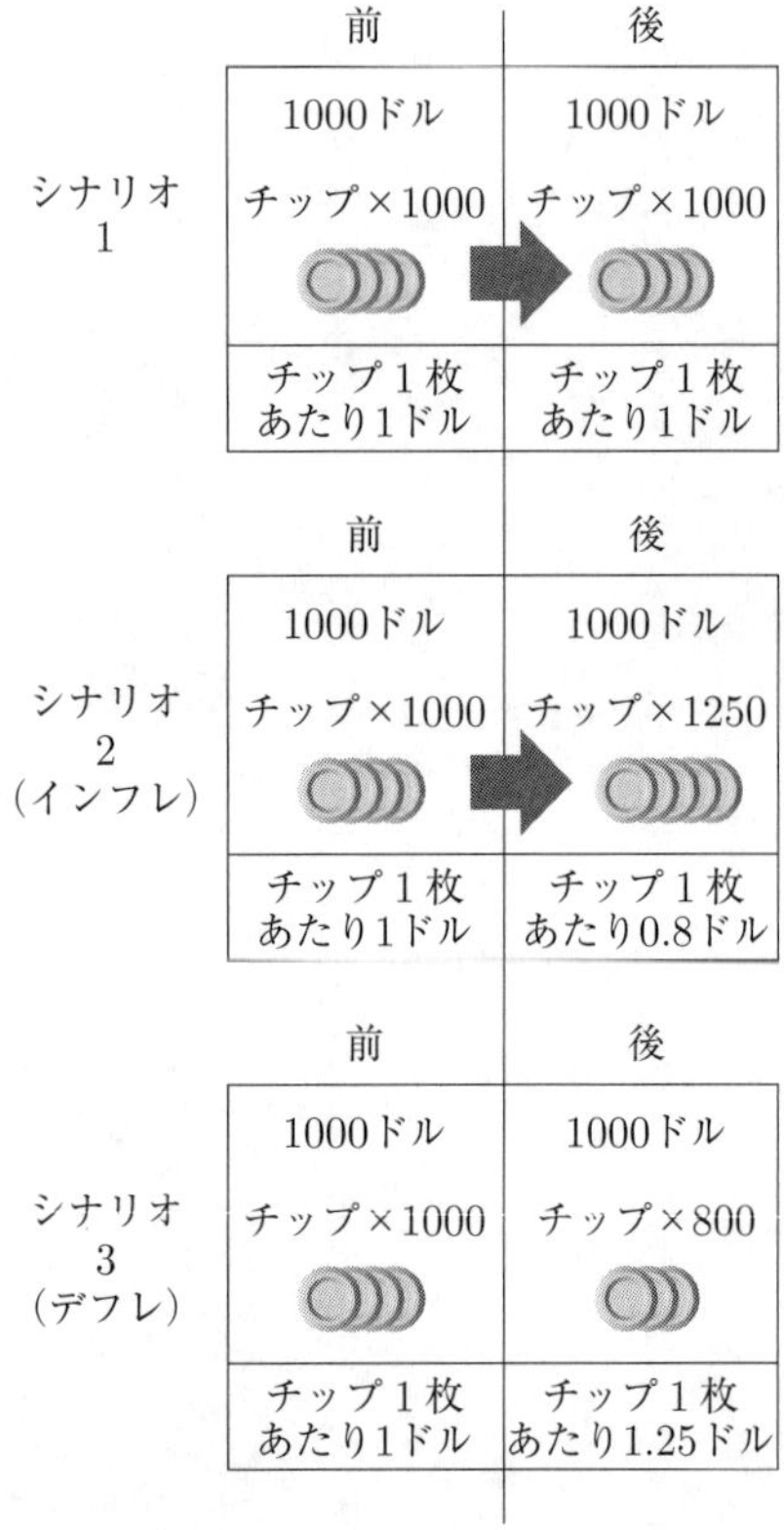

図 1.2　現金は財とサービス、チップは不換通貨として考えてほしい.

プを一部食べてしまった（ほのかにピザとプレッツェルの匂いがするからだ）。チップがなくなっていることにだれも気づかず、ゲームが終わってみたらプレイヤーたちが買ったときよりチップの数が少なかった。靴箱の中のお金に占める、残ったチップ１枚ごとの持ち分は、いまや大きくなった。犬が食べたのが２００枚だったら（これも筆者が飼っているラブラドール・レトリーバーの行動からすると、非現実的な見積もりではない）、残りは８００枚だけで、靴箱には１千ドル入っている。チップに現金を均等に割り当てると、チップ１枚は１.２５ドルになる。

さしあたって重要な洞察は、テーブル上のチップの数を変えても、ゲーム終了時にみんなが気にかける靴箱の中身の価値は変わらないということだ。このポーカーのたとえ話を現実に当てはめると、チップが不換通貨で、靴箱の中の現金は経済における財とサービスを示す。人々が気にかけるのは、自動車、食料、洗濯機、大学教育、その他本当に価値を持つもの。お金とは、これらを得るために引き換えるものだ。味とサービスの量に対して――ナチスの偽造作戦や、１００兆ドル紙幣を発行する専制君主のせいで――お金の量が増えると、同じ量の現物を得るために差し出すお金は増えてしまう。

インフレを価格の上昇ととらえず（明らかに価格は上昇しているのだが）、お金が持つ購買力の低下ととらえると、最も直観的にわかりやすい。広範な財やサービスの値段が前年の２倍になったら、１ドルで買えるものは半分になるはずだ。

実際、インフレはお金だけに限られたことではない。現在インフレに相当することが起こりつつある、航空会社のマイレージサービスを考えてみよう。１９９０年代以降、アメリカの航空会社は様々な行動に対して、たくさんのマイルを与えるようになった。このマーケティング活動は現在まで続いている。飛行機の利用だけでなく、レンタカーの利用、ホテルでの滞在、クレジットカードの申請、クレジットカードの利用、等々。航空会社はジンバブエが通貨を発行したように、マイルを発行してきた。2001年には、顧客たちはマイルを使う4倍の勢いでマイルを貯めるようになっていた（しかも、航空会社を最低限利用していたら、たいていマイルは失効しない）(3)。

未使用マイルが年間20パーセント増加しつつあった2002年、英『エコノミスト』誌はすでに次のように警告している。「中央銀行の人々は、いつもファーストクラスを利用して2倍、3倍のマイルを獲得していなかったら、このような見境のない金融拡大を見て夜も眠れないだろう。正直言って、航空会社はあまりに多くのマイル通貨を発行しすぎている。無料航空券の提供では追いつかないくらいのマイルを発行しているのだ。（中略）経済学専攻の学生なら1年生でも知っているように、過剰なマネーサプライの増大は、ハイパーインフレか通貨の切り下げをもたらしかねない」(4)

マイレージサービスのマイルには、内在的価値はない（どれだけ飛んでいるか自慢したがる向きを除く）。むしろ価値あるものについての請求権を表す：無料フライト、あるいは前の席に膝がぶつからず、客室乗務員の愛想が良い座席クラスへのアップグレードだ。流通しているマイルの数が着実に増加すれば、起こり得る結果は3つ。一つの可能性は、航空会社が提供する無料フライト用座席の数が増えるということだ（失笑してしまうほどあり得ないことだが）。無料フライト用座席の数が、流通しているマイルの数とほぼ同じ比率で増えたとしたら、無料フライト用座席の「価格」と入手の容易さはほとんど変わらない。顧客は2015年も、1990年と同様にマイルを無料フライトと——変わらず同じマイル数で、変わらず同じくらい手に入りやすい無料航空券1枚と——交換できるはずだ。もっと広い経済に当てはめると、これは国のマネーサプライが財やサービスの生産と同じ比率で増加するのに等しい（後者は一般に国内総生産、いわゆるGDPで測られる）。国のGDPが年間3パーセント成長して、マネーサプライも3パーセント増加した場合、財やサービスに対するお金の量は変わらない。通常の状況下では、物価は安定する——インフレも、デフレもない。

でも現実的に考えれば、航空会社は無料航空券を増やして利益を削ったりしない。これで2つの選択肢が残る。航空会社は、無料航空券との引き換えに必要なマイル数を引き上げてもいい。これが古典的なインフレだ。航空券のマイル価格は上がる。これは同時にマイレージサービスの1マイルあたりの価値が下がるということだ。もう1つの方法として、航空会社はマイレージサービスの価格を変えずに、提供する無料フライト用の座席を減らしてもいい。ハワイへの無料フライトに必要なマイルがたった1万5千マイルで、一般的な顧客が5千700万マイルを貯めていたら、たくさんの人々がハワイへの無料フライトを望むだろう——でもユナイテッド航空が提供している無料フライトが1ヶ月にたった6席だけならその望みはほぼかなわない。無料フライトはウェブサイト上でみるかぎり、相変わらず（マイル換算では）安いが、それを獲得できる人はわずかだ。

これも金融政策の現実に近いものだ。国がお金を見境なく発行すると、物価は上がる——当の無責任な政府が法で物価上昇に歯止めをかけようとしないかぎり。2012年、ベネズエラはよくある理由から、インフレ率が世界一高い——年間約30パーセント——国のひとつに数えられていた。ポピュリストの大統領ウゴ・チャベスはこの問題を解決しようとして、無責任な金融政策に、ダメな政府の教科書から持ってきた別のアイデアを追加した：価格統制だ。

チャベス政権はさまざまな財、特に貧民の生活必需品に上限価格（プライスキャップ）を設けた。つまり大衆向け商品は、需要が供給を上回るとき通常生じる価格上昇が許されなかった。するとこれらの商品は売り切れてしまった。そのうえ、統制価格はしばしば生産コストより低かったので、多くの企業が生産を減らした。牛乳、肉、トイレットペーパーなどの必需品は見つけるのが難しくなり、「食料品の買物は行き当たりばったりの仕事になった」と『ニューヨークタイムズ』は報じている(5)。ウゴ・チャベスは粉ミルクをユナイテッド航空の無料フライトのような存在に変えてしまった：お買い得ではある——幸運にも人為的に低く抑えられた価格でたまたま入手できたとしたら。

これらはすべて、金融政策の最も有名な格言であるミルトン・フリードマンの見解、「インフレはいつでもどこでも貨幣的現象である」の説明になっている(6)。フリードマンは1976年にノーベル経済学賞を獲得した学者で、マネーサプライと物価の関係の立証にキャリアのほとんどを捧げた。著書『貨幣の悪戯』で、かれは近代史に登場する国々を研究した結果をつぎのようにまとめている：「インフレは、生産に比べてお金の量が目に見えて急激に増加したときに生じるもので、生産単位あたりのお金の量の増加が急激であるほど、インフレ率は大きい。経済学においてこれほど確立された定理は他にない」(7)

この現象は、紙だけでなく、あらゆる形のお金に当てはまる。商品貨幣は同じ基本的理由から、インフレやデフレを起こす：ある商品の供給は、必ずしも他の財やサービスの生産と同時に増加／減少するわけではない。サバの場合をもう一度考えてみよう。特別な人道支援で、ある施設に収容されている囚人全員にサバのパック50個が新たに与えられたとしよう。これで散髪の価格が上昇する理由はすぐにわかる。サバのパックの数は増え、理容師役の数は変わらないからだ。ヨーロッパ人がアメリカ大陸で黄金と銀を発見したときに起きたことと、本質的には同じだ。1500年頃から、スペイン人とポルトガル人はおよそ150トンの銀を南北アメリカ大陸から輸入して、一定量のままだったヨーロッパの財に使った。その結果、物価はその後150年間で6倍上昇した(8)。

ある経済における生産水準が一定なら、物価はマネーサプライに合わせて上下する――ここで重要な注意点が1つ（そう、注意点はつきものだ）。マネーサプライと物価の関係も、経済でお金が流通する速さ、つまりお金の「速度」に影響される。消費者と企業に、現金（および現金に近い資産、たとえば当座預金など）にしがみつく必要性や願望があまりない場合は、1ドルが経済の中をすぐさま流通し、速度が上がりがちになる。

これをもっと直観的にわかりやすくするため、例の刑務所のサバの例に立ち戻ろう。赤十字が囚人一人ひとりにサバのパック50個を気前よく与えた直後の状態だ。サバの速度が目に見えて変わると信じる理由はない。一般に、各人が夜食用に2パックをベッドの下にしまい、残りを取引に使うとしよう。刑務所内でのサバの価格は、人道支援によるサバの供給増におおよそ比例して上昇するものと見込める。だが、歯ブラシを尖らせて作った凶器で刃傷沙汰があり、看守が監房を封鎖すると脅しているとしたら？　食堂へのアクセスを失った場合に備えて、多くの囚人がベッドの下のサバを増やそうとするだろう。サバのパックが寝床の下に山積みになり、取引用のサバの流通速度は遅くなる。刑務所のサバの供給が倍増しても、価格が2倍になることはない。新たなサバの多くは刑務所の財には使われず、流通から外れるからだ。

速度はマネーサプライと物価を結ぶ重要なつながりだ。個人や機関をお金にしがみつかせるものは、速度を落とす。たとえば経済の不確実性は、銀行、企業、消費者に現金（およびその他の流動資産[*2]）を抱え込ませる。将来、信用へのアクセスが悪くなることをおそれるからだ。一方、資産から現金への転換を容易にする金融イノベーション（ホームエクイティローン［訳注：自宅の正味価値を担保にローンを組むこと］など）は、家計が非常時の雨の日に備えて（正確には、屋根を吹き飛ばす嵐なみのできごとに備えて）貯めこむお金を減らし、速度を上げる。

それでも、速度の短期的な変動はよくわからない部分が残る。最近ある著名なマクロ経済学者と共に、娘たちの出るクロスカントリーレースを眺めながら速度について話していたとき、かれが認めたところでは「うん、速度については、経済学ではよくわかっていないいんだ[*3]」。実はこれは、どうでもいい話なんかではない。マネーサプライの増加や減少が物価にどう影響するかについて、速度の変化は少なくとも短期的に、予測を困難にする。

2 ── で、インフレ（デフレ）のなにがまずいの？

ここまでの議論を見ると、お金は「実体経済」にさほど影響を与えないように思えるかもしれない。速度は話を複雑にするけれど、物価はだいたいマネーサプライに対応するし、人々は物価変動に適応する。ハイパーインフレはお断りだけれど、たとえ価格が上下しても、本当に重要なものをだれもが売買できるなら、10パーセントや20パーセントのインフレ（あるいはデフレ）なんてどうでもいいじゃないか。害はないし、不正もない、そうでしょ？

ある程度までは、その通り。物価が年間10パーセント（あるいは100パーセント）上昇すると知っていたら、それに応じて計画をたてられる。雇用主は物価の上昇を補うため、毎年給料を10パーセント増やすものと期待される。さらに、能力を反映した実質昇給がそこに加わる。銀行からお金を借りて、銀行がその資本の「レンタル料」として4パーセントを要求したら、利率は14パーセントになる：ローン価格の「実質」金利4パーセント、それに加えて1年後に支払うドルの購買力が、借りたときより10パーセント低くなっていることを埋め合わせる10パーセントだ（経済学では「レンタル料／賃料」という用語を使う。というのも、金融機関からお金を借りるの

[*2] 流動性は、資産をどれだけ早く予測可能な価格で現金に換えられるか示す指標だ。個々の価値とは無関係に、アメリカ国債はレンブラントの絵画より流動性が高い。一瞬のうちに、予測可能な価格で、自発的買い手に売却できるからだ。レンブラントの絵画は市場が小さく、特殊なので、適切な価格で売却するには数ヶ月か数年かかる可能性がある。

[*3] 悲しいかな、経済学者ってやつは公の場でもこんなことを話してしまうんです。

は、エイビスからレンタカーを借りたり、ホーム・デポから電動工具を借りたりするようなものだからだ。最終的に返すけれど、他のだれかのものを利用する特権にお金を支払う)。

いい機会だからここで少々回り道して、インフレを考慮した調整をしていない「名目」値と、調整した「実質」値の重要な区別をがっちりつけておこう。さっきの例では、名目金利(銀行窓口に掲げられている数字)は14パーセント、実質金利(他人の資本を借りる実際のコスト)は4パーセント。長期的な価格の比較には、インフレ調整が必要だ。ハリウッドの映画スタジオは、きまってこの初歩的な教えを無視する。(アメリカ)映画史上で、興行収入の上位5位を占める映画は何だろうか(9)。

- スター・ウォーズ/フォースの覚醒(2015)
- アバター(2009)
- タイタニック(1997)
- ジュラシック・ワールド(2015)
- アベンジャーズ(2012)

このリスト、なんか変だと思うだろう。どれも成功した映画ではある——でも『アベンジャーズ』だって? あの映画が『風と共に去りぬ』よりも興行的に成功だったたって? 『ゴッドファーザー』よりも? 『ジョーズ』よりも? いやいや、それはない。いまの3つのどの映画と比べても。

ハリウッドはどの大ヒット作品も、以前の作品より大規模で成功しているように見せかけたがる。その方法の一つが、興行収入をジンバブエドルで発表することだ。するとつぎのような見出しが生まれる：「『ハンガー・ゲーム』が記録破りの週末の興行収入5700万兆ドル！」でも、よほどおめでたい映画ファンでも、ハイパーインフレ通貨建ての数字は怪しむ。だからハリウッドの映画スタジオ（と、これをとりあげる報道記者たち）は、名目値を使う。これで最近の映画が成功しているように見せかけられる。これは映画のチケット代が10年前、20年前、50年前よりも高いせいだ（1939年に『風と共に去りぬ』が公開されたとき、チケットは約50セントだった）。商業的成功を本当に示す指標は、インフレ調整した興行収入だ。1939年に1億ドルの興行収入をあげるのは、2015年に1億ドルの興行収入をあげるよりはるかにすごいことだ。では、アメリカで史上最高のインフレ調整済興行収入をあげた映画は何だろうか(10)。

- **風と共に去りぬ（1939）**
- **スター・ウォーズ（1977）**
- **サウンド・オブ・ミュージック（1965）**
- **E.T.（1982）**
- **タイタニック（1997）**

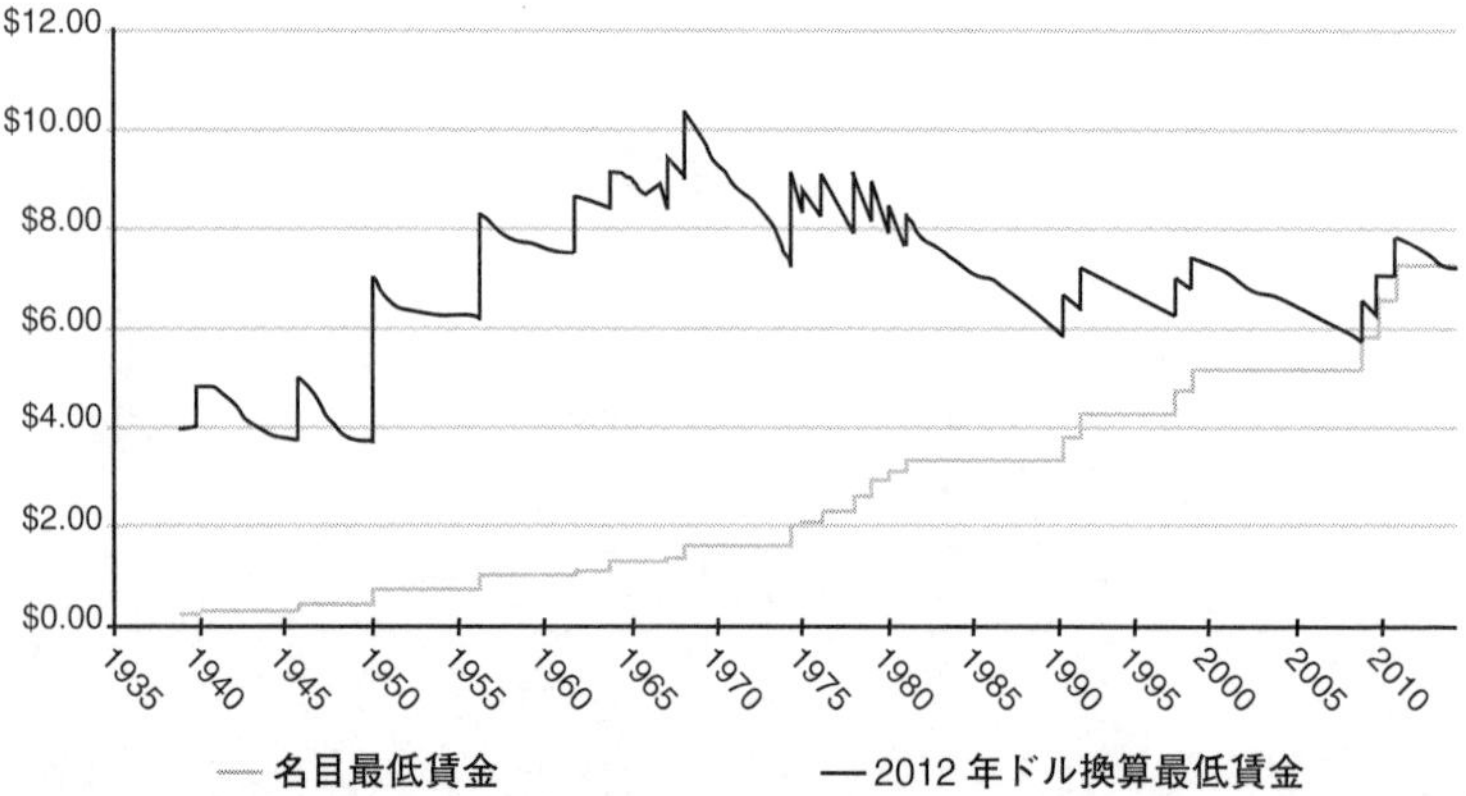

出所：アメリカ労働省、賃金時給部門、www.dol.gov/whd/minwage/chart.htm

実質値では、『アバター』は14位、『アベンジャーズ』は29位まで急落する。

同様に、長い時間をかけてお金を消費／回収した計画は、インフレを考慮するために補整、あるいは「指数調整」しなければならない。アメリカの最低賃金は、導入された1838年当時は時給25セントだった。当然ながら2015年に時給25セントでは生活に苦労するだろう。それなのに最低賃金は、自動的にはインフレ調整されていない。物価上昇を考慮して調整するには、議会が法改正しなければならないのだ。結果として、物価が上昇するのに最低賃金は変わらない期間がかなり続く（つまり、最低賃金は実質値では低下した）という事態がしょっちゅう起きた。上の図はアメリカ労働省の資料で、名目最低賃金と、その賃金の実質購買力の差の推移を示している（2015年時点のドルに換算）[11]。最低賃金の実質値は1968年（2015年時点のドルに換算すると10・97ドル）のほうが、現在より高い（7・25ドル）。

それでも物価の上下は、この世の終わりの大惨事には見えない。いつだって小切手の数字をいじれば、すべてうまくいくようにできるのだから。物価が5倍になったら、名目値で5倍支払えばいい。経済的影響は、5ドル札と1ドル札5枚を交換するのと変わらないだろう。物価の下落はその逆のはずだ。給料が半分になる？　大丈夫――物価も半分になるかぎり。給与小切手のゼロの数なんていくつだっていいじゃないか。どうしてこの本はあと12章もあるんだ？

まず、いまの理屈の決定的な問題3つから入ろう。第一に、インフレは決して完全に予測可能なものではない。つまり物価の上昇は、あらゆるものをややこしくして、混乱させる可能性を持っている（本来お金がすべきこととの正反対だ）。第二に、デフレはインフレにまつわる問題すべて――に加えて、さらに多くの問題――をもたらす。物価の下落は、個人や企業に、経済へ悪影響を与える行動をとらせかねず、すると物価がさらに下がり、それがさらに経済を破壊させる行動を招き……と続く。もしも経済学者たちがホラー映画を製作したなら、ハイパーインフレとデフレはそれぞれ独立の大きなサブジャンルになるだろう。最後に、マネーサプライの操作――追加の紙切れを与えたり、貸しつけたりするだけ――は、実体経済に大いに影響を与えかねない。ポーカーゲームでは、もはや靴箱に追加のお金がないのにさらにチップを配ったら、プレイヤーたちの賭け方に影響が出るおそれがあり、それがゲームの結果に影響する。

この複雑な関係を整理してみよう。最低でもインフレは企業や消費者に物価変動への対応を強いるため、迷惑だ。サンドイッチショップ「バーツビッグビーフ」の売れ行きがいつもより良くなったら、それはおそらく消費者がスペシャルソースと手づくりトーストバンズを気に入ったからだ。理にかなった経済的反応は、生産増と値上げによって利潤を増やすことだ。バーツビッグビーフはドライブスルー窓口の増設にとりかかって、新たに特大サイズのリブアイサンド・ベーコン添えをメニューに加える。

でもちょっと待った。消費者がイタリアンビーフサンドをもっと求めるようになったのが、無能な政府が1兆ドル紙幣を乱発するせいだったら？　手押し車で新しい紙幣を運ぶうちに、消費者は（一時的に）裕福になったように感じてしまう。だからみんな、あらゆるものをもっと欲しがるようになる。スペシャルソースや手づくりバンズは関係ない。経済全体で価格が上昇する。サンドイッチショップの従業員は賃上げを求めだす。仕入れ先はベーコン、バンズ、牛肉の価格を引き上げる。仕入れコストが上昇すると、新しいドライブスルーも、特大リブアイサンドも利潤をもたらさない。店のオーナーはマネーサプライの伸びがもたらした消費者支出の急増を、自社製品の需要増と勘違いしたのだ。大事なのはそこだ。価格は市場経済においては、情報を伝達する。インフレはそのメカニズムをあいまいにしてしまう。

なかば同類の災厄、「パンフレーション」について考えてみよう。これを見いだしたのは、イギリスの雑誌『エコノミスト』だ。1970年代以来、価値が下がっているのはアメリカドルだけじゃない。私たちはサイズのインフレの蔓延にも悩まされているらしく、どのサイズの衣服も、着実に大きくなりつつある。女性用パンツのサイズ14は、現在では1970年代当時に比べて10

センチ大きい。そう、サイズ14は昔のサイズ18で、サイズ10が昔の14だ[*4]。あなたのサイズが高校生の頃から変わっていないのではなくて、サイズは同じままでも、パンツのほうが大きくなっているのだ。でもどうして?『エコノミスト』の新情報調査班の調査によると:「女性は小さいサイズに体が入ると喜んで、消費したがる傾向にあるとファッション業界は考えているらしい」(12)

学業評価のインフレも、風味は異なるものの、同じ根本的な問題だ。30年前にC評価だった学業成績が、現在ではB+以上と評価される。ハーバード大学の学生紙『ハーバード・クリムゾン』によると、ハーバード大学の成績の中央値はA−、最も頻繁に下される評価はAだ(13)。アメリカの大学すべてを対象としたある研究によると、学生の45パーセントが最も高い評価を受けている。1960年当時は15パーセントしかもらえなかった評価だ。平均的な学生がいっそう最高評価を受けるようになっているとしたら、雇用主や大学院は、本当に秀でた学生をどうやって見つければいいのだろうか。またしても、情報を伝えるはずのメカニズムが鈍化している。『エコノミスト』の指摘によると「あらゆる種類のインフレによって、影響を受けるすべての価値が下がる。それが情報をあいまいにして、行動を歪めてしまう」(14)

インフレは混乱の種をまくだけでなく、勝者と敗者を生み出す場合もある。成績評価のインフレの場合、ハーバード大学の最も優秀な学生はA評価を受けるが、1960年当時ならC評価を受けた平凡な学生も、いまや同じくA評価だ。本当に秀でた学生には不公平だ。お金のインフレ

[*4] これらはイギリスサイズだが、アメリカの衣服にも同様のサイズ現象が見受けられる。

のほうが、ほぼ間違いなくたちが悪い——現金の持ち主、特にインフレで増価する資産（宝飾品や不動産）の形で財産を保有できる機会が金持ちより少ない低所得者から、購買力を盗み取ってしまう。10パーセントのインフレ期間に1千ドルを保有している人は、その年の終わりには900ドル分の購買力しか持っていないことになる。マットレスの下に100ドル札が10枚しまってあっても、その純効果は政府がやってきて1枚盗み取っていったも同然だ。

一方で、予想外のインフレは借り手には吉、貸し手には凶となる。インフレが予期されていない状況で、銀行があなたに10万ドル貸しつけたとしよう。この資本の実質金利、すなわち実際の「レンタル料」は4パーセントだ。融資期間に10パーセントインフレが突発的に生じたら、どうなるだろうか。融資契約にしたがって、1年後あなたは銀行に10万4千ドル支払う——でも1ドルあたりの購買力は10パーセント下がった。実質的には、銀行はあなたに10万ドル渡して、見返りに9万3千600ドルしか受け取れないことになる。長い間ラテンアメリカ地域では、クレジットカードを作るのはほぼ不可能で、まして固定金利の住宅ローンなんか絶対あり得なかった。インフレとハイパーインフレの歴史のせいだ。返済金の購買力に不確実性がある場合、まともな貸し手なら30年ローンなんか組ませない。

いったんインフレが生じると、それを抑えるのはむずかしくなりがちだ。理由は単純。物価の上昇を予測する人々は、物価を上げるような行動をしてしまうからだ。もし筆者が物価は来年10パーセント上がると予測したら、来年の手取りが10パーセント多くなる雇用契約を要求する。そうしたら筆者の雇用主は、価格を10パーセント引き上げるだろう。それが続く。

インフレ予測がもたらす連鎖は断ちにくい。中国の温家宝首相は、インフレを虎にたとえた…ひとたび解き放たれると、檻に戻すのはとても困難だ。ドイツの中央銀行、ドイツ連邦銀行のカール・オットー・ペール元総裁は、インフレとの闘いとは、歯磨き粉をチューブに戻そうとするようなものと説明した[15]。たとえはそれぞれ――虎、歯磨き粉――だけれど、いいたいことは同じ。インフレへの対処は、人生におけるその他多くの難題のようなものだ…最初から問題が起きないようにしたほうが望ましい。

だから、ただ明記しよう…穏やかなインフレは不便ではある。ものすごいインフレは経済をものすごく歪める。自動車のバンパーステッカーにするなら「意地悪なやつって最低。インフレもね」。でも金融政策が通常世界の論理を無視するのはここからだ。

3 じゃあデフレの方がましってこと？

2番目の興味深い問題点へ移ろう…インフレは悪いけれど、デフレはもっと悪い。杯を重ねる間にビールの値段が500億ドル上昇すると実にやっかいなのはだれにでもわかる。でもビールの値段が着実に下がったら？　それっていいことでは？

必ずしもそうとはかぎらない。ビールの値段が下がるのが物価水準の下落のせいなら、たぶんみんなの給料も下がる。所得の減少と物価の下落はかまわない――所得の増加と物価の上昇と似たようなものだ——でも1つ決定的にちがうことがある：借金は一般的に固定されている（たとえば月々のローン返済額が2153・21ドルなど）。だからビールの値段の低下について、読者を夢から引き戻して、あまり魅力的でない一連の出来事を考えてもらおう。稼ぐお金は減り、家の価値は下がり、他の資産の価値は下落中——それでも毎月銀行に支払う額は変わらない。

実はこの場合、借金の実質価値は上昇している。支払うドルの価値が、借りたドルより高いからだ。これは金融大惨事のレシピだ。住宅ローンを返済できず財政難に陥る家計の数が増えると、貸した銀行も困ったことになり、健全な事業に融資する能力がなくなって、そうした事業の健全性もそこなわれる。みんな資産を売ってやりくりしようとする——その結果、資産の価格が下がってしまい（2008年金融危機での住宅のように）、経済の大火は家計、事業、金融機関に広がってしまうのだ。

この頃にはビールの値下がりなんて、たいした慰めにはならない。いや、ビール価格の下落はむしろ問題の一因になっている。ジョッキあたりの価格が暴落しつつあったら、読者だって今日飲みに行く予定を来週に延期しようとみんなに勧めるだろう。酒場の主人は商売の不振からビールの値段を大幅に下げて、デフレの広がりに貢献してしまう。1989年以降、日本はデフレによる経済停滞に苦しみ、この時代は「失われた十年」として知られるようになった——さらにそれが続いて、「失われた数十年」になるまで。

経済学者アーヴィング・フィッシャーは、1933年の有名な著作で、大恐慌の観察をもとに

「債務デフレスパイラル」現象について解説した（アメリカの物価は1930-1932年に30パーセント下落した）(16)。フィッシャーは財政難が財政難を生み、緩やかな景気の停滞を恐慌に変えてしまう悪循環について警告している。フィッシャーによると「経済の舟は傾けば傾くほど、転覆しやすくなる」。この債務デフレスパイラルの兆候をまとめると、スティーブン・キングが経済学の著作に挑戦したような感じになる：「投げ売り、資産価格の低下、実質金利の上昇、さらなる投げ売り、流通速度の低下、純資産の減少、破産、銀行取りつけの増加、信用の縮小、銀行による資産のダンピング、つのる不信と増えるため込み」(17)。足りないのはチェーンソーを持ったゾンビだけだ。

特に物価の下落は、普通の景気低迷に効く薬を無効化しかねない。弱い経済では、一般に金利は下がる。融資の需要が少ないからだ。苦境にある事業や家計は、普通は事業拡大や大きな家のための借入をあまりしない。でも金利低下は緩やかな景気後退に対抗する自然の解毒剤をもたらす。融資金利が下がると、家計は

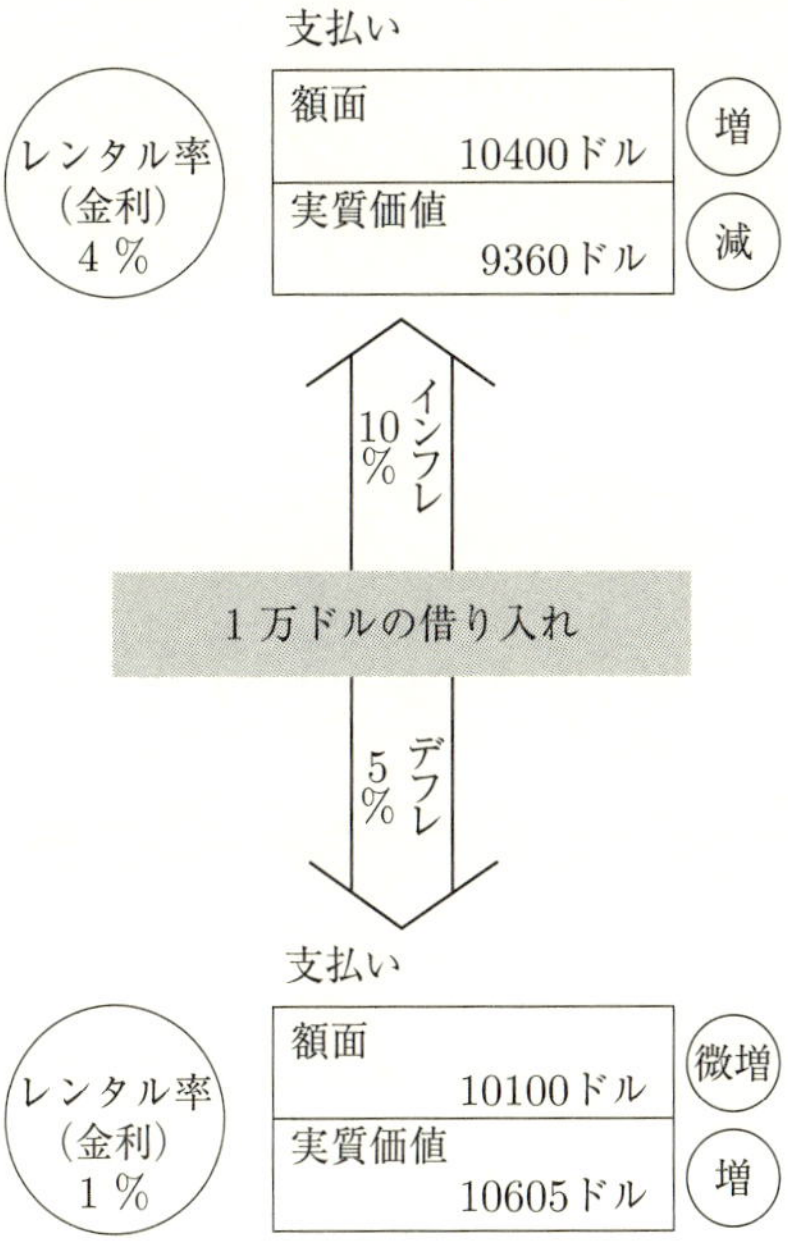

インフレ／デフレ時の借入の真のコスト

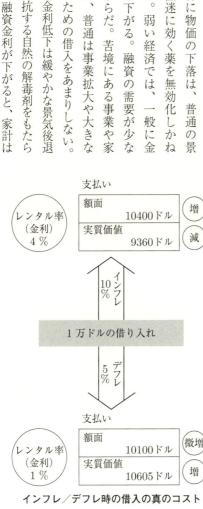

高額なものをもっと買うようになる――自動車、洗濯機、家までも。一方、事業にとっては事業拡大と投資が安上がりになる。新たな投資と購入は、経済金利の健全化に役立つ。

デフレは借入の真のコスト――実質金利――を引き上げて、この自然の解毒剤を無効にしてしまう。銀行窓口で1パーセント金利のローンを宣伝していて、物価が年間5パーセント下落していたら、実質金利は6パーセントだ。1年間の資本借り入れに対して銀行が課する利率は1パーセントかもしれないけれど、返済するドルの購買力は、借りたドルより5パーセント高い。特に広く経済が苦境にあるときは、実質で見ると高いローンだ。

でもそれなら銀行はインフレのときみたいに、物価の下落を考慮した形で名目金利を調整すればいいだけでは？　マイナス4パーセント金利を窓口で宣伝したらどうだろう。デフレのせいで、支払われるお金の購買力は、貸しつけられたお金の購買力よりも高く、実質的には利益をもたらす。そしてみなさんは実質値だけが重要である理由を長々と説明されたばかりだ。銀行窓口の広告が目に見えるようだ：「当行のマイナス金利ローンについてご相談を！」

悲しいかな、問題がひとつある：名目金利がマイナスになることはほとんどない。この現象を解説するため、こう想像してみよう。あなたはやり手の若い銀行家で、マイナスの名目金利という一見気の利いたアイデアを、J・P・モルガンの上級融資責任者である上司に提案しようとしている[*5]。

あなた：物価が年間5パーセント下落しているのは事実ですが、名目金利をマイナス4パーセントにしたら実質金利はたった1パーセントで、また借入に踏み切る顧客もいるかもしれません。

上　司：きみだれだっけ？

あなた：部屋を出てすぐの席におります。

上　司：100万ドルをマイナス4パーセントの金利で貸しつけるというのかな？　支払額が貸付額より少なくなるということ？

あなた：はい！　でもこのデフレのせいで、支払われるお金の購買力は5パーセント増しです！　実質的にはそれでも貸付で収益を上げられます！

上　司：つまり100万ドルを貸しつけて、1年後に96万ドルだけ支払いを求めろと？

あなた：はい！　実質的にはそれでも得をします。

上　司：はいはい、お利口さん。それなら100万ドルを金庫室に入れておいたほうがましじゃないかな。1年後にここに96万ドルでなく100万ドルあるわけだから。

あなた：……そうですね。

上　司：100万ドルは96万ドルより多いよね？

[＊5]　2008年の金融危機の影響で、名目金利がマイナスになった例がある。具体的には、一部の銀行が大口預金に対して少額の手数料をとるようになったのだ。だから預金者のもとに戻ってくる金額は、預金額より少なくなった——マイナスの名目金利だ。実質的には保管料といえる。2008年以降、経済の混乱と不確実性の中で、大口預金者には安全に大金を保管できる選択肢が他にはほぼなかったからだ。

あなた：そうですね。

上　司：何もしないほうが手に入るお金が多いのに、お金を貸して、貸付額より少ない支払いを求めるばかがいるか?

会話にはまだ先があるかもしれないが、話題はデスクを片付けてとっとと出ていけ、とか、人事課の担当者と退職者面談を受けろ、とかいうものに変わるだろう。

デフレが実質金利に及ぼす影響は、金融政策に同類の難問をつきつける。経済の生産力が充分に発揮されていないとき、FRBなどの中央銀行は、マネーサプライを操作して金利を下げ、経済のアクセルを踏める。でも物価の下落に関しては、中央銀行も市中銀行と同じジレンマに直面する：名目金利はマイナスにできない。中央銀行の専門用語で、これを「ゼロ下限制約」と呼ぶ。デフレが年率4パーセントの場合、名目金利ゼロでも実質金利は4パーセントになり、景気後退の時期の借入には、大きなコストになり得る。デフレは中央銀行によるアクセルの踏みこみに歯止めをかける——しばしば経済に最も燃料が必要なときに。

そして、お金に関する最後の問題点について：内在的価値を持たない紙切れの配布は、実質的な経済活動を甚だしく変えてしまう場合がある。アメリカのあらゆる通貨の額面にゼロをひとつ加えたら、長期的にだれもがより裕福になれるだろうか。当然ながらノー。だが短期的には、事態はいっそう興味深くなる——手始めに、有名な子守り実験から得られる洞察から。

1977年、『お金、信用、銀行業ジャーナル』に、ワシントンD.C.の子守り協同組合（組合員同士がクーポンを交換して、子守り時間を交換する）に関する論文が掲載された(18)。クーポン１枚が子どもの世話30分に相当しており、ほかに価値はない（筆者の知るかぎり、ただの派手な紙切れにすぎない）。記事によると、技術的な理由から協同組合のクーポンの量が減りはじめた（マネーサプライの減少）。さらに重要なことには、やがて大事な用で子守りが必要になったときに充分に手持ちがないことを心配して、各家族がクーポンを節約しだした（流通速度も低下）。これが問題を悪化させた。

経済学者ポール・クルーグマンが後にオンラインマガジン『スレート』への寄稿で述べたように、組合員たちは将来のニーズを見越してため込んだ(19)。でも、全員が同時にはため込めない（みんながため込もうとしたら、だれの子の面倒を見ればいい？）。クルーグマンはこう解説している。「結果として、多くのカップルは子守りをして手持ちクーポンを増やしたいなと思い、外出して手持ちクーポンを減らすのは気が進まない、ということになった。でも、だれかがクーポンを受け取るには、だれかが外出するしかない。みんなが外出しなくなると、クーポンを稼ぐのはむずかしくなる。これに気がついて、カップルたちはよほど特別な機会でもない限り外出してクーポンを使うのをいやがるようになって、おかげで子守り機会はさらに減った」。

子守り協同組合は、不況に相当するものを経験しつつあった。広い経済の中でみると、景気低迷を受けた一家庭の合理的な反応（食事に出かける回数は減り、年内は自家用車を購入見送り）は、経済問題を悪化させるだけだ。レストランや自動車販売業者は労働者を解雇するし、解雇されたほうは消費を減らし、経済停滞をさらに拡大する。子守り協同組合のように、ある人の倹約が別の人間の所得を引き下げる――20世紀を代表する経済学者ジョン・メイナード・ケインズが一般に知らしめた現象「倹約のパラドックス」だ。

ワシントンD.C.の子守り協同組合が人々の関心をひいたのは、その単純な解決策のせいだ：もっとクーポンを配布するのだ。クルーグマンによると「クーポンの発行量が増えて、メンバー夫婦たちも前より外出しようという気になって、だから子守りをする機会も増大して、そしてみんなハッピー」。ニューヨーク連邦準備銀行のコンピュータのキーボードを叩くと、それまで存在しなかったお金が生まれることはご記憶の通り。どう見ても、FRBは子守り協同組合の不況と似たような問題解決をしている。とはいえFRBはお金を配って歩くわけじゃない。アメリカの中央銀行は金融政策によって金利を下げて、システムに流動性を供給する。これはすべて第5章で詳述する。それでも異様な現象に思えるはずだ：内在的価値のない紙切れを入手しやすくすると、行動が変化する――それが子守り協同組合のクーポンだろうと、世界最大の経済で使われている米ドルだろうと。

だから現代のお金の特徴である興味深い緊張の話で締めくくろう。米ドルはほぼ間違いなく、思いつくかぎり最悪のお金と言える。内在的価値もないし、本質的な希少性もない。質の低下の速度や程度に、物理的制約がない。歴史的に、政府が紙幣の扱いを誤った例はいくらでもあり、アメリカの場合ではジョージ・ワシントンと大陸会議の例があげられる（アメリカ独立革命では、反旗を翻した植民地が独自の紙幣、「大陸ドル（コンチネンタル）」を発行した。この通貨はすさまじい減価を見せたので、「コンチネンタル1枚の価値もない（not worth a continental）」という言いまわしが辞書に加わったほどだ）。ワシントンの子守り協同組合も、ひとしきりインフレを経験している。クーポンが過剰になり、外出したがる人が増えすぎて、子守りを務めたがる人が足りなくなったのだ[20]。

一方で、米ドルは考えられるかぎり最適な通貨形態でもある。広く受け入れられていて、広範な財バスケットに対して予測通りの購買力を持っている。この点では、ドルは黄金や銀（やサバ）よりすぐれている。価値の変動（特にデフレ）が生じにくい。責任ある中央銀行は、安定した物価をもたらすだけの割合でマネーサプライを伸ばせる。景気後退の時期には、適切な時に、適切な回数だけキーボードを叩くことで、職を確保するとともに所得を引き上げられる。

当然ながら、適切なキーボード叩き回数と適切なタイミングの見きわめはおそろしく複雑だ。不換貨幣は商品貨幣よりずっと良いものになる可能性もあるし、はるかに悪いものになる可能性もある。経済学の不朽の名作『3びきのちゅうおうぎんこうかさんたち』では、ジンバブエは見境なくお金を生み出して、急激なインフレで経済を崩壊させる。日本は20年間にわたって物価をゆっくり下降させ、経済停滞に苦しむ。主人公の女の子はちょうど良い物価をもたらす中央銀行総裁を探しもとめる。

でも実は、物価をちょうど良くするのに関連したほぼあらゆることが、見た目よりはるかにむずかしいのだった。

第3章

物価の科学：技芸、政治、心理学

10セント硬貨（ダイム）には、もう10セントぽっちの価値もない。

ヨギ・ベラ

1　女性用下着のチェック？　いえいえ、インフレの測定です

ダン・ドゥガンは政府の職員だ。わが国の民主的機構がより良く機能するように、陰ながら骨折っている。かれの仕事の存在を知る人は少ない。かれが集めるデータは秘されているし、情報源は匿名だ。『ボストン・グローブ』紙がドゥガンの影の人脈について調べた記事には、ドゥガンは「分厚くて黒いコンピュータを小脇に抱えた政府職員で、その仕事は秘密に包まれている」と書かれている(1)。だがその仕事——そして何百人もの、同じく無名の同僚たちの仕事——が、私たちの市場経済で当然と見なされている日々の活動の多くを可能にしている。

2012年のこと。ドゥガンの正体がもう少しでばれそうになった。詳細はいまだはっきりしないが、『ボストン・グローブ』紙によると、ボストン市内の「非公表のとある」小売店の民間警備員が、だいじな仕事の一環として女性用下着を調査していたドゥガンの前に立ちはだかったという。警備員はかれが「あまりにたくさんの露出度の高い下着を、いささか長く手にしていた」のを見ていて、不審に思ったらしい。

ちょっと待った。そいつ、何をしていたって？

ダン・ドゥガンは労働統計局(BLS)の経済補助員だ。労働統計局は、アメリカで最もよく知られたインフレ指標、消費者物価指数(CPI)を集計して発表している政府機関だ[2]。インフレを測るため、労働統計局は物価の変動を把握する必要がある。そして物価が——ペットの救急医療からピルスナービールに至るまで——どのように変動しているか知るにあたって、政府が頼りとするのがドゥガンのような経済補助員数百人だ。

そして、はい、ドゥガンは下着を注意深く調べなきゃいけないんです。別の経済補助員の説明によると「布を裏返さなければなりません(中略)。織ってあるか、編んであるか見ます。ある週は綿20パーセント、つぎの週は綿30パーセントといった具合なら、補正が必要です」。経済補助員たちは毎月およそ8万点の商品の価格を記録して、以前の調査で厳密に定義された具体的な財やサービスの価格データを収集する[3]。砂糖は?「オーガニックの白砂糖、オーガニックのグラニュー糖、粉糖、製菓用砂糖、上白糖、粗製糖、液糖、オーガニックの液糖」。経時的に価格を比べるとなると、リンゴとリンゴの比較[訳注:同じものの比較を意味する英語の慣用句]では不充分だ。オーガニックのふじリンゴと、オーガニックのふじリンゴの比較でなければならない[4]。

この一見単純な「価格」という概念も、油断ならない場合がある。ある商品が「とってもお得な水曜特価セール」で特別価格になったり、特典カードメンバーならいつでも安く購入できたりしたらどうだろうか。労働統計局の価格調査担当者の1人は、価格6ドルのサンドイッチが野菜入りかどうか確かめるために、ワシントンD・C・の街中で移動式屋台を追いかけたことがあるという[5]。

インフレ（あるいはデフレ）を数量化する最善の方法は、**適切な財バスケットの一定期間の価格変動**を調べることだ。ＰＮＣバンクのクリスマス物価指数について考えてみよう。『クリスマスの12日』の歌（梨の木にとまった１羽のヤマウズラ、２羽のキジバト、３羽のフランス雌鳥……と、歌詞は続く）に登場する、すべての贈り物の価格の年間変動を測る指標だ(6)。たとえば２０１４年12月、３６４品の贈り物すべてを合わせた価格（各品目の価格に、歌詞で指定された個数をかけたもの）は、２０１３年の12月と比べると、わずか１パーセント上昇している。クリスマス物価指数のすべての財やサービスの価格が１パーセント上昇したわけではない。卵を産む６羽のガチョウの価格は71パーセントも跳ね上がっている。キジバト、ツグミ、黄金の指輪は変わっていない。すべてのサービスもしかり（乳搾りの娘、跳ねまわる領主たち、等々）。要するに、２０１４年にあなたが心から愛する人に、歌に出てくるすべての贈り物をしたら、緩やかなインフレを反映して、１年前より費用が１パーセント余計にかかるということだ。

ほとんどの人は、泳ぐ白鳥や、跳ねまわる領主を買ったりしない。ＰＮＣ指標は、消費者物価指数（ＣＰＩ）をジョーク交じりにした変形版として作成されたものだ。消費者物価指数はアメリカの世帯が購入しがちな財やサービスを対象に、基本的に同じことをしている。労働統計局は毎月８万点の財やサービスの価格を調べる。筆者の知るかぎり、跳ねまわる領主は対象に含まれていない。

だがここで別の疑問がもちあがる：消費者物価指数が、典型的な家計に与える物価変動の影響をひとつの数字で測定することを目的としているとしたら、重要なのはどの価格だろうか。すべての価格が重要だと言いたいところだが、それはひたすら誤解を招くおそれがある。牛乳の価格上昇は、キャビアやカーリングストーンの価格上昇に比べると、アメリカの消費者の大部分に与える影響が大きい。筆者はタバコも、キャットフードも、ボウリング用のボールも買わない一方で、ゴルフボールは平均的な人よりも買いこんでいる（特に調子が悪いとき）。どうしたものだろうか？

消費者物価指数を適切で正確なものにする鍵は、ほとんどのアメリカの世帯に最も適した財バスケットを特定することにある(7)。この点で、労働統計局はまさにCIAのようだ。現場の調査官が生データを本部に送り、本部がデータを分析して、重要なパターンを見つけ出す。具体的に述べると、労働統計局の統計専門家たちは代表的世帯サンプルの支出データを利用して、典型的なアメリカの世帯にとって最も適切な財バスケットを決定している。現在のところ、このバスケットには200を超えるカテゴリーの財やサービスが含まれており、これらは8種類のグループに分けられる：食品と飲料、住居、アパレル、レクリエーション、等々。

消費者物価指数の算出にあたり、各品目は財バスケットに占める比率にもとづいて加重される。たとえば典型的な家計では、鶏肉への出費がパルメザンチーズの3倍だとすると、鶏肉価格の変動が消費者物価指数に与える影響は、パルメザンチーズの価格変動の3倍だ（クリスマス物価指数では、跳ねまわる領主たちの価格の年間変動は、梨の木にとまるヤマウズラの価格の10倍加重されている。恋人からの贈り物は、跳ねまわる領主10人と、梨の木にとまるヤマウズラが1羽だけだからだ）。

こうして生まれるのがアメリカで最も一般的に利用されているインフレ指標、全都市消費者物価指数（CPI-U）で、この指標はアメリカ人口の約88パーセントの消費パターンをとらえている（関連指標の都市賃金労働者消費者物価指数（CPI-W）は人口の32パーセントをカバー）[8]。両者の名前からうかがえるように、農村部の世帯は含まれていない。これらの世帯の財バスケットと買物の選択肢は、大都市圏の世帯とかなり異なる。また、消費傾向や価格の地域格差も測定されていない。労働統計局は「消費者物価指数はしばしば生計費指数とも呼ばれるが、完全な生計費指標とは重要な点で異なる」と注意している。

これはどうでもいい話ではない。私たちがインフレをできるかぎり正確に測ろうとするひとつの理由は、契約や各種の事業を更新して物価変動を埋め合わせるためだ。たとえば社会保障制度の目標が、長期的に一定の購買力を持つ給付金を退職者にもたらすことだとしたら、シャフルボード・スーパーストアの物価が上昇／下落しつつあるときは、毎月の小切手の金額をそれにあわせて調整しなければならない。

ここでシャフルボード［訳注：中高年向きのスポーツ］を選んだのは、決してでたらめではない。代表的な財バスケットを使って物価変動を測る場合、消費者の種類によって財もちがうことを認識しておく必要がある。1987年のアメリカ高齢者法（うん、これが本当の名称なんですよ）により、労働統計局は実験的な指標、CPI-Eの開発を命じられた。62歳以上のアメリカ人の消費パターンをもっとうまく反映した指標だ[9]。高齢者は映画から航空券に至るまで、さまざまな商品の割引を受けられる。一方で、医療費の自己負担分への支出が一般的に多い（ある労働統計局の経済担当官は、シャフルボードの用具がCPIやCPI-Eに含まれているか、確信が持てなかった)(10)。1982年から2011年にかけて、物価がCPI-Uで2・9パーセント上昇しているのに対して、CPI-Eでは平均3・1パーセント上昇しているのは、おもに医療面の価格の上昇率が、他の財やサービスの価格の上昇率のおよそ2倍だったからだ(11)。

2 値段が上がった？ でも、性能も上がってますからね

そうは言っても、CPI-U（以降、本書ではCPIと呼ぶ）は、みんなが買いそうな物品の価格変動の見積もりとして悪くない。消費パターンの変化につれて、CPIの変動の計算に使われる財バスケットも変化する。時代遅れの品目は外されて、新しい品目が加わる。自動車が加わったのが1935年、エアコンが1964年、携帯電話は1998年だ(12)。一方でタイプライターは、典型的な消費者の消費財の組み合わせに占める比率が減少するにつれて、だんだん減らされて、最終的には姿を消した。

でも携帯電話（あるいはテレビ、コンピュータ、自動車）の話となると、また別の方法論的な難題がもちあがる：そう。価格は変動しているが、これらの製品は改善され、より速く、小さく、安全になりつつあるのだ。筆者のiPhoneでは、WiFi経由でNetflixを視聴できる。10年前に筆者が持っていた携帯電話は5倍は大きかったし、電話しかできなかった（受信状態もかなりお粗末だった）。一方で、子どもの頃からおなじみの電話は、ほぼ完璧な音質を提供していた。「聞こえ

ますか?」と言う必要なく25年間過ごせた。残念ながら、その電話はコードで壁につながれていたけれど。英『エコノミスト』誌は次のように指摘している。「いまの綿のシャツはシワが寄らない。衣類乾燥機は賢くて、靴下が乾いたのを感知して自動的に停止する。テレビでは同時に2つのチャンネルを視聴できる。これらのイノベーションは、たしかに生活を良くしてくれる――だが、それはいくらに相当するのだろうか?」(13)

価格変動の測定はこの点で、科学であるのと同じくらい職人芸でもある。2015年のテレビは、2005年のテレビとはちがう。トヨタカムリもしかり。物価指数に関する同類の問題として、物価の上昇のうちどれくらいが質の改善で相殺できるか、というものがある。理論上は、自動車が7パーセント高額になると同時に、7パーセント「改善」した(安全性や、信頼性や、快適が上がった)場合、価格は上昇していない。自動車にアンチロックブレーキシステムが加わり、ハンドルにオーディオコントロールが付いたことで、自動車がどれくらい良くなったか、どうやって数値化するのだろうか。『ウォールストリート・ジャーナル』の記事によると「労働統計局の、ベージュ色の壁で仕切られたウサギ小屋」の中で、40人ほどの商品専門家が判断を下しているという。

分析家たちは「ヘドニック法」というプロセスで、財の価格を構成要素に分ける:メモリ、速度、機能、耐久性、等々(14)。このプロセスによって新型トースターが20パーセント良くなったと見なされて、旧型よりも20パーセント価格が高いとしたら、インフレ測定のうえでは、価格は上昇していない。改良されたトースターは、旧製品が値上がりしたのではなく、本質的には新価格の新製品として扱われる。たとえば労働統計局の分析家たちは、2015年に新しく国内生産された自動車のサンプルの質的変化の価値を45・78ドルと算定した——43ドルでも51ドルでもなく、45・78ドルだ。これらの2015年モデルの自動車は、同等の2014年モデルの自動車より45・78ドルすぐれている。この質的改善についてディーラーには若干の値上げが認められるため、インフレ測定を目的とする場合は、どのモデルも年間の値上げ額から48・39ドルを差し引けばインフレ率を算出できる(15)。

ヘドニック法は、他の統計プロセスの例にもれず、精度と正確性を混同しかねない。統計学者は物価の測定において質的変化を考慮しようと最善を尽くしているけれど、結局のところすぐれた数学と同じくらい重要なのが、賢明な判断だ。お役人は跳ねまわる領主たちのコストが前年より高いかどうかだけでなく、踊り手として上達したかどうかも測らなければならない。それでもインフレ測定の背後にある基本的手法は、理にかなっている必要がある。現代経済は通貨価値の維持にかかっていて、通貨価値の維持は物価の変動のできるだけ正確な測定にかかっている。

簡単そうじゃないかって？　一見したところ難解そうでいて、大いに政治的、財政的な意味をもつ問題について検討してみよう：消費者は物価の変動を受けて財バスケットをどのように変えるのだろうか？　例をあげると論点が明確になる。フロリダ州南部に霜が降りて、柑橘類の価格が急上昇したとしよう。言うまでもなく、オレンジジュースと関連製品の価格は上昇する：高値を受けて、ほとんどの人のオレンジジュース（その他の柑橘類を使った製品）の消費量は減る。インフレ測定にあたり、それはどのように反映されるべきだろうか。

目的が生計費の変動の測定だった場合は、当然ながら価格変動を測定しなければならない――高値／安値による消費パターンの変化も。その通り、筆者が一般に購入する品物が値上がりするなら、社会保障給付金も増額されるべきだ。でも筆者が値上がりしつつある品物を買うのを少し控えたら――オレンジは減らして、バナナを増やして――増額された給付金は、いくらか相殺されてしかるべきだ。この行動の変化を考慮しそこねると、生計費の実際の増分を誇張してしまう。夕食会やスポーツ行事の場で、このおそろしい「消費者の代替バイアス」についての不平を耳にしたことがおありかもしれない。うん、ないかもしれないが（もしないとしたら、新しい社交の場を探してみてもいいだろう）。

3　連鎖式CPI：できるだけの要因を取り入れた消費者物価指数

労働統計局の統計オタクたち[*1]は、消費者の代替バイアスについても解決策を備えている。2002年、連鎖式全都市消費者物価指数（C-CPI-U）を導入した労働統計局は、期待をこめてこの指数を「新しい、補足的なインフレ指標」と評している。適切な財バスケットを導き出す

[*1]　統計学の力と重要性について書いた『統計学をまる裸にする』を上梓した筆者は、このうえなく良い意味で、この言葉を使っている。

ために消費者行動の標本を抽出するように、物価が変動したとき消費者がどのように商品を代替するかについても研究できるのだ。たとえば消費者が値上げに買い控えで対応するなら、財バスケットの中の該当品目のウェイトは、それに応じて減らされる（そして代わりに購入されるもののウェイトが増やされる）。

詳細な理論は高度だが、直感的には単純だ：リンゴの価格が上がると、人々はリンゴを買い控える。これが高価なリンゴのインフレ効果を最小限に抑える。この方法論からご想像の通り、連鎖式CPIは、インフレ測定において従来のCPIより一般に低い数値をもたらす。1999～2014年の年間平均価格上昇率は、従来のCPIでは2.33パーセント。一方、連鎖式CPIによる年間平均価格上昇率は2.08パーセントだ[16]。さらに重要なのは、連鎖式CPIが、従来のCPIに比べていっそう生計費の変動に沿うようにつくられているという点だ[17]。

まるで労働省の窓のないオフィスで政策通が議論する内容のようだ。厳密に言えばその通り。でも、この一見学術的な方法論の問題は、議会で辛辣な舌戦の種になる。なぜかって？　数千億ドルがかかっているからだ。連邦予算で最も大きな金額を占める項目は、自動的な生計費調整を施して給付金を払い出す社会保障制度だ。政府が社会保障受給者や退役軍人に毎月1750ドルの給付を約束した場合、この制度の意図は、この給付金並の購買力を長期的に維持することにある。本当のインフレ率を過小評価すると、この制度の給付者は損をする。インフレを過大評価すると、納税者たちは物価上昇を補うばかりか、ますます気前よくなる制度を支えるはめになる。税についても似たようなことが生じる。アメリカは累進所得税を採用している。つまり所得の高い人には、所得の低い人よりも高い税率が課される（28パーセントではなく、33パーセントなど）。この制度の長所については、また別の機会に述べよう。目下のところは、ある家計の世帯所得が10万ドルから11万ドルになった理由が単なるインフレなら、その家計は高い税率を負わされるべきでないことは認めてほしい。購買力でみると、まったく裕福になっていないのに、税制面で裕福になったかのように扱われるべきではない。結果として、「ブラケット・クリープ」（給料の額面が高くなったために、家計が負担する税率が高くなるが、給与の実質価値は伸びていない現象）を避けるため、所得区分はインフレ調整されている。所得区分は毎年調整されるので、富裕層に高額の税をかけるときに、物価の変動のせいで富裕層であるかのように見られる人たちにまで税金をふっかけることはない。2013年、所得が40万ドル以上の人は、その39.6パーセントを税務署に支払った。2014年は税率表にインフレ調整が施された結果、この税率を負担するのは所得40万6千750ドル以上の人となっている(18)。

だから何だって？　うん。もしも所得区分の調整の際にインフレを過大評価したなら、キム・カーダシアン［訳注：アメリカのセレブ］が負担する所得税は、もともと法が意図していたより少なくなる（労働統計局の話で死ぬほど退屈させたうえに税務署まで持ち出した以上、ここでキム・カーダシアンを投入するしかなかった）。税や政府給付金をインフレ調整することと、そのやり方を（目玉が飛び出るほどのコストを政府が負う形で）まちがえるのは、また別の話だ。

ずいぶん昔の話だけれど、ジャスティン・ビーバーが生まれた翌年の1995年に、アメリカ議会は著名な経済学者を集めて、労働統計局のインフレ測定の精度を評価する委員会を組織した。

この、いわゆるボスキン委員会[*2]は、CPIは生計費の変動を系統的に年間1・1パーセントポイント過大評価すると結論づけた。これくらい、わずかな差に見受けられるだろう――ちがいます。この上方バイアスは、社会保障、保健医療、防衛以外のどの連邦制度も上回る政府支出の原因であり、修正せずに放置すると、一見小さなこの手法的誤差が1996年から2008年の間に国家債務をさらに1兆ドル積み増す結果になると、ボスキン委員会は指摘した。

ボスキン委員会は、消費者の購買活動の場所やあり方についての無味乾燥な前提から生まれる多くのまちがいを具体的に割り出した。報告によると「CPIの強みは概念の根底にある単純さだ：一定の（しかし代表的な）財やサービスの市場バスケットに経時的に値付けする。弱みも同じ概念から生じている：『一定のバスケット』は、時がたち、消費者が価格の変動と新たな選択肢に対応するにつれて、しだいに代表的ではなくなる」(19)。

消費者は一般に、物価上昇に3通りの方法で対応する。このすべてをCPIは完全にとらえられていないのだ。最初のものは、同じ商品をもっと安く買えるところを見つけること（これが特に顕著にみられた点だったのは、ボスキン委員会の報告と同時期に、アウトレットやスーパーストアが普及したせいだ）。2番目が、別の商品で代替すること（バナナのかわりにリンゴ）。3番目が、同じ商品カテゴリーの中で代用品を見つけること（リンゴの品種、ガーラのかわりにレッドデリシャス）。

一方で、CPIは品質の向上（特に家庭用品の耐久性と信頼性の向上）を過小評価していること、そして新商品の採り入れが遅いことを批判された。携帯電話がCPIに組み込まれたのが1

998年だったのは先に述べた通り。そのとき述べなかったのは、この時点で携帯電話の利用者は5500万人いて、携帯電話とサービスのコストは、過去10年間に51パーセント下がっていたということだ[(20)]。新商品が統計用の財バスケットに採用されるまでに長くかかればかかるほど、価格の下落は物価指数に広く反映されにくくなる。

労働統計局はその後、方法論に多くの変更を加えて、ボスキン委員会が提起した問題に取り組んだ（ヘドニック法を広く利用して質的変化を測ったのも、そのひとつだ）。また、先に説明した、消費者の代替効果をよりとらえやすい連鎖式ＣＰＩ（Ｃ-ＣＰＩ-Ｕ）も公表するようになった。でも連鎖式ＣＰＩは、連邦税や給付金の指数化には一度も採用されていない。これは最近の予算折衝でも指摘されている。2010年のボウルズ＝シンプソン債務削減委員会は、連鎖式ＣＰＩへの切替を勧めた。これはピート・ドメニチもと上院委員と、予算専門家のアリス・リブリチ率いる同様の債務削減タスクフォースによる勧告と同じ内容だった。もともと連鎖式ＣＰＩの伸び率は、従来のＣＰＩより平均0・3パーセント少ない。エヴァレット・ダークセンの言葉をもじると[*3]、こっちで0・3パーセント、あっちで0・3パーセントとやっているうちに、大金になってしまう。2千200億ドルは大金だ。連邦政府が生計費の増加を算出するのに連鎖式ＣＰＩを使っていた場合、10年間で節約できた金額だ[*4][(21)]。

[＊2] 公式には消費者物価指数諮問委員会。委員長はマイケル・ボスキン。

[＊3] エヴァレット・ダークセン上院議員は「こっちで10億、あっちで10億とやっているうちに、あっというまに大金になってしまう」と言ったとされることが多い。実際にこのような発言をした記録は存在しないようだ。

言うまでもなく、これはつまり給付金2200億ドルが支給されなかったということなので、これが社会保障給付金の削減にあたるのか、議論が起こった。どちらの意見にも一理ある。たしかに指数化に連鎖式CPIを使っていれば、社会保障給付金額の伸びはもっと緩やかだっただろう。それは削減といえる。でも給付金額を生計費の実質増加に合わせるという、もともとの意図と一致した削減でもある。緊縮財政派にとってみれば、数十年前から給付金の算出式に誤植があって、だれもが正当な金額より多くを受け取っていたようなものだ。生計費調整の変更は、給付金削減ではなく訂正だ。その後の給付金が不充分だったら、制度を直接修正すべきで、不正確な生計費調整で給付額を高騰させるべきではない。連鎖式CPIの採用を提唱する集団の多くは、不当な困難を埋め合わせるための連邦給付制度改正も求めている。

アメリカのシャフルボードコートでは、生計費議論の持つ細かなニュアンスはあまり理解されていないと言えるだろう。少額は少額なのだ。ボスキン委員会の一員である経済学者ロバート・ゴードンによると「バイアスが社会保障をはじめとする給費金の過剰な増加をもたらしたという示唆が、辛辣で手厳しい政治的反応を呼び起こした。たとえばAARP（全米退職者協会）が送りこんだロビイストは議会の廊下を走り抜け、委員会によるわずかなバイアス見積もりの分だけ指数の算出式を調整して、財政赤字の削減に当初賛同していた上院議員や下院議員たちに、冷水を浴びせた」(22)

4 どのインフレ指標がいい？ ビックマックで計る方法も

先に、ＣＰＩとはドルの購買力を測定する速度計だと説明した。さて、これで実は物価の変動をとらえられる完璧な物差しは存在しないとわかった。だからさまざまな種類のＣＰＩなど、インフレやデフレを測るのに使えるツールが並ぶダッシュボードといったほうが正確だ。一方で、これらの指標は相関性が高い傾向にある。あの奇抜なＰＮＣクリスマス物価指数も、ＣＰＩを追うという点では数十年にわたってそこそこの成功をおさめている。この賢明なマーケティング戦略をＰＮＣバンクの経済専門家が思いついた1984年以来、クリスマス物価指数は118パーセント上昇しており、同じ期間にＣＰＩは127パーセント上昇している。この期間の物価の年間平均上昇率は、いずれの指標においても2.8パーセントだ。一方で、ほんのわずかな上昇率の差も、時がたつにつれて大きなちがいを生みかねないので、退役軍人への給付金の調整にクリスマス物価指数は使わないほうがいい。

どのインフレ指標が一番良いのだろうか？　それは一般的に、だれが、なぜ知りたいかによる。たとえばＦＲＢは「基礎インフレ率」（かつてはコアインフレ率と呼ばれていた）に特に関心を寄せている。食料やエネルギーなど、価格が変動しやすい種類の財を除いた物価の変動を測る指標だ。だって、食料とガソリンなんてだれも使いませんよねえ（『ニューヨーク・タイムズ』は、か

[＊4] 節減額は時とともに、複合的に大きくなる――小幅な増加に、小幅な増加が積み重なるからだ。

って「食事も運転もしないなら、インフレは無問題」という嫌みな見出しを掲げたことがある）。でもＦＲＢがめざすのが物価安定であることを踏まえると、基礎インフレ率はダッシュボードに並ぶ重要なゲージのひとつといえる。食料部門とエネルギー部門が見舞われやすいショック――たとえば中西部の凶作、あるいはロシアのウラジーミル・プーチン大統領によるヨーロッパ向けの大規模な天然ガスパイプラインの閉鎖など――は、広い経済に物価変動をもたらす典型的なショックではない。目的が経済での物価の系統的変動、特に金利と物価の関係を理解することだとしたら、プーチンの怒りがもとで生じた石油価格の高騰は、全体像を明らかにするどころか、あいまいにしてしまいかねない。

サンフランシスコのＦＲＢ職員の説明によると、「（食料とエネルギーの）価格が頻繁に急激に上下しても、価格の撹乱がその経済の全般的な物価水準の動向の変化とは無関係な場合もあります。むしろ、食料とエネルギーの価格の変動は、後に覆りかねない一時的要因としばしば関係しています」(23)。幹線道路で警察車両とすれちがって、強くブレーキを踏みこむようなものだと考えてほしい。たしかに速度は落ちているけれど、いつもの運転速度は正確に表れていない[*5]。

英『エコノミスト』誌は、広範な物価水準の変更をとらえる単純な概算方式として、さまざまな国でのビッグマックの価格変動を利用した**マクフレーション指数**を作成した。ビッグマックはさまざまな国に共通していて、それぞれが財バスケットを構成している：牛肉（インドを除く）、小麦、地代、賃金、ピクルス、特製ソース、等々。経年的なビッグマックの価格は、公式なインフレ統計と比べて、どのように変化しているのだろうか。

マクフレーション指数を、ただのおもしろみのある珍しい存在では終わらせないのが、この「公式なインフレ統計と比べて」という部分だ。アメリカが社会保障給付の指数にビッグマックの価格を使い始める可能性はないが、この単純なツールは、外国の粉飾を見破るのに使える――たとえばアルゼンチンは、2000～2010年のバーガーインフレが19パーセントだったのに対して、公式インフレ率は10パーセントにすぎなかった(24)。なぜ公式統計をごまかすか？　政府はしばしばさまざまな生計費調整を約束する。アルゼンチンの場合は、インフレとともに（投資家に一定の実質収益率を保障するため）上昇する国債の利率が鍵だった。これらのコストを最小化する方法のひとつが、公式インフレ率の値をごまかすことだった。マクフレーション指数は、アルゼンチンの背信行為を正しく知らせた。2013年に国際通貨基金は、アルゼンチン政府が意図的に不正確なインフレ統計を報告していたことを公式に非難した(25)。

物価ダッシュボードの指標としてもうひとつ役に立つのが、将来のインフレ率だ。結局のところ、投資家と事業と労働組合がいっそう気にかけるのは、前年の物価変動よりも、翌年の物価変動であることが多い。将来の物価変動を測るうえで難しいのが、そう、まだ何も起こっていないという点だ。経済補助員を未来に送りこんで下着をなでまわさせる方法を労働統計局が見つけ出すまでは、2020年の物価がどうなるか教えてくれる何らかの水晶玉が必要だ。

ある意味では、水晶玉はすでに存在する。翌年の物価の動向を知らせる最高の指標は、翌年の

[*5]　PNCバンクはコアクリスマス物価指数も発表している。『クリスマスの12日』の贈り物の中で最も価格が変動しがちな白鳥を除いたものだ。

物価はどうなると人々が考えているか——いわゆる期待インフレ率だ[*6]。長い期間にわたる支払いに関わる契約を結ぶ人は、将来のインフレについて何らかの予測をたてる。たとえばアメリカ財務省が年利3・2パーセントの債券を売る場合、この金利は2つの部分で構成されている：実質金利（アメリカ政府にお金を貸しつけて得る利益）と、債券の期日までの物価上昇を埋め合わせるために加えられた額だ（インフレプレミアム）。でも10年物債券の名目金利に目を向けると、この2つを分けることはできない。3・2パーセントのうち、どれだけが実質金利で、どれだけが期待インフレ率だろうか？　実質金利が3・2パーセントで、投資家たちは完全に物価が安定するものと見こんでいるかもしれない。あるいは、実質金利が2パーセントで、投資家たちは物価が今後10年間にわたって毎年1・2パーセント上昇すると見こんでいるかもしれない。そんなこと、だれにわかるものか？

実は、私たちにはわかる。それはアメリカ政府が1996年に導入した単純ながら強力な債券：米国物価連動国債（TIPS）のおかげだ。物価連動国債は、6ヶ月ごとに一定の金利と、CPI-Uで測定したインフレ調整分をもたらす。本章の執筆時点では、10年物のTIPの年間利率は0・34パーセント（名目インフレ調整を含まない）。すごいのはここからだ：将来のインフレ率を市場がどう考えているか、TIPSの収益率と通常の国債の収益率を比較すると推測できる。現行の通常の10年物国債の収益率は1・93パーセント(26)。ここから、今後10年間の年間インフレ率は（1・93から0・34を差し引いて）1・59パーセントだと市場が予測していることがわかる。投資家たちは毎年受け取るのが実質収益率0・34パーセントにCPI-Uの変動分を加えたものだろうと、名目金利1・93パーセントだろうと、気にしないからだ。テイラー・スウィフトの事業担当マネージャーがおそらく彼女に説明済のように、CPI-Uの年間上昇率についての最も有力な予測が1・59パーセントの場合のみ、これらの債券が同じになる。今後10年間のインフレ／デフレ率は、現在の市場予測とは、ほぼ確実に異なるだろう。それでも国債とTIPSの差は、現在の予測値を最もうまく教えてくれる。

5 じゃあ、インフレもデフレもないのが最高ってこと？

ダッシュボードには他にもまだ物価指数があるけれど、解説はここまでに留めておこう。物価変動の測定につきまとう手法的な難しさ――適切な財について正しいデータを入手して、質と消費者行動について適切な調整を施すこと――がわかったら、それぞれの指数の強みと弱みもおわかりだろう。さしあたり、物価の変動を測るのが見た目よりはるかに難しいという点には賛同いただけるはずだ。物価の完全な安定――永遠に上昇も下落もしない――が、だれにとっても有益という点にも、おそらく同意していただけるだろう。

だよね？

[*6] あるいは「インフレ期待」とも呼ぶ。

うぶな読者のみなさま、それはまちがいだ。大まちがい。結核の流行が抗生物質の売り手には都合が良いように、インフレが好ましい人もいれば、デフレが好ましい人もいる。

手始めに、デフレのほうから。最悪の形の物価変動だ。前章で物価の下落から生まれるスティーブン・キング風の経済ホラーを紹介した後で、デフレを良いことだと思える人はいないはずですよね？

実はこれもまちがい。一定の名目所得で生計をたてている人（たとえば日本の年金生活者）にとって、物価の下落は1円の価値を高めてくれる。1年に物価が10パーセント下がる場合、振り込まれる年金の実質価値は、年間10パーセント上昇している。デフレが予想外で、借り手がまだ借金を返済できる状態にあるとすると、貸し手も恩恵にあずかる。返済される1ドル／円ごとの価値は、貸しつけられたドル／円の価値を上回る。

はいはい、確かに経済学者の間には、物価の下落は経済全体にとって悪いことだという一般的な合意がある。また、もともとデフレなんか起きる必要もないというのも統一見解だ。どの現代経済にも不換通貨があって、好きなだけ発行できるのだから。日本の物価下落は、ヘリコプターからお金を投下したら容易に解決できるとベン・バーナンキが提案したのは有名だ（これはもののたとえで、文字通りの政策提案ではなかった）。デフレはソファでテレビをみながらピザやアイスクリームを食べているうちに治る病気のようなものだ。長々と国を苦しめるはずはない。でもみなさんは、日本の20年間に及ぶデフレとの闘いについての話をまるまる1章分読むことになる。この一見した矛盾は、経済学と同じくらい政治面からも説明できる。一部の権力ある集団は、物価が下落してもかまわないのだ。

インフレを切望する人たちもいる。債務者は物価の上昇を好む。債務の実質価値を低下させるからだ（これも予想外のインフレの場合のみ。そうでなければ、予測された物価上昇は融資の名目価格に含まれてしまう）。第8章で見るように、アメリカ史に残る最も熾烈な闘いの一部は、本質的には物価の上昇／下落との闘いだ。ポピュリストの大統領候補者、ウィリアム・ジェニングス・ブライアンについて、高校時代に習った記憶がかすかにあるかもしれない。1896年にシカゴで開かれた民主党全国大会での演説で、かれがアメリカの金持ちに向けて言った言葉は有名だ。「人類を黄金の十字架にはりつけにしてはいけません」[27]。ブライアンはアメリカの金本位制を補う、銀の自由鋳造を主張していた。冶金はさておき、ブライアンはマネーサプライを拡大してインフレを高めようと論じていた。だれがそんなことを望んだのか？　負債で首がまわらない西部の農家だ。そんなアイデアを嫌ったのは？　銀に裏付けられた減価した通貨ではなく、黄金に裏付けられたドルでの支払いを望んでいた東部の銀行家だ。貸し手と借り手が世に現れて以来――とんでもなく長い期間にわたって――貸し手は通貨の価値を守ろうとしてきたし、借り手は通貨の減価を求めてきた。

政府は大口の借り手になりがちだ。そのため、負債が物価上昇に連動していないと、インフレで得をする傾向もある。アメリカは何千億ドルも外国から借りている。中国はアメリカにとって、最大の貸し手のひとつだ――数十億の誤差はあるとしても、アメリカは中国から1兆ドル借りている。はっきり言ってそれは、ＦＲＢのコンピュータを使って数回のクリックで生み出せるドルと変わりない。第12章でみるように、貸し手である中国にとっての危険は、アメリカがデフォルトに陥ることではない。その心配はないだろう。かれらの心配はむしろ、議会がFRBに指示して新たにドルを発行し、借金を返済して、既存のドルを減価させ、大規模なインフレを起こして、実際には借りたよりはるかに少ない返済で、貸し手である中国への法的義務を果たす——実質的にはデフォルトする——ということだ。

海外の貸し手たちがきわめて低い名目金利のアメリカ国債を進んで買うというのは、アメリカにとって褒め言葉だ（アメリカがインフレを起こして負債逃れをする可能性がないに等しいことを暗に示唆）。アルゼンチンのような国だとそうはいかない。アルゼンチンの負債がインフレ連動化されている（ことにより、先に紹介した偽りのインフレ統計がもたらされた）理由のひとつは、アルゼンチン政府には、無責任な金融政策をおこない、ハイパーインフレも生んだ歴史があるからだ。

最初の数章で読者が持たれたかもしれない疑問に対する答えが、ここで出てくる：どうしてジンバブエ（それからドイツのワイマール共和国、ブラジル、アルゼンチン、などさまざまな国々）は、あえて自国にハイパーインフレを引き起こすの？

答えは、新しいお金を発行、支出することで、政府には——短期的に——得られるものがたくさんあるからだ。他の形での収入が限られている場合や、存在しない場合はなおさらだ。新しい紙幣の発行は、国民から税——インフレ税——をとりたてる不正なやり方だ[*7]。お金をさらに発行すると、すでに流通しているお金の価値は減少する。これは、実質的にはその通貨に対する税だ。経済学では、この現象を「シニョレッジ」と呼び、お金を生み出すコスト（現代では基本的にゼロ）と、新しいお金の価値との差を示す。シニョレッジは、ポーカーの主催者がタンスに手をつっこんでプラスチック製のチップをさらに我が物にしておきながら、靴箱にはお金を入れないようなものだ。チップの持ち主全員を犠牲にして、かれが私腹を肥やす。

戦争中の国や、特に政府が機能不全の国が最も深刻なインフレを起こしやすいのは、偶然ではない。軍が支払いを要求してきたら、新しくお金を発行するには機能的な税制も、協力的な外国の貸し手も必要ない――紙、インク、言いなりになる造幣局の官僚さえ揃っていれば。そう、1990年代のジンバブエ、1980年代のアルゼンチンのことだ。そして大陸ドルを発行して米国独立戦争の資金にあてた1770年代のジョージ・ワシントンと、その革新的な同胞たちも。大陸ドルのおかげで大陸会議は、大量の金準備や国家としての税制もなしに、戦争の初期の支出を賄えた。そしてご想像の通り、避けられない結果として深刻なインフレが訪れた。これらをはじめとする、歴史に残るさまざまな例から、ミルトン・フリードマンの言葉をもじると、インフレは、いつでもどこでも政治的現象であるといえる。

だがちょっと待った。お金は心理的なものでもあるらしい――だれだってたくさん欲しいからというだけでなくて。インフレをお金の価値の実質的変化から切り離すとなると、私たちの多く

［*7］改鋳で貴金属の含有量を減らせば、商品を裏づけにしたお金（たとえば金貨や銀貨）も政府による切り下げが可能だ。軍に一定額の金フランを支払う期日がきているなら、王はこの金フラン1枚1枚に使う黄金の量を減らして用立てればいい。それでも財の価値をどこまで下げられるかという物理的限界はある。ハイパーインフレは紙幣固有の現象だ。

はガキのように振る舞う。3歳児が5ドル札1枚より1ドル札5枚を欲しがるように、多くの大人も紙幣の実質価値より額面の金額を気にかけてしまうらしい。ここで簡単なクイズを出そう。次のどっちがいいだろう：

（a）物価が変わらないとき、昇給なし。

（b）物価が年間5パーセント上昇するときに、毎年5パーセントの昇給。

数学のひっかけ問題ではない。（少なくとも経済学者にとっての）正解は、この2つのシナリオはどちらも同じ、というものだ。1番目のシナリオでは、毎年すべての数字が同じままだ。2番目では、受け取る小切手の金額は増えるけれど、通常購入するものすべての値札の数字も大きくなる。

でも実際には、インフレに恩恵をすべて食い尽くされても、昇給を選ぶのが人間の性だ。そして物価の下落で減った金額の一部、あるいはすべてが相殺されても、減給を嫌う。実質（インフレ調整）値ではなく名目値で考えてしまうこの傾向を、経済学では「貨幣錯覚」という。

ある研究者――経済学者と行動心理学者――の一団が、プリンストン大学の学生のほか、ニューアーク国際空港、ニュージャージーのショッピングモールに居合わせた人たちなど多くの人々に一連の仮定の質問を投げかけて、この現象についてまとめた（人口集団による、はっきりした答えのちがいはなかった）。たとえばあるインタビュアーは、つぎのシナリオを比較するように回答者に求めた：一方はインフレなしのときに2パーセントの昇給を受け、もう一方は4パーセントのインフレのときに5パーセントの昇給を受ける。

ほとんどの回答者は、1人目のほうが金銭的に豊かな状態にあると正しく察したけれど、なんと2人目のほうが幸せだと答えた人も結構いた！　同様に、回答者はつぎの2人を比較するよう求められた。20万ドルで家を購入して、1年後にインフレ率が25パーセントのとき24万6千ドルで売却した架空の人物カールと、20万ドルで家を購入して、1年後に物価が25パーセント下落した後、15万4千ドルで売却したアダム。数字がたくさん登場するのでまとめてみよう：

- カールは理論上23パーセントの利益を得ているけれど、物価は25パーセント上昇しているので、実質値では2パーセントの損失を被っている。
- アダムは理論上23パーセントの損失を被っているけれど、物価が25パーセント下落しているため、デフレを考慮すると、2パーセントの利益を手にしている。

最も多かった答えは、カールが最も良い取引をした、というものだった。どうやら人々の頭脳と財布は、必ずしも同調していないらしい。

著者たちは、「貨幣錯覚は現代のアメリカに広くはびこる現象だ」と、この研究を結んでいる(28)。かれらは、実質値ではなく名目値で考えるというだれもが持つ傾向を示唆するいくつかの社会現象を指摘している。一番目が「ねばっこい（硬直的）価格」。経済状況から当然とされるよりも、名目値の価格が硬直的である傾向だ。たとえば労働者たちは労働市場が衰退していても、名目上の減給を特に嫌がる。一時的であっても賃下げは、事業が苦境にあるときに雇用を守るが、これは意外なくらい実施されることが少ない。

二番目は、歴史的にドルやユーロの価値が契約期間に大きく変わる可能性があるとわかっていても、企業が物価変動調整を盛りこんだ契約を結ぶのが稀であること。およそ100年前、安定通貨協会の一員だったとある教授が、つぎのように困惑を示している。「われわれは商業にまつわるあらゆる単位を標準化してきた。例外が最も重要にして普遍的な単位である購買力の単位だ。布地や石炭について、ヤードやトンの単位で契約しながら、ヤードやトンの単位を一瞬でも成り行き任せにする事業者がいるだろうか？」(29)

三番目は、一般的な話、特にニュース報道で名目値と実質値が混同されていること。前章でハリウッドの興行収入を例に挙げたけれど、CEOへの報酬、慈善活動の寄付、政府支出、スポーツ選手の給与についても同じことがいえる。遊撃手として史上最高額を手にする野球選手が、インフレを考慮すると実は15番目だったりするかもしれない。

人の心理学はややこしい。人々は物価の変動に気づかないわけじゃない。無視したほうが楽なことが多いだけだ。この奇行が持つ意味はたいへん大きい。たとえば物価が安定しているとき、労働者は先述のように3パーセントの減給に抵抗するけれど、4パーセントのインフレにおける1パーセントの昇給は受け入れる（どちらの契約でも、労働者の待遇は実質値で3パーセント悪化する）。この現象は、単なる興味深い心理的錯覚にはとどまらない。物価が安定しているときや下落しつつあるときに比べて、緩やかなインフレの場合、労働市場はもっと柔軟になりがちだ。

同様に、消費者は大きな決断をするとき、名目値を手がかりにする。住宅所有者は実質的な価値とは無関係に、購入金額より安く家を売り払うことに抵抗を持つだろう。逆に物価の上昇は、インフレを考慮すると損になる取引であっても、所有者に住まいを売却して「利益を得る」よう仕向けてしまう可能性がある。ニュージャージー州での調査から得られたデータをもとに、人々の興味深い心の動きについてまとめたエルダー・シャフィール、ピーター・ダイアモンド、エイモス・トヴァースキーは、こう述べている。「貨幣錯覚の意味は、ゼロインフレと低インフレ率の対比にあたって検討するべき最も重要な要素であるかもしれない」(30)

さて、これで妙な状況になった。多少のインフレはゼロよりましだという有力な主張が3つ。第一に、先述のような経済的潤滑作用がある：貨幣錯覚のせいで、名目上の利得と見せかけた実質的損失を労働者や消費者が受け入れるため、市場がもっと円滑に機能する（インフレ率が3パーセントのときに1パーセントの昇給を受けた男は、それでも給料が上がったと飲み友だちに話せる）。第二に、低くてもプラスのインフレ率は、特に景気の低迷期にデフレに陥るのを防ぐ。第三に、緩やかなインフレは、ゼロ金利の壁にぶち当たる前に実質金利を引き下げる余地を中央銀行に与える（名目金利はきわめて特殊な状況を除いてマイナスにならないことをお忘れなく）。2013年、アメリカがまだ大不況から立ち直ろうとしていた頃、『ニューヨーク・タイムズ』はつぎのように報じた。「インフレは現代生活にかかってくる一種の税のようなものと広く非難されているが、FRBの政策立案者らの会合を今週に控えて、FRB内外でインフレ率の伸びが悪いこと

への懸念が高まりつつある」(31)

そう、充分なインフレでないというのだ。ここで、これまでの3章の要点をまとめよう：インフレは悪い。デフレはもっと悪い。ハイパーインフレは最悪だ。でもそれぞれの恩恵にあずかる政治主体もいる。一方で、お金の本質は商業を円滑化することであって、おそらくそれを達成するのに最も良いのは、物価がまったく変わらないこと。ただし、時とともに物価がしだいに上昇すると、商業はいっそう円滑に営まれる。いやはや、なんとも面倒だ。

だからその通り、物価をきちんとするのは難しい。

そして、銀行家についての話はまだしていない——ほら、2008年の金融危機を（お友だちにたっぷり手伝ってもらいつつ）引き起こした人たちのことだ。お金を使ってできる最も重要なことのひとつが、他の人々への融資だ。信用は現代経済の支えだ。大学の学費調達のため、車を買うため、事業を立ち上げるため、ラスベガスの不動産に投機するため、お金を借りると、暮らし向きは着実に良くなる。

返済できるかぎり。ラスベガスの不動産への——他人のお金を使った——投機は悪い結果をもたらしかねないことも、2008年に目の当たりにした通り。貸し借りを抜きにしても、お金は扱いが難しい。でもそこに銀行（その他の銀行のような働きをする機関）が絡んでくると、物事は本当にまともじゃなくなってくる。

第4章

信用と破綻

はい、こういうことは過去にも経験があります。残念なことに何回も。

ゲイリー・ゴートン　イェール大学経済学者、
アメリカ金融危機調査委員会の証人喚問にて(1)

これから5年のうちに、キンドルバーガーの著作『熱狂、恐慌、崩壊：金融恐慌の歴史』を読んでおかなかったことを人々は悔やむことになるだろう。

ポール・サミュエルソン　ノーベル賞受賞者、キンドルバーガーの著作に寄せた推薦文にて
（2008年の世界的金融危機の3年前）

2008年の金融危機についての良書はたくさんある。手始めに大恐慌に関するベン・バーナンキの随筆か、最近出版された回顧録を読んでもいいだろう。バーナンキは大恐慌の研究者だ。危機に関するかれの見解を通じて、金融危機の展開を目の当たりにしたFRB議長としての対応がわかる。ハンク・ポールソンやティム・ガイトナー（それぞれジョージ・W・ブッシュ、バラク・オバマの財務長官）など、関係者たちの回顧録を読んでもいい。また、アーヴィング・フィッシャーの古典的作品『バブルと不景気』を参考にするのもいいだろう。1932年に出版された本だけれど、金融危機の原因と結果について、時代を超越した洞察が盛りこまれている(2)。さまざまな見解のまとめなら、『経済論文ジャーナル』に掲載されたアンドリュー・ローの論説「金融危機について読む：21冊の概説」はどうだろう(3)。そう、かれが21冊すべて読んでくれたので、こっちの手間が省ける。

言うまでもなく、金融危機調査委員会の最終報告も読むといい。2009年――危機がまだ進行中だった頃――に議会の任命を受けた「現在のアメリカの金融・経済危機の全国的、世界的な原因を分析する」10人構成の委員会によるものだ(4)。悪いお知らせ：報告書は反対意見と巻末の注も含めると632ページにわたる。良いお知らせ：オンラインで無料で入手できる。『スコーム湖報告：金融システムの修復』を熟読するのもいい。金融システムの長期安定性の改善のための提言を作成するため、2008年の秋に（ニューハンプシャー州スコーム湖に）カンヅメになった世界最有力の経済学者15人による報告書だ(5)。

1　『素晴らしき哉、人生！』で学ぶ金融パニック

でもそんなことをしなくても、映画『素晴らしき哉、人生！』を観るだけでもいい。そう、ジム・スチュワート、ドナ・リードの出演した映画だ。『素晴らしき哉、人生！』は、単なるクリスマス休暇向けの不朽の名作ではない。現代金融システムにつきまとう脆弱性を理解する最も手軽な手段でもある。ベイリー・ブラザース建築貸付組合の外に預金者が列をなしてお金を要求するのに対して、ジョージ・ベイリーが新婚旅行用の資金に手をつけて、気をもむ預金者たちへの支払いに充てて窮地を救う、あの銀行取りつけのシーンを理解できたら、2008年の金融危機、大恐慌、19〜20世紀にアメリカを断続的に襲った金融恐慌、そして将来訪れるおそれのある金融危機も理解できる。他の部分は枝葉にすぎない。

金融システムの中心にあるのは銀行——そして看板の名前はちがっていても、銀行のような働きをする機関——だ。銀行（などの機関）は貯蓄者と借り手をマッチングさせて、起業家、住宅購入者など、他人のお金を生産的用途にあてる人々の手に資本を渡す。子どもたちの高等教育のために膨大な費用を貯めこもうとする筆者のような人々は、取り分けておくお金で収益を得る（経

済学の等式では、利率をｉではなく、資本収益率（資本のレンタル料）からｒと表記する）。
筆者のかつての教え子たちのように、事業を立ち上げたり大学院に進んだりするのにお金が必要な人々は、私の貯蓄を「借りて（ｒｅｎｔ）」、借金の金利を払い終えた後もかれらの生活を向上させるであろう物事に着手する。筆者が学生に直接お金を貸しつけるのではなく、銀行が仲介者の役割をして、分け前を得る——筆者の貯蓄に金利を払い、その資金をもう少し高い利率で借り手に貸しつけるのだ。すべてがうまくいくと、社会は便益を得られるし、金融業者はその過程で相当の利益を得る。活気があり、利益をもたらす銀行部門なしには、現代経済は機能しない。
でもうまくいかないと……さて、ベッドフォードフォールズのジョージ・ベイリーのもとへ戻ろう。『素晴らしき哉、人生！』をご覧になっていない読者や、あの映画を過去の金融パニックについての最高の教材とは思っていなかった向きのために書いておくと、（まだ若く、人好きのするジミー・スチュワートが演じる）ジョージ・ベイリーは、（広い意味で）小さな町の銀行、ベイリー・ブラザース建築貸付組合を営んでおり、ベッドフォードフォールズの町で住宅ローンを貸しつけている[*1]。映画の中では、一連の出来事からベイリー・ブラザースに対して取りつけが起こる。ベイリー・ブラザースが破綻しないかと懸念した顧客たちは、手遅れにならないうちにお金を引き出そうと外に列をなした。脚本にはつぎのようにある：
建築貸付組合の玄関口は、鉄の門扉で閉ざされている。門扉には鍵がかかっている。男女入り交じった群衆が門扉のまわりで待機している。身なりは質素で、かれらにとって貯蓄は死活問題だ(6)。

質素な身なりの人々が求めているのは自分のお金だし、不当な要求ではない。ベイリー・ブラザースの財務状況は、表向き健全、つまり銀行資産が負債を上回っていた――といっても、お金を今すぐにと求める預金者すべての要求に応えられるだけの現金が金庫室にあるわけではない。

この瞬間のジョージ・ベイリーが抱える問題は、時代を超越して教訓を与えてくれる。金融機関はしばしば「短期で借り入れて長期で貸しつける」。つまり、預金者（あるいは他の投資家）の大部分が突然お金の払い戻しを求めた場合、資金がローンなどの投資にまわされていて、容易に現金化できない可能性がある。銀行が不良債権をこしらえていないという意味では、資金は安全かもしれない。それでもお金は金庫室にはないし、ただちに回収できるわけでもない。ある程度の数の投資家が支払いを求めて現れた場合、全員はお金を手にできない。

さらに悪いことには、その機関が義務を完全に果たせないという噂が出回ると、間に合わなくなる前に支払いを受けようと他の人々が殺到して、危機を深刻化させる。これが典型的な銀行取りつけで、お金を引きあげる人間が殺到すると、健全な機関でも破綻しかねない。

ジョージ・ベイリーは銀行窓口に群がる顧客たちに、こういった事情を理解してほしいと懇願す

[*1] 厳密には、建築貸付組合は銀行ではなかったので、連邦預金保険公社（ＦＤＩＣ）による口座の保証もなかった。ＦＤＩＣ保険は、映画に描かれたような銀行取りつけを回避するために１９３３年に誕生した。『素晴らしき哉、人生!』の劇場での封切りは１９４６年だ（当初の興行成績は期待はずれだった）。

る。最初の預金者が口座のお金すべての払い出しを求めると、ジョージはこう説明する。「まったくの誤解です。お金がここの金庫にあるとお考えのようだ。お金はここにはありません。ジョーのところです……ご自宅のお隣の。それからケネディ家、マックリン夫人のところ、そのほか百軒ほどのお宅にあります。建築用のお金を借りた人たちは、できるかぎり早く返済しようとしています。どうなさるおつもりですか？　担保権でも行使しますか？」(7)

この心動かす話術でも、パニックに陥った群衆は鎮まらなかった。結局ジョージ・ベイリーは私財を投入して、預金を要求する人にお金を配り、初期段階にあった銀行取りつけを鎮圧した。言うまでもなく、銀行取りつけの心理は逆にもはたらく。払い戻しが受けられると保証されると、借り手は払い戻しを求めなくなりがちだ。金融用語でいうと、ジョージ・ベイリーは新婚旅行用の貯蓄を「最後の貸し手」として用立てた。この緊急用資本は、破綻直前の機関を救済して、他の事業が道連れになるのを防ぐ。これも金融機関の特異的な特徴だ。静かにひとり倒れるわけではない。それぞれが登山者のように、他の多くとロープで結ばれている――ひとり滑落すれば、多くが道連れになりかねない。

実際、『素晴らしき哉、人生！』では、もしも建築貸付組合が破綻したらどうなっていたか示されている――社会科学で「反実仮想」というやつだ。この映画の奇抜な発想で、天使がジョージ・ベイリーに、もともとかれの存在しなかった（ゆえに建築貸付組合を救済していない）世界を見せるくだりがある。このシナリオでは、ベッドフォードフォールズは自暴自棄な人々であふれており、不誠実な事業が横行して、景気は後退している。脚本はつぎの通り：

地域の様子は完全に変わっている。かつての静かで秩序ある小さな町は、いまや辺境の村のような性質を帯びている。ナイトクラブ、カフェ、酒場、酒店、ビリヤード場などがつぎつぎと映り、その多くからジャズが大音量で流れてくる。映画館は猥雑な芝居小屋になっている。ガウワーの薬局があったところには質屋がある、等々。

さて、ここでの本題に入るのに天使の存在を信じる必要はないし、ひとつの銀行破綻がベッドフォードフォールズをだめにしてしまうなんて考える必要もない。また、質屋、酒店、ビリヤード場は、それ自体が悪いわけでもない。重要なのは、もっと単純で議論の余地がないことだ：金融恐慌は必ず起こるし、起きた場合は直接の当事者たち以外にも被害が及ぶ。２００８年を思い出してほしい――自分が住宅バブルにまったく関係なくても、崩壊の影響は感じられた。事態が悪化すると残りの人々も、たとえて言えば、質店やビリヤード場にたどり着く。そして政府がしばしば尻ぬぐいを求められる。

英『エコノミスト』誌はつぎのように指摘している。「銀行家にまつわる古いことわざ――利益を懐に入れることについては資本主義を信じていて、損失への支払いとなると社会主義を信じる――は、真実をつきすぎていて慰めにならない」(8)。これに関連した政策問題が、政府が介入して金融危機の可能性を減らし、起こった場合の被害を軽減するべきならどのようにやるべきか、というものだ。この問題は昔からあったし、これからも存在し続けるだろう。

2 ゼロから価値を創造する信用の力

次章では、政府と金融の交わるところで必要不可欠な役割を果たす中央銀行（アメリカのFRBなど）の役割を研究する。でもその前に、まず信用が持つすごい力について分析しよう。これは金融分野のTNTに匹敵する。ダイナマイトのたとえは、見た目ほど出まかせでもない。部分準備制度――銀行が他人の資金を貸しつけてお金を儲ける――は、大きなものをつくりあげる助けになる場合もあれば、借り手、貸し手、その他たくさんの罪のない人々に損害を与える金融恐慌を引き起こす場合もある。

信用特有の展望と落とし穴を把握するために、仮想世界のベッドフォードフォールズを離れて、さらに現実から乖離した場所へ旅立とう：おもに稲作農業で維持されている仮想上の地方社会だ。単純で幸せな地域で、あやしげなサブプライムローンの取扱業者も、投資銀行家もいない。クレジットデフォルトスワップ［訳注：第9章を参照］なんて、だれも聞いたこともない。中央銀行もなければ、法貨もない。すべてが米でまわっている。『素晴らしき哉、人生！』の脚本家兼監督フランク・キャプラが、牧歌的な農村を題材にした映画を制作しようとしていたなら、こんな場所を舞台にしただろう。でもこの社会は、金融ブームと不況に見舞われやすい点で、2008年のアメリカと変わらない。むしろ、いっそう見舞われやすいかもしれない。

まず米について。お金として使える、とてもすぐれた財だ――耐久性があり、希少で、容易に計測も小分けもできる。でも完璧ではない。米が詰まった袋を持ち歩くのは、文字通り苦痛だし面倒だ。そのため、しっかりした人物なら論理的な商機を思いつくはずだ：米蔵だ。米蔵の経営者は、預けられた米についての受領書を発行する。この受領書が、日常の取引で米の代わりになる。はい、商品を基盤とした紙幣のできあがりだ。米蔵の数によっては、複数の通貨が誕生する。

このような通貨の信頼性は、受領書を発行する米蔵の信頼性に左右される。証明書が額面価格で償還されると信じているかぎり、人々は支払いとして受け取ったり使ったりする。実際に——食べる、あるいは植えるために——米そのものが必要な人たちを除いて、村民の大部分は50キロ袋入りの米よりも証明書を保有したがる。米蔵が予期すべき償還件数は少なく、比較的予想しやすい（たとえば田植えの時期、結婚シーズンは多いなど）。

この地域の「マネーサプライ」は、預託米の量の関数だ。というのも、それが流通する米証明書の数を決定するのだから。この貨幣供給は自然に盛衰する。収量が特に大きいときは、預託米は増加する。不作の後は、預けられる米の量が減少する。こういった変動は、大きくなりがちだ。米の収量が大きいと、だれもが恩恵に預かるものと見こめるし、逆もまたしかり。このことから、仮想上の村についての一番目の興味深い洞察はつぎの通り：商品を基盤とする通貨であっても、貨幣供給の変動が大きいせいで、価格も大きく変動する（これは第2章で説明した、新世界で黄金と銀が発見されたことによる価格変動と似ている）。米が豊富にあるときは、米の証明書も豊富にある。人々が欲する他の財（酒、家具、薪）の量が変わらない場合、米で測った財の価格は上昇する。単なる基本的な需給の問題だ。だれもがお米をたくさん持っていれば、他の財を追求する米の量も多くなる。これが貨幣供給と価格の基本的な関係で、黄金であろうと、ドル紙幣であろうと、米の証明書であろうとそれは変わらない。

一方で、政府や中央銀行がなくても、米蔵は当座預金口座、あるいはこれに類するものの機能を円滑に果たす。あなたが米蔵に米口座を持っていて、私もそこに米口座を持っていたら、商取引で米証明書を交換する必要はない。あなたから日本酒を1箱買うには（村にも娯楽は必要だ）、私の口座からあなたの口座に一部の米を移すように米蔵の経営者に書付で伝えればいい。村に電気も水道もなくても、当座預金口座のできあがりだ。蔵の経営者が私の口座から7袋の米を引き落として、あなたの口座に入れる。

あなたが別の米蔵に口座を持っていた場合も、私の米「小切手」は同じように使える。他の村人たちも小切手を切っている可能性は高いし、その中にはあなたの蔵から私の蔵に米を届けさせる指示もあるだろう。米蔵の経営者たちが、依頼のたびに米袋をあちこちへ輸送する必要はない。継続記録をつけておいて、一日の終わり、あるいは週の終わりに精算すればいい。現代の金融システムでは、小切手や、その他の電子商取引はこうして処理されている。地味ながら重要なFRBの役割のひとつが、加盟銀行の精算機構として金融システムの「配管」を円滑にすることで、加盟銀行はすべてFRBの口座に預け金を置くことを義務づけられている。先進国では、当座預金口座の資金（要求払預金）は、通貨と同じくマネーサプライの一部として扱われる——当座預金口座の資金も、財布の中の現金とほぼ変わらないくらい容易に取引に使えるからだ。

いまのところは大いに結構。私たちの牧歌的な農村には、基本的な米の銀行システムがうまく普及しているようだ。それがどうしてビリヤード場と質屋になり果ててしまうのだろうか。では、最終的には埃っぽい町に暴動を招いたり、少なくとも日本酒の消費を大きく増やしたりしてしまう、米銀行システムの要因についてみていこう。米蔵の経営者がやがて、口座の持ち主の大部分は米を引き出しに来ないと気づくのは明らかだ。むしろ、預託と引き出しは予測可能なパターンで増減する。なんてもったいない！　生産性を秘めた米は死蔵されたまま、ただネズミを惹きつけるだけだ。

そこで、野心的な米蔵経営者の登場だ。かれは貯蔵庫にしまわれて使われていない袋入りの米を貸し出せば、利益を得られることを知っている。

そう、この米貸しの起業家は、自分のものではないものを貸し出しているが、いけないことではないだろう。これは『素晴らしき哉、人生！』でジミー・スチュワートがやっていたことだし、かれは皆に好かれていた。特に年末年始の休日には。突き詰めれば、これらの貸付は関係者すべての暮らし向きをいっそう良くする可能性を秘めている。新たに農業を始めた人は、米を借りて田植えを始められるし、貸付は収穫後に利子つきで返済される。借り手は土地の所有権などの担保を提供するので、デフォルトが生じても米蔵は補償される。一方、余剰米を抱える家族は、かつては保管料を支払って預けなければいけなかったところを、米を貯蔵庫に預けてわずかながら稼ぎを得られる。米銀行家は米の貸し手と借り手の仲介者として利益を得る。銀行業はまさにノーマン・ロックウェル――小さな村を実際より良いところにしてみせた――を生み出す。あらゆるところで、歴史を通じてずっとやってきたように。英『エコノミスト』誌が「銀行の台頭は、しばしば文明開化を伴ってきた」と指摘している通りだ(9)。

だから銀行家は愛される——やがて干し草用のフォークでブチ殺したくなるまでは。先ほど見てきた、米を基盤とした素朴な経済では、米蔵の持ち主は、貯蔵庫の米の一部を安全に貸し出せるものと考えていた。典型的な米蔵経営者は、貯蔵庫の米の半分を確保しておき、あと半分を貸し出すやり方で安心していられるとしよう（専門的にいうと、支払準備率0・5）。米銀行家が他人の資本の貸し出しを始めると、とても変わったことが起きる：お金が生みだされるのだ。とてもとても単純な数学で、とてもとても説得力ある説明ができる。米が詰まった袋が1万袋あり、それがさまざまな米蔵に預けられていて、1袋につき1枚の米証明書がついているとしよう。この村の貨幣供給は米1万袋。米蔵の経営者が米5千袋（預かり分の半分）を貸し出すと決めると、貨幣供給は米1万5千袋に増える。魔法ではない。部分準備制度、少なくともその簡易版だ。

蔵に米を預けている人は、だれもが預け分の証明書を持っていて、この証明書（あるいは預け分から切られる小切手）が商取引用に流通している。銀行（蔵）が貸し付けすると、さらに5千袋の米（あるいは証明書）が流通の輪に入る。二重計上していることになるが、それこそが重要だ。私が銀行に預けるお金は、私のお金として勘定されるし、それが貸し出されると、だれかのお金としても勘定される[*2]。

銀行は信用を創造し、信用は新たなお金となる。金本位制の場合も、米の場合も。

このため、銀行制度はＦＲＢとマネーサプライをつなぐ重要な役割を果たす。これについては次章でとりあげる。余談ながら、信用を創造する他の機関もお金を生み出せる。２００９年、支払いにあてる現金が不足したカリフォルニア州は借用証書を発行して、償還待ちの納税者を含む債権者への支払いに使った。借用書は発行後およそ3ヶ月（州が予算問題を解消できた場合は、これに先立つ時点）で、3・75パーセントの利子つきでドルに換金できた(10)。

大恐慌のさなかも、特に地方銀行が破綻したり、政府によって閉鎖を余儀なくされたりしたときに、同じことがあった。充分な信用力を持ち、独自発行の借用書を他者に受け入れられる機関は、およそ10億ドルの証書を発行した。これらの代替通貨には、金属、皮革、紙、魚の皮、古タイヤが使われて、そこに印字された(11)。借用書は（借用書を手にする当事者から、借用書を書く当事者に対する）貸付だ。どんな貸付も信用の拡大であり、信用拡大は貨幣供給を拡大する。チャールズ・キンドルバーガーの指摘によると、一定の貨幣基盤に対する信用を拡大する方法は、本質的には無限に存在するという(12)。

目下のところ、私たちは牧歌的な農村の暴動と荒廃に向かってゆっくりと歩みを進めつつある

[＊2] このプロセスがさらに続く場合もある。借入を受ける農家が借りた米（あるいは米証明書）を使う準備が整っておらず、しばらく自分の銀行に預けるとしよう。その資本の半分も貸付可能だ（支払準備率0・5とする）。これで三重計上。筆者の米の半分は他人に貸付可能なので、貸しつければ米1袋ごとに、半袋の新たなお金が生まれる。それが銀行に預けられて一部貸し出されると、半袋ごとにまた4分の1袋の新たなお金が生まれる。ご想像の通り、貸付可能な増分の米がなくなるまでこのプロセスは続く。部分準備制度における、新たな預け入れによる貨幣供給の拡大、貨幣乗数（m）の方程式は以下の通り：$m=1/$支払準備率。例のように支払準備率が0・5の場合、新たに預けられる米1袋ごとに米2袋が貨幣供給に加わる。支払準備率が低いほど、貨幣供給も急激に増加する。支払準備率が0・1の場合、預けられる米（あるいはドル）1袋ずつが貨幣供給を10倍に増加させる。貨幣乗数は逆にも作用することを理解しておこう。銀行の貸付が鈍化したり、準備率があがったりすると、マネーサプライは急激に収縮する。

（二重計上という用語が、よろしくない終わり方を暗示している）。この金融システムが好況と不況を増幅するのは、おもに信用の「景気循環的」性質のせいだ。銀行は景気が良いと積極的に貸付をおこない、景気が悪いとこのうえなく慎重になる——それが好況をいっそう煽り、不況をいっそう煽る。パーティーのノリが高まってきたら、信用には音楽のボリュームを上げ、飲み物にアルコールを足す効果がある。パーティーが——現実にせよ仮想にせよ、どんな理由であれ——ダレると、信用は乏しくなる。大きな器に用意された飲み物の中身を捨てて、照明をつけてお開きにするようなものだ。

今回のケースでも、このたとえはでたらめに選んだものではない。2008年の金融危機につながった好況を最もうまくとらえた発言は、シティグループのCEO、チャック・プリンスが2007年の夏に『フィナンシャルタイムズ』に語ったものだ。「音楽が流れているかぎり、立ち上がって踊らなければなりません。まだわれわれはダンスを続けています」(13)。FRB副議長、アラン・ブラインダーが、その後おとずれた危機について書いた本を『音楽がとまったとき』と題したのは、偶然ではない。あえて言っておくと、シティグループは踊るのをやめ、シティの株主たちは途方もない金額を失い、チャック・プリンスはCEOの座を退いた。

いまのところ、私たちはまだ村で踊っている。好況だったとしよう：豊作で、各家庭に米があふれている。米蔵に預けられる米の量は増えて、さらなる貸付が可能になる。地価は上昇中。それは信用を手に入れやすいせいでもあるし、将来も豊作は続くと村人が信じているせいでもある。好況の特徴の一つが、ときに妄想すれすれにもなる多幸感の高まりだ。あの高名な科学者で勲爵士の称号を持つアイザック・ニュートンも、投機的な不動産バブルで大金を失い、つぎのような結論を下している。「私には、天から授けられた人体の動きは計算できるが、人間の狂気は計算できない」(14)。著名な経済学者の中には、異議を唱える人もある――「バブル」や「熱」なんて存在しないという信条にしがみつく経済学者たちも、わずかながら存在するのだ。かれらの非常に観念的な世界観では、資産価値の大きな変動は、つねに合理的説明がつくもので、ただの集団ヒステリーではないという。この人たちはもっと歴史について読むか、屋外で過ごす時間を増やすか、あるいはこの両方をやってみる必要があると私はにらんでいる[*3]。筆者もかれらのいう、人間がつねに、場所を問わず、理性的である世界で生きてみたいものだけれど、私たちのいるこの世界がそうだとは思わない。

[*3] 筆者の書きぶりがやや辛辣なのは、実際そう感じているからだ。大学院時代、マクロ経済学の教授――世界で最も影響力ある金融専門家の1人で、現在は世界で最も影響力ある大学で教鞭をとっている――と筆者の間には、市場心理の役割をめぐって意見の相違があった。教授は心理が左右するのは経済のファンダメンタルズのみで、市場の動向ではないと主張した。筆者は同意しなかった。陶酔とパニックに陥りやすい人間の本質に目をつぶるのは、浅はかなことに思われたからだ。それから月日がたって、時は市場に対するかれの見解より私の見解に味方している（2002年のノーベル経済学賞では、心理学と経済学の交差点にある重要な研究が認められた。この重要な領域はいま、行動経済学の下位分野で研究されている）。うん、この課目の評価でB－をつけられたことをいまだに根に持っていることは認める。まったく私は器が小さい。でも大局的にみると、いっそう腹が立つ。ごくわずかな例外を除いて、マクロ経済学のコミュニティは不動産バブルの崩壊も、それが広範な金融システムに及ぼすおそろしい影響も予期していなかった。実際、この危機をほぼ確実に悪化させたのは、世界的リスクを軽視して、無謀な金融業者に誤った安心感を与えた、厳密だが不正確な数々のマクロ経済学モデルだ。学術分野で、優秀性に対する傲慢さの比率がこれほどとんでもないものになり、それが、それが非常に大きな人的損失をもたらした例は希有だ。

いずれにせよ、好況と積極的な信用市場との相互作用は無謀な行動を促すおそれがあり、それが危機をもたらす。要点をまとめると：豊作によりマネーサプライは増加。銀行がさらに積極的に貸付をおこなうため、マネーサプライがいっそう増加。将来の収量への期待の高まりと、土地が信用で買いやすくなったことから、地価は上昇中（地価の上昇は貸付を促進するし、逆もまた然り）。また、銀行は預けられた米のうち、保管庫に置いておく米が占める比率を（たとえば0・5から0・25に）引き下げ、さらに米を貸し出せるようにする可能性がある。これはまったく理不尽なことでもない。農家は豊富な収穫を得ており、将来も豊作を見こんでいるのだから。銀行におしかけて預けた米を求める人は、ほとんどいないだろう。ロバート・ソローはこう書いている。「世界をばしゃばしゃ動き回る大量の流動性資本は、器からあふれる可能性を引き上げる」(15)。うん、いっそう暗示的だ。これが映画だったら、かろうじて聞き取れる音量で、不吉な音楽が流れ始めるところだ。

3 たちこめる暗雲——バブルと信用破綻の兆し

米の栽培にほとんど、あるいはまったく興味がない一部の投資家は、地価がさらに上がったところで売却しようと（信用を使って）土地を買い始める（無情な言い方をすると、このような投資家は『投機家』とも呼べる）。村はずれでは、それまで生産的な用途がほとんどないと見なされていた土地が価値を増している。一方、村の政治的指導者たちは、貧しい市民が二級（サブプライム）の土地を買えるように、信用にアクセスしやすくなるべきという信条のもとに団結している。村の「赤」部分に住む保守的な米農家は、これを「所有権社会」構想の重要な要素と見なす。村の「青」部分の農家も、貧しい村人も土地を買えるようになるべきだと信じている。欲深い銀行家たちは、あまりに長い間、隅に追いやられた市民たちを門前払いしてきた！　赤と青の政治家たちは、米栽培を手がける同性愛者同士の結婚については意見を異にするかもしれないが、低所得層への貸付を増やす――ことで、ついに自分の稲田を持てるようにする――のは良いことだという信念で結ばれている。

資産価格（と負債）は上昇・増加中だ。農家は豊かになったように感じている。村には繁栄が浸透して、稲作とは無関係の事業の成長に寄与している。だれもが踊っている――ワルツではなくジルバだ。キンドルバーガーが著書『熱狂、恐慌、崩壊』に書いた通り、「熱狂の間は、不動産や株、いくつかの商品の価格の上昇は、消費と投資支出の増加に貢献して、それが経済成長率の加速をもたらす」(16)。そう、2005年のアメリカは、このように感じていた。それから1990年代前半の東アジア。1980年代の日本。「狂騒の20年代」（文字通りダンス、チャールストンが大流行した頃）のアメリカ。崩壊の前はいつもこのような光景になるからだ。

ここで不気味な音楽が鳴り響く。人々がダンスをやめて、お金を引き揚げに銀行に駆けつけたくなるような音楽がいい。いま述べたすべてが逆回転しはじめる。ダンスが止まったのは、凶作、悪天候の予測、あるいは悪天候予測の噂のせいかもしれない。いずれにしても、ダンスは急に終わる。何かが農家と銀行家を怯えさせる。強欲は恐れに変わる。無謀さは疑心暗鬼に変わる。地価、特にサブプライムの土地の価格が下がり始める。銀行が信用を縮小して、地価はさらに下がる。ローンを返済できない農家もある。収量が予測に満たなかったか、債務返済については地価の上昇をあてにしていたせいだ。不良債権は米銀行にとって問題になり、村人たちは手に入れられるかぎりの米を取り戻そうと銀行に殺到する。

この時点で、人好きのする蔵の経営者は、一気に米をすべて引き出さないでほしいと懇願する…「まったくの誤解です。お金がここの金庫にあるとお考えのようだ。お金はここにはありません。ジョーの水田です……ご自宅のお隣の。それからケネディ家の水田、マックリン夫人の水田、そのほか百軒ほどのお宅にあります。あなたに米を借りた人たちは田植えをして、収穫後にできるかぎり返済してきます。どうなさるおつもりですか？　彼らの資産を差し押さえますか？」

米銀行は差し押さえて、担保として提供された土地を売り払う。それが地価をさらに押し下げる。不良債権を多く抱えすぎた銀行は破綻する。不安を感じた預金者たちが米の払い戻しに殺到すると、健全な銀行も支払不能に陥りかねない。これが土地の買い時だと賢明にも理解している農家は、疑心暗鬼になった銀行家たちが信用を引き締めたせいで、不利な立場に置かれる。悪いことのそれぞれが、さらに悪いことを引き起こす。

キンドルバーガーによると「一部資産の価格の低下が、資産価値のさらなる低下と金融システムの『窮迫』に対する危惧をもたらした。これらの資産を価値が下落する前に売ろうというあせりが自己実現的になり、あまりに急ぐために、パニックが生じる。商品――住宅、建築物、土地、株、債券――の価格は、最も高かった頃の30-40パーセントの水準に暴落する。破綻が急増、経済活動は停滞、失業率は上昇する」という[17]。まさに2008年の状況のようだ――キンドルバーガーが世を去ったのは2003年だが。実のところ、かれが描写したのはアメリカの1816年、1826年、1837年、1847年、1857年、1866年、1873年、1907年、1921年、1929年の恐慌だ。これは単なる不運ではない。イェール大学の経済学者、ゲーリー・ゴートンは、金融危機調査委員会に対してつぎのように語っている。「銀行業務には基本的、構造的な特性があって、対策を怠ると、このような危機につながるのです」

4―お金に換えたい時に限って売れない：流動性

ここで流動性と支払能力のちがい（あるいはもっと重要な、流動性欠如と支払不能のちがい）について、詳細に述べておこう。危機においてはこれらの概念の区別が不可欠だ。流動性は、ある資産を現金に換えられる容易さと確実性の指標だ。最も流動的な資産は現金だ、なぜならすでに現金なのだから（この一文を何回も読み返していると、深い意味があるようにも見えてくる……）。大金を保有するには非実用的なドル紙幣を除くと、アメリカ財務省証券が世界で最も流動性の高い資産だ。およそ5千億ドル相当の財務省証券が日々売買されている[18]。

流動性は連続体で、一方の端には現金、他方の端には独特な資産、たとえば美術品などが存在する。レンブラントの絵画はどれも唯一無二の存在で、買い手候補の数は少ない。そんな売買の準備には時間がかかるし、このような作品の売却の手数料は高くなりがちだ。15分の間に大金を調達する必要がある場合は、財務省証券（国債）の売却が、実に有望な選択肢だ――スイスのスキー別荘や、年代物の野球カードのコレクションの売却は、選択肢として劣る[*4]。

一方、支払能力は白か黒かの概念だ。資産が負債を上回る場合には、支払能力があるということになる。負債が資産を上回る場合は、支払不能(破産、破綻)だ。すべての資産を即座に、容易に流動化できたとしても、それで手に入る収益は、すべての債権者に返済するには足りない。だが問題なのは、いつもなら流動性のある資産が、危機においては流動的でないということだ。多くの人が同時に売ろうとするからだ。バランスシートが健全だとしても、資産を売って金融パニックを切り抜けられると考えるのは、ハリケーンのさなかにスーパーへひとっ走りして飲料水を調達できるものと考えるようなものだ。だれもが同じことをやろうと殺到したら、うまくいかない。

危機になると、流動性不足は支払不能に変わりかねない。それが『素晴らしき哉、人生!』で、ベイリー・ブラザース建築貸付組合が抱えることになった問題だ。銀行機関には預金者に払い出す充分なリソースが——長期的には——あるものとみんな思っている。でも預金者たちは即座の払い出しを求めて活動している。最後の貸し手——ジョージ・ベイリーと、新婚旅行用の現金——は、短期的な流動性のニーズを満たすだけでなく、パニックそのものを回避する(あるいは終わらせる)ことにより、流動性不足が支払不能に変わるのを防げる。人々はお金を回収できるとわかると、払い出しを求めなくなりがちだということをお忘れなく。

これがウォルター・バジョットの基本的な洞察だ。19世紀に英『エコノミスト』誌の編集者を務めた人物で、1866年にロンドンで金融恐慌が起こった後に、金融と中央銀行業務について、影響力ある論文『ロンバード街』を書いた。バジョットはこう述べている。「ある国の究極の銀行準備高（それをだれが仕切っているにせよ）は通常はまったく表には出てこないが、唯一ある重要な目的を果たすためにだけは表に出る。その目的のひとつが、国内不安がもたらす現金需要を満たすことだ」(19)。バジョットの忠告は、今日に至るまで中央銀行関係者にとってのモットーとなっている：あらゆる優良担保に対し、懲罰的利率で無制限に貸しつけること。つまり：

1. 支払可能な機関が流動性問題を解決するためのお金は、いくらでも貸し付けよう。こういった借入にアクセスできるということ自体が、流動性問題が発生する可能性を減らすのだと認識すればいい。
2. 支払が受けられない場合に貸付をカバーできる充分な担保を要求すること。ただし担保として差し出されるものが、価値は高くても非流動的である可能性（たとえば銀行の建物など）は認識しよう。
3. 不必要な借入を阻止する（そして借り手に、そもそもこんな問題が起きないようにすべきだったと気づかせる）だけの高い利率を課すこと。ただしパニックを回避するための借入を思いとどまらせてしまうほどは高くしないこと。

［*4］　2008年の危機では、世界の投資家たちがお金をアメリカの財務省証券に換えて寝かせようと躍起になり、利回りは束の間マイナスになった。パニックに陥った投資家たちは、利子を手にするかわりに、あえて少額のプレミアムを支払って、資本をデフォルトのリスクが非常に低く、流動性の高い証券に換えた。

5 どうして銀行や投資家を救済しなきゃいけないわけ？

ここで再びあの農村に戻ろう。村の議会は米恐慌査問委員会を組織して、エリザベス・ウォーレンが長老に任命された。三つ叉を携えた怒れる農民たちが米蔵を取り囲んでいる[*5]。ここで新たな登場人物、ラムを紹介しよう。かれは恐慌まで、村で餅を売っていた。ラムは若く、魅力的で、働き者だ。好況のあいだ、ラムは賢明にも、土地投機に手を出したり、過剰債務を抱えたりはしなかった。だが恐慌後、事業は大打撃を受けた。かれが扱う商品の需要が急減したこと、そして事業を立ち行かせるために、きちんと担保を設定した基本的な貸付を受けられなかったことが原因だ。ラムは文無しになり、家族は飢えて絶望しつつあった。

ラムが重要な理由を述べよう：何の罪もない被害者だ。銀行家や投機家は嫌われる。多く借りすぎた農家は自業自得だ。だがラムは巻き添え被害を受けた。かれについてはどうしたものか？それが単純か複雑かを問わず、どんな金融システムの中心にも存在する問題だ。経済的にも、人道的にも、政府がやむを得ず危機を野放しにすべき事例もある：たくさん愚かなことをした、たくさんの愚かな人々が、そのおこないに対して適切な代償を払う場合だ——そうすれば将来的に愚かな行動が減るかもしれない。財務長官アンドリュー・メロンは、大恐慌のさなかにハーバート・フーバー大統領に、こう助言したという。「労働、株、農家、不動産を整理するのです。（中略）そうすれば、システムから腐った部分が取りはらわれます。（中略）価値は調整されて、野心的な人々が、有能さに劣る人々の残骸を拾い集めるでしょう」(20)。つまり、危機で破産するような愚かな人やものは一掃して、残ったものでやり直せということだ。

メロンが実際に何と言ったのかについては多少の論争がある。ハーバート・フーバー大統領がその発言を伝えただけで、動画は残っていないからだ。だがＣＮＢＣの記者、リック・サンテリが２００９年にシカゴ商品取引所で、債務超過の住宅所有者たちの救済に抗議したことで有名になった、痛烈な批判の映像ならＹｏｕＴｕｂｅで見られる。サンテリは自分を取り囲むトレーダーたちに向かって声を上げた。「あなたがたの中で、浴室２つ付きの住宅のローンを抱えて首がまわらない隣人の支払いを肩代わりしたい方はどれだけいますか？」だれかが叫び返した。「みんなでローンの支払いがやめちまおうぜ！」(21)。サンテリはシカゴのミシガン湖でティーパーティーを開こうと言う――ティーパーティー運動誕生の瞬間だ。

文法的なまずさを別にすると、サンテリとその支持者たちにも一理ある。寝タバコで火事を出した男の火事を消してやるのに、なんだって私たちが時間とお金をたくさんつぎこまなければならない？　ここでラムが事態を複雑化させる。かれが失火に巻きこまれかねない隣人だと考えてほしい。実際、２００８年の経験からご存じのように、かなりの人口密集地域のおそれもある。

そこでジレンマが生じる：ご近所を守るために公的リソースを投じて、寝タバコ野郎の家を救わなければならない場合もある――そいつは経験から学べるかもしれないし、学べないかもしれ

[＊5]　１７９２年のアメリカ初の銀行パニック後、怒った投資家たちはその主因となった投機家の一人がぶちこまれたニューヨーク刑務所を包囲して、石を投げつけた。"The Slumps that Shaped Modern Finance," *Economist*, April 12, 2014

ない。あるいは、ご近所を守るため、出火する前に住宅所有者に規制（スプリンクラーや煙検知器）を課す必要があるかもしれない。どちらも不評だ。危機以前には、押しつけがましくて、高くつく規制を喜ぶ人はいない。そして危機がおとずれたとき、だれも厄介者の救済は好まない。リック・サンテリがティーパーティー運動を立ち上げたシカゴが、かつて火事ですっかり焼け野原になったことがあるのは皮肉な話だ。一棟の納屋の火事が原因となった［訳注：これは誤報らしい］大火は、現代で40億ドル相当の資産を破壊して、10万人の住処を奪った(22)。私たちは規制と政府救済を遺憾に思ってはいても、このような大火は政府が止めてくれることを期待する。金融業の規制を支持する議論は、おおむね以下の3つの点にたどりつく：

1. 金融家がいかに愚かで無謀だろうと、政府は金融の火事でひどいやけどを負いかねない無実の人々を守るべきだ。
2. 控えめな介入、たとえば銀行預金の保証や、最後に頼れる貸し手としての活動は、不釣り合いなほど大きな効果をもたらせる。納屋で上がった火の手が広がった場合に及ぼしかねない被害を考えると、火事を回避する、あるいは食い止めるのは、公的リソースの賢明な使い道だ。
3. 政府は、（それまで政治家が何と言っていようと）危機になったら何もせず傍観するなんて絶対に言えないんだから、危機の回避につとめた方がいい。

地球上のどの現代経済でも、政府は銀行と関連金融機関の規制において積極的な役割を担っている。他の星で知的生命体が発見されたとしたら、そこにも金融危機と規制機関があるにちがいない。筆者がそう言うのは、地球外生命体について広い知識があるからではなくて、金融には固有の特性があって、それが事象を繰り返させるからだ——時を経て、国をまたいで、おそらくは宇宙でも。

どの危機も実に独特なものに見える。2008年以降、不動産担保証券、レポ市場、クレジットデフォルトスワップ、不良資産救済プログラム、サーベンス・オクスリー法、それから大量の頭字語：CDO、SIV、M&M（というのは冗談で、最後のはただのお菓子だ）についてのきわめて退屈でつまらない詳細が山ほど登場してきた。2008年の危機を理解したければ、これらの詳細は重要だ。本書第9章や、本章の冒頭で名前を挙げた本はそのためにある。

でも——1792年と2008年を結びつける——一般的な銀行業務について知りたいなら、知るべきことはもっとわずかで、もっと基本的なことだ。筆者としては『素晴らしき哉、人生！』を観る、あるいはもう一回観てみることをおすすめする。重要な概念はすべて揃っている。一方で、信用に関する少数の中心的概念は、18世紀当時と同様に、現在も（これからも）意味を持つ。

第一に、おそらく最も重要なこととして、銀行は良いものだ。たしかにこの後すぐに破綻と救済についての話をするけれど、貸し手と借り手を引き合わせることから生じるものすごい経済便益は見失わないこと。筆者は「銀行」という用語を最も広い意味で使っている。規制面や法的な面で、銀行は貯蓄金融機関とはちがうし、貯蓄金融機関はヘッジファンドや金融市場やレポ市場とはちがう。金融は（しばしば金融危機を受けて新たに課された規制に対応して）着実に発展しつつある。「影の銀行《シャドーバンキング》」部門は、成長しつつある巨大な非預託機関の集団で、借入と貸付をおこなうが、従来の銀行より規制が少なく、消費者からの預金は受けつけない。これらの機関には、ジョージ・ベイリーの建築貸付組合と同様の強みと弱みがある。本書では、銀行のように貸しつけて、銀行のように借り入れるなら、それは銀行だ[*6]。英『エコノミスト』誌はこれらの共同体機関をつぎのように評している。「経済的タイムマシンで、貯蓄者が今日の利益剰余金を将来に輸送したり、借り手に将来の収益へのアクセスを与えたりする」(23)。そのプロセスの中で、これらの機関は世界の投資機会を探し回り、資本を最も生産的に使える場所に移す。私たちの生活を向上させるという点で、電気と抗生物質に並ぶ存在だ。いや本当に。

第二に、借りたお金を使う立場は、貸し手が望んだときにお金が入手できないのではと思ったら、流動性問題やパニックの犠牲になりかねない。ふつうの銀行預金は、現在のところ各預金者につき最高25万ドルまで保証されている。読者が預金口座を持っている銀行が債務不履行の瀬戸際にあると新聞で読んでも、おそらく好奇心から記事を熟読して、それからスポーツ欄に移るだろう。影の銀行システムに、そのような保護はない。みんなが脱出口に殺到すると、よろしくないことが起きる。ドイツにはこの状態をさす言葉もある：トアシュルスパニックとは、粗っぽく訳すと、ドアがばたんと閉められる前に抜けようとする、という意味だ。本書の読者の年齢なら、2008年を鮮明に覚えているはずだ（そうでなければ、とても早熟な読者にちがいない）。

筆者は2015年の春、金融危機のさなかにベン・バーナンキがFRB議長として果たした役割について、本人から直接聞く機会を得た。かれは2007年に始まった一連の出来事を、「典型的な金融パニック」と評した。伝統的な銀行取りつけこそ（預金保険のおかげで）なかったもののの、保険対象でない他の金融機関への「電子的取りつけ」は存在した。どれくらいひどいものだったのだろうか？

大言壮語をしないバーナンキは、こう説明している。「金融システムが機能不全に陥る大きな危険がありました。歴史とリーマンショック[*7]の経験からおわかりのように、機能不全に陥った金融システム――大きな金融危機――は、経済に甚大な影響を及ぼします。2008年に私たちが直面したのは、おそらくアメリカ史上最悪の金融危機だったでしょう」。ちなみにバーナンキは大恐慌の研究者であり、2008年の出来事がアメリカ史上最悪の金融危機につながりかねなかったというかれの言葉は、1930年代を含めての発言だ。

第三に、トアシュルスパニックは避けたいし、それに失敗しても、被害は最小限にしたい。金融システムは一般に「最後の貸し手」の恩恵を受ける。ほとんどの国では、現在それが中央銀行（アメリカではFRB）の担う重要な役割のひとつだ。歴史的には、個人投資家による共同体も、この役割を果たしてきた。1907年の恐慌では、20世紀の変わり目にアメリカの金融を支配していた大物経営者、ジョン・ピアポント（J・P・）・モルガンが、銀行システムを支えるために

[*6] 厳密にいうと、銀行は預金者から資金を借りている。
[*7] 投資銀行リーマンブラザースは世界的な金融サービス機関で、2008年9月15日に破綻を宣言した。これをきっかけに有害事象の連鎖が広がり、世界的金融危機を深刻化させた。

個人資産を担保として差し出して、他の銀行家たちを集めて同じことをさせた（ＦＲＢはまだ存在しなかった）。アルゼンチンから投資家たちがペソを引き揚げようとしたときや、トルコからリラを引き揚げようとしたときのように、国全体が恐慌に陥りやすい場合もある。このようなところでは、国際通貨基金（ＩＭＦ）が最後の貸し手としての役割を果たす。

第四に、このすべてを難しくしてしまうのが、トアシュルスパニックの痛みを和らげるはずのものがトアシュルスパニックの可能性をいっそう引き上げてしまうことだ。いわゆるモラルハザードという概念だ。ボイラー近くにガソリンを蓄えていた人物の家が火事になったら、なぜそんな無謀なやつの火事を消防署が消しに駆けつけるのか、納税者には知る権利がある。そして消火してやることで、そのバカがボイラー室を片付けるかわりにテレビを観る理由を与えてしまう、というのも事実だ。でもそうしないと近所まで燃えてしまう場合、楽な選択肢はあまりない。

銀行家は特異なことをしてきた：世界のおもな宗教をまとめて敵にまわしたのだ。イエスは両替商を寺院から追放した。ムハンマドは高利貸しを禁じた。ユダヤ教の律法では、すべての負債は7年ごとに免除することが定められている。一貫した信条として、金貸しはどこか不正で非生産的だと考えられている。経済学者は、まったくちがう見方をする。金貸しは銀行の良い部分だ。本質は、遊休資本を生産的に使える人々の手に託すことにある。そのような取り決めを手助けする者は、価値あるサービスをおこなっているし、しかるべき対価を得るべきだ。問題は金貸しがうまくいかない場合――すなわち預金者たちが寺院に殺到して、金貸しのもとにお金がないときだ。もしもイエスが中央銀行の人間だったなら、これぞかれの悩みとなる。

第5章

中央銀行の業務

われわれの経済システムが最もうまくはたらくのは、平均物価水準が将来的にも既知のやり方で——できれば非常に安定して——動くことを、製造者、消費者、雇用者、被雇用者が確信できる場合だ。

ミルトン・フリードマン(1)

物価をきちんとするのは難しい。金融システムは本質的に恐慌を生じさせやすい。これら金融恐慌は、広範な経済を狂わせかねない。こういうすべてを仕切っている大人はいるだろうか？

そのひとり、金融危機のさなかにアメリカの中央銀行ＦＲＢの議長を務めていたベン・バーナンキの話をさっきした。中央銀行というのは、アメリカのＦＲＢ、カナダ銀行、欧州中央銀行など、マネーサプライを管理して金融システムの安全性を守るおもな責任を担う機関だ。アメリカの場合は、議会も金融政策を使った完全雇用の促進をＦＲＢの責務としている。

中央銀行はさまざまな国で、さまざまなやり方で進化してきた（たとえば欧州中央銀行は、ユーロを共通通貨とするすべての国々の金融政策を仕切るために設置された）。中央銀行は政府機関だが、議会というより最高裁判所に近い。国の政府によって設置されて、権能を与えられている。ＦＲＢを創設した議会は、理論上、ＦＲＢを排除することも可能だ。だが中央銀行関係者は、一般に直接の民主的コントロールから守られている（最高裁判所判事のように）。議長も含め、連邦準備制度理事会（ＦＲＢ）の上層部は大統領によって任命されて、上院の承認を受ける。だがひとたび着任すると、政策に関する決定を理由に排除することは、大統領にも、議会にもできない。

なぜそれが重要なのだろうか。金融政策の観点からの最善が、必ずしも一般大衆に喜ばれることとはかぎらない。実際、経済オタク——たくさんいる——に中央銀行スーパーヒーローをあげさせたら、それはインフレファイターだろう。このスーパーヒーローの力はひとつ。金利を引き上げたり引き下げたりすることで、この力で上昇しつつある物価を服従させる。インフレファイターは、頭髪が薄くなりかかっており、身長2メートルくらいの長身で、やや猫背。しゃがれ声で、安いタバコを好む。かれは金利を左右する力で、物価上昇をくじくほど強力なシグナルを経済全体に送るのだ。

賃金引き上げを求める組合がある？　ドカン！　インフレファイターが金利を上げて、労働者が職を失わないか心配になる程度に経済を鈍化させる。2桁の賃上げなんて諦めろ！　インフレファイターは、前年の賃金がいくらであろうと、労働者は職があるだけで幸せだと考える。価格を引き上げたがっている会社がある？　ボカン！　インフレファイターが、消費者が借り入れるには高い金利にして、消費者信用に依存する住宅建築業者や自動車メーカーなどの事業が価格を抑えないと商売が続けられないようにする。ヒーローらしく聞こえないだろうか？そこが重要だ。続きを読もう！

インフレファイターはとてもおそれられ、尊敬されているため、かれがインフレを倒すと言ったなら、是が非でもそれをやりとげるはずだと、あらゆる人が知っている。この信頼性が自己成就的な予言になる。インフレファイターが――たいていはあの安タバコの煙のもやにつつまれて――意図を口にすると、世界中の市場が反応する。ドン！　物価と金利は即座に変わる。なぜならかれがそうなると言うからだ。インフレファイターは金利をコントロールするが、かれの評判も隠れた力のひとつだ。

正義のスーパーヒーローの例に漏れず、インフレファイターにも暗黒面がある。インフレとの闘いは痛みをもたらす。金利の引き上げは意図的に経済を鈍化させる：消費者は買物を控え、資産価格は下落、企業は借り入れて投資するのは高くつくと考える。不動産など、業界全体が危機に陥る。この特別な——金利を操る——力は、現実の人々に実質的なコストを負わせる。苦しむ人々はインフレファイターを非難する。怒りの手紙（あるいはもっと悪いものも）を送りつけ、議会に救済を嘆願する。

でもインフレファイターは獲物から目を離さない。長期的には物価の安定が繁栄を最大化するとかれは知っているのだ。インフレファイターは、個人攻撃や経済危機の心揺さぶる物語におびえたりしない。経済システムがインフレ——およびインフレ期待——を脱したら、それを機に社会は良くなると知っている。そうしたら家計がインフレに浸食された貯蓄の価値を目の当たりにすることもなくなるし、事業は5年、10年、30年先の物価がどうなるかわかったうえで計画をたてられる。ほら見たことか、世界がインフレ期を抜けると、どこの人たちも口々に言う。「ありがとう、インフレファイター」。

インフレファイターが長身で猫背で、頭髪が薄く、安いタバコに目がないのには理由がある。史上最も英雄的なインフレファイター、ポール・ヴォルカーをモデルにしているからだ。かれは1979年から1987年にかけてアメリカの中央銀行、FRBの議長を務めた。1980年、アメリカのインフレ率は14パーセントだった(2)。経済も弱く、インフレが成長と雇用に良いという期待は否定されつつあった。インフレ予想は市場価格に織り込み済だった。だれもが物価上昇を予測しており、それが物価上昇をもたらし、インフレ予想はさらに根深く植えつけられた。
インフレを倒すには、何かを変える必要があった。それには金利の引き上げが必要なだけでなく、ＦＲＢは長期にわたる金利の高さがもたらす経済的苦痛に耐えられると大衆が信じる必要があった。ポール・ヴォルカーはただの男だった。セントルイス連邦準備銀行のもと総裁、ウィリアム・プールはこう述べている。「『手軽な信用』の時代から、『非常に高くつく信用』の時代にかわった。プライムレートは21パーセント超。失業率が２桁に達する月もあった。（中略）ヴォルカーの劇薬は、物価が最終的に安定するまでに2回の不況をもたらした。この苦い薬がもたらした30年間にわたる緩やかなインフレと経済の安定は、「大中庸期」として知られるようになった。」[(3)]
インフレファイターが大ヒット映画になったら、１９７０年代のかれを現代風に変えよう。まず、タバコはなし。ＦＲＢは現在では禁煙だ。また、インフレファイターを演じるのは女性になる。ジャネット・イエレンは、２０１４年にＦＲＢの議長を引き継いで、女性初のＦＲＢ議長となった。イエレンは長身でもないし、頭髪も薄くない。一方で、世界は２００８年の金融危機から立ち直り、１９７０年代とは異なる脅威に直面している。日米欧で、金融政策担当者たちは懸命にデフレ回避に努めている。政府は相変わらずインフレ目標を達成できずにいる――目標に届いていないのだ。２０１５年前半、金融危機の始まりからまる7年が経過して、英『エコノミスト』誌は「世界は悲しいほどにデフレの脅威を軽視している」と断言した[(4)]。
こうして時代の移り変わりを受け入れて、大ヒット映画は『デフレファイティングウーマン』と題される。それでもフェミニストたちは、主役のアンジェリーナ・ジョリーがジャネット・イエレンとは似ても似つかないと当然ながら指摘するだろう。それに、なぜＦＲＢ議長が体にぴったりしたボディスーツを着る必要があるだろうか？　アラン・グリーンスパンは体のくびれにぴったり沿ったスパンデックスを着ていたか？　ベン・バーナンキは？　いやいやいや。

それでも筋金入りのファンは、徹夜で並んでもチケットを手に入れようとする。なぜかって？『デフレファイティングウーマン』（あるいは『インフレファイター』）は、世界で最も力のある、非選出の当局者だからだ。かれ／彼女は地球上の数十億の人々の経済的な行く末を左右できる。アメリカで金利を上げ下げできるのは、まさに強大な力だ。強大な力の例にもれず、それは善にも悪にも使えるし、ゆえにおもしろい映画になる。

現実の世界だと、中央銀行はこの世で最も重要な経済機関になっている。通貨の基盤になっているのが素材の紙のみの場合、安定した物価とジンバブエのようなハイパーインフレの間に立ちはだかるのは、責任ある中央銀行だけだ（そう、ジンバブエにも中央銀行はあった――ただできが悪かっただけだ）。

中央銀行を率いる人たちは、民主主義の基準からみれば驚くほどの絶対的権力を持っている。ベン・バーナンキは大恐慌を研究する学者としての経験から、当時の金融関連の過ちを繰り返さないように世界経済を導いて、金融危機を脱した。ジャネット・イエレンは２００８年以降にとられた異例の措置をゆっくりと覆しながら、デフレの不安にも対処しなければならなかった（ぴったりしたボディスーツも、透視能力もなしで）。ヨーロッパでは欧州中央銀行の総裁、マリオ・ドラギが、スペイン、ポルトガル、イタリア、ギリシャといった国々に超国家的な単一通貨ユーロが課す重圧と闘う一方で、ユーロを安定させようとしている（第11章参照）。

これらの中央銀行当局者たちの成功／失敗の度合いが、世界経済の運命に影響する――雇用、破綻、財産、そして戦争と平和にも。第一次世界大戦後の世界の金融政策は、大恐慌を引き起こし、やがてナチスに権力を掌握させるに至ったさまざまな経済的緊張をもたらした。

その一方で、あらゆる人々があらゆる（しばしば矛盾した）理由をつけて、中央銀行当局者たちを厳しく批判した。経済学研究者たちの間では、中央銀行が追求するべき基本的なこと（物価の安定と、着実な経済成長の促進）については広い合意が形成されている一方で、これらの目標をいかにうまく達成するかについては、あまり合意がみられない。

金融政策の分野で最も著名な人物の一人であり、保守派として知られるジョン・テイラーは、FRB（とアメリカ政府）が2000年代にほぼすべてをまちがえたと批判した。かれの2009年の著作の副題は『政府の措置と介入は、金融危機をいかに引き起こし、長引かせ、悪化させたか』。一般に、政治的右派の批評家たちは、金融危機へのFRBの対応は無謀でインフレを招くものだと批判してきた。極端な例では、テキサス州知事のリック・ペリーは2012年に大統領選に出馬した際、ベン・バーナンキがFRB議長としてとった積極的な行動について「ほとんど背任」と評している。

政治的に対極にあるのが、ノーベル賞の受賞者であり金融政策に通じたポール・クルーグマンのような進歩主義者たちで、FRBは金融危機を受けてもっと積極的に金利を引き下げるべきだった(そしてヨーロッパの人々は、この点ではいまだ消極的すぎる)と信じている。一方、ロン・ポールのようなリバータリアンは、FRBをすっかりなくして金本位制に回帰したいと願っている(著書は『連邦準備銀行を廃止せよ』)。右派、左派ともに、陰謀論者たちは、FRBが多種各種の非道な世界的陰謀の核心にあると考えている。

FRBに関する最初の陰謀論のひとつは、あの裕福な銀行家J・P・モルガン(先述の通り1907年の恐慌を食い止めようと、共同体を結成)がFRB(1913)の創設を批判する人々を皆殺しにするためにタイタニック号の建造と沈没(1912)を企てたというものだ[*1]。1989年に出版された『クロスファイア』は、ジョン・F・ケネディの暗殺をFRBに忠実な勢力の仕業としている(ケネディが発した大統領命令11110は、FRBの絶対的権力に歯止めをかける取り組みの始まりだったため、かれを止めなければならなかったという)。現代の陰謀論はおもに、FRBは国際的銀行家で組織された、他人を犠牲に私腹を肥やそうとする陰謀団の一部であると見なしている。

この見方は金融危機における銀行救済で、明らかに研ぎすまされた。暇な午後にでもインター

[*1] J・P・モルガンは連邦準備制度の提唱者で、タイタニック号を建造した運送業者、ホワイトスターラインを所有する親会社の設立と、同社への出資に関わっていた。かれも処女航海の切符を予約していたが、土壇場でとりやめた。当時世界で最も裕福な男で、アメリカに中央銀行を創設する案を批判していたジョン・ジェイコブ・アスター4世は、タイタニック号と共に海に沈んだ。モルガンの悪巧み説は1898年の小説『Wreck of the Titan』に着想を得ており、小説では「無敵」の船が、速度を上げすぎて氷山に衝突して、北大西洋に沈む。そして乗客の大部分は、救命ボートが足りず命を落とす。以下のURLを参照。http://www.reddit.com/r/conspiracy/comments/1xni4f/did_jp_morgan_build_the_titanic_to_kill_off_the/

ネットに接続できたら、おかしな陰謀論をたくさん読める。『リサーチマガジン』は2010年、FRBとその敵についての記事を掲載して、多くの「根も葉もなく、奇妙ともいえる考え」を示した。おかしいものもあれば、おっかないものもあり、すべてが創造性に富んでいる。だがこの記事の筆者は、適切にもこう指摘している。「考え方が異様であるからといって、不合理とはいえない」(5)。ウサマ・ビン・ラディンの隠れ家にあった読み物の中には、ホロコースト否定論者の書いた『FRBの秘密』があった。FRBはエリートの資本家たちがみずからの利益のために操っている犯罪組織だという内容だ(6)。

FRBは不透明な機関で、ほとんど理解されていない。ときにはFRBが自ら意図的に活動をぼやかして、このイメージ問題を悪化させた。アラン・グリーンスパンの在職中の物言いはとても不可解で、ラジオ番組『モトリー・フール』には「FRB議長は何と言ったでしょう?」というクイズショーが設けられた。番組司会者が議会でのグリーンスパンの証言の録音を流して、番組を聴いている人たちに電話で番組に参加させて、グリーンスパンが伝えようとしていた内容をまとめるのだ。筆者はその審判を務めた。だれであれ、平易な英語で正確に要約できた者が、賞品の帽子を獲得した。結局、帽子が贈呈される機会はほとんどなかった。

本書の執筆動機のひとつに、FRB、および中央銀行一般をとりまく謎を解くこともあった。中央銀行の役割は、基本的には3部構成だ：マネーサプライの管理、最後の貸し手としての活動、金融業界の規制だ（規制に関する責任は、他の行政機関と共有されていることが多い）。アメリカのFRBには、金融政策を使って完全雇用を促進するという追加任務がある。どの先進国にも、

FRBと同様の機関がある：イングランド銀行、インド準備銀行、欧州中央銀行（ユーロ圏全体を監督）、日本銀行、等々。これらの機関の責任は、過去の章で見てきた出来事に由来している。中央銀行は恐慌を回避して、経済変動を抑え、法貨の価値を守れる。当然ながら、中央銀行が金融に関してヘマをする場合もある。ジンバブエの中央銀行は、あまりに多くのお金で経済を破綻させた。アメリカでは1930年代、設立から比較的日が浅かったFRBがマネーサプライを急激に収縮させてしまい、ありふれた景気低迷で済んだはずのものを、大恐慌にしてしまった。たしかに医者にはガンが治せる。一方で、切断すべき手足をまちがうこともある。中央銀行当局者も同じだ。

アメリカの多くのものと同じく、アメリカ連邦準備制度は、中央集権型と、分散型の権力の奇抜な組み合わせだ。この制度は地方に配置されて全国地域をカバーする12の準備銀行で構成されている。制度を監視するのは、7人体制の連邦準備制度理事会だ。各理事は大統領によって任命され、14年間にわたる任期を与えられて、上院の承認を受ける。また、議長と副議長（現在はそれぞれジャネット・イエレンとスタンレー・フィッシャー）も、大統領によって任命される。先述の通り、理事が政策に関する決断や行動を理由に解雇されることはない。最高裁判所判事のように、政治的プロセスによって任命されるが、その後このプロセスから分離されるのだ。地方に配置された12の連邦準備銀行は準公的機関で、国民と、担当地区の加盟銀行のために活動することを目的としている。連邦政府の認可を受けた銀行はすべて、地元の連邦準備銀行のもと、加盟銀行になることを義務づけられていて、したがってその株式を保有している。州法銀行は、株主になることを任意で選択できる。加盟銀行は各地区の準備銀行理事を選出できる。そして準備銀行の理事会が、その総裁を選ぶ。

この複雑な構造、特に地区連銀が書類上はアメリカの市中銀行に「所有」されているという事実が、ＦＲＢについて渦巻く数々の陰謀論に貢献している。実際、ワシントンの政府関係者たちは地区連銀の総裁たちから有意義なインプットを得て、金融政策の作成にあたっている。金利の上げ下げをはじめとして、重要な政策を設定するのが連邦公開市場委員会（ＦＯＭＣ）だ。連邦公開市場委員会は理事７人のほか、ニューヨーク連邦準備銀行総裁、そして地区連銀の総裁４人で構成されており、最後の４人は輪番制だ（全員に順番がまわってくる！）。だからデフレファイティングウーマンは、重要な委員会の一員にすぎないし、投票権も１票しかない（映画タイトルとして『強力な委員会の女』は、主役にアンジェリーナ・ジョリーを起用しても、事前のグループインタビューで不評だった）。実際には、ＦＲＢ議長は金融政策の決定について不釣り合いな支配力を持っている。この数十年間、連邦公開市場委員会は全会一致をもって活動する傾向があり、議長は合意形成の責任を負っている。投票で意見が分かれる場合もあるが、反対票はわざわざニュースになるほどだ（この点で、満場一致がめずらしい最高裁判所とは異なる）。

中央銀行が使うツールは、前章の議論から論理的に導き出される。第一に、中央銀行は預金準備率を設定する。市中銀行が金庫室に保有しなければならない資金や、預金者がお金を求めてきた場合に備えてＦＲＢに託すお金の量だ。預金準備率50パーセントとは、銀行が預け金の半分を貸しつけられることを意味する。預金準備率10パーセントなら、もっとたくさん――預け金10

ドルごとに9ドル――貸しつけられる。後者では、信用をいっそう積極的に拡大できるが、銀行制度はショックに弱くなる。前章で議論したように、部分準備制度は、あらたにお金を生み出す。預金準備率が50パーセントなら、銀行制度に新たに1ドル投入されるごとに、マネーサプライが2ドル拡大されるのに対して、預金準備率が10パーセントなら、銀行制度に新たに加わる1ドルは、マネーサプライを10ドル拡大させる可能性を持つ[*2]。他のすべてが同じなら、預金準備率の引き下げはマネーサプライを拡大するし、預金準備率の引き上げは逆の効果を持つ。先述の通り、銀行は大金を金庫室に保有するのとは対照的に、これら預金準備をFRBに預金できる。中央銀行はこの預け金に対して利子を払うことが可能で、法定の預金準備率を超える預金（超過準備）に対しても、利子は支払われる。この金利の操作――基本的には、銀行が資金を貸しつけるかわりに、FRBに預けることで手にする利子率――こそ、中央銀行が加盟銀行の貸付を奨励あるいは抑制するのに利用できるもうひとつのツールだ。

中央銀行は「割引窓口」というメカニズムを利用して、銀行制度に資金を直接貸しつけることもできる。FRBが最後の貸し手だ。名前から示唆されるように、銀行にはまず他を当たること

[*2] この関係は、公式には貨幣乗数として知られており、預金量と広い貨幣供給とを結びつける。貨幣乗数＝1／準備率。アメリカの大手市中銀行の預金準備率は10パーセント。したがって、銀行が可能なかぎりの資金を貸しつけた場合、新たな預け金1ドルあたり、貨幣供給を＄1／0.1、つまり10ドル拡大できる。当然ながら逆も当てはまる。預金が銀行制度から流出すると（たとえばパニックに陥った預金者が、現金をタンス預金した場合など）、貨幣供給は急激に収縮する。これが大恐慌の期間の長さと深刻さの一因となった。

割引率は一般に、銀行間の相互借り入れに用いられる市場レートをわずかに上回る率に設定されている[*3]。歴史的にみて、中央銀行からの借入には、少額の罰金のみでなく汚名もつきまとう。ＦＲＢからの借入は、30歳を超えて両親からお金を借りるようなものだ。できるにはできるが、関係者のだれもが、他で資金調達してくれることを望む。ＦＲＢの貸付金利は、最後の貸し手は懲罰的な利率で貸しつけるべき、というウォルター・バジョットの忠告に従っている。金融危機の極みで、アメリカ有数の投資銀行、モルガン・スタンレーも、ゴールドマン・サックスも、合法的に昔ながらの銀行持ち株会社に転換した。ＦＲＢからの緊急融資にアクセスできるように、というのも理由のひとつだった(7)。ＦＲＢが資金を直接銀行に貸しつける利率、が推奨される。

中央銀行は一般に、新たにお金を創造する力を合法的に独占している。通貨を印刷するのではなく、電子的にだが。この力がＦＲＢのような機関に、経済にお金を投入したり、引き出したりする比類のない力を与えて、お金の「価格」（利子率）を操作する。新たなお金を創造する権限も、制約なしに流動性をもたらす。良き最後の貸し手は充分な資金を持っており、ゆえにパニックに陥る必要はないと金融市場を納得させる（ジョージ・ベイリーの新婚旅行資金は大金だったことから、預金者たちにお金が戻ってくると納得させることができた――これがお金の払い戻し需要を抑えた）。中央銀行の資金力は底なしだ。中央銀行が景気後退に対処するため生み出すお金の量には、理論上制約がない。金融危機を受けて、ＦＲＢは４兆ドル超を世界経済に投入した。そんなことができるのに、スパンデックススーツなんか要るものか。

そして最後に、中央銀行は自国経済の短期金利を引き上げたり、引き下げたりできる。当然ながら、ジャネット・イエレンに、あなたのボート購入用ローンの金利をどれくらいにするべきか、シティバンクに指示する権限があるわけではない――でも彼女は間接的に同じことをやってのけられる。世界中に存在する中央銀行は、貸付にまわせる資金の供給量を増加、あるいは減少させて、それぞれの国の金利を操作する（どうやるかについては、この後で述べる）。目下のところは、金利が借入資金の「価格」にすぎないことを覚えていてほしい。ある経済において、貸付できる資金の供給量を需要に対して引き上げると、市場金利は下がる（貸付用の資金がまだあるので、安く借入できるようになる）。貸付可能な資金の供給量を引き下げると、逆の効果がある。

アメリカでは、短期金利のベンチマークはフェデラルファンド金利、つまり民間銀行が相互に資金を貸しつける場合の翌日物（オーバーナイト）金利だ。先述の通り、ある民間銀行が別の民間銀行に翌日を期限として貸しつける金利に、FRBが直接影響を与えることはできない。そのかわり、FRBが1/4パーセント金利を引き下げると決めた場合、それは一般に、FRBの政策決定者たちがフェデラルファンド金利の目標を1/4パーセント引き下げたことを意味する。FRBは、民間銀行が互いにもっと安く貸しつけ合うよう、手を尽くして誘導しようとする――平均1/4パーセント安く。何が必要だろうか？　銀行制度にもっとお金があれば、貸付可能な資金の供給量は増加して、この資金が貸しつけられる価格は下がる。FRBはお金の供給量を変えて、

[*3]　「割引率」という用語の起源は、銀行が商人から割引価格で請求書を買い上げ、信用枠を拡大していた時代にある。いまから筆者がだれかに1月あたり100ドル借りて、銀行がこの債務を98ドルで買い上げるとしたら、事実上は1ヶ月ローンで2パーセントの利率が課されたことになる。

信用の価格を引き上げたり引き下げたりする。金利をより直感的に解説すると、こんなところだ。

ＦＲＢはどうやってマネーサプライを左右するのだろうか。方法はいくらでもある。ジャネット・イエレンがぴったりしたボディスーツを着こんで装甲車で全国をめぐり、銀行に新しいお金を配ってまわってもいい。あるいはＦＲＢで最先端のコンピュータを操る人々が、無作為に選ばれた幸運な銀行預金者に、新たにお金を届けることもできる——金融政策と宝くじの融合だ（どんなに楽しいことだろう！）いつもながら、ヘリコプターから現金をばらまくという選択肢もある（大部分は銀行に預けられるはずだ）。マネーサプライを操作するこれらのアプローチはどれもおもしろく、心躍る一方で、決定的な欠点が二つある。第一に、ＦＲＢが無作為にアメリカ人の富に影響するのは、ＦＲＢの任務を大きく逸脱している。第二に、マネーサプライが拡大しつつある場合、アメリカ国民は無作為な入金を容認するかもしれないが、ＦＲＢがマネーサプライを縮小しつつある場合は、少しもいい顔はしないだろう——ジャネット・イエレンが装甲車で走りまわって無作為に人々からお金を取り上げるのだから（全然楽しくない）。

中央銀行はもっと賢明だ。アメリカではＦＲＢが公開市場操作と呼ばれるプロセスで、銀行からアメリカ国債を買ったり売ったりする[*4]。銀行は個人投資家と同じ理由から国債を保有する：国債は他に用途がない資金を寝かせておくのに安全だからだ。具体的には、銀行は貸付にまわされていない預金者の資金を使って国債を買う。ＦＲＢがマネーサプライを拡大したいときは、ニューヨーク連邦準備銀行が国債を売りたがっている銀行から買う。重要なのは、銀行が貸付に使えない政府債券を手放して、貸付にまわせるお金にしている点だ。シティバンクが１億ドルの国債を売って新たにお金を1億ドル手に入れた場合、この資金は貸しつけできる（新たに貸付をおこなう機会に最も恵まれた銀行は、FRBに国債を売って新たなお金を手にする可能性が最も高い。このプロセスの魅力的な特徴のひとつだ）。先述の理由から、この新たな資金にはカスケード効果がある。FRBが銀行制度に新たに1ドル投入すると、それが新たな貸付8〜9ドルを支えるのだ。

マネーサプライを減らすには、FRBが国債を銀行に売って、貸付可能な資金をシステムから取り去る。シティバンクは1億ドルの国債をFRBから買って、貸付可能な1億ドルを手放す。ジャネット・イエレンが銀行からお金を取り上げるために装甲車で走りまわる必要はない。

フェデラルファンド金利は、信用市場の温度調節器（サーモスタット）だ。連邦公開市場委員会が温度調節器を設定して、公開市場操作をおこない、目標金利を達成する。FRBが生み出しているのは新たなお金のみで、新たな富を生み出していないことに注目。ヘリコプターからお金をばらまいたり、無作為に新たなお金を銀行口座に入金したり、といったやり方とはちがい、FRBが銀行制度に新たなお金を投入しても、だれも金持ちにならない（また、資金を引き出して

［*4］　一般用語では、債券とは当事者の一方が他方に合意に基づいた（固定あるいは変動）金利で一定期間お金を貸しつける債務手段をさす。アメリカ国債ことアメリカ財務省債券に関していうと、この用語はもっと複雑だ。厳密には、財務省長期債券の償還期間は10–30年。財務省中期債券の償還期間は1–10年。財務省短期債券の償還期間は1年未満。専門用語に埋もれて身動きがとれなくなるのを避けるため、本書では（やや怠けて）「国債」という用語にこれら証券すべてを含める。同様に、「アメリカ国債」という用語に、短期国債、中期国債、長期国債を含めるものとする。

も、だれも貧しくならない)。すべては流動性の問題だ。ＦＲＢはお金を同等の額の国債と交換しており、逆もまたしかり。先述の通り、ＦＲＢはおよそ4兆ドルの新たなお金、あるいは流動性を経済に注入して、大不況と闘った。この時期、ＦＲＢは、そのかわりに国債その他の資産4兆ドルを獲得している。金融危機がＦＲＢにとらせた非凡な手段については、第9章で説明、分析する。しかし鳴り物入りで実行して、批判をかったものの、これらは基本的対処方針の新しいバリエーションにすぎない。

どこかの時点で、おそらくは経済がほぼ盛り返したときに、ＦＲＢはこのプロセスを逆回転させて、国債を銀行に売って流動性を引き出し、マネーサプライを縮小させるだろう。金融危機から何年たっても、金利は歴史的に見てきわめて低い水準のまま変わらず、金融関係の報道はつねに、ＦＲＢがいつ(金利を引き上げて)信用市場の引き締めにとりかかるかという話で持ちきりだった。

中央銀行はお金の価格を変える。決定ひとつで、現実世界の慎ましいスーパーヒーロー――強力な委員会を仕切る女――は、信用の価格を変え、それを通じて世界中の消費者と投資家の行動を変えられる。

このすごい力をどう使ったものだろうか。

1 ― 物価を管理する

法貨の供給には、基本的に制限がない。だれかが責任をもって監督する必要がある。中央銀行の第一の目標は、通貨価値の維持だ。第3章で述べた理由から、ほとんどの中央銀行はゼロインフレを目標にはしていない。かわりにインフレ目標、あるいはインフレ目標圏を公表している。FRBが公表しているインフレ目標は2パーセント。欧州中央銀行の目標は「2パーセントを下まわるが近い程度」(8)。ニュージーランドのインフレ目標圏は1~3パーセント(9)等々。ここからはまるで遊園地のゲームのようだ：金利引き上げ／引き下げによってインフレ率を目標、あるいは目標圏に近い値に保つ（先述の通り、金利引き上げは一般に金融政策の引き締めと呼ばれており、引き下げは金融政策の緩和と呼ばれる）。一般に、仕組みは以下の通り。

1. どの経済にも短期的な「速度制限」がある――財とサービスを生産する、比較的一定した能力だ。経済が拡大するとき、短期的には、経済に必要なものの供給は有限だ：土地、労働者、鉄鋼、ヨガの講師、等々。財とサービスの需要が私たちの生産能力を超えた場合、価格は上昇する。こうして乏しい製品を事業が制限する。鋼鉄不足は鋼鉄の価格上昇につながる。労働者不足は賃金高騰をもたらす（良いことのように聞こえるが、高くなった賃金は労働者が買おうとするあらゆる物の価格高騰によって使い果たされてしまう）、等々。逆に景気後退の折は、物価が下がりがちだ（第3章で述べた注意の対象）。

自動車ディーラーがさばけない在庫を抱えたら、値下げに踏み切る。アパートに人が入らなければ、家賃は下がる傾向がある。

2. 信用の価格は、財とサービスの需要に影響する。利率5パーセントでなく、2パーセントで資金調達できれば、人々が新しいベンツを買う可能性は上がる。住宅、洗濯機、その他、一般にローンを利用した購入についても同じことが言える。事業面からとらえると、(他のすべてが同じなら) 企業は金利が下がったときに拡大したほうが安価で済ませられる (ゆえに有利だ)。当然ながら、金利上昇の際は、このプロセス全体が逆にはたらく：借りたお金絡みのすべてが高価になる[*5]。

3. 中央銀行は信用の価格 (金利) を管理して、できるかぎり速度制限に近い速さで経済をまわす。経済が「過熱」すると——つまり需要が生産能力を上回ると——経済全体の物価が上昇する。一方で、経済が生産能力を上回ることなく緩やかに成長した場合、資源は遊休化する。工場は閉鎖され、労働者たちは職を失う。過剰生産能力は物価の下落をもたらす：デフレだ。人々もひどく困窮する。この点については本書後半で繰り返し述べる。注目するべきは、物価が長期間にわたって着実に上昇した場合、消費者と事業体がインフレを予想しはじめて (いわゆるインフレ予想)、プロセスが独り歩きするということだ。労働者たちは自然と、将来予想されるインフレに見合った高賃金を求める。企業は一定の価格上昇を計画に盛りこむ (労働者がさらなる賃上げ要求を続けることも一因)。インフレ予想が経済に根を下ろすと、傾向を覆すのは非常に難しくなる。物価の上昇／下落は、筆者の母親が感謝祭の食卓にオイスタードレッシングを用意するのと同じ理由で生じる：昨年がそうだったからだ[*6]。

遊園地のゲームの多くの例にもれず、インフレ目標を実現するのは、見かけより難しい。価格の安定性の維持に関する最も基本的な難問から始めよう：どの価格？　第3章で述べた理由から、インフレやデフレの適切な指標というものは存在しない。アメリカでは、FRBは一般に、食料とエネルギーの価格を除いたコアインフレ率（基礎インフレ率）に注目する。対照的に「総合インフレ率」には、消費者物価指数の財バスケットが含まれている。この決定の背後には、食料とエネルギーの価格は変動しやすいから、という論理がある。食料とエネルギーの価格の急上昇は、経済に内在するインフレ圧力ではなく、ベネズエラの政治的緊張や、アイオワ州の凶作を反映しているおそれもある。最近のFRBの批判者たちは、インフレ率が見た目より高いのは、FRBが注目しているところが間違っているからだという。待ち合わせ時間を決めるより先に、腕時計

[＊5]　ややわかりにくい2つの経路を介して、金利も経済に影響する。第一に、中央銀行が金利を引き下げると通貨は弱くなる傾向があり、これが輸出を押し上げる（次章で説明）。第二に、金利引き下げは特に住宅（低金利によって住宅ローンを利用しやすくなる）、および株（債券の利率が下がると、株の魅力が比較的上昇する）などの資産価格を上昇させる。資産価格の上昇によって多くの世帯がより裕福になり、消費傾向が高まる。大事な点をまとめると以下の通り。他の条件が同じなら、低金利は経済を加速させ、高金利は鈍化させる。

[＊6]　筆者と妻が約10年前に感謝祭のディナーを受け継いだときに、オイスタードレッシングの撤廃に成功。感謝祭の晩餐におけるポール・ヴォルカーとなった。

を合わせる必要があるのだ。

いやいや、そんなもんでは済みませんぞ。中央銀行は物価の上昇／下落が始まる前から、物価の上昇／下落と闘わなければならないからだ。史上最高のアイスホッケープレイヤー、ウェイン・グレツキーは、かれ独特の才能らしきものについて、つぎのように語っている：「ぼくはパックがあったところではなく、パックが向かう先へ滑るんだ」。

中央銀行についても、同じことが言えるかもしれない。FRBは物価の現状に対応するのではなく、物価の向かう先に対応する。金融政策に関するほぼすべては、タイムラグを伴って生じる。つまり原因から結果が生じるまでに、時間が経過している。この夏、中西部でトウモロコシが不作だった場合、食料価格が上がるのは秋か、翌年、あるいはその両方になる可能性がある。FRBでは、パックの向かう先を知るために途方もない量の調査と分析がおこなわれる。連邦公開市場委員会（FOMC）では毎回会合の前に、FRB関係者が「現在の経済・財政状況」と題した報告書、別名「グリーンブック」（表紙が緑色だから）を準備する（かれらは仕事をたくさん抱えているので、創造性を発揮する余裕はほとんどない）。グリーンブックはFRBの政策に関連した国内の経済力、および、国際的な経済力についてまとめる目的で作成されている。この分析から「金融政策代替案」という報告書、別名「ブルーブック」が作成される。連邦公開市場委員会がつぎの会合で検討する金融政策代替案を提示したものだ(10)（おまけの問題：なぜブルーブックと呼ばれるでしょう？[*7]）

FRBのもと議長、ウィリアム・マケズニー・マーティンはFRBの仕事について、パーティーが始まったところでパンチボウルを片付けてしまうこと、と説明したことがある。インフレと闘う立場からすると、人々が盛り上がってテーブルの上で踊り出してしまってからでは遅いのだ。FRBの設立以来、デフレはたいして問題になっていないが、それでも同じたとえが当てはまる…バンドが引き上げて、格好いい人たちがいなくなってしまってから飲み物にアルコールを入れても遅い。いずれの場合も、大事なのは中央銀行が金利を引き上げたり引き下げたりするとき、経済――ひいては物価――に及ぼす影響も、タイムラグを伴う。インフレ予想やデフレ予想が根付いていたらなおさらだ。企業が年間10パーセントの物価上昇に慣れていて、労働者も給料が同じ率で上がるものと期待していたら(あるいは、インフレを考慮して自動的に賃金が上昇する生計費調整で交渉済だったら)、こういったパターンを変更するのは難しい。ポール・ヴォルカーは、インフレとの闘いが始まって6ヶ月後に、労働者の代表がこう語ったと振り返る。「ええ、すべてとても興味深いお話ですが、私の考えを述べさせてください。私は今後3年間、年率13パーセントという賃上げ交渉を雇用者たちのためにまとめたばかりで、とても満足しているんです」(11)

高金利は、やがて経済を停滞させる。だがFRBからの情報を万人が手にするには、何ヶ月もかかる可能性がある。タイムラグはどれくらいあるだろうか? それはさまざまな個別の状況による。結果は、アクセルとブレーキが効くまでに、長く、予測不能な遅れを伴う自動車を運転するようなものだ。アクセルを床につくまで踏みこんだ瞬間、自動車は5分前の踏みこみに反応

[*7] ブルーブックは創設時のFRB議長ハリー・ブルーブックの名前にちなんで名付けられた。というのはウソで、読者をからかっただけだ。表紙が青いことからブルーブックと呼ばれている。

して、制御不能な速度で走り出す。ブレーキを踏んですぐに速度が落ちることもあれば、数キロメートル進んでしまうこともある。

議会もアクセルとブレーキを踏んでおり、しばしばそのやり方がＦＲＢの目標と合っていないことはすでに述べただろうか？　財政――政府による徴税と支出――政策も、経済を加速／減速させる。低金利は経済の速度を後押しするが、多少の政府支出や減税も、一定の条件下では同じ効果を持つ（政府支出の削減や増税は、逆の効果をもたらす場合がある）。世界のどこかには、ＦＲＢが達成しようとしている目標とぴったり合うように、議会が思慮深く財政政策を策定している星があるはずだ――私たちが住んでいるのがその星ではないだけで。引き続き自動車のたとえを使うなら、教習車の運転席にＦＲＢがいて、議会と大統領がいる助手席には、別にアクセルとブレーキがついていると想像してほしい。助手席のかれらのブレーキやアクセル（あるいは世間で知られているように、同時にその両方）の踏み方が、ＦＲＢがやろうとしていることと食い違っているおそれがある。

それでもなお、インフレ目標を達成して景品がもらえるつもりなら、まだこれで終わりではない。経済の制限速度――インフレを生むことなく、財やサービスを生み出す能力――については、定期的に触れてきた。おもしろいのは、速度制限がどのくらいか、はっきりわからないということ。１９９０年代、アラン・グリーンスパンとＦＲＢは、インターネットと情報技術がアメリカの労働者の生産性をどの程度引き上げたかという問題に取り組んだ。ＰＣとインターネットを備えた労働者の生産性が著しく向上していれば、経済はインフレを引き起こすことなく、早い成長をとげられた――速度制限の引き上げだ。

でも生産性をリアルタイムで測るのは困難だ。よく知られている通り、ノーベル賞受賞者のロバート・ソローは、1987年につぎのように述べている。「コンピュータ時代の到来は、あらゆるところで見受けられるが、その例外が生産性統計だ」(12)。技術と生産性の関係は、速度制限を調べる中央銀行の関係者にとって、重要な変数だった――それはいまも変わらない。

金融危機の余波を受けて、ベン・バーナンキとジャネット・イエレンは、景気後退中に労働人口から退出した、もと労働者たちが復帰する見込みがあるかどうか評価しなければならなかった。復帰するのなら、減少しつつある失業率がインフレ圧力を生み出す前に経済成長の機会は充分にある。だがそうでなければ――大不況のあいだに職探しをやめた多数の労働者が、永遠に労働人口に復帰しなければ――アメリカ経済の制限速度は、永久に低いままになる。

2 ― 最後に頼れる貸し手としての活動

すべての経済が、新婚旅行用の貯蓄を手放して銀行システムを救済してくれるジョージ・ベイリーを頼れるわけではない。前章で述べた通り、現代金融システムの特徴のひとつが、危機に流動性が必要とされることだ。この脆弱性の対処にあたるのは、中央銀行だけではない。

大恐慌の後、銀行取りつけを回避するために連邦預金保険公社が設置された。もはや預金者は、銀行が破綻するかもと不安になっても、お金を求めて銀行に駆けつけたりしない――気にならないからだ。どんな損失も、政府が補償する（うん、これはこれで問題を生む。この点については後ほど）。2008年が充分に示した通り、その他の世界的金融システムの大部分は、おなじみの銀行取りつけの現代版に対しては、いまだに弱い。コラムニストで、経済学者でもあるタイラー・コーエンが「影の銀行取りつけの時代」と評した現象だ。

コーエンは2012年につぎのように書いている。「現代の銀行取りつけは、市場金利連動型投資信託からお金を引き出すために駆けつけること、銀行間の翌日物融資の担保として信頼性があるものがなくなること、あるいは問題を抱える金融機関からの短期借入金の急激な流出を意味する」。状況は目新しいが、行動はおなじみだ：やっかいな状況になると、人々も機関もお金を取り戻したがり、それがいっそう状況をやっかいなものにする[13]。そして金融危機に対するFRBの対応の複雑さにもかかわらず、その多くはジョージ・ベイリーが建築貸付組合のロビーで現金を手渡すのとよく似ているように見受けられた。アメリカの中央銀行は、世界のさまざまな中央銀行とともにあらゆるツールを使って、支払能力のある企業が、信用へのアクセスがないせいで支払不能に陥らないように計らった。

金融恐慌における危険とは、不健全でない企業が他の企業を道連れにしてしまうことだ。システムが炎上してしまったので、FRBのとった金融政策は、高圧ホースから流動性を振りまくに等しかった。次章では、国際通貨基金（IMF）がさまざまな国にとっての最後の貸し手として、自前のホースを携えて登場する。メキシコとトルコは緊急融資が必要になったら、どこに連絡するだろうか。IMFだ。

おそらくご推察の通り、最後に頼れる貸し手という概念そのものに問題がある――つまり、そもそも火事にならないほうが望ましいのだ。そして消防署がすぐれていればいるほど、市民はガソリンをボイラーの近くに蓄えても平気になる。経済学でモラルハザードと称される、この問題の性質を理解するために、ここで少々脱線して、筆者の義兄がどのように譲渡性預金（CD）を買っていたか把握しよう。CDには固定金利がつくという点で当座預金や普通預金と似ているが、お金は一定期間（たとえば6ヶ月か1年間）留め置かれる。要求払い預金と同様に、連邦政府が預金者1人あたり最高25万ドルを保証する。

筆者の義兄はかつて新聞に目を通して、全国の銀行で最も利率の高い譲渡性預金を調べていた。案の定、競合する銀行に比べて利率が1/4か1/2ポイント高い無名の銀行を見つかると、かれはそこに送金する。この無名の銀行の頭取が情報漏洩で逮捕されたことがあり、支店6店が事故で焼け落ちて詳細は「いまだ調査中」と新聞に報じられていたとしても――心配無用。最も良いケースは、頭取が無罪と判明して、義兄が引き続き他行よりも高い金利を手にすることだ。最悪のケースは、銀行が（文字通り、あるいは比喩的に）炎にのみこまれて、政府が義兄に返金すること。つまりコインの表が出たら義兄の勝ち、裏が出たら政府の負けだ。

この問題が、金融システムを強化しようとするあらゆる取り組みの核心にあり、そしていっそう危険な行動を招きがちな自分自身の行動から私たちを守る、他の状況の核心にもある。難しいのは、危機が不必要に広がるのを防ぐ消防署を提供しながら、市民に寝タバコをさせないように手を尽くすことだ。

3 規制

政府は最終的には義兄に清算させる（はっきりさせておくと、かれは何も悪いことはしていない。譲渡性預金を保証する政府保険が生み出す悪いインセンティブに、合理的に対応していたにすぎない。筆者だってもっとマメだったなら、同じことをしただろう）。いずれにせよ、政府は2009年に、このインセンティブを変えた。いまでは、銀行が譲渡性預金に（全国平均に対して）過度に高い金利をつけることは規制当局によって禁じられている。なぜなら――なんとビックリ！――最も不健全なバランスシートの持ち主である銀行こそ、こういった魅力的な金利を提供する傾向が最も強いことがわかったからだ(14)。

アメリカではFRBが、金融システムの規制責任を他の政府機関と共有している。でも世界の国々のほぼ半分では、中央銀行だけが金融規制にあたっている(15)。最後の貸し手が、規制において重要な役割を果たしているのには、道理がある。事態が悪いほうに向かったとき、お金を詰めこんだ鞄を持って現れることを期待されているのがあなただとしたら、事態が悪いほうに向かう危機は最低限にしたいと考えるだろう。FRBが主導的な役割を担っていようといなかろうと、金融規制の基本的なあり方を把握するために、数千ページにわたる連邦規制に取り組む必要はない。やはりこの場合も、問題に陥る金融機関のコストがシステム全体に波及するという事実から、規制の性質が自然にうまれる。規制の促進力として最も正当なのは、まちがった判断や愚かな行動をしないように個人や企業を守るのではなく、むしろ残りの人々を、そういった誤った選択（あるいは不運）から保護することだ。金融危機の前後に金融規制について何万ページも熟読したら、一般に金融規制は以下のバケツのどれかに入るはずだ。

問題を起こしそうな行動を避ける（寝タバコを違法とする）。企業が特定の危険な活動に着手するのを禁止された場合、危険なまでに悪い結果が生じる可能性は下がる。1929年に株式市場が暴落した後、グラス・スティーガル法によって商業銀行の活動が規制された。銀行による株式投機が市場の暴落の一因となり、ひいてはのちの大恐慌を生んだと考えられていたからだ(16)。2008年の金融危機を受けて、（3千ページ超に及ぶ）ドッド＝フランク・ウォール街改革・消費者保護法が可決された。この法には、銀行が投機的な投資に自己資本を使うことを禁じる（もとFRB議長ポール・ヴォルカーの提案をもとにした）ヴォルカー・ルールも盛りこまれている。企業が顧客のために危険な投資をした場合、お金を失うのは顧客のみ、という考え方だ。実際には、企業は顧客が儲けるか否かに関係なく、手数料を手にするのが常だ。だが企業が自己資金でこのような投資をする場合（たとえばゴールドマン・サックス自体が中国株の将来性に大きく賭けた場合）、お金を失う立場にあるのは企業そのもので、そこにはさまざまなシステミックな問題がつきまといかねない。

悪いことが起こったときに機関を守る緩衝装置を提供する（やれやれ、だれかの寝タバコで

火事が起きちまったけど、スプリンクラーで消火できるぜ）。多種多様な規制により、金融機関が充分な緩衝材を備えて、有害事象――市場の低迷や、金利の急激な変化――から流動性の危機や支払不能に陥らないよう努めることが求められている。たとえばバーゼル合意――バーゼルⅠ、バーゼルⅡ、バーゼルⅢ――は、銀行が貸し倒れから身を守るために保有するべき資本の量に関する自主的な国際基準だ（この協定は、バーゼル銀行監督委員会が勧告をおこなうために会合を開くスイスの都市の名前にちなんで名付けられた）。バーゼルⅢのもと、世界の金融システムにおいて重大な役割を担う銀行は、資産の7パーセント相当の資本を保有するべきとされている（2010年時点）。この資本は自己資金で、必要ならば損失の補填にも使える。バーゼル委員会の勧告に法的効力はないが、各国政府が課する規制の基盤にされる傾向がみられる。

金融危機の後、FRBは来たるべき経済的ショックに国内の大手銀行がどの程度耐えられるかはかるストレステストを導入した――銀行向けの耐震テストのようなものだ。2015年に初めて、テストを受けた国内の31の銀行すべてが、地震に等しい金融事象においても充分に健全でいられる資本を、緩衝材として保有していると見なされた。『ウォールストリート・ジャーナル』によると、「銀行の財務上の健全性をはかるFRBの年次『ストレステスト』の結果、アメリカの国内銀行31行すべてが、社債市場が崩壊して、失業率が10パーセントに達し、住宅価格および株価が急落するような経済的ショックに見舞われたとしても、引き続き貸付をおこなうのに充分な資本を備えていることがわかった。このテストは、市場の混乱の中で、税を投じた救済を受けなくても大手銀行が多大な損害に耐えられるようにする意図でつくられている」(17)

システムの他の部分を保護する（あいやー、この家は焼け落ちそうだけど、近隣には被害を出さずに済む）。有望な改革の一部は、広いシステムを混乱させることなく機関を破綻させることに焦点を合わせている。ドッド＝フランク法では、各機関が「生前遺言状」を作成するよう義務づけている。つまり金融システムの他の部分を引きずりこむことなく機関を破綻させられることを示す仮想的な破綻計画だ。

システミックに重要な機関を指定する（この超高層ビルが炎上したなら、都市全体にとっても惨事になる――だからこの超高層ビルには特別な注意をはらおう）。つまり「つぶすには大きすぎる」問題だ。一部の機関はとても大きくて、金融システムの他の部分と非常に深く複雑なつながりを持っているので、破綻や深刻に困窮した場合、世界的に悲惨な影響が出かねない。ドッド＝フランク法の改革により、「リスクを特定して、金融の安定の脅威となるものに対応する」15人体制の金融安定監視委員会（FSOC）が創設された(18)。FRB議長は自動的に、議決権を有する10人の委員の一人に数えられる。金融安定監視委員会は、金融機関を「システム的に重要」と判断する権限を持っている。システム的に重要と指定された機関は、FRBその他の「より強い規制基準」のもとでの規制監督の対象となる。2014年のシステム的に重要な機関の一覧には、おなじみの名前も見受けられる――J・P・モルガン・チェース、ゴールドマン・サックス、シティグループ――でも中国農業銀行など、なじみの薄い世界的プレイヤーの名前もある(19)。歴史を振どの規制が意図した効果を実際にあげているかについては、他の人に執筆を任せたい。

り返ると、無謀な行動を変えるのは、無謀な行動を変えようと試みるより、はるかに難しいのだ。

4 経済の微調整

ＦＲＢは世界のさまざまな中央銀行の多くとは異なり、通貨価値の維持に加えて、完全雇用の維持も法によって委ねられている（他の中央銀行の大部分は、物価の安定に関してだけ責任を負う）。これは「二重の責務（デュアル・マンデート）」とも呼ばれる[*8]。重要な目的が２つ以上あるよりは、１つのほうがやりやすい。長期的にみると、物価の安定は着実な成長と雇用の最大化を促進する。短期的にみると、事態はいっそう興味深い。ポール・ヴォルカーはインフレと闘っていたとき、不況が体制からインフレ期待を抜き取るように、あえて操作した。事業は破綻して、労働者は一時解雇された。肝心なのは、事業にも労働力にも、13パーセントの昇給を期待させないことだった。ヴォルカーはつぎのように振り返る。「二重の責務は気にかけなかった。私たちの闘う相手はインフレだったということに尽きる」(20)。

中央銀行は、政治的に難しい決断をとる必要もある。ときには経済をあえて鈍化させる措置をとらなければならない。ポール・ヴォルカーが１９７０年代後半にそうせざるを得なかったように（一般市民にとっては、インフレファイターの活躍中より、活躍を終えた後のほうがはるかにありがたい）。またあるときは、経済を加速させるＦＲＢの取り組みが充分でないと見なされることもある（たいていは将来のインフレに対する懸念のせいだ）。バンドが『ザ・ツイスト』を演奏しはじめて、これからというところでパンチボウルを取り上げるのは、だれにとってもうれしくない。経済がほぼ最大限に機能していて、企業の収益は上がり、賃金も上がりつつある――あと1、2曲くらいかまわないじゃないか?

政治家ははめをはずして踊ることと、避けられない結果としての二日酔いの隔たりを政治利用できる――これらの間に選挙がある場合はなおさらだ。1970~1978年にFRB議長を務めたアーサー・バーンズは、1974年のニクソン大統領再選を確実なものにしようとして、いわば飲み物にアルコールを入れたとして、しばしば非難されてきた。バーンズは日記につぎのように書いている。「金融政策を担当していたのは私だったから、連邦準備制度が経済を兵糧攻めにしてしまう可能性をかれ(ニクソン)が憂慮する必要はなかった」(21)。

この言葉だけで、バーンズが違法行為をはたらいたといえるのか、筆者にはわからない。でも中央銀行が最もうまく機能するのは、国の長期的利益をそこないかねない短期的圧力から金融に関する意志決定者を守ろうとの過剰な政治的干渉がないときであるという、もっと大きな論点を強調するものではある。ポール・ヴォルカーは、1979年にFRB議長に任命される前に、ジミー・カーター大統領と会談したときのことをつぎのように回想している:「大統領に招待されて会談に臨んだ。やりとりはごく短いものだった。わたしがFRB議長になったなら、(ウィリ

[*8] 1977年の連邦準備改革法によって現在の目標が設定された。同法によると、FRBは「雇用の最大化、物価の安定、長期金利の抑制という目標へ効率的に推進する」ためにあるという。最後の項目は、重複するとしてしばしば無視される。長期名目金利の抑制を確実なものにする最良の方法が、物価の安定だからだ。

アム・）ミラー（財務長官）よりもっと厳しい政策をとります、と（わたしは伝えた）。わたしはFRBは独立した機関と考えている。独立性に関しては深い思い入れを持っているのだ」[22]。ヴォルカーはFRBの独立性をとても重要視しており、ロナルド・レーガン大統領がFRBに立ち寄ろうかと匂わせたときには、やめろと伝えた。

それから月日がたって、ヴォルカーがプリンストン大学で教鞭をとっていたとき、筆者はヴォルカーの院生助手として、ビル・クリントン大統領が一般教書演説を済ませた後の晩餐に同席する機会に恵まれた。ヒラリー・クリントンの席は、FRB議長アラン・グリーンスパンの隣だった。ヴォルカーの意見では、FRB議長が大統領夫人の隣の席に座るのは、きわめて不適切とのことだった。

大西洋の向こうの欧州中央銀行（ECB）は、いかなる国権機関からも制度的に独立している。ECB関係者は、欧州議会やEU蔵相と会っても差し支えない一方で、その他のどんな統治機関にも支持を求めたり、受けたりしてはいけないとECB協定で定められている。経験的証拠によると、これまで多くの国において、独立性が高い中央銀行は、平均インフレ率が低く、物価の変動も少ない。英『エコノミスト』誌によると「社会において、学者出身の専門家たちを非選出方式で金融政策にあたらせるのは、次の選挙が念頭にある政治家よりも、良い仕事をすると考えられるからだ」[23]

本章は、FRBその他の中央銀行に不備がないなんて一言も言っていない。第9章では200

8年の金融危機に対するFRBの対応を分析するし、第14章は中央銀行の業務改善の議論に終始する（だからその章を『中央銀行業務の改善』と題した）。実際には、経済は中央銀行なしでも機能することはご存じの通り。歴史を通じて、勤勉な人々は、袋詰めの塩からビットコインに至るまで、取引を円滑化する何らかのお金で商取引をおこなう方法を見いだしてきた。アメリカには、1913年に連邦準備制度が創設されるまで、中央銀行がなかった。これに先立つ2つの銀行、第一合衆国銀行（ファーストバンク）、第二合衆国銀行（セカンドバンク）は、議会が憲章を更新しなかったために消滅している。

それでも適切に機能している中央銀行は、現代経済を円滑にする。英『エコノミスト』誌は2011年、史上最悪の金融危機を乗りこえた後に、つぎのように述べている。「中央銀行関係者は、世界経済において最も強力かつ大胆なプレイヤーになった。金融システムに圧倒的な流動性を提供することで、2008年の経済破綻から世界を救った。このとき以来、特に大量の国債買い付けによって、回復を下支えしてきた。また、国際銀行業務の規則を改めた。こうしたことすべてがロックスターのような揺るぎない地位をもたらしたのだ」(24)

たしかにかれらはスーパーヒーローではないかもしれない。でもロックスターでも大したもんだ。

第6章

為替レートと世界金融システム

通貨の切り下げは、寝小便みたいなものだ。はじめはいい気持ちだが、すぐにひどいありさまになる。

とあるFRB職員(1)

2013年、イランのマノーチェリ広場は不安に包まれた。広場の行商人たちの商売はかなり低調で、お金が至るところに山積みになっていたかつての活況期とは様変わりしていた。何が問題なのだろうか。何が商業活動を停止寸前まで追いこんだのだろうか。

平和と繁栄。少なくともそのおそれだ。

テヘランのマノーチェリ広場には、イランの非合法な（しかし基本的には容認されている）両替商が集まる。この通貨バザールは、イラン通貨リアルを手放してドルに替えたがっている一般市民の不安につけこんで取引するようになった。イラン経済とリアルにとって状況が絶望的であるほど、両替商の商売は好調だ。2013年の終わり、アメリカとの核交渉は良い方向に向かいつつあり、それは制裁措置の緩和と、活気のないイラン経済へのエネルギーの注入を意味していた。『ニューヨークタイムズ』は当時、つぎのように報じている。「長く低迷していたイラン通貨に、運が向いてきた」(2)。つまり、地元通貨の価値の大きな変動を糧とする両替商たちにとっては、儲けが乏しく、低調な時期になるということだ。

両替商にとっては、2005～2013年にイランの大統領を務めたマフムード・アフマディーネジャードが最高だった。かれは国際社会において好戦的な立場をとり、首を傾げるような国内政策をとって、イランを孤立させて経済を急激に悪化させた。「すばらしい時代だった」と、ある商人は『タイムズ』で、つぎのように語っている。「アフマディーネジャードはホロコーストを否定し、イスラエルを一掃すると脅し、核計画によって国際社会による制裁を着実に強めた。悪いニュースが経済の衰退を生み、不安になったイランの中間層は貯蓄を守るためにリアルを手放した。2012年には、1週間でイランリアルがドルに対して4パーセント下落したこともあった」(3)

マノーチェリ広場の状況から、為替レートについて知るべきほとんどのことはおわかりだろう。その他は些末なこと――きわめて重要で、衝突をもたらす、経済的に欠かせない、些細なことだ。それぞれの国にそれぞれの通貨があり、どこであれ、それぞれが一般に流通する場所で、財やサービスと交換できる。10ドル紙幣を使えば、マンハッタンでタクシーに乗れる。東京のタクシー運転手はアメリカの通貨を受けつけない。逆に、東京では千円札で同じようにタクシーに乗れる一方、ニューヨークのタクシー運転手からは、嘲りと侮蔑を受けるだけだ。

ある場所では途方もない価値を持つ1枚の紙切れが、別の場所では直接使うこともできない。筆者がこれをじかに体験したのは、1980年代後半にオーストラリアの安宿に泊まったときだ。一緒に旅をしていた仲間と私がホテルの部屋を離れている間に泥棒が押し入って、バックパックにしまってあったお金を盗んだのだ。犯人たちはオーストラリアドルを残らず持ち去ったが、アメリカ通貨には手をつけなかった。アメリカドルを持っていかないなんて、犯人はどんなやつだろうか。答えは、怠け者だ。通貨はいつだって、たいていの場所で合法的に、そして非合法的にならどこでだって（北朝鮮でも）、他の通貨と交換できるからだ。

でもなぜ、どうやって？　それが本章の要点だ。どの現代通貨も内在的価値を持っていないことを考えると、ある紙切れ（電子的元帳の場合は、バイト）をほかの種類の紙切れ（あるいは異なるバイト）とどのようなレートで交換するべきか、どうやって計算したらいいのだろうか。

その答えの最も基本的な部分は、イランの両替商の単純な例で示せる。通貨は、自発的取引の当事者双方が取引を望むレートで、別の通貨と交換できる。筆者の2001年式ボルボの価値はどれくらいだろうか。いくらであれ、引き換えにお金を支払う人がいる価格だ。紙であろうとなかろうと、通貨に変わりはない。マノーチェリ広場の商人たちは、銀行や両替所と同じく、仲介にすぎない。かれらは貯蓄がインフレのせいで失われることを懸念するイランの中間層にドルを売ってリアルに換える。そして海外で稼いだドルをイラン通貨に換えて物品購入したいと考えている政府関係者や企業に、リアルを売る。

両替商は単なる値づけ業者で、リアルとドルの需給が均衡する——つまり各通貨の売り手と買手の数がほぼ同じとなる——価格を（かなりの手数料をとりつつ）見つけ出す。このプロセスはもっと複雑にもなるが、もっとも重要なのは、通貨の取引は自発的取引であるという考え方だ。2つの通貨の為替レートは、ある通貨を別の通貨に換えることに利点があると合理的に判断される価格を反映する。

政府はつねにこの取引の邪魔をする（取り締まりはまれとはいえ、イラン通貨の露天商は、厳密にいうと違法だ）。政府は特定の通貨を保有することの魅力を増すこともできるし、逆もできる。マフムード・アフマディーネジャードは、偶然これをやってのけた。景気後退のせいで、イラン国民が将来への不安から通貨を手放したのだ。中央銀行はたいていの場合、もっと慎重だ。金利引き上げは（他の条件が同じなら）世界中から資本を引きつける。投資家たちはできるかぎり高い収益を求めるからだ。この新たな資本の流入が、通貨を増価させる（例：アメリカの高金利で利益を得るには、外国の人々はドルを買わなければならない）。低金利には逆の効果があり、通貨の減価をもたらす。

いずれにせよ、為替レートについての理解の出発点は、次の単純な事実でなければならない。ほとんどの通貨取引は商業取引であり、すべての取引は——学校の食堂でおこなわれる生徒同士のスナックの交換から、ヘッジファンドマネージャーによるハンプトンの不動産の買付まで——双方の当事者たちが、取引で利益を得られると感じることに根ざしている。

概して2つの通貨の為替レート——一方の通貨を他方と交換できる価格——は、需給を反映する。（ドルを保有している）多くのアメリカ人が突然メキシコペソを欲しがると、ドルの需要に対してペソの需要が増加する。つまりドルで表したペソの「価格」が上昇する。経済学ではこれを、ドルに対してペソが増価したというが、この通貨の価格が上昇したのは、バレンタインデーにバラの花の値段が高くなるのと同じ理由からだ：入手するために、人々がもっと多くのドルを支払おうとするからだ。しゃれた言い方がお好みなら、ドルに対してバラが増価したと言ってもいい。

ここでニューヨークと東京のタクシー運転手の話に戻ろう。為替レートに関する第二の原則はつぎの通り。ある通貨を別の通貨に交換すると、たとえほかの国でも、おおよそ同じものが買える。10ドルを払うとニューヨークでタクシーに乗って短距離移動できる場合、10ドルを市場レートで円に換えると、だいたい——大雑把にみて——東京でタクシーに乗って短距離移動できる金額になる可能性が高い。この関係は決して厳密ではない。理由は本章でこれから説明する。だが10ドルを成田空港の両替所に持参して、巨大なテレビや、ホンダのシビックを購入できるほどの円を手に入れられる可能性はきわめて低い。なぜこれが起こり得ないか理解するために、可能だったらどうなるか想像してみよう。その場合、あなたとルームメイトの会話は以下のようになる：

あなた：よお、この週末って、なんか予定あんの？
ルームメイト：決めていないよ。ソファのクッションの下から10.53ドル出てきたから映画を見に行こうかと思っていたんだ。
あなた：飛行機で日本へ行くなんてどう？　いま日本の為替はすごいことになっていて、10ドルを円に換えると、大型テレビが2台買える。帰りはそれを1台売ったら、飛行機のチケット代になるよ。
ルームメイト：え、マジ？
あなた：もちろん。そんな機会が世界中に転がってるんだよ。先週は昼食を抜いて、浮いた8ドルでカナダにスキー用の別荘を買ったよ。
ルームメイト：すげー。

こんな尋常でない機会――また、これほど極端でなくても、価格の不均衡――が起こるものなら、アメリカの人々は、それに便乗しようと殺到するだろう。あなたのルームメイトのような人たち（そして、もっとたくさんの資金を持つヘッジファンドマネージャーたち）が積極的にドルを売って円を買うと、円はドルに対して増価する。

一方で、日本ではテレビをはじめ、その他の財の価格が（アメリカの消費者たちがつり上げたせいで）上がり、アメリカでは（起業家たちがアメリカで日本の製品を転売するようになり）価格が下がる。通貨レートの変化、価格の変化が合わさって、市場は動き、やがてどちらの国でも、為替レートは目を引くほどの特価をもたらさなくなる――ドルを円に交換すると、同等の財が買える状態に戻るのだ。

この直観的な考え方を、購買力平価（ＰＰＰ）という。アメリカにおいて100ドルである財バスケットを購入できる場合、100ドルは日本、フランス、メキシコで同等のバスケットを購入できる量の円、ユーロ、ペソと交換できてしかるべきだ。当然ながら、バスケットに含まれるあらゆる物品が購買力平価の理論に合うわけではない。外国に行ったことがある方ならおわかりのように、外国では特定のものが安く（たとえばインドでの散髪）見える一方、高価に見えるものもある（東京のホテルでの宿泊）。でも大筋ではこの理論は直観に合うはずだ。為替レートがＰＰＰ予測と大きくずれた場合、合理的な人間はそのずれを利用できる。先述のばかげた例のように。

実際、おそらくお気づきのように、先述の２つ――インドでの散髪と、東京のホテルでの宿泊――は、ある市場で買って、別の市場で売れる財ではない。経済学用語では、これらは非貿易財と呼ばれる。散髪とテレビの実質的なちがいについて考えてみよう：テレビは貿易財だ――同様のものに、自動車、靴、携帯電話、ゴルフボール等々がある。インドとアメリカで、テレビに大きな価格差があった場合、ムンバイでルピーを支払って数百台、数千台、あるいは数百万台のテレビを購入して、アメリカでドル価格で販売したら、楽に稼げるいい仕事になる（輸送費、貿易制限等はかかる）。一方、ムンバイで安い散髪を買って、マイアミで売る方法は、まだ見つかっていない。実際、移民制限のせいで、ムンバイで理髪師を安く雇ってマイアミに引っ越させることもできない。賢い起業家がイリノイ州ピオリアでホテルの部屋を安く買って、東京で売って利益を出すことも不可能だ。東京のホテルの部屋が高くつくのは、土地が少ないせいで、不動産を必要とするすべての財やサービスが世界の他の地域と比べて高価になるからだ（ダートマス大学の経済学者、ダグ・アーウィンは、賢明な経験則を示している：貿易財では、財が人間のもとへ移動する。非貿易財では、人間がサービスのもとへ移動しなければならない）。

公定レートと購買力が示唆する値に乖離が生じる理由はいくつもある。非貿易部門の重要性もそのひとつだ。それでも購買力平価（ＰＰＰ）は、通貨の相対価値の評価にきわめて役に立つ指標だ。購買力平価よりも価値が高い通貨は、一般に「過大評価」されているという。たとえば１杯のコーヒーがチューリッヒでは３スイスフラン、シカゴでは３ドルするとしよう。購買力平価を参考にすると、為替レートは１スイスフランがおよそ１アメリカドル――同じだ。でも公定レートで１スイスフランは２ドルと交換できるとしたら、どうだろうか。つまりチューリッヒでコーヒーを１杯買うのに必要なフランが、シカゴでコーヒーを２杯買えるドルと交換できるわけだ。経済学ではこの場合、スイスフランはドルに比べて過大評価されている、または、ドルはスイスフランと比べて過小評価されている、と表現する（シカゴでコーヒーを１杯買える額のドルで、チューリッヒではコーヒー2分の1杯しか買えない)[*1]。

何年も昔、英『エコノミスト』誌が購買力平価を使って、世界の通貨のどれが過大評価/過小評価されているか調べる賢明な概算方法を編み出した:ビッグマック指数(「丸パン好きの通貨ガイド」)だ。このふざけてはいるが便利な指標は、3つの前提にもとづいて予測されている。

第一に、ビッグマックが世界中のいろんな国々で販売されていること。第二に、一つひとつのビッグマックが、貿易財と非貿易財の材料が詰まったバスケットであること:牛肉、パンの材料の小麦は貿易財。店の地代と、マクドナルドの従業員の労働は非貿易財だ。第三に、ビッグマックは、その販売地での財とサービスの似たようなバスケットであることから、現地通貨で示したビッグマックの価格は、購買力平価から示唆される為替レートの単純指標だ[*2]。

アメリカではビッグマックの平均価格が4・79ドル、イギリスポンドでは2・50ポンドの場合、アメリカとイギリスの為替レートは、$4・79=2・50ポンド。もしくは$1=0・52ポンドくらいになるはずだ。この関係から乖離しているなら、いずれかの通貨が過大評価、あるいは過小評価されている。

本稿執筆時点では、外国為替市場では1ドルが0・66ポンド相当で、これはビッグマック指数が示唆するレートを上回る。言い換えると、アメリカでビッグマックが買える金額をポンドに換えると、ロンドンでビッグマックを買ってもまだお金が余ることから、アメリカドルはポンドに比べて過大評価されている(あるいは、ポンドはドルに比べて過小評価されている)といえる。

国をまたいで経済指標を比較する場合、市場為替レートではなく、購買力平価を使ってドルに換算することも多い。たとえば、ルワンダのような比較的貧しい国の経済的厚生を評価するとしよう。公定レートでは、ルワンダの一人当たり所得は、年間およそ700ドル。つまり、首都キガリの空港で典型的なルワンダ人の年間所得をドルに換えると700ドルになる。でもこれは、ルワンダの生活水準を最も正確に示す評価基準ではないだろう。貧困国では多くの非貿易財が安価になりがちで、この傾向は特に地代と食料で顕著だ。公定レートでは1ドルが746ルワンダフラン相当とされていても、ルワンダで貧しい人が746フラン持っていたら、アメリカで1ドル持っている場合より多くの生活必需品が買えるのが、経済の実情だ。

これを補正するために――ルワンダのような国で、人々が実際はどんな暮らしをしているか、もっと正確に示す基準を得るため――世界銀行やCIA（国際統計の宝庫）のような組織は、購買力平価を利用して地元通貨を単位とした統計をドルに換算する。この測定基準を使うと、ルワンダの1人当たり所得は1630ドル、つまり公定レートによる値の2倍以上になる(4)。

[*1] 金利と同様に、経済学ではひとつの通貨を別の通貨と交換できる名目為替レート（空港の両替所に掲示されている数字）と、両国の物価の変動（インフレやデフレ）を考慮しており通貨の相対的な購買力の変化指標としてもっと優秀な、実質為替レートを区別している。たとえばアメリカドルは10アルゼンチンペソと交換可能で、アメリカの物価は安定しているけれど、アルゼンチンの物価は年間10パーセント上昇するとしよう。1年後、両替所では1ドルが11アルゼンチンペソと交換される。ドルはアルゼンチンペソに対して10パーセント増価した（1ドルで買えるペソが10パーセント増加）が、アルゼンチンで1ペソで買える財は10パーセント減少した。名目為替レート（両替窓口に掲示されている数字）は変化したが、1年間にアルゼンチンが経験したインフレにより、実質為替レート（通貨を他方の通貨と交換したとき買える物）は、まったく変わっていない。本章で為替レートに言及する場合は、実質為替レートをさす。

[*2] 鶏肉を使った「マハラジャマック」が提供されているインドを除く。

本章は、寝小便に関する引用で始まった。これまでのところ、寝小便とまともに張り合えるほどおもしろい話題は出ていない。通貨間には、さまざまな理由により市場為替レートから乖離する可能性はあるものの、購買力平価をもとにした論理的な定点があることを示した。ビッグマックを食べながら世界を旅しようとする人なら大いに気になるはずだ。そうでない人々にとってはちょっと退屈な話だ。

実は為替レートには深い経済的、政治的な因果関係がある。政府と中央銀行は為替レートを操作する力があり、これが経済的勝者と経済的敗者を生み出す――国内においても世界経済においても。アメリカと中国の間で継続されている最も大きな論争が、アメリカドルと中国元の為替レートをめぐるものだ[*3]。東アジア諸国は通貨価値をめぐって、南シナ海に浮かぶ島々についてと同じくらい激しい論争を繰り広げることになりそうだ。2008年の金融危機を受けて、評論家たちは「通貨戦争」についておどろおどろしく警告した(5)。

ここまではだれも寝小便していないが、もう時間の問題だ。通貨価値に関する政治的緊張は、経済についてのある自明の理から生まれる：他のすべてが同じなら、弱い通貨は輸出には良く、輸入には悪い。強い通貨はその正反対だ：輸出品は高価になり、輸入品は安価になる。この概念は国際経済、ひいては国際政治にとても重要なので、数字を使った単純な例をあげておこう。フォード社のように、アメリカで自動車を製造してカナダに輸出する会社を考えよう。単純化するために、フォード社のおもな生産要素――労働力と部品――は、アメリカドルで価格がつけられているものとする。自動車やトラックはカナダで、カナダドルで販売される。カナダドル（ドル硬貨の裏にルーン（水鳥）が刻まれていることから、ルーニーと呼ばれている）と、アメリカドルの為替レートは平価：為替市場では、1カナダドルは1アメリカドルと交換可能だとしよう。さらに、フォード社は自動車1台を1万8千（アメリカ）ドルで製造可能で、これをカナダで2万（カナダ）ドルで販売すると仮定しよう。ルーニーを再びアメリカドルに戻しても、2千ドルの利益が充分に出る。

だがここで、自動車とはまったく関係ない理由から、アメリカドルがカナダドルに対して15パーセント増価したとしよう。1アメリカドルで1・15カナダドルが買えることになる。逆に、1ルーニーでは0・87アメリカドルしか買えない。注意点を手短に二つ：第一に、この程度の為替レートの変動は、ごく普通のことだ。筆者が本章を執筆しているのは2015年の春で、カナダドルは前年、アメリカドルに対しておよそ17パーセント減価している。第二に、もっぱら国内を相手にしている企業はこういったことに頓着しない。カナダの総菜店が従業員や供給業者にカナダドルで支払いをして、国内だけでサンドイッチを販売している場合、この店はアメリカドルとの為替相場を豆の山ほども気にかけない（「豆の山」というのは金融専門家が使う用語で、為替レートの動きに寄せる関心の程を示すのに使う）。

さてミシガン州のフォード社は、為替レートをとても気にかけている。アメリカで自動車を製造するコストは変わっていない——同じ部品、同じ労働協約、すべての契約に示されたアメリカドルの額

[*3] 中国の正規の通貨は人民弊（レンミンビ）で、しばしば略してRMBと称される。人民元の基本単位が元（ユアン）。このため、中国のお金は人民元、あるいは元と呼ばれている。

も同じだ。フォード社がカナダで自動車を販売できる価格も変わっていない。一般的なカナダの買い手が考えるときの価格単位はルーニーだ――ルーニーで支払を受けて、ルーニーで商品を買うからだ（読者は家電販売店に行ってテレビを買うとき、ドル＝円為替レートをもとに予算を考えるだろうか？）。最も手頃なフォードのピックアップトラックの競争価格が、ルーニーの価値が下がる前の時点で2万カナダドルだったとする。価値が下がった後も、競争価格は変わらない。実際、カナダでアメリカ製の自動車やトラックを販売するにあたっては、何も変わらない――フォード社が収益をアメリカドルに戻さないかぎり。2万カナダドルは、もはや1万7400アメリカドルの価値しかない。これではアメリカでトラックを製造するコストを下まわってしまう。

　だから為替レートは国際企業に重大な影響を与える。フォード社の自動車の製造方法や、販売方法は変わっていない――製造コスト、販売価格、フォード社の自動車の

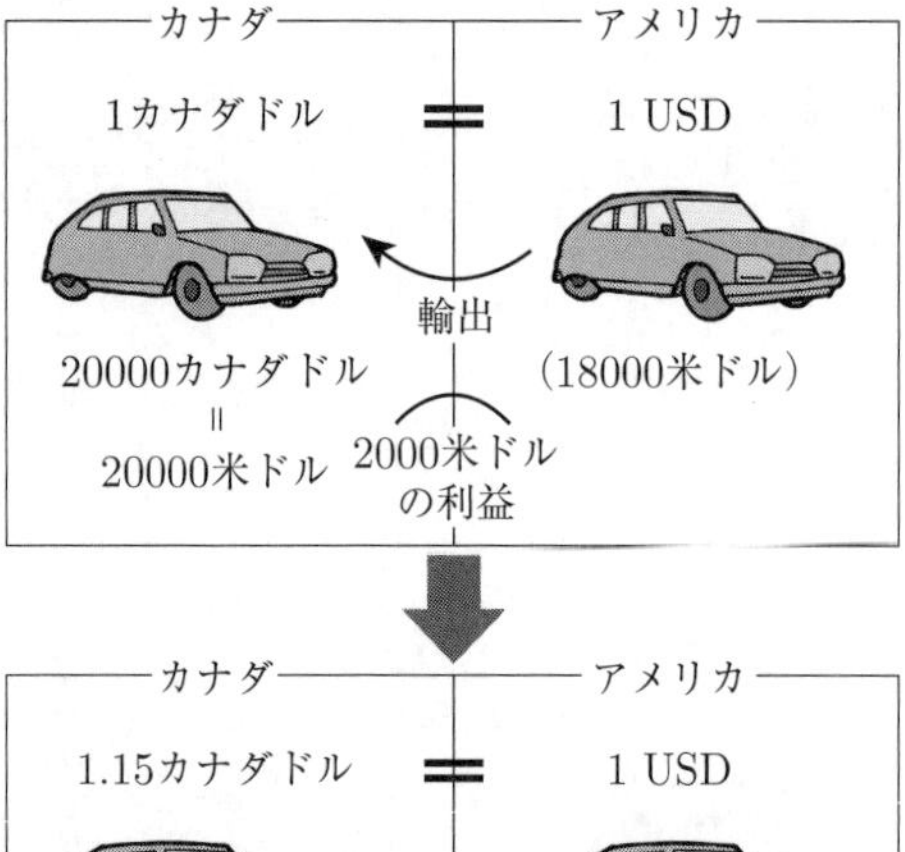

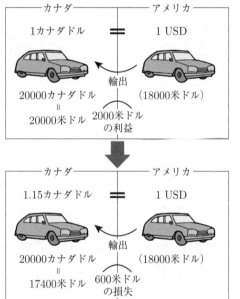

為替の変動は、通貨間取り引きに大きな影響を与える。

相対的な魅力も変わっていない。でもフォード社は1台売れるたびに儲けが出るどころか、損をするようになった――すべて為替市場の変動のせいだ。この明らかに単純化が過ぎる例では、重役たちにジレンマが生じる：カナダ市場における価格を引き上げて、好ましくない為替レートの埋め合わせとして売り上げが減るリスクをとるか、それともカナダでの価格は据え置きにして、為替レートの方向が自然に変わることを期待しながら短期的損失を受け入れるか。あるいは、この二つの組み合わせ。概してどれもすばらしい選択肢ではないし、すぐれた自動車やトラックの製造とは無関係だ[*4]。

比較材料として、本田技研工業（ホンダ）がトロントで操業していて、もっぱらカナダの生産要素を利用して、カナダ市場向けに自動車やトラックを製造しているとしよう。ホンダの製造コストも、販売価格も、アメリカドルとの為替レートの変動の影響を受けない。カナダ市場では、ホンダはさっき登場した総菜屋と変わりない：為替レートの変動の影響がまったく及ばないのだ（ホンダのような企業が、アメリカなど大型市場のある国に工場を設置してきた理由のひとつがこれだ）。

ホンダとしては、トロント工場からアメリカへ自動車輸出をおこなうと、さらに都合が良い。

[*4] この種の為替リスクを負う国際企業は、先物市場などの金融ツールをしばしば使って為替差損から身を守る。ここで述べた基本的な事柄（通貨価値の変動が輸出入業者に大きな影響を及ぼすこと）を未然に防げるわけではない。このリスクをヘッジするコストが、国際的事業の追加コストだ。予測される為替レートの変動幅が大きいほど、このような変動から身を守るコストも高い。

カナダ通貨の減価に先立って、ホンダがカナダでピックアップトラックを1台当たりカナダドル1万8千ドルで製造して、国境の南のアメリカで、アメリカドル2万ドルで販売していたとしよう。この2つの通貨が等価なら、1台ごとに2千ドルも利益が出る。カナダドルが減価すると、輸出品はなお有利になる。カナダのコスト構造に変化はない――相変わらず1台当たりカナダドル1万8千ドルの製造費がかかる。でもこれで、アメリカで1台売れるごとに得られる2万ドルの価値は、カナダドルに戻すと15パーセント増――正確には2万3千ドルになる。

こうなるとホンダの重役たちには魅力的な選択肢が与えられる：価格を据置きにして高い収益を上げるか、あるいはアメリカ市場で値下げして、アメリカの競合他社から市場シェアを奪うか。アメリカでピックアップトラックを1万7千500ドルで安く販売しても、収益をカナダドルに換えればホンダは2万125ドルを手に入れられる。もしかしたらアメリカの競合他社から商取引の機会を奪い、1台ごとにすこし高い収益をあげながら、減価前より得な取引を消費者に提供できるかもしれない。

この例は仮説的だけれど、状況は仮説的ではない。2008年の金融危機後、パニックに陥った投資家たちが避難港を求め、日本円は避難通貨になった。2010年、日本円はドルに対して15年ぶりの高値になった。ユーロに対しても同様だった。日本で自動車の大部分を製造し、日本の部品メーカーへの依存度が高いトヨタは、円高で打撃を受けていた。日産やホンダなど、他の日本の自動車メーカーは生産拠点をもっと積極的に国外に移しており、円の増価にそれほど弱くなかった。

2010年の『ニューヨーク・タイムズ』の見出しに、つぎのようなものがある。『円高頼みの日本、失敗』。記事はこの「失敗」がどれほど高くついたか説明している：「トヨタが当初予測していた日本円の対ドル価値――1ドル90円――を円が上回るため、トヨタによると、営業利益は300億円（3億5500万ドル）減るという」。対照的に日産は、海外生産のおかげで、ドルに対する円の増価のせいで失った額はその半分のみだった(6)。

輸出業者は強い通貨に苦しみ、輸入業者は社内食堂でケーキや風船を配るようになることをお忘れなく。スターバックスは世界中からコーヒー豆を買いつけている。ドルが20パーセント増価すると、買い入れる海外のコーヒー豆は20パーセント安くなる。すると私たちが買うラテが安くなるかもしれないし、株主の利益が増えるだけかもしれない。いずれにしても良いことだ。

多くの企業は、輸出業者でありながら輸入業者でもある。つまり為替レートの変動は諸刃の剣だ。ボーイング社はシアトルで787型機を組み立てて世界各地に輸出しており、部品は日本、カナダ、イタリア、フランス、スウェーデン、その他の国々から調達している(7)。ドル安は外国でのジェット機の売上高を上昇させるが、輸入部品のコストも引き上げる。スターバックスでも、米ドルで見た海外店舗の売り上げの価値が落ちるから、社内食堂のパーティーは控えめになるだろう。

でもどっちが良いの？　強い通貨、それとも弱い通貨？　購買力平価と実勢レートに大幅にずれがある通貨は、一部の市民を犠牲にして、ほかの一部に不当に見返りを与える。筆者はぞんざいにも、カナダの総菜屋は売り上げも生産コストもすべてルーニー建てだから、対ドルの為替レートをすこしも気にしないと先ほど書いた。それは事実だ。でも総菜屋の従業員は、アメリカから輸入品を買う可能性がある。カナダ通貨が不自然なほど弱くなると、輸入品はもっと高価になる。そう、カナダの輸出業者は世界的優位性を享受している——でも、輸入品を買う消費者が犠牲になっているのだ。意図的に為替レートを割安に保つ政府は、本質的には輸入品の消費者に課税して、輸出品の製造者に助成金を与えている。輸出品を製造する企業に小切手を送れるように、あらゆる輸入品にかけられる関税を、輸入品を買うあなたは支持するだろうか。

当然ながら、2国の適切な為替レートというものが正確にわかっていれば、それを目標にすればいい。残念ながら、それはわからない。購買力平価はおおまかな長期見積もりだ。為替レートが購買力平価予測から長期にわたって大幅に乖離することもよくある。また、経済学ではしばしば「均衡為替レート」について述べる。経済が完全雇用になり、インフレ率が低く、その国の取引と、資本の流出入が持続可能であるレートだ。これはもっともらしい、ただし持続可能とはなにか（たとえば世界に対してアメリカが負っている、増える一方の巨額債務はどうなのだろうか）はっきりわからないのだ。

もっと実践的なアプローチは、過去に為替レートを決定してきた要因を分析して、その要因を使って現在の為替レートがどうあるべきか予測することだ。これはすばらしくうまいやり方だ——現在が過去と大きくちがっていなければ。投資銀行モルガン・スタンレーは、通貨の本来の価値を決定するモデルを少なくとも13個持っている(8)。アメリカ財務省国際室は2007年の報告の中で、おそらく読者が考えていた事実を認めている：ひたすら暗中模索するしかないということだ。報告によると「ある経済における外国為替レートの適切な価値を推定したり、過大評価／過小評価の正確な評価基準を確立したりできる、絶対確実な方法はない」(9)。

お金に関する他の政策と同様、適切な為替レートは経済と同じくらい政治にも関わりがある。通貨の強さについての見方は、その人の立場しだいだ。あなたはヨーロッパでアメリカ車を売っている立場だろうか。それともフランスからワインを輸入している立場だろうか。同じ国の中でも、政党によって通貨を安く／高くするべきと主張がよく分かれる。国全体にとっての最善は何だろうか。ダラス連邦準備銀行の元総裁、ボブ・マクティアはつぎのように述べている。「通常はドル高のほうが都合が良いが、たまに一時的に、ドル安のほうが望ましい場合もある」。つまり、場合によるのだ。

強い通貨が必ずしも強い経済を反映しているとはかぎらない。1990年代、経済が堅調で、世界中の資本がシリコンバレーに押し寄せていた頃、ドルは強かった。また、財政赤字がかさんで、アメリカが世界中から借り入れしなければならなかったために資本がアメリカに流入していた1980年代も、ドルは強かった。経済諮問委員会の元委員長、クリスティーナ・ローマーはつぎのように説明している。「2つの出来事——アメリカのイノベーションと、アメリカのやっかいな財政赤字——が、ドル高を招きました。でも一方はアメリカ経済にとって明らかに有益で、他方は良くありません。要するにドルの向かう方向として、普遍的な善も悪もありません。為替レートのシフトの望ましさは、ドルの変動の理由に左右されるのです」(10)

経済が最大限に稼働しているとき——完全雇用、等々——ドル高は良いことだ。羽振りの良いアメリカ人は、外国から財を安く買える。筆者は、当然に思えるけれど、実際には事後的にしかわからないことをある教授が述べたのを覚えている：輸出品は、私たちが輸入品に払う対価だ。他のすべてが同じなら、手放すものは少なく、手にするものは多くしたい。工場が完全操業していて、だれもが良い仕事についているとき、安価なフランス産ワインや日本車が好まれない理由があるだろうか。ドル高はアメリカにとって、自国製品を正規の価格で売りながら、世界の財に対する値引きクーポンを手に入れるようなものだ。

でも経済が弱いと、事態はもっと複雑になる。たとえていうと、各国が寝小便をはじめるのがこのときだ。弱い通貨は輸出を刺激するし、輸出品は国民に再び仕事をもたらす。2010年、アメリカ経済が金融危機から立ち直ろうとあがいていた頃に『ニューヨークタイムズ』のビジネス記事が、興味深い経済の魔法の杖を提供している：「アメリカにこれから2年間で、負債や赤字をすこしも増やすことなく、雇用を50万創出する方法があったとしよう。そしてそれは瀕死のラストベルト地域の工場を復興させ、アメリカの大きな貿易赤字を減らし、国際的な経済システムの安定の一助にもなる」。この雇用創出の霊薬とは何だったでしょう？　中国人民元に対するドル安だ。

ほとんどの霊薬同様、これはたぶん言いすぎだった。それでも基本的な考え方は変わらない……苦闘している経済にとって輸出は良いことで、弱い通貨は輸出を奨励する。当然ながら、そんなにうまい話はない。通貨が弱いということは、その国が生産の見返りに得るものが少なくなるということだ。アメリカの自動車組み立て工の4時間分の労働で、中国製のテレビが買えるとしよう。元に比べてドルが減価すると、同じテレビを買うのに5時間分の賃金が必要になるかもしれない。事実上の賃下げだ――これは第11章のユーロ圏についての議論において、大きな位置を占める。この状況は苦境にあるデパートと似ている：そう、すべてを定価で売れたらすばらしいが、棚に売れ残りの商品が多くある場合、次善の策はセールを開催することだ。通貨が安いとは、世界に向けて国全体をセールに出すようなものだ。英『エコノミスト』誌は、つぎのように述べている。「昔々、各国は強い通貨に誇りを持ち、経済と政治の力の象徴と見なしていた。最近では、外国為替市場は、ブルワーカーの広告に出てくる貧弱な坊やだらけで、全員が顔めがけて砂を蹴立てられたがっている」(11)

2009年以降、世界のほぼすべての経済が売れ残り商品を抱えていた。中央銀行は金利を下げて、国内経済の刺激と、通貨の減価に取り組んだ。他のすべてが同じなら、金利引き下げをした国は、投資先として魅力的でなくなる。投資家たちが現地通貨を売って、どこか他のもっと魅力的な投資を利用すると、為替レートは弱くなる。2010年に、『ウォール・ストリート・ジャーナル』はつぎのように述べている。「少なくとも6ヶ国が積極的に通貨価値の引き下げに取り組んでおり、中でも目立つのが日本で、5月以来14パーセント上昇した円の増価を止めようと試みている」(12)(その通り、トヨタの息の根を止めにかかっていたのは円の上昇だった)。通貨が弱くなるのは、世界的不況に対する理にかなった反応だ。

はじめはいい気持ちだが、すぐにひどいありさまになる。そう、ここでようやく例の話が出てくる。通貨の強さは相対的なものだ。ひとつの通貨が弱くなると、別の通貨が強くなる。国際通貨基金(IMF)の代表は、当時つぎのように警告している。「現在のところ、金融危機を落ちつかせたコーラスが、各国が独自の道を行くにつれて、調和のとれない耳障りな声にかき消されてしまうリスクがある。そうなると各国の状況が悪化するのは確実だ」。すべての通貨が同時に弱くなるのは、数学的に不可能だ。フットボール観戦で、よく見ようと立ち上がるようなもの――良い戦略だ――だれもが同じようにするまでは。英『エコノミスト』誌が（イギリスのサッカーと通貨の減価について）述べた通り「だれの視界も良くなっていないが、全員かなり居心地が悪くなる」(13)

通貨操作の皮肉なところは、自国の利益のみに気を配っている多くの国が、ぬれた冷たいベッドに横たわるはめになりかねない点だ。通貨戦争は相対的な為替レートを変えることなく、影響を受ける国々に（どの国も貨幣供給を増加させるため）高インフレを招く可能性がある。最悪の場合は、貿易パターンが混乱して、甚大な経済的損害をもたらす。現状はそこまで悪くない。貿易の観点からは、影響を受ける国々は一斉に立ち上がっている。だれの眺めも良くなっていない。だが、1930年代の通貨切り下げ競争も研究してきたカリフォルニア大学バークレー校の経済学者、バリー・アイケングリーンのような金融専門家たちによると、通貨の弱体化を伴う金融政策の緩和（金利の引き下げ）は、特にデフレがインフレよりも深刻な問題として迫りつつある状況では、世界的な景気回復のための重要な手段だ。

アイケングリーンは大恐慌について、つぎのように書いている。「輸出によって恐慌を抜け出せた国はない。さらなる輸出品を売る相手がいないからだ。だが問題はそこではなかった。問題なのは、もはや為替レートを気にかける必要がなくなって、各国がつぎつぎと金融政策の緩和に踏み切ったことだ。そして世界的規模に感じられたこの金融面の刺激が、おそらく景気回復をもたらし、持続させる、最も重要な要因だった」(14)。基本的にアイケングリーンが解説しているのは、いくつものデパートがそろって大規模なセールを開催する状況だ。揃って同じ割引率を提示しているため、どこも競争相手から顧客を盗みとれない。でも価格低下は人々に再び買物をさせる重要な刺激で、全体としては店にとって良いことだ。

アイケングリーンの主張には、言外の重要な補足が二つある。第一に、大恐慌の頃の通貨切り下げ競争は、金本位制によって科された経済の枷から国が抜け出る手段だった。黄金は金融政策手法としてはあまり好ましいものではなく、政策決定者たちが1930年代に黄金にしがみついて経済に甚大な被害を及ぼしたことについては、次章で述べる。第二に、2008年以降の切り下げですべての人がみじめな状態になったわけではないが、現行のプロセスは調和がとれておらず、分断を招いている。アイケングリーンはこう書いている。「主要国にとって望ましいのは、当然ながら協調して金融政策措置をとることに合意することだ。そうすれば為替レートが今日と明日で正反対の方向に大きく動くこともない。世界的な取引システムがさらに分断することもない。近隣窮乏政策をめぐる国際的な非難もない」

この問題――世界の主要経済が為替レート政策をいかに調整するか――は、本書の後半で詳しく述べる。さしあたり、もっと基本的な問題がもちあがる：ある通貨が別の通貨に対して持つ価値を決めるメカニズムとは？　答えはこうだ。為替レート制度は、アメリカ（市場に決定させる）、中国（市場を操作する）、北朝鮮（為替レートは将軍様の言う通り）、と国によってちがう。もっと正式にいうと、世界には通貨と別の通貨を比べたときの価値を決定するメカニズムがたくさんあるのだ。

1 変動為替レート（フロート制）

世界最大の経済のほとんどが利用している為替レートは、市場経済で決定されるほかのあらゆるものと同じように決まる：需要と供給によって（中国は重要な例外で、これについては章をまるまるひとつ使って説明する）。さまざまな通貨が、世界の外国為替市場で互いに取引される。このため、為替レートは市場環境の変化につれて「フロート」すると言われる。潮の満ち引きで上下するいかだのようだ。今朝の時点では、カナダドル1ドルで買えるアメリカドルは0・91ドル。昼食時には、またすこし変わっているだろう。外国為替市場は、イランのマノーチェリ広場の拡大版にすぎない。カナダドルをアメリカドルに換えたがっている個人、企業、政府があり、アメリカドルを売ってカナダドルを手に入れたがっている個人、企業、政府がある。いつどんなときも、為替レートはこの2種類の組織が自発的交換をおこなう価格にすぎない。

長期的にみると、特に非貿易財のコストにさほど差がない富裕国の間では、為替レートは購買力平価による予測値に近づいていくと予測される。短期的には、世界のさまざまな力が通貨の相対需要に影響を与える。先述の通り、金利が高いと（他のすべてが同じなら）通貨の魅力は増す。カナダ国債の実質収益率が3パーセントで、アメリカ国債が3・5パーセントだった場合、カナダの投資家たちはアメリカで高収益を手に入れようとする。そのためにルーニーを売ってアメリカドルを買うと、アメリカドルはカナダドルに比べて増価する。力強い成長の機会も、世界の資本を引きつけて通貨を強くするし（例：1990年代のシリコンバレー）、経済の低迷や政治不安は逆の効果を及ぼす（例：アフマディーネジャード政権下のイラン）。

恐怖と恐慌は、国際的な資本移動をもたらす強力な要因といえる。2001年9月11日に世界貿易センターに1機目の飛行機が突っ込んでから3時間で、スイスフランはアメリカドルに比べて3パーセント増価した。10年後、ユーロ圏の経済的分断を懸念する投資家たちは、比較的安定しているスイスに逃避した。わずか18ヶ月——2010年初頭から2011年8月——の間に、スイスフランはユーロに比べて43パーセント増価した（ビッグマック指数からみるとスイスフランが非常に過大評価されている理由のひとつがこれだ）。投資家たちが資本をチューリッヒに移動させたのは、腕時計やチョコレートを買うためではなかった。ギリシャ債務問題が引き起こしかねなかった、ユーロの急落という結果を避けようとしたのだ。

政府と中央銀行は、いつでも自国通貨を売買して、需給に直接影響を与えられる。でも外国為替市場はあまりに大きく——日々の売買高は数兆ドル——ほとんどの国々は、市場を大きく動かせるほどの資金を持っていない。通貨介入は、たいていの場合、冷水をためた浴槽をスプーン一杯の熱湯で温めようとするようなものだ——他の市場参加者が、同時にバケツで冷水を浴槽に投入しているときはなおさらだ。

変動為替レートの一番の効用は、経済状況の影響に応じて通貨価値が変動できることだ。政府は経済政策を実施して特定の為替レートを維持する責任を負わず、金利その他の政策ツールは、国内経済に最も合うやり方にまかせる。これから見るように、金本位制など、通貨を互いに固定する制度は、この点で政府にとっての選択肢の幅を狭める。

変動為替レートの欠点は、うん、変動することだ。もっと端的に言うと、しばしば予測不能な方向へ、大幅に変動する。オーストラリアは、為替レートの変動が経済を混乱させかねないという好例だ。2009年頃から、中国による天然資源――鉄、石炭、その他鉱物――の買い占めに伴ってオーストラリアドルは急騰した。2013年には、オーストラリアの貿易に占める比率で重みをつけた、いわゆる「貿易加重」ベースの通貨バスケットで測った場合、オーストラリアドルは28年間ぶりの高水準に達した[*5]。他の輸出国が、これほど高いオーストラリアドルに対して世界的規模で優位性を保つのは困難だった。三菱自動車は工場を閉鎖、他の自動車メーカーは労働者を解雇した。ワイン輸出業者は倒産した(15)。天然資源の輸出が為替レートを増価させるあまり、製品の競争力を押さえつける、この現象は「オランダ病」と称されている。1970年代のオランダの天然ガス輸出がこんな結果を生んだからで、その後はさまざまな国の原油輸出が同じ影響を及ぼしている(16)。

2 金本位制

変動為替レートにつきまとう予測不能性を回避する方法のひとつが、通貨同士の交換レートを固定することだ。経済大国はもはや金本位制を採用していないが、それでも金本位制は、世界の通貨を相互に固定する方法を示す、重要で直観的な例だ。第一次世界大戦まで、世界の主要貿易国は通貨を黄金に固定していた。当然ながら、世界の通貨が黄金にリンクしていれば、通貨同士も互いにはっきりとリンクしている。アメリカでは35ドルが黄金1オンスと交換可能で、フランスでは350フランが黄金1オンスと交換可能だった場合、為替レートは35ドルが350フラン相当となる。第一次世界大戦以前の時期は国際性の高さで称讃されているが、それは金本位制が世界の安定を促進したせいもあった。

金本位制は貿易不均衡を解決する洗練されたメカニズムも持ち合わせていた。ある国が大規模な貿易赤字に苦しみはじめていたとしよう。つまりその国が他の国々から買う金額が、世界がその国から買う金額より大きいということだ。単純化するために、フランスの通貨がまだフランで、金本位制を採用していた当時のフランスとアメリカの2国だけを分析しよう。フランスはアメリカに対して貿易黒字を出しているとしよう（つまりアメリカはフランスに対して貿易赤字を出し

[＊5] たとえばアメリカの貿易の３分の２を占める相手国がカナダ、３分の１を占めるのが中国の場合、貿易加重によるドルの価値の算出法によると、カナダとの為替レートの変化は、中国元に比べて２倍の重みとなる。

ていることになる)。フランスの輸出業者はドルを蓄えつつあり、ドルはアメリカで黄金と交換して、それをフランスに環流できる。黄金はアメリカから流出して、フランスに流入する。

アメリカからフランスへの黄金の移動は、両国の金融政策に影響する。アメリカで黄金の供給が縮小すると、貨幣供給(マネーサプライ)も縮小する。金本位制のもとでは、すべての通貨は金準備を裏付けとしなければならないからだ。逆に、フランスでは貨幣供給が拡大する(ちょうど新世界で黄金と銀が発見されたときのように)。そして2つの結果がもたらされる:第一に、フランスでは物価が上昇して、アメリカでは下落する。同じ量の財を求めるための金が増えることで、物価が上昇する(フランス)。貨幣供給の縮小は、逆の効果を及ぼす(アメリカ)。これらの物価変動によってアメリカの財は比較的魅力を増して、貿易赤字を解消してアメリカから黄金が流出するのを止めるのに寄与する。

一方で、同様の理由から、アメリカの金利はフランスに比べて上昇する。アメリカの貨幣供給の縮小によって資本が乏しくなると、その貸付コストは上昇する(フランスでは貨幣供給の拡大に伴って、逆の現象が起こる)。いつもながら最大の投資収益を求めて世界中を探しまわる国際投資家たちは、フランスから資本(黄金)を引き揚げてアメリカへ送り、金利の高さを利用しようとする。重要なのは、金本位制のメカニズムにおいて、世界的不均衡は自己修復する——ある国が黄金を蓄積すると、自然とそれに対する反応(物価上昇と金利の下落)が起きて、不均衡が解消に向かう——という点だ[*6]。

実際、金本位制はすばらしい——やがて世界経済を破壊して、人間を危険にさらすまでは。金本位制の最大の欠点は、前の段落の単純な分析から当然の帰結として得られる：経済情勢に応じて、黄金は世界中を移動する。そのどこがそんなに悪いのかって？　金本位制には、不景気を悪化させて不況に変えかねないことは、1930年代に実証されたと言えそうだ。（1929年のアメリカのように）経済が弱っているとき、最善の政策対応は、金利を引き下げて需要を刺激することだ。でも低金利は、他国の人々がアメリカ以外のどこかに投資するためにドルを黄金に換える需要を生み、黄金は国外へ流出する。結果としてジレンマが生じる：国の金準備を守るには、中央銀行は金利を引き上げなければならない――弱い経済がその逆を必要としていても。

2008年に国際貿易に関する研究でノーベル賞を受賞した経済学者ポール・クルーグマンは、「自国通貨の黄金で見た価値維持の不可侵な重要性」が、大恐慌の経済的殺戮を激化させたことを説明している。クルーグマンはこう書いている。「1930年代前半、各国政府は金準備を守ろうとして大規模な失業を生んでいたにも関わらず、この精神により金利引き上げ、支出削減に踏み切った」(17)。金本位制や、厳格な固定為替レート制度は、為替レート維持のために国内の経済的利益を犠牲にさせてしまう。

[*6]　大恐慌の前段階において、フランス（および、規模は落ちるが、アメリカ）は、ためこんだ黄金の増加で通常の修正が始まるのを阻止する政策措置をとった。筆者のダートマス大学での同僚、ダグ・アーウィンは『大恐慌を引き起こしたのはフランスか』と題した興味深い論文を書いている。これについては次章で述べる。http://www.nber.org/papers/w16350

3 ペッグ制と変動幅制

黄金の裏付けなしで、各国が為替レートを互いに固定することも可能だ。他の国、あるいは複数の国々に対して、自国の為替レートを一定レートで「固定（ペッグ）」すると誓うのだ。1983年以降、香港ドルは7.8対1のレートでアメリカドルに固定されている。この制度では、ドルが黄金と同じ役割を果たす。香港政府は国内経済にどんな影響があろうと、この為替レートを維持するためにあらゆる措置を講じてきた。アルゼンチンも1991年に、同様の計画に挑戦した。金本位制と同じく、アルゼンチンペソは固定レートでアメリカドルに交換可能だった（アルゼンチンの金融政策に関するほとんどのことと同じく、これはうまくいかなかった）。ユーロの導入前は、ヨーロッパの国々の多くが欧州為替相場メカニズム（ERM）に加盟していた。このメカニズムは、加盟しているヨーロッパの国々の通貨同士を、互いに一定の「変動幅（バンド）」の範囲内で取引しようと努めるものだった。たとえばイギリス政府は1ポンドを2.95ドイツマルクに固定して、許容変動幅を±6パーセントと定めた。

ペッグ制と変動幅の最大の問題は、たとえ国内経済に悪さをすることになろうと、政府がこれらを守らなければならない点だ。政治家に必ずしもその決意があるとはかぎらないことを、国際投資家たちは心得ている。通貨が弱くなりだしたように見受けられると（1992年のイギリスポンドのように）、投機家たちは政府がペッグ制をあきらめて通貨切り下げに踏み切った際の大きな儲けを期待して飛びつく。当然ながら、投機家たちが積極的に通貨を売りはじめると、切り下げの可能性はいっそう上昇する。だからこそ、投資家ジョージ・ソロスはあなたより金持ちなのだ。1992年、ソロスは1日でおよそ10億ドル儲けた。イギリス政府が欧州為替相場メカニズムとの約束を守らないほうに賭けたのだ。欧州為替相場メカニズムの加盟国として、イギリス政府はポンドが2・778マルクを切らないことを誓っていた。当時イギリスは不況のさなかにあり、経済の弱さが一因で、国際投資家たちがイギリスから資金を引き揚げつつあった。

この下方圧力にもかかわらず、ジョン・メージャー首相のもと、イギリス政府はポンドを守ると明言した。本章を通して指摘している通り、そのためにイングランド銀行が使えるツールは2つ：通貨市場に直接介入してポンドの価値を買い支えること、そして金利を引き上げて資本をイギリスに引き戻すことだ。いずれの選択肢も魅力的ではなかった。イングランド銀行がポンドを買うための外貨には限りがあったし、民間投資家のポンド離れを受けた過去の取り組みは、無駄に終わっていた。一方で不況のさなかの金利の上昇は、さらなる経済的損失をもたらしていただろうし、それは選出された政治家が好きこのんでおこなうことではない（マーガレット・サッチャー政権で閣僚を務めたノーマン・テビットは、欧州為替相場メカニズムを『永遠の不況メカニズム』と称している）[18]。それでもメージャー首相は、欧州為替相場メカニズムにイギリスは留まると繰り返し誓った。

ジョージ・ソロスは、やれるものならやってみろと政府に挑んだ。1992年9月、ソロスは巨額のイギリスポンドを借りて、ただちに売ってドイツマルクなど他のヨーロッパ通貨に換えた

（これにより、ポンドに対する市場の下方圧力をいっそう後押しした）。ジョン・メージャー政権は欧州為替相場メカニズムの枠組みの中でポンドの価値を維持する手立てを持たなかった。9月16日、イギリスは欧州為替相場メカニズムを脱退して、ヨーロッパの主要通貨に対してポンドをおよそ10パーセント減価させた。このため、ソロスは入手したヨーロッパ通貨を新しい為替レートでポンドに戻すと、借りた額よりおよそ10パーセント多くを手にすることになり、借入（および利子）を返済してもお釣りが残った——およそ10億ドルだ。1日の稼ぎとしては上々だ。もっと重要なのは、固定為替レートは政府がそれを防衛している場合にしか信頼できないということだ。政府の覚悟がわずかでも鈍れば、すべては崩壊する。

4 ドル化

エクアドルのキトの空港に到着したら、100ドルで現地通貨がいくら手に入るだろうか？　ははは、ひっかかったな！　両替は必要ない。エクアドルの正規通貨はアメリカドルだ。2000年、エクアドルは現地通貨スクレからアメリカドルに切り替える「ドル化」のプロセスをくぐり抜けた。この頃、深刻なインフレと銀行危機によって現地通貨への信頼は失われていた。「ドル化に踏み切ったのは、苦肉の策でした」と、当時の国際通貨基金（ＩＭＦ）の幹部で、現在ＦＲＢ副議長を務めるスタンレー・フィッシャーは述べている[19]。

エルサルバドルも2001年にドル化したけれど、その理由はちがっている。経済は安定しており、ドルの導入はエルサルバドルの経済をアメリカと調和させるための戦略だった。当時、エルサルバドルの輸出の3分の2はアメリカ向けで、アメリカ滞在中のエルサルバドル人労働者からの送金20億ドル（GDPの約15パーセントに相当する額）が、その逆向きに流入していた[20]。パナマははるか昔、1904年の独立時に、正規の通貨としてドルを採用していた。

だったらなぜすべての国がドルを導入しないの？　最大の欠点は、独自の金融政策を実施できなくなってしまうことだ。エルサルバドルの金融政策を決定しているのは、アメリカのFRBだ。恐縮なことに、FRBは金利を決定するにあたって、エルサルバドル（あるいはエクアドル、パナマ）の経済状況をあまり考慮しない。

5　通貨同盟

固定為替レートに代わる手段として、複数の国が共通通貨を使う方法がある。わかりやすい例がユーロで、現在は欧州連合（EU）19ヶ国と、EUに属していない7ヶ国の公式な通貨に採用されている[21]（他の国や地域も、通貨をユーロに固定しているところがある）。エルサルバドルとはちがって、ユーロ圏の国々には、加盟国の金融政策監督を行う独自の中央銀行（欧州中央銀行）がある。ユーロは究極の固定為替レートともいえる。加盟国の通貨は互いに変動しない――同じ通貨だからだ。通貨同盟は固定為替レートの安定性と予測可能性をもたらし、国際間取引をやりやすくする。アメリカの50州は通貨同盟に参加しているともいえる：すべての州がドルを利用していて、FRBが一切合切の面倒をみている。

通貨同盟の大きな欠点は、加盟国が独自の金融政策を定める力を失うことだ。ハーバード大学の経済学者グレゴリー・マンキューは、つぎのように解説している。「欧州中央銀行はヨーロッパ全体の金利を定める。だが、ある国の情勢――たとえばギリシャ――がヨーロッパの他の国々とちがっていたとしても、その国はもはや自国の問題に対処する金融政策を持てない」(22)。11章ではユーロについて掘り下げ、この難題を中心に研究する(目下のところは、ギリシャとドイツは問題を抱えているとだけ述べておこう)。

6 いい加減に数字をでっちあげる

北朝鮮ウォンと、アメリカドルの公定レートはいくらだろうか。北朝鮮の独裁者、金正恩の言い値だ。政府が経済の実情からまったくかけ離れた(乖離が小さい場合もあるが)公定レートをつくりあげるのは、よくあることだ。政府はお金を内外に移動させる企業や個人に対して、通貨を公定レートで換えるよう義務づける。2013年、かつてシカゴブルズの花形選手だった変わり者、デニス・ロッドマンが北朝鮮に「偉大なる指導者」(NBAの大ファンらしい)に会いに行った。ロイター通信の指摘によると、平壌の玩具店で売られていた中国製のバスケットボールは、公定レートでは500ドルだったという。言うまでもなく、年収をすべてつぎこんでバスケットボールを買う北朝鮮人はほとんどいない。というのも実際には500ドルしないからだ。

闇レート――良識ある人々が自発的にウォンをドルと換えるレート――では、バスケットボールは6ドル弱だ(23)。

北朝鮮のたいていのことと同様、これは笑える話だけれど、それが人々に与える影響を考えると笑い事ではない。為替レートのばかばかしいほどの過大評価は、腐敗した政府が国民を犠牲にして私腹を肥やす方法のひとつだ。仮想上の北朝鮮企業がしゃれたデザイナーズブランドの服をニューヨークで売って500ドル稼いだとすると、北朝鮮政府はその500ドルを、安いバスケットボールひとつ買える程度のウォンと換えるように企業に強いることができる――なぜなら、それが公定レートだから。からくりはこうだ：官僚はこうして取りあげた外貨を使って、ぜいたくな輸入品をどっさり買いこめる。一方、通貨が過大評価されているせいで、輸出業者が国際市場で競うのは難しい（北朝鮮がバスケットボールをアメリカに輸出しようとすると、公定レートで1個500ドルで売ることになる）。北朝鮮はおそらくあまり良い例じゃない。北朝鮮の閉鎖的な経済には、輸出産業がほとんどないからだ。それでも、需給から求められる数値から大きく乖離した公定レートの例は歴史上にたっぷり存在する。こういった国々には必ず闇市場があって、購買力平価にもっと近いレートで通貨が取引されている（例：北朝鮮のバスケットボールは500ドルではなく、6ドル）。

ここから2つの基本的な政策問題が出てくる：個々の国にとって最適な為替レート制度とは？そして、世界の安定と経済の繁栄を最も促進するやり方で世界の通貨価値を調整するには？

簡単ではないが、最初の問題から取り組もう。個々の国にとって最適な為替レート制度とは？おそらくご推察の通り、完璧な為替レート制は存在しない（金正恩に為替レートを独断で決定させるのが理想的でないとは言い切れるが）。先述の制度には、どれもトレードオフがある。もっと具体的に述べると、経済学では国際金融の「トリレンマ」が指摘されている：どんな国も、以下の3つを同時に実現するのは不可能だ。国際間の自由な資本移動、自国経済の必要性に合わせた金融政策の実施、固定為替レートの維持。この用語「トリレンマ」は、ここでの政策ジレンマを巧みに示したものだ――政策立案者は上記の政策レバーの2つを制御できるが、それには3番目のレバーから手を離さなければならない。

経済諮問委員会の委員長を務めたグレッグ・マンキューは、これらの論理的な政策目標のそれぞれについて、つぎのように説明している：

1. **国の経済が国際的な資本の流れを受け入れられる状態にする**：資本が移動可能であれば、国民は外国投資によって保有資産を分散できる。また、資本の移動可能性は、外国人投資家にリソースと専門知識を国内に持ちこませる。
2. **金融政策を経済安定のツールに使う**：経済が停滞しているとき、中央銀行はマネーサプライを増やして金利を引き下げ、経済が過熱しているときは、マネーサプライを減らして金利を引き上げる。
3. **通貨為替レートの安定を維持する**：ときに投機によって動かされる変動性の高い為替レー

トは、より大きな意味での経済の変化をもたらす場合がある。さらに、レートの安定は家計や事業を世界経済に関わりやすくさせ、将来の計画を立てやすくする。

どれも実行すればすばらしそうだ！　悲しいかな、マンキューの解説によると「つまり：3つすべては手に入れられない。このうち2つの目標を選んだら、容赦ない経済論理の力によって、3番目を諦めるしかなくなる」。トリレンマを最もうまく説明する方法は、さまざまな国が下してきた選択——そしてそれに伴うトレードオフを指摘することだ。

アメリカは金融政策を使って国内の政策目標を達成する。FRBの目標は、物価の安定と完全雇用の維持だ。そして資本は国内外に自由に移動している。為替レートは？　筆者の十代の娘によると「成り行きまかせよ」。

中国は貨幣供給（マネーサプライ）と為替レートを管理することを選んだ。中国政府は金融政策を使って国内の経済目標に向けて推進する一方、為替レートを管理して輸出指向の産業を振興している。そのために、中国政府は国内および国外への資本移動を管理している——国民が中国からお金をいくら持ち出せるか、そして外国企業が中国にいくら投資できるか、この両方を管理しているのだ。

ヨーロッパの大部分は、また事情が異なる。統一通貨ユーロで結ばれた国々は、為替レートを管理してきた（ドイツで商売をしているフランス企業は為替リスクに直面しない）。ユーロ圏の資本移動は自由だ。だが加盟国は独自の金融政策を実施する権限を失ってしまった。イタリア、スペイン、ギリシャなどの国々の経済に求められるものがドイツとは異なることが、単一通貨のストレスポイントのひとつだ(24)。

国もティーンエイジャー同様、自分にとって最善の策を選ぶ。それが他の人々にどう影響するだろうか。為替レートに関しては、世界規模の懸念事項が2つある。

1つは、国際的な資本移動は、銀行取り付けによく似たものに変わる場合があること。資本は場所を問わず、魅力的な収益が約束される世界の片隅へと向かっていく。でも投資家たちが逃げ出すときは、かれらが現地通貨を見かぎることで危機が悪化して、通貨がさらに下落するまでに、さらに多くの投資家たちが脱出してしまう（だからこそイランの両替商たちは、アフマディーネジャードの古き悪しき時代が気に入っていた）。現地の中央銀行はジレンマで身動きがとれない……金利を引き上げて通貨が国外に流出するのを止める（そして経済を悪化させる）か、それとも金利を引き下げて、何であれそもそも危機を引き起こした経済問題を改善する（そして通貨をいっそう下落させる）か。多くの国々がこの演習を近年くぐり抜けたばかりだ……メキシコ、アルゼンチン、トルコ、ロシア、アイスランド、韓国、タイ。IMFは、アメリカの銀行に対するFRBのように、最後の貸し手として活動する（そう、これが前章で登場したものと同様の基本的なモラルハザード問題を生むのだ）。

このような危機は、世界的な金融システムにとっては不安定要因であり、当然ながら最初から回避したほうが良い。変動為替レートは危機に陥りにくいという統一見解があるのは、変動為替レートは経済的ショックに対する緩衝材を提供するうえに、（ジョージ・ソロスがやったような）ペッグ制の破綻を期待した投機家による攻撃をもたらさないからだ。ＩＭＦも資本規制の話題——投資家たちが資本を国内／国外に移動するのに必要とする期間に制約を設けたり、資本の流れに課税したり——を持ち出している。この考え方を、経済学者たちは目の敵にしていた。市場にとって一番大切なことは、資本が最大の価値評価を受けられるところへ資本を自由に移動させることだ。でも「ホットマネー」の不安定効果が便益を上回る場合もある。

２番目の懸念事項は、為替レートと資本移動が世界的な効用を最大化するよう協調しているかということだ。２０１４年、インドの中央銀行の総裁で、ＩＭＦでチーフエコノミストを務めたラグラム・ラジャンは、「国際的な通貨協力は機能停止してしまった」と嘆いている。予想外の協調を欠いた金融政策は、世界的規模の経済問題を大量に引き起こす。２０１４年には、アメリカが低金利だった期間にアメリカドル建てで多額の借り入れをしていた外国企業を、ドル高が脅かしつつあった（これらの企業は、各国通貨に比べて着実に高くなりつつあるドルで債務を返済しなければならなかった）。これに先立って別の問題も生じていた：先進国の低金利と成長の鈍化により、高収益をもとめてお金が発展途上国になだれこんだ。ＩＭＦのとある職員が述べたところの「国際的なお金の津波」だ。その結果、しばしばバブルと為替レートの過大評価が生じた(25)。ラグラム・ラジャンはムンバイの児童たちに（他の人たち、世界中の中央銀行も耳を傾けていることをよくわかったうえで）つぎのように話している。「自分の国の政策が他の国々に与える影響を各国が考慮して、自分の国がおかれた環境で正しいことではなく、広い目で見て正しいことをお

こなう世界にしていきたいですね」(26)

でもさあラグ（かれは筆者の出身校、シカゴ大学の仲間なので、こう呼ばせてもらう）、ずいぶん前から私たちはそんな世界には暮らせていないよ。20世紀の数十年間には、何とか協調のとれた為替レート制度ができたけれどね。第二次世界大戦の終盤、連合国はニューハンプシャー州ブレトンウッズに集まって、金本位制に代わる戦後の世界的金融システムについて計画を練った。世界の主要通貨を協調させる取り組みとして成功したのは、これきりだった。ブレトンウッズのもとで生まれた準金本位制度は、アメリカドルを黄金に固定して、他の加盟国の通貨をドルに固定した（このブレトンウッズ会議では、世界銀行、国際通貨基金も誕生している）[*8]。このように、黄金は戦後の国際金融システムの錨だった。この時でさえ、諸外国、とりわけフランスは、ブレトンウッズ体制においてドルが並外れた役割を担うことにいらだっていた。結局ブレトンウッズ体制は、アメリカの財政不均衡により、諸外国が提示するドルをアメリカが黄金と交換できなくなって、1971年に機能停止した。

1971年8月15日、顧問たちと週末にキャンプ・デービッドで話し合ったリチャード・ニクソンは、外国政府がドルと黄金を交換する権利を終わらせて、いわゆる「黄金の窓口」を閉じた。ブレトンウッズ協定は終結して、ドルと黄金のつながりはすっかり断たれた。この時点から、余剰なアメリカドルを保有する国は、ただドルをたくさん保有しているだけになった。この運命的な週末の40周年記念に際して英『エコノミスト』誌は、こうして「紙幣と変動為替レートの時代が到来した」と書いている(27)。

このとき以来、世界的な通貨協力が重ねられてきた。1985年、フランス、西ドイツ、アメリカ、イギリス、日本の代表者がニューヨークに集まり、強すぎるドルがもたらした世界的不均衡について意見を交わした。このプラザ合意（交渉の場となったホテルの名前にちなんで名付けられた）をもって、参加国はドルの減価に向けて協力することに賛同した。それから2年間でドルは円とドイツマルクに対して50パーセント下落した。プラザ合意は「国際協力の頂点」と称賛されている[28]。でもだいじなポイント：世界の主要経済がこの頂点に達したときは、まだ東西ドイツが存在した。バラク・オバマもまだ法科大学院に入っていなかった。第14章では、そろそろブレトンウッズIIを作るべきか考える。安定を脅かす変動なしに、変動為替レートの柔軟性を役立てる方法はないものだろうか。

イランのマノーチェリ広場の両替商たちは、そんな方法がないことを願うだろう。かれらの場合、変動性が商売の繁盛をもたらす——国境をまたぐ事業を手がける企業のほとんどには、正反対が成り立つのだが。紙幣には本質的に変なところがある。だがお金が価値あるものの請求権にすぎないことを理解すれば、紙幣は理にかなっている。ある種類の紙切れと、別の種類の紙切れとの交換も筋が通る。皮肉なのは、主流派の経済学者たちが、もはや国際金融に黄金は無用だという考え方に同意している点だ。次章で述べるように（そしてレッド・ツェッペリンをもじるなら）、黄金だからといってそれが輝くすばらしいものとは限らないのだ。

[＊8] 個人がドルを差し出して黄金を得ることはできなかった。フランクリン・ルーズベルトは1933年にドルと黄金のつながりを絶った。でも1971年まで、外国政府にはドルを黄金と交換する権利があった。

第7章

黄金

1920年代に黄金価格が引き上げられていたり、あるいは主要国の中央銀行が、金本位制死守よりは物価安定政策を追求していたら、大恐慌も、ナチス革命も、第二次世界大戦もなかったでしょう。

ロバート・マンデル　ノーベル賞受賞講演、1999年(1)

ウィンストン・チャーチルは史上最も勇敢で、先見の明を持つ指導者の一人だったと言える。その首相としての独特な剛気は、第二次世界大戦のどん底でもイギリスを鼓舞した。その戦略的な思考が戦勝には不可欠だった。

でもチャーチルですら、いくつかとんでもないまちがいをした。第一次大戦中に海軍大臣だったチャーチルは、ガリポリ半島（現トルコ）の悲惨なイギリス攻勢を主導した人物で、作戦中止までに連合軍4万6千兵ほどが死亡した[(2)]。両大戦の間に財務大臣だったチャーチルは、経済的ガリポリとも言うべきものに責任がある。イギリスは第一次大戦中に黄金兌換制を中止した（それ以前の戦争でもこれは行われた）。つまりポンドはもはや黄金と交換できないということだ。戦中および戦後にポンドが黄金と切り離されたことで、物価は着実に上昇した。ある見立てによれば、1925年のイギリスの物価水準は、1914年の2倍だったという[(3)]。黄金兌換を停止する法律が1925年に時効となったとき、チャーチルはイギリスが金本位制に復帰し、ポンドは黄金（そして米ドル）に対し、戦前の価格にペッグされるべきだと決断した。

チャーチルの見方は、当時のほぼあらゆる経済専門家も同意しているもので、黄金に裏打ちされた英ポンドは大英帝国の本質的な特長だ、というものだった。ポンドは200年にわたり、一定量の黄金に固定されていて、これはイギリス人の誇りでもあり、金融安定性の源でもあった。

19世紀のヨーロッパでの各種戦争に際し、黄金兌換制は一時的に停止されたけれど、常に戦前の為替レートで再開された。チャーチルはそれを20世紀にもやろうとしていた。強いポンドは、女王陛下と同じく、大英帝国の本質的な特長なのだ。あるオブザーバーが述べるように「17世紀末から20世紀初頭まで、イギリスは金本位制をほとんど宗教的な狂信をもって守り抜いた」(4)［注：「宗教的な狂信」という用語は本章で再びお目にかかることになる］。

イギリスの戦時インフレのおかげで、戦後のポンドは1914年に比べ、1925年のほうが買えるものが少なかった。結果としてポンドは、黄金と米ドルの両方に対して大幅に弱くなっていた（第一次世界大戦後に、ポンドを黄金やドルと交換しようとするしたら、ポンドで買えるものが昔より減ったので追加のポンドを要求される）。イギリスが戦前のレートで金本位制に戻るなら、ポンドは失った価値を回復しなくてはならない。それが可能な唯一の方法はイギリスの物価が大幅に下落することだ（イギリスで物価が下がると、ポンドの購買力が上がるから、それを黄金やドルと交換しようとする人は受け取るポンドが少なくても満足する）。言い換えると、チャーチルはデフレを引き起こす必要がある。これまでの章で述べたように、物価や賃金は大人しく下がったりはしない。有力なイギリスの経済学者ジョン・メイナード・ケインズは当時これを認識していた。一連の論文や論説を通じ、ケインズはポンドを戦前の水準まで強化するのは「財務省が考えるよりはるかに困難でつらいものとなる」と論じた。オチを先に：ケインズの言う通りだった。これが経済ホラー映画なら、おどろおどろしい音楽が流れるところだ。

ケインズはイギリスの政策担当者に、黄金やドルとの固定為替レートより、国内物価安定を優先するよう促した。前章の業界用語を使うと、ケインズは財務省が国内経済に専念できるよう、変動為替制を支持していたということだ。黄金は、財やサービスの供給とは関係なしに経済に入ってくるので、物価はどうしても黄金の相対的な希少性に基づいて変動する。ケインズは金本位制全般に対する厳しい批判者だったので、論理的な結果を雄弁に述べている。「黄金は高すぎるか低くなりすぎるかのどちらかにならざるを得ない。いずれの場合にも、一連の偶然により金属の価値が安定に保たれるなどと期待はできない」(5)。

ポンドを戦前の金との価値に戻すというチャーチルの計画について、ケインズは――これまた正しく――物価や賃金は「ねばっこい（硬直的）」と指摘した。特に輸出業者は、ポンドがドルに対して増価したら、アメリカ企業との競争力を保つために費用を引き下げねばならない（前章で論じたように、ポンドが上昇したら、輸出売り上げで獲得したドルはイギリスに帰ったら以前より少ないポンドにしかならない。その失われた収入は、どこかで帳尻を合わせねばならない）。ケインズ派、労働組合が賃金カットに抵抗するだろうと予言した。

結果として失業率が上がる。チャーチルは意図的に経済の首を絞めることになる。ちょうど1980年代初期にポール・ヴォルカーがアメリカでやったのと同じだ。ちがいは、ヴォルカーは物価安定を目指していたのに、チャーチルは物価を無理矢理下落させようとしていたということだ。ケインズの見方では、その経済的被害は必要なかった。かれは金本位制を「野蛮な遺物」と罵倒したことで有名だ――でもイギリスがどうしても金本位制に戻るにしても、デフレを無理強いするよりは戦後の価格水準と整合したレートにすべきだ、とかれは主張した。

チャーチルは、ケインズの反対にもかかわらず自分の計画を進めた。結果はすさまじい経済的な混乱だった。ポンドが強くなって、輸出産業は苦しんだ。イギリスの炭鉱は月額100万ポンドを失った。それに対応するため、鉱夫たちに賃金カットを受け入れてくれと頼んだ。ケインズの予想通り、労組は激怒して、ロックアウトが起こり、やがて鉱夫たちに共感した他の労組も仕事を止めたのでゼネストが起きた。1925年にケインズは、「チャーチル氏の経済的帰結」を発表した。これは以前にかれが書いた、第一次世界大戦を終わらせるヴェルサイユ条約に対する手厳しい批判『平和の経済的帰結』をもじったものだ。

イギリスの経済問題は、大恐慌の発端による世界的混乱ともあわさった。1931年になると、イギリスなどの状況は、私たちの仮想的な米作村と不気味なほど似てきた。「銀行融資は完全休業状態で、商品価格はそのため暴落、それがさらには倒産と銀行破綻をもたらした」といった具合。同年の秋、イギリスは金本位制を廃止した。兌換制回復からたった6年後だった。チャーチルはこの一件を、自分のキャリアで最悪の失敗だったと述べる。ガリポリで英兵5万人近くが死んだことを考えると、これはかなり重大な発言だ。

黄金は文明の始まり以来、文化を越えて人類を魅惑してきた元素だ。黄金は蠱惑的で、高密で、反応せず、腐食せず、実に可塑的なので比較的簡単に装飾品へと成形できる。あまり認識されないことだけれど、黄金はなくならない。ピーター・バーンスタインが著書『黄金の力』で述べるように「黄金は好きなように加工できるけれど、でも黄金を消し去ることはできない。鉄鉱石、牛乳、砂、コンピュータのビットですら、元の状態からあまりにちがうものに変換して、もはや原型をとどめなくすることはできる。でも黄金だとそれはできない」(6)。

本章の残りの部分にとって最も重要なのは、黄金は希少だということだ。これまで生産されたすべての黄金を集めても、一隻のスーパータンカーに収まる(7)。時代の中でお金が進化するにつれて、論理的な発展として金貨が生まれた。このぴかぴかした代物は社会がちがっても珍重されたので、貿易にも向いていた。その密度と希少性のため、小さな硬貨や延べ棒に大量の価値を詰め込めた。可塑性のため、硬貨の鋳造も可能になった。破壊できないので長持ちしたし、溶かして新しい硬貨や装飾品に変えることもできた。

そうは言ったものの、よい装飾品や16世紀ヨーロッパでの立派なお金になるからといって、それが21世紀のグローバル経済でよいお金になるとは限らない。チャーチルの経験――そしてケインズの手厳しい反対――は、お金が固定量の黄金（またはその他どんな貴金属であれ）として定義されるシステムの魅力と欠点を体現している。通貨を黄金に固定している現代国は一つもない。ポール・ヴォルカー（不換通貨のインフレリスクをいやと言うほど知っている人物）はこう書いている。「そう、黄金はこれからも残る。その内在的な性質だけでなく、波乱に満ちた時代には最後に頼る価値貯蔵手段としても使われるだろう。でもそれがお金として使われる時代、支払い手段や固定された会計単位として使われる時代は終わった」(8)

それでも、その魅力は消えておらず、一部の政治勢力は金本位制への復帰を呼びかけたりする（黄金虫と呼ばれる人々だ）。経済学者から見れば、これは地球が平らかを検討するための委員会を求めるのに等しい話だ。確かに、金本位制には重要な強みが二つある。

1. ハイパーインフレを防止する。お金の量は黄金の量で制約されるからだ。
2. 金本位制が各国で採用されれば、為替レートも予想可能な形で固定される[*1]。

残念ながら、金本位制の欠点はまさにこの同じ性質からまっすぐ出てくる。ケインズが指摘したように、黄金の供給はグローバル経済の成長率とはまともに連動していない。つまり黄金がたくさん産出されたら物価は上がり、黄金の供給がその他経済の成長を下回れば物価は下がる。後者は、チャーチルが学んだように、ことさら有害になりかねない。固定為替レートの硬直性も、前章で述べたとおり欠点を持つ。各国が金本位制を通じてお互いにつながっているときには、為替レート防衛のために国内の経済利益をひっくり返さねばならない。これが両大戦間でイギリスの失墜につながった。他の国が同じまちがいをして、大恐慌を拡大深化させるにつれて、これが世界的な問題になる。だからこそノーベル賞受賞のロバート・マンデルは、国際通貨システムのしくじりが「ヒトラー、大恐慌、第二次世界大戦をもたらした」と主張した(9)。

マンデルはそこらのイカレぽんちではない。ミルトン・フリードマンもまたお金の供給(マネーサプライ)が大幅に縮小したことで、1929年の株式市場暴落——フリードマンに言わせれば、比較的「マイナーな」経済混乱——がその後の経済カタストロフへと変わってしまったのだった(10)(フリードマンは、FRBが金本位制を維持しつつももっと拡張的な金融政策を実施すべきだったと論じる。このちがいは第9章で検討する)。

ここではとりあえず、断言しておこう。黄金に裏打ちされたお金なんて、現代経済ではまったくもって筋が通らない。最高でも、黄金はセイレーンの歌声〔訳注：人々を破滅へと導く誘惑〕でしかなく、複雑な課題に対する簡単な治療法だ（だからこれは、私のお気に入りの公共政策アフォリズムにぴったりあてはまる：あらゆる公共政策問題には簡単な解決策がある――それは通常はまちがった解決策だ）。最悪なら、政策担当者は黄金に、なにやら宗教教義のように危険な形でしがみつくようになる。他の原理主義と同様に、そうした支持者が最も頑固にしがみつくのは、混乱と急変の時期だ――まさに新しい考え方が不可欠となる時期なのだ。

すでに述べた通り、シカゴ大学ブースビジネススクールの、グローバル市場イニシアチブ（ＩＧＭ）は定期的に、その時の問題についてイデオロギー的に多様な一流経済学者にアンケートを行う。２０１２年にブース校のＩＧＭパネルは、以下の主張に賛成か反対かを答えるよう求められた。「アメリカが裁量的な金融政策レジームを金本位制に置き換え、『ドル』をある決まったオンス数の黄金と定義したら、物価安定と雇用への影響は平均的なアメリカ人にとっていまよりよくなる」。回答者は一人残らず「反対」「大いに反対」と答えた。「わからない」すら一人もいなかった[11]。

［＊1］　金本位制のメリットですら過大に述べられているかもしれない。金本位制下での第一次大戦以前の時期は、類のない経済安定性と世界統合の時代だった。イギリス首相ベンジャミン・ディズレーリなどは、この経済平穏期こそが金本位制をもたらしたのであり、その逆ではないと論じている。金本位制崩壊のはるか以前に、ディズレーリはグラスゴーの商人グループにこう語っている。「我々の金本位制は、商業的な繁栄の原因ではなく、むしろその結果なんです」 Peter L. Bernstein, *The Power of Gold: History of an Obsession* (Hoboken, NJ: John Wiley & Sons, 2012), 258.

主流経済学者にとって、アメリカを金本位制に戻すなんてのは、アメリカをイギリス王室支配下に戻すに等しいことだ――あまりにイカレた発想なので、ほとんどまともに論じるまでもない。アメリカが歴史的に高いインフレに苦しんだ十年の後で、レーガン政権下の議会は確かに国内国際通貨問題での黄金の役割を検討する、16人の委員会を作りはした。1982年にこの委員会の結論は次のようなものだった。「現在の状況では、金本位制の回復は継続するインフレ問題に対処する有益な手法とは思えない」(12)

金本位制という発想は、もはや時代遅れになったものだ。なぜか？　不換通貨を管理する有能な中央銀行は、金本位制のあらゆる利点を持ちながら、その欠点は一つも持たないからだ。世界が「ハードな通貨」のほうがよくなるという信念は、お金や銀行業や中央銀行業務に関する根本的な理解が欠如している。

それなのに……

金本位制復帰が経済的に利益をもたらすと、大いなる情熱をもって信じている人々がいまだにいる――黄金はマネーサプライを官僚の手から解放し、もっと健全で安定した経済を支援する、と。元下院議員で大統領候補ロン・ポールは、金本位制復帰の訴えにより多大な支持を集めている[*2]。かれはこの問題についての最新著作『連邦準備銀行を廃止せよ』のきっかけとなった、ミシガン大学での演説を回想している。「金融政策の話になると、若者たちは歓声をあげた。すると小集団がこんなコールを始めた。『FRB廃止！　FRB廃止！』群衆全員がそのコールに応えた。多くは燃える1ドル札を掲げ、まるで中央銀行に対し、おまえたちはアメリカの国民や、われわれの未来や、世界に被害を与えすぎた、もうおまえたちの時代は終わりだ、とでも言うようだった」(13)。2012年の共和党が大統領選で掲げた公約は、1980年の黄金委員会を復活させて「ドルの固定価値を決めるために考えられる方法を検討させる」というのを含んでいた(14)。大西洋の向こう側では、2014年にスイスの活動家が10万人の署名を集め、国民投票が行われた。それが可決されたら、スイス国民銀行は準備高の20パーセントを黄金で持たなければいけなくなるはずだった。英『エコノミスト』誌の当時の報道では「活動家たちの主張では、準備高が多ければスイス経済はもっと安定して繁栄するとされている。実はその正反対が正しいのだ」(15)。国民投票の結果、これは否決されたものの、2割以上が賛成票を投じた。

黄金に裏打ちされたお金というのは、直感的な魅力がある。経済が苦しいときには、「黄金のようによい」［訳注：とてもよいことを意味する英語の慣用句］ものに復帰したほうがいいのでは？何か内在的な価値を持つお金のほうが、何もないお金よりもよいのでは？　それにお金の供給が無限よりは固定されていたほうが、システムが安定するのでは？

それぞれへの答えは、いいえ、いいえ、いいえ。黄金は21世紀経済ではひたすら実用性がない。美しさでは劣っても、もっと柔軟なお金を使うほうがずっと有益だ。その理由を列挙しよう。

黄金だってインフレは起こす。　金本位制での物価は黄金の供給に応じて上がったり下がった

［*2］　ポール下院議員は黄金委員会の委員だった。かれと同じく委員だったルイス・ラーマンは、異見報告書「黄金支持論：アメリカ黄金委員会の少数派意見報告」を共著している。

りする。これは他のどんな種類のお金とも変わらない。アメリカ大陸で黄金や銀が見つかったのをご記憶だろうか？　ヨーロッパでの物価は上がった。同じ事が19世紀と20世紀初期にも、カリフォルニア、オーストラリア、南アフリカで大規模な黄金が発見されて起こった。

さて、ここで二つの重要な概念を混同しないこと。はい、黄金は有限の供給しかないけれど、これはまったく安定した物価を保証するものではない。地面から出てくる黄金の量が経済の他の部分よりも急速に増えれば、物価（黄金で測ったもの）は普通は上がる。黄金の供給が経済の他の部分に後れを取れば、黄金は相対的に価値を増し、物価は下がる。これがケインズの批判だった――でも中身はただの基本的な需要と供給でしかない。

特にデフレは経済を潰しかねない。　金本位制は長期にわたる物価下落を起こしかねない。そしてチャーチルさんが学んだように、物価下落は山ほどの問題を創り出す。デフレによる災厄パレードには、失業、高い実質金利、資産価格下落、そうしたものすべてからくる銀行システムへのストレスなどが含まれる（もっとオチを言ってしまうと、本章の最後に大恐慌が出てくる）。

ウィリアム・ジェニングス・ブライアンが1896年民主党全国大会で有名な「黄金の十字架」演説をしたとき、アメリカは金本位制だった。ブライアンはマネーサプライを補うため「銀の自由鋳造」を支持していた（銀貨は1873年貨幣鋳造法で廃止されていた）。ぴかぴかの金属はさておき、ブライアンが本当に支持していたのは、西部の農民たちを潰しつつあった、デフレと高い実質金利を終わらせることだった。物価が下がると、農民たちは作物をますます安く売るしかなくなる一方、借金は元のままだ。ブライアンはその負担を楽にするため、インフレ（少なくともデフレ軽減）を求めていた。マネーサプライに銀を加えると——現代の業界用語で言えばもっと緩い金融政策だ——文字通りドルが増え、物価は上がり、実質金利は下がる。どちらも借金をかかえた農民にはありがたい。

ブライアンは1896年の選挙には勝てなかったし、金本位制も廃止されなかった。でもこの物語は皮肉な形で終わる。ほぼ同時期に南アフリカで巨大な埋蔵金が発見され、採掘されるようになったことで、世界のインフレ率は年四パーセントほど上がった——1896年以前には年率2パーセントほどのデフレだったのが、その後は2パーセントのインフレになったのだ。南アフリカの黄金の流入で、アメリカの貨幣鋳造は何も変わらなくても、ブライアンの狙いは実現したのだった(16)。

アメリカ金融政策を仕切るのが中国、ロシア、南アフリカではいけない。金本位制下でのマネーサプライは、黄金生産の関数となる。上の南アフリカの例が示すように、黄金生産が増えれば（他の点が同じなら）物価は上がる。黄金生産が下がれば逆になる。現在、世界最大の黄金生産国は……中国だ。第四位がロシアという、実に頼れる同盟相手だ。南アフリカが6位。アメリカは世界で既知の黄金埋蔵量のうち、6パーセント以下しか持っていない（ロシアと南アをあわせると20パーセント以上だ）(17)。

マネーサプライの管理を外国の列強に任せたい国なんかあるだろうか？　黄金採掘の速度をじゃ

まするもの――意図的だろうとそれ以外だろうと――は、深刻な経済的損失をもたらしかねない。アメリカが1970年代のアラブ諸国による石油禁輸で学んだように、他の国はアメリカ経済に有害な形で商品の供給を戦略的に操作できるし、また実際にそれをやる。逆に、大規模な黄金の発見（地球温暖化で氷が溶ける南極大陸の下とか？）はインフレを引き起こす。いずれにしても、物価水準は政府や中央銀行の政策よりも、地面から掘り出される黄金の量で決まる。

でもちょっと待った。それこそまさに狙いじゃなかったっけ？　明らかにジンバブエ国民は、お金を刷る才能だけは高い、独裁政府の気まぐれでマネーサプライが決まるより、世界の黄金生産で決まるほうが助かっただろう。金本位制下の物価は恣意的に変動するかもしれないけれど、少なくともお金の価値が低下する度合いには制約がある。

でも少し考えてほしいのだけれど、ジンバブエは通貨システム以外は、成功して繁栄している国だったんだろうか？　もちろんちがう。1980年の独立以来ずっと指導者を務めてきたロバート・ムガベは、人権面での実績もかなりひどい。少なくとも一回は選挙を操作している。その主要な経済政策の一つは、土地改革プログラムだったけれど、これは白人農民から農場を押収するものだった。それ以外にもいろいろ。ジンバブエは経済的に大惨事で、その症状の一つが政府による無謀なまでの紙幣印刷だった。ということで次の論点が出てくる。

ダメなお金を生むのはダメな政府であって、その逆ではない。『連邦準備銀行を廃止せよ』でロン・ポールはこう書く。「圧政は常に、政府による貨幣システム毀損と手を携えてやってくる」(18)。通貨をダメにするのが、本当にダメな政府すべてにとって重要なツールだという点は認めよう――でもここには因果関係上の問題がある[*3]。ダメな政府が無価値なお金を引き起こすのであって、その逆ではない。不換通貨を持っているからといって、アメリカがジンバブエにはならない。実は歴史を通じてダメな政府は、印刷機を使うものであろうと金貨や銀貨の金属含有量の操作だろうと、お金の操作を通じて臣民たちから盗むくらい、何の苦労もなくできた。そしてその理由はいつも基本的に同じだ。他に支払いをする手段がなくなったからだ。

王さまが請求された金額を金貨で支払えず、もっとお金を貸してくれる人が他にいなければ、最も巧妙な手口は既存の黄金でもっと払えるようにすることだ。そう、どの兵士もフン族と闘えば金貨57枚をもらえます――でもそれぞれの金貨に含まれる黄金は以前より減らしました。これは紙幣印刷機をぶん回すことの古代版にすぎない。

ピーター・バーンスタインは、シラクサのディオニュシオス一世(430～367 BC)の感動的な話を伝えている。市民に大量の借金をしていて、返済資金が足りなかったのだ。かれは「市内のすべての硬貨を持ってこさせ、そうしない者には死罪を宣告した。そしてその金貨をスタンプしなおし、各ドラクマ金貨にいまや2ドラクマと書かれるようにした。その後では、王の借金返済も容易となった」。これは公共財政の教科書には載っていない手法だ。

ローマ人たちも、実に大した改鋳者だった。ローマの銀貨は、アウグスティヌスが紀元前27年

[*3] 相関と因果関係のちがいに関するもっと包括的な議論としては、以前の拙著『統計学をまる裸にする』(Norton, 2013, 邦訳日本経済新聞出版社、2014)を是非ごらんください。

に皇帝になったときに比べ、紀元260年には銀の含有量が6割も少なかった。フランスのジャン二世は善良王の異名を取るが、奢侈品《しゃし》好き（とイギリスとの戦争好き）の資金源として、即位から1年以内に通貨を18回も改定し、その後10年にわたり70回も改鋳を行った。海峡をはさんでイングランドのヘンリー八世は、奥さんの首をちょん切ってローマ法王とケンカしたことで一番有名ではあるが、それでも暇を見つけては貨幣鋳造で銀と積極的に銅に変えた。この面でのかれの（そして後継者エドワード六世の）努力は、イギリス史で公式に大改鋳として認知されている。ここで言いたいのは、紙幣通貨がダメな金融政策を引き起こすのではなく、黄金（または銀）がそれを防止するわけでもないということだ。

それを言うなら、金本位制を採用した政府だって、好きに暴走したり、黄金の価格を変えたりできる。アメリカはどっちもやった。1933年にフランクリン・ルーズベルトが大統領に就任してまもなく、議会はかれにドルの黄金含有量を変える権限を与えた。ある日、ドルはすべて決まった量の黄金に固定されている。翌日それは、ちょっと少ない量の黄金に固定されている（当時の予算長官は「これで西欧文明はおしまいだ」と予言した）。財務長官ヘンリー・モーゲンソーは日記に、毎朝大統領の寝室でルーズベルトと会談し、経済政策について議論するのだと書いていて、その議論内容の一部はその日の黄金価格を決めることだと述べている（黄金価格が上がれば、ドルはそれだけ価値が下がる）。ある朝、ルーズベルトはある黄金の量について21セントという値段を決めた。それがラッキーナンバーだからと言って。

1934年に黄金価格は1オンス35ドルに固定された。1900年の法定価格20.67ドルから引き上げられたのだ。言い換えると、各ドルの黄金で見た価値は、ざっと4割引き下げられたわけだ[19]。もちろん一般市民は、どのみちすでにドルと黄金を交換できなくなっていた。議会はアメリカ市民によるドルの黄金兌換制を1933年に廃止していた。その後は、ドルに対して黄金の支払いを要求できるのは外国政府だけとなった。1971年にリチャード・ニクソンは、その慣行もいきなり止めた[20]。重要な教訓は、通貨は値千金——ただし政府がそうでないと言うまでは。

公平のために言っておくと、ロン・ポールを含む金本位制支持者は、政府を完全に排除したがるだろう。個人や企業が交換媒体として何を使うかは市場に決めさせようというわけだ。それがいつの日かビットコインになるかもしれない（皮肉なことにビットコインは米ドル以上に内在的な価値を持たない——紙さえないんだから！）お金は連邦刑務所のパック入りのサバのように、歴史を通じて政府の関与なしで機能してきた。アメリカ政府は現在、ドル以外の競合法定通貨を禁止している。これは奇妙で不要な規制に思える（頭のおかしい連中がお互いに黄金で支払いをしたいなら、やらせておけばいいのでは？）この禁止は黄金虫どもにとっては大騒ぎするポイントとなっている。かれらに言わせると、黄金にまともなチャンスを与えれば、ドルとか円とかユーロとかの不換紙幣より優れた通貨だということが示されるそうだ。この見方を代表する『ウォールストリート・ジャーナル』紙の論説で、ユーロパシフィック・キャピタル代表のピーター・シフはこう書く。「黄金がお金なのは、人々がそれをお金にするからだ。紙幣がお金なのは、政府がそれをお金にするからだ」[21]。黄金こそがリバータリアン版のピープルパワーだ！

現実には、正気の人間で黄金建ての長期契約に署名しようとする人はいない。黄金の購買力はそこそこ有能な中央銀行が管理するどんな通貨よりもはるかに変動が激しいのだ。

CPI（消費者物価指数）はドルの購買力がどう変化するかを計測する。黄金の価格は黄金の購買力を測る。お金の狙いは取引の支援だというのをお忘れなく。この二種類のお金――黄金とドル――のうち、交換単位として予測しやすいのはどっちに思えるだろうか？　2008年以後のFRBの行動についてはいろいろ批判はあるけれど（特に黄金虫どもの批判は熾烈だ）、ドルの購買力は驚くほど安定している。『アトランティック』誌が2012年に指摘したように「金本位制の下よりもFRBが量的緩和を始めてからのほうが、物価変動は23倍も小さい」(22)

それを言うなら、この論点について仮想的にばかり考える必要はまったくない。法がなんと言おうと好きなお金を選べるグループがある。ヤクの売人や武器商人といった連中だ。こういう人々は、黄金を法定通貨にしてはいけないといったマヌケな法律にはとらわれていない。連中の商売はそもそも、法一般を無視することで成り立っている（そうでなければドラッグや武器なんか扱っていない）。武器商人、ヤクの売人、独裁者、その他政府の言い分なんかにまるで関心のない連中が選ぶ通貨はなんだろうか？　ドルだ[*4]。テレビをつけて、大規模な麻薬捜査で黄金2キロが押収されたのを見たことなんてありますか？　ドルがアメリカ国外で広く流通するのは、まったく自発的に起こっていることだ。おそらくヤクの売人も武器商人も、他のみんなとまったく同じ理由でドルを選んでいるはずだ。他の選択肢に比べたら、長期的に驚くほど購買力が一定しているからだ。

FRBが最近受けた苦情を考えれば、たぶん何かプロモキャンペーンみたいなものをやる余地すらあるだろう。クレジットカードのコマーシャルみたいなやつだ。「やあ、ぼくの通り名はエル・ジェフェ。本名は明かせないぜ、メキシコの大ドラッグカルテルの親玉で、国境のどっち側でもお尋ね者だからね。人殺しして、賄賂をもらって、世界中にドラッグを売りさばく。でも支払いは米ドルがいいね。お手軽で、頼りになるし、どこでも使えるから」。そしてここでナレーションが入って決めのせりふ。「アメリカの100ドル札。お出かけの時にはスーツケースに詰め込んでいきましょう」

FRBの連中は想像力が欠けているから、こういう広報キャンペーンは拒否するんじゃないだろうか。それでも、データを見ると私の論点が裏づけられる。FRBによれば、アメリカ人一人あたり100ドル札23枚が流通している(23)。私の手元にはいま二枚ある。義理のお母さんが誕生祝いに送ってくれたのだ。通常は一枚も持っていない。知り合いのほとんどは、100ドル札の札束なんか持ち歩かない。こういう高額紙幣はみんなどこにあるんだろうか？ この種のものを研究しているウィスコンシン大学のエドガー・フェイゲによると、だれもはっきりは知らない。理由の一部は、その多くがどうも違法な目的やそれに近い経済で使われているかららしい。フェイゲは メールでこう説明してくれた。「わかっているのは唯一、アメリカの現金供給の一部は外国で保有されていて、一人当たりの国内現金保有は、アメリカの企業や家計が認める現金保有量をはるかに上回っているということだけです」(24)

[＊4] ただし第13章で指摘するように、この方面ではビットコインが躍進中だ。

黄金には本当に内在的な価値があるのか？

これは一見したよりも難問だ。黄金は装飾品や飾りの用途で普遍的な魅力があると述べた。これは変わりそうにない。でも世界中の人は、ため込むために黄金を手に入れる——必要に応じて黄金の好きな人に売却できる、価値貯蔵手段として買うのだ。それでも、その黄金を売却できる価格はなかなか見極めがたい。黄金は工業用途がきわめて限られている（希少で高価だからというのが大きな理由だ）。だからある時点での黄金の価値は——たとえば小麦や雪用タイヤとかの価値と比べれば——おおむね人間の気分次第だ。

ここには皮肉がある。黄金に価値があるのは、一部は他の人々が黄金に価値があると信じているからだ。これは百ドル札に価値がある理由と大差ない。ピーター・バーンスタインが指摘するように「黄金はその独特な物理的属性がなければ、各種通貨システムの至高の王者という地位を決して達成できなかっただろう。でも黄金に対する需要が時代を通じてこれほど大きかったのは、それがお金として使われていたからなのだ」。

100ドル札の購買力は、FRBが頑張って維持しようとしているけれど、黄金の価値を他の財との比較で見ると、それはやたらに変動する。黄金がパンや牛乳、不動産などの財に比べてどのくらい価値を持つべきかを決める、実証的な手段はない。『ウォールストリート・ジャーナル』紙の個人向け資産運用記事を書くジェイソン・ツワイグが指摘するように「PEレシオや債券収益率といった価値のベンチマークとなる指数がないので、ある貴金属が安いか高いかを判断するのは、目隠しをしてルービックキューブを解こうとするようなものだ」(25)

個人投資家にとって、これは重要な問題を提起する。黄金は死んだ資産だ。つまり債券や不動産や預金証書とちがい、黄金は収益を稼がない。黄金を地下室に埋めておくのは、極度のインフレを恐れたり、社会が崩壊したりするのを恐れているなら筋が通っている（でも後者ならヤギやショットガンのほうがヘッジとして有効に思える。アポカリプス後の世界で人々が装飾品をたくさん身につけたりしていると本気で思うだろうか？）

　黄金を手に入れるのは、銀行システムが発達していない国でなら貯蓄の論理的な手法だ。たとえばインドでは、家族の財産は装飾品やバングルとして保有されている。こうした富は盗難や紛失の危険が高い。もっと重要かもしれないことだが、生産的な目的のために貸し出せない。バーンスタインが書くように、「ため込みは保険に入るのと似ている。保険と同じく、黄金のため込みには費用がかかる。無用の金属は何も稼がないからだ」。インフレに対してヘッジする方法は他にもあるし、しかも中には資本収益を獲得できるものもある。土地はインフレと共に価値を増す。そして耕作により定期収入が得られる。マンションは他の価格が上がっているときに価値があがる。そして賃貸すれば賃料を提供してくれる。アメリカ財務省のインフレ保護証券（ＴＩＰＳ）は、固定イールドに加え、その期間のインフレ分を補償する追加額も提供してくれる。

　死んだ資産をため込むのは社会にとっても費用がかかる。地下に埋めてあったり、お嫁さんの手首にぶらさがったりしている富は、起業しようとする実業家には融資できないし、医学校に通う学生にも貸せない。金融システムのそもそもの狙いは、貯蓄者と借り手のマッチングを行って、その過程で双方に得をさせることだ。黄金はそういう働きはしない。インドはこれを十分に深刻な問題だと考えており、インド人が黄金を預けて証書をもらえるような、黄金銀行を作ろうという政策を検討している。長期目標は、預けられた黄金を何らかの形で貸し出すことだ。

世界の黄金の相当部分は、ニューヨーク連邦準備銀行の地下深くにある金庫におさまっている。史上最も成功した投資家の一人ウォーレン・バフェットは、これほど価値あるとされているものが、金庫の中で何もせずに眠っているのがいかに奇妙なことかを指摘している。「[黄金は]アフリカかどっかで地面から掘り出される。それからそれを溶かし、別の穴を掘って、またそれを埋め、人をやとって回りに立たせて警備する。その黄金に何の効用もない。火星からやってきてそれを見ている人は、わけがわからないだろう」(26)

そうは言ったものの、金本位制に対する最も説得力ある反対論は、最もつまらないものかもしれない。これを持ち出したら、本章は一段落ですんでしまう。数年前にポール・ヴォルカーが自分のオフィスでこれを指摘してくれたとき、私は自分がこれに気がつかなかったことに歯がみした……

黄金が足りない。ヴォルカーが指摘したように、「世界の黄金の量は、出回っている国際通貨の総量に比べてあまりに少なすぎる」。これまでに生産されたすべての黄金は、スーパータンカー一隻に収まるのをお忘れなく。普通のポーカーの試合を何年も前に、プレーヤー五人とチップ50枚で始めたようなものだ。いまや何百ものテーブルで大人数がポーカーをしている――でもチップはいまだに50枚のまま。これではうまくいきっこない。あるいはもっと正確には、多少なりとも実用的な形では機能しようがない。

そう、黄金の価格をすごく高く設定して、形の上では流通しているすべての通貨を支えられるようにはできる——黄金一オンスが一万ドルとかにすればいい。でもこれは、金本位制を採用するそもそも狙いが台無しになる。現在の購買力で一万ドル相当を、一オンスの黄金のためにあきらめようとする正気の人間なんかいない。みんなそこまで装飾品が好きなわけじゃない。ドルは結局、実質的には裏付けがまったくないことになってしまう。

金本位制支持者は通常、現在の通貨システムについてあれこれ苦情を並べ立てる。そのほとんどは、まったく正当なものだ。不換通貨はインフレにつながる形で濫用されかねない。FRBはもっと透明性を高めるべきだ。最後の貸し手として機能する中央銀行は、確かにモラルハザードを作り出す。国際通貨システムはもっと予測可能性と安定性が必要だ。でもここでの誤謬は、黄金はこうした課題にどれに対しても、まったく有効な療法ではないということだ。真の療法は中央銀行業務を改善することだ。

現代経済では、黄金は有効なお金の基本的な条件三つすべてで失格だ。

1. 交換媒体として機能するには量が足りない。
2. 有効な会計単位になるには価値変動が大きすぎる。
3. 価値貯蔵手段として使っても収益を稼がない。

それなのに多くの点で、黄金は紙よりもはるかにお金として直感的に理解しやすい。経済的な苦境時に黄金に戻るのは、正しいことのように思える——でもそれを言うなら、不作の後で魔女どもを火あぶりにするのも当時は正しく思えた。何世紀もの証拠を見れば、いずれも根底の問題を解決するものではないと示唆される。だから、最後にまた出発点に戻ろう。どれほど直感的には正しく思えても、経済的に筋の通らないシステムにしがみつくことで、どれほどの人的な犠牲が発生するのかを確認しよう。

経済学者バリー・アイケングリーンは、金本位制こそが「大恐慌を理解するための鍵だ」と主張するために本を丸一冊書いている。この発想は第9章でもっと詳しく検討する。ここではとりあえず、黄金の誤った魅力がいかに危険なものか、特に経済的混乱の時期にはどれほど破壊的かを認識することが重要だ。アイケングリーンはこう書いている。

1920年代の金本位制は、国際金融システムの脆弱性を高めることで、1930年代の恐慌の下準備を整えた。金本位制は、不安定化を招く衝動をアメリカからその他世界へと伝達するメカニズムとなった。金本位制は、最初の不安定化ショックを増幅した。それは危機を相殺する行動をとるにあたっての主要な障害になった。政策担当者が銀行破綻を回避し、金融パニック拡大を抑えるのを阻止する形で手を縛る制約となったのも金本位制だ。こうした理由すべてから、国際金本位制は世界的な恐慌の中心的な要因だった。同じ理由で、回復がやっと可能となったのは金本位制を放棄してからだった(27)。

ダメな発想にはそれなりの代償がある。アメリカが金本位制に戻るというリスクは本気では存在しない。それでも、黄金を魅力的にしているのと同じ見当ちがいが、現在の金融政策をややこしくしている。『フィナンシャルタイムズ』紙のコラムニスト、マーティン・ウルフは、2008年金融危機に対するFRBの対応がハイパーインフレにつながると主張するアメリカ政治家とパネルディスカッションで同席した話をしている。「他の多くの人と同じく、かれは金融システムの仕組みを理解できていなかった。残念ながら、知らぬが仏というわけにはいかない。無知のおかげで、中央銀行が有効な行動をとるのがむずかしくなっているのだ」(28)

こういう話は重要だ。金融政策なんて、得体がしれないように思える。でもそれを言うなら、2000年代初期にウォール街が売り歩いていたあの異様なデリバティブだって、十分に得体がしれない。それがどんな結果になっただろうか？　金融政策はうまく機能するときには、みんなまったく気がつかない。当然のようにお金を使って日常生活を送り、内部崩壊しない金融システムを活用し、すべてをやたらに複雑にしているように見える規制当局を罵倒してまわる。

でも、物事が常にそんなになめらかに動くわけじゃない。本書の後半が雄弁に物語るとおり、お金の扱いをまちがえると、経済は崩壊して人々の生活がめちゃくちゃになる。

第 II 部

なぜお金が重要か

第8章

アメリカ金融史はやわかり

あなたたちはここにきて、大都市は金本位制を支持しているとおっしゃる。私は、その大都市がこうした広々とした肥沃な草原の上に成り立っているのだと申し上げよう。あなたがたの都市を焼き払っても、畑をそのままにすれば、都市は魔法のように再び立ち上がるだろう。でも畑を破壊すれば、全国のあらゆる町の街路に草が生い茂るだろう。（中略）

連中があえて開けた場所に出てきて金本位制をよいものとして守ろうとするなら、我々は徹底して戦うつもりだ。我々の背後には国や世界の生産する大衆たちがいる。我々の背後には、商業的な利益と労働の利益と労苦する大衆すべてがいるのだから、金本位制を求める連中の要求に対してはこう言ってやろう、おまえたちは労働する額にこのイバラの冠を押しつけることはできない、と。おまえたちに人類を黄金の十字架にはりつけにはさせないと。

ウィリアム・ジェニングル・ブライアン「黄金の十字架」演説、１８９６年民主党全国大会(1)

アメリカ人が小学校でみんな教わることだけれど、オランダ人たちはインディアンたちから24ドルでマンハッタンを買ったとされている。これは本当なんだろうか？　そして本当だったとして、これは地元のレナペ族インディアンたちにとって、そんなにとんでもない大損取引だったんだろうか？〔訳注：通常、アメリカの教科書ではこれがいまにして思えばあまりにお安い取引でインディアンたちにとって大損でした、というニュアンスで教えられる〕。

そもそも、当時のマンハッタンは単に、ほとんど人のいない島でしかなかった。別にオランダ人が買ったのは5番街でもなければセントラルパークでもなく、ドナルド・トランプの名前のついたなにやらでもない。当時は空き地が山ほどあったのだ。24ドル相当のビーズ玉でマンハッタンを買ったというお話は、どのみちそもそもが怪しげな話ではある。オランダ東インド会社の代表からオランダ政府に送られた書簡に、この購入について言及がある。「マンハッテス島を蛮族たちから60ギルダーで購入」[(2)]。この金額が後に19世紀の為替レートを使って、24ドルほどに相当すると判断された。でも歴史家たちは、当時オランダ人入植者たちにとっても、インディアンたちにとっても、ギルダーの実質価値がどのくらいだったかはなかなか判断がつかないと指摘する。たぶんインディアンたちにとって、ギルダーはオランダ人たちとの他の取引でしか使えなかっただろう。

一方、インディアンたちがそもそもマンハッタン島を所有していたのか、そもそも使っていたのかもはっきりしない。ある考え方では、土地や水の「所有権」という発想自体がアメリカ先住民文化にとってはなじみのないものだったという。だからこの金額はむしろ、共有のための手数料といったものと解釈できるという[(3)]。ある法学教授はこの取引について「島を手放すのではなく、単にオランダ人たちをそこの追加居住者として歓迎するもの」と述べる。

もっとイジワルな（そして楽しい）理論は、その土地を売ったインディアンたちは、単にロングアイランドからの通りすがりの一隊でしかなかったというものだ。だからオランダ人に売った土地に対しては何の権原も持たず、おめでたい買い手からめいっぱい引き出して、地元に帰っただけだという。中古ベンツを5千ドルで売るのが賢明かどうかは、議論の余地があるところだ。でも自分のものでない中古ベンツを5千ドルで売りつけられたら、それは商売の天才というもの[(4)]。

この取引で真におめでたいのがオランダ人だったら、すばらしい皮肉というものだけれど、仮に取引に使われたのがオランダのギルダーではなく、ビーズだったとしよう［訳注：アメリカの小学校の授業では、このマンハッタン島の取引は時計いくつかとビーズ玉で行われ、その価値がいまの24ドルくらいと教わることが多い」。そうしたビーズは、そんなに悪い取引だったとだれが言えるだろうか？　島を一握りのぴかぴかしたものと交換に譲り渡すのは、ばかげたことだろうか？　本書をお読みのみなさん全員が、家や車や他の価値あるものを、ダイヤモンドがたくさん入った袋や金の延べ棒が詰まったスーツケースと交換に喜んで手放すだろう――でもこれだって、別のぴかぴかしたもので、実用的な価値はほとんどない。

いずれにしても、マンハッタンの物語はヨーロッパの入植者たちがアメリカ先住民たちと出会ったときに、お金が果たした役割について実際にわかっているもっと面白い面を見過ごしている。オランダ人たちは、アメリカ先住民たちがワンパムというものに付与している価値に困惑した。これはハマグリの貝殻と糸で作った装飾的なビーズだ。1650年にニューアムステルダム教会司祭のドミニー・ヨハネス・メガポレンシスはこう書いている。「インディアンたちは、多くのキリスト教徒が金銀パールに与えるのと同じくらい、この小さな骨をやたらに価値あるものとしているけれど、我々のお金は気に入らない」(5)。オランダ人は、ちょうどアメリカ人観光客がパリや香港にやってきたときと同じく、適応した。ワンパムはアメリカ北東部一帯で、入植者たちの間では広範な交換媒体となった。

これは、ここまでの記述で私が見て見ぬふりをしてきた、商品通貨の問題を引き起こした。理論的には、商品通貨のいいところは、そこに標準化された広く受け容れられる価値があるということだ。タバコはタバコだし、ウシはウシだ。でも実は、タバコの中にも質の善し悪しがあるし、太って健康なウシもいれば、痩せて病気のウシもいる。ワンパムはそれよりは安定しているように見える――いつもひもでむすばれて、通常の取引単位は男の腕の長さだ。でもオランダ人たちはおもしろいトレンドを観察している。インディアンたちがワンパムを受け取りにくるときには、そびえたつような巨人をつれてくる。でも自分たちが支払う側になると、どうもインディアンたちはいつも小男をつれてくるようなのだ(6)。

ヨーロッパ人入植者たちは、天然痘と酒に加えて、別の問題を持ち込んだ。ワンパムのインフレだ。それまではナラガンセット族インディアンたちが、ワンパム生産をほぼ独占してきた。生産プロセスは手間がかかるので、供給はかなり少なく安定していた。作るには貝殻を集め、その固く分厚い中心部に穴を開けて、それぞれの貝殻を均質な大きさにグラインドし、穴を真ん中に入れて、貝殻を糸でつなげる必要がある。オランダ人たちはこのプロセスに鉄の工具を持ち込んだ。これはジンバブエ政府に印刷機を与えるのにも等しかった。入植者たちはワンパム供給を何百倍にも増やし、不可避的にインフレを引き起こした(7)。ミルトン・フリードマンが述べたように、「ワンパムインフレは、いつでもどこでも金融的な現象なのだ」。はいはい、ホントにかれがそういったわけじゃないけれど、オランダ人入植者についての研究にもっと時間をかけていたらまちがいなく言ったはずだ。皮肉なことに（でも当然のことながら）機械製ワンパムのおかげで、やがてそれは交換手段としてはつかいものにならなくなってしまった。

お金はアメリカ史のほとんどあらゆる岐路で、重要な役割を果たしてきた。そしてお金というとき、それは富（ニワトリ、工場、アパート）のことじゃない――ニワトリ、工場、アパートを買うときに使われる交換媒体のことだ。ワンパム、スペインダブルーン、コンチネンタルドル、黄金、紙、コンピュータのビットやバイト。

アメリカ史はまたお金の歴史でもある。我々は商品や黄金や紙を使ってきた。インフレもあった。デフレもあった。スタグフレーションもあった。アメリカで最も熾烈な政治的戦いは、この国のお金をめぐるものだった。それは国立銀行を求めるアレクサンダー・ハミルトンだろうと、その銀行を潰そうとするアンドリュー・ジャクソンだろうと同じだ。ウィリアム・ジェニングス・ブライアンは、銀の硬貨でマネーサプライを拡大しようとキャンペーンを打ったとき、西部の農民たちの利益を考えていた。ニューヨークの銀行は、19世紀と20世紀初頭に頻発した銀行取り付け騒ぎを軽減するために中央銀行である連邦準備制度（ＦＲＢ）を作ろうとしたが、それは自分の利益を守ろうとしたからだ。これまでの2章で論じたように、アメリカの金本位制への執着は大恐慌を悪化させ、長引かせた。大恐慌（これはアメリカとドイツで最も激しかった）が第二次世界大戦をもたらしたとするなら、これは歴史上最悪の公共政策の失敗と言えるだろう。

みんなが知っているアメリカ史のあらゆる章——植民地時代、アメリカ独立革命、南北戦争、西部開拓、大恐慌など——は、それに対応する金融物語を持っている。ときには、そうしたお話はおもしろい余談にとどまる。ときには、それが国の方向性を変えてしまう。ジミー・カーターが大統領選で敗退したのは、一部は１９７０年代のスタグフレーションのせいだ。ロナルド・レーガンが１９８４年に「アメリカの朝だ」というスローガンで再選されたのは、一部はポール・ヴォルカーがインフレ退治に成功したせいもある。執筆時点で、一部の批判者はＦＲＢに対し、２０

08年金融危機に対する反応が激しすぎたと糾弾している。一部の人は、アメリカの中央銀行が失業引き下げに手を尽くしていないと論じる。この論争はいずれ決着がつくだろう。

経済史家たちはこうした問題のそれぞれについて、何冊も本を書いてきた。すでにバリー・アイケングリーンによる大恐慌研究はあちこちで拝借してきた。ミルトン・フリードマンの記念碑的な業績の一つは、アンナ・シュウォーツとの共著による大著『アメリカ金融史1867～1960年』だ。私の狙いはもっと単純だ（これはいま名前を挙げた人々に比べれば私の知識が実に微々たるものであるせいも大きい）。本章の狙いは、お金とそれに伴う制度は大事なんだという考えを強化することだ。お金、銀行、中央銀行はアメリカ史の方向性に影響した。そして今後も影響する。これから、アメリカ史のおなじみの出来事をおさらいしよう。ただしそこに、あまり知られていない金融的な細部を付け加える――言うなればつまみ食いだ。

1――植民地時代：ポール・リビアの財布に入っていたお金は？

初期のアメリカ入植者たちはあまりお金がなかった。別に富がなかったというのではない（とはいえ、多くの入植者は本当に富がなかっただろうけれど）。交換手段として使える、しっかりした形のお金がなかったということだ。これはだれのせいだろう？　もちろんあの腹黒いイギリス人どものせいだ――代表なしの課税をもたらした連中だ。イギリス人たちは、それぞれの入植地との貿易を独占する一方で、入植地同士はお互いに貿易させないようにした。そのための手段の一つが、入植地に送るポンドの量を制限して、入植地が独自の通貨鋳造を禁止しようとすることだった。お金の不足分は、その他使えそうなあらゆるもので埋められた。貿易人や商人たちがため込んだスペインドル、市中銀行が発行する硬貨や紙幣（しばしば合法かはっきりしない）、無数の商品などだ(8)。

家畜やタバコといった「換金作物」を使った取引はよくあった。多くの入植地は商品での納税すら認めていた（それが最近では、税務署に山羊や小麦三袋送っても受け取っちゃくれません）。商品納税にはいくつか問題がある。一つは物流面のものだ。徴税人たちは取り立てにまわる――それも追いかけ回す――だけではすまない。税額をウシやタバコやトウモロコシのブッシェル数で計算しなければならなかった（そして受け取った各種の財をどうするか考えねばならなかった）。一方、入植者たちのほうはどんな商品でも、税として受け容れられる最悪のものを押しつけようとした。死にかけの痩せた雄牛が納税に使えるなら、実にありがたい話だ。ロードアイランド州の役人たちは「やせた」ウシを断るのに苦労していると報告している。同じ事がバージニア州のタバコでもあった。１６８０年代に、バージニア州監査長官によれば、徴税人に支払われる「売り物にならない葉の量」があまりに大きいので「この財源からの歳入はほとんどゼロへと縮小した」(9)。

当然ながら、入植者たちはもっと信頼できる形のお金をほしがった。１６９０年にマサチューセッツ湾入植地は、アメリカ初の紙幣を発行する政府になった。マサチューセッツは兵たちに紙幣を発行し、その紙幣がいずれは金か銀に交換できると約束した。こうした紙幣は「法定通貨」とされた。つまり、民間の負債返済や納税に使えるということだ(10)。他の入植地もお金作り稼業に飛びついた。入植地政府は普通、紙幣を発行して戦費をまかなったり、増税を避けたりした。

もちろんお金の印刷は、ポップコーンを一口食べるようなものだ。そのまま二口、三口と食べ続けたい誘惑はすさまじい。バージニア州を例外として、入植地はどこも過剰な紙幣を作り（特にロードアイランド州がひどかった）、必然的にインフレを味わうことになった[11]。紙幣の実験が18世紀半ばを通じて続く中、紙幣の是非をめぐる激しい論争が巻き起こった。一方ではインフレの恐れを掲げる人がいた。これは『バージニア・ガゼット』誌に出た「紙幣の幾重もの邪悪」という手紙によく現れている[12]。その反対側には、流通する通貨の不足に対する解決策として紙幣を支持する人々がいた。1729年にベンジャミン・フランクリンは、紙幣の発行が「平和、愛、一体感の確立」をもたらすかもしれないと論じている[13]。この論争の変種は250年もつづいた。19世紀のウィリアム・ジェニングス・ブライアンと「銀解放」もそうだし、20世紀の金本位制もそうだし、21世紀の量的緩和もそうだ。お金はどれだけあると多すぎるのだろう?

1764年に悪辣なイギリス人どもは、通貨法を可決させることで紙幣論争を一時的に無意味にしてしまった。これは入植地の発行する紙幣すべてを違法とした（それまでイギリス人は入植地にお金に制限はかけたけれど、全入植地をこれほどひとまとめに制約したことはなかった）[14]。初期のインフレ問題は確かにあったけれど、紙幣禁止は経済的な費用をもたらした。人口が増え、貿易も拡大していたので、入植地のマネーサプライも増大が必要だった。イギリスは意図的にそれを絞っていた[15]。通貨法は、入植地の経済的な利益はイギリスの利益によりいつもひっくり返されるという印象の強化に拍車をかけた[16]。この話がどこへ向かっているかは、おわかりのはずだ。

2 アメリカ独立革命：なぜロン・ポールはジョージ・ワシントンがお気に召さないか

独立戦争が始まると、アメリカ人たちは再び印刷機を好き放題に回せるようになった。個別入植地は新しい紙幣を発行して軍事費をまかない、新しい時事的な紙幣デザインを考案する機会に大喜びだった。アメリカ初期の紙幣だけを扱った本がたくさんある。メリーランドは、「マグ《マ》ナチャル《マ》タを踏みにじりながらアメリカの都市に火を放つジョージ三世」の絵を使った紙幣をたくさん発行している[17]。州の通貨だけでなく、新生の大陸議会もドル建ての紙幣印刷を開始した（入植地ではスペインドルがずっと流通していたので、みんなの嫌うポンドの代わりとしてドルを使うのは論理的なことだった）[18]。

こうしたコンチネンタルドルは大陸議会が国税制度がないのに初期の革命の資金をまかなえるようにした[19]（そう、なんとも皮肉なことに――現代のティーパーティ一派はほぼまちがいなく認識していないけれど――アメリカ共和国は紙幣を使った赤字支出のおかげで出発できたのだった）。ジョージ・ワシントンは、木の入れ歯で有名かもしれない。でもアメリカ史にとってもっと重要なのは、かれの紙幣のほうだ。

コンチネンタルドルの価値は、いつもながらの理由で急落した――存在する財やサービスに比べてコンチネンタルドルの量がどんどん増えていったからだ[20]。戦費調達の経済学には経験豊富なイギリス人たちは、革命政府に対してまさにナチスが後にやったのと同じ戦法を繰り出した。戦略的な偽札作りだ。1776年1月、ニューヨーク市はイギリス配下にあったので、イギリス船はニューヨーク湾に入港できた。こうした船の一隻、フェニックス号は甲板に大砲44基を備えていたけれど、その戦争にはもっと強力な兵器を持っていた。印刷機だ(21)。

イギリス人たちは、偽札コンチネンタルドルを入植地全体に広げる作戦を展開していた。激しいインフレで、革命政府の戦費調達の仕組みが無価値になってしまうだろうというのが狙いだ。偽札流通を促進するため、イギリス人は入植地に向かう旅行者に対し、印刷の紙代だけ負担してくれれば、無制限の偽造コンチネンタルドル紙幣を提供するという広告をニューヨークの新聞に出したほどだ[*1](22)。こんなにお金を——イギリス人も入植地の住民も——印刷したので、その影響は予想通りだった。後にジョージ・ワシントンは、ジョン・ジェイにこうこぼす。「馬車にお金を山盛りにしても、買えるものが馬車山盛りになることはほとんどない」(23)

大陸軍は、なんとか拝み倒したり借りたり盗んだりを続け、イギリス軍を破った(24)（いまのは本当に文字通りの意味だ。外国から拝み倒してお金をもらい、国内では借り入れ、民間財産を押収した）。代表団が1787年にフィラデルフィアに集まり、憲法を起草したとき、植民地時代の金融的な混沌はいまだにみんなの心配の筆頭だった。憲法は明示的に、各州がお金を鋳造したり借用証を発行したりするのを禁止している。第1条は議会に「お金を鋳造し、その価値を調整し、さらに外国貨幣の価値を調整し、重量や尺度の基準を固定する」権限をあたえている(25)。議会がこの権限をどう実行すべきかは、その後250年（おそらくはその先も）にわたる論争の源となる。

3 アメリカのファーストバンク

議会はすぐにこの貨幣的な特権を活用して、1792年鋳造法を可決した(26)。この法律は、初の連邦建物の建設を認めた。それがフィラデルフィアにあるアメリカ造幣局だ(27)。財務大臣アレクサンダー・ハミルトンは、造幣局が金貨と銀貨を両方作り、ここでもドルを単位とするよう決めた。だれでも自分の金塊や銀塊を造幣局に持ってくれば、それを無料で硬貨にしてもらえる。ドルの金属含有量は、金についても銀についても固定された。10ドル金貨は金17.5グラムを含む。1ドル銀貨は銀27グラムを含む。もちろんこの「金銀複本位」制は、同時に金と銀の相対価値も固定することになった(15対1の比率だ)。アメリカは1世紀近くにわたりこの複本位制度の下で運用されることになる[*2]。

一方、財務長官ハミルトンは、若きアメリカはきちんとした金融インフラを欠いていると思っていた。マネーサプライは、成長経済の通貨ニーズを満たすのに不十分だと思ったわけだ(29)。それに政府がお金を借りられる場所もいる。ハミルトンは、連邦政府の憲章により設立される(つまり運営の免許を与えられる)けれどおおむね民間保有される(ただし政府は株式の五分の一を保有)国立銀行の設立を提案した。この銀行は、当時の主要な財政ニーズを満たすものとなるはず

[*1] ここから、ユーロ圏における定期的なデフレ危機に対処する実に優れたアイデアを思いついた。欧州中央銀行は、ヨーロッパで休暇を取るのに使うと約束する人すべて(この著者含む)に無限のユーロを無料で提供すればいい(ただしその紙代は負担すること)。

だった。政府に融資（そして政府の預金を受け入れ）し、商人や農民に信用供給（融資）を行い、マネーサプライ拡大のための紙幣を発行する(30)。似たようなモデルで、イングランド銀行が1694年に創設されている。

ハミルトンの銀行は、連邦権力の違憲拡張だとしてトマス・ジェファソンとジェイムズ・マディソンからすぐさま抵抗された。憲法問題はどうやらだんだん解消されたけれど、中央銀行が不健全な権力の手中だという批判は現在も続いている。ロン・ポール――もちろんトマス・ジェファソンには及びもつかない人物ながら、かなりの支持者を擁する――は『ロン・ポールの連邦準備銀行を廃止せよ』で「社会でこれほど巨大な権力を持つ単一の機関があってはならない」と書いている(31)。ジェファソンとその反連邦主義仲間たちもまた、銀行は一般国民（特に農民）を犠牲にして金持ち商人たちを利するものだと考えていた。この大きなテーマ――銀行家の利益VS一般アメリカ人の利益――もまた、政治的対話の主題としてずっと続いている。言い方を現代的にすれば、これは2008年金融危機の後で言われた「ウォール街VS一般商店街（メインストリート）」ということになる。悲しいかな、政治的な振る舞いですら昔から変わっていない。ある時点でジェファソンはハミルトンのことを「外国生まれの私生児」と呼んでいる(32)（ジェファソンを擁護しておくと、厳密にいえばその通りではあった。ハミルトンは西インド諸島で未婚の母の子として生まれた。それでもひどい言いぐさではある）。

ハミルトンは、目先の争いには勝ったけれど戦争には負けたと言うべきだろうか。少なくとも19世紀の進展を見ればそう言える。アメリカのファーストバンクは1791年に20年の期限つきで設立された。この設立期間中に、ファーストバンクによる五百万ドルの紙幣はアメリカのマネーサプライのだいたい二割くらいになった[*3](33)。でもファーストバンクの株主たちが、1808年に憲章の更新を求めたときには政治的な風向きが変わっていた。数年にわたる政治的な権謀術策により、ファーストバンク反対論者たちが最終的に勝利した。ジョージ・クリントン副大統領が上院での50-50のタイを破り、憲章更新に反対票を投じた。アメリカファーストバンクは1811年にその門を閉じた(34)。

アメリカ史の授業で習ったかもしれないけれど、これには続編があるし、その台本は最初のものとおおむね似たり寄ったりだった。4年後に、アメリカはまたもや融資がほしくてたまらなくなった。理由の一部は1812年米英戦争だ。財務長官アレクサンダー・ダラスは、「我が国

[*2] 複本位制はすべて不安定さを持ってしまう。その2種類の金属（たとえば金と銀）の供給は独立に変動するはずだからだ。たとえば銀が新たに大量に見つかったら、金に対する銀の相対的な希少性は減る――でも法律はその相対価値を固定している。市民はだれでも金や銀を造幣局に持ち込んでドルがもらえる。銀が豊富になると（つまり市場での価値が下がると）市民はますますドルは抱え込んで、銀をドルに替えようとする。あるいは市場のレートで金を銀に替えて、その銀をドルに替えれば、金をそのまま造幣局に持ち込んだ場合より多くのドルを得られる。別の商品を使った例を考えるとわかりやすいかもしれない。仮に議会が1990年に、ドルの価値をマウンテンバイク1台かDVDプレーヤー1台のどちらかに固定したとする。当時、この両者はだいたい同じくらいの価値だった。でも2015年になると、議会がいくら同じドル価値であるべきだと言ったところで、マウンテンバイクはDVDプレーヤーよりずっと価値が高くなっていた。新しくお金がほしいと思った人は、造幣局にマウンテンバイクを持っていくよりは、DVDプレーヤーを持っていくだろう。それどころか賢い人は、マウンテンバイクを何台ものDVDプレーヤーと交換して、そのDVDプレーヤーを造幣局に持っていけば、マウンテンバイクを「造幣」してもらうよりもずっと多くのドルを得られる。このせいで、ほとんどの複本位制はやがて、暗黙にだろうと法律によってだろうと、一つの金属通貨になっていった。

と政府を現在の面目ない状態から救うには、国立銀行こそが最高かつ唯一の適切な資源である」と論じた。ジェイムズ・マディソン大統領（ファーストバンクの反対者）もやがて、アメリカの成功には国立銀行が必要だと説得された。1816年にかれはアメリカセカンドバンクの20年憲章に署名した(35)。最初のときと同じく、セカンドバンクの憲章更新時期がやってきたときには、政治的な風向きは変わっていた。今回は、アンドリュー・ジャクソン大統領が銀行の完璧な宿敵役を演じた。田舎出身のポピュリストで現代のアメリカ民主党を創設したジャクソンは、セカンドバンクの象徴するあらゆるものを嫌悪した――金融エリート、融資、集中した権力、そして紙幣をちょっとでも思わせるものはすべて（ジャクソンの肖像が20ドル札――何とも交換できない――についているというのは、これまた歴史のすてきな皮肉の一つだ）。

セカンドバンクを潰そうというジャクソンの活動は、セカンドバンクの「空疎で傲慢な」頭取ニコラス・ビドルとの戦いを含め、アメリカ屈指の政治的な戦いの一つだ。ビドルは意図的に銀行融資を引き締め、それに伴う経済収縮がジャクソンを苦境に陥れて、セカンドバンクの経済的な重要性を実証してくれるよう祈った。ビドルは「この立派な大統領は、自分がインディアンどもの頭の皮を剥いで裁判官たちを投獄したから、銀行も思い通りにできると思っている。そうはいくものか」(36)と宣言した。ジャクソンも、政治的に弱腰なんかではなかったから、当時の大統領マーティン・ヴァン・ビューレンにこう書いている。「セカンドバンクはだね、ヴァン・ビューレンどの、私を殺そうとしているが、こっちが殺してやる」。最後に勝ったのはジャクソンだった。セカンドバンクの憲章は更新されなかった。その後アメリカは1900年代初頭まで、中央銀行に類するものは一切持たなかった(37)。

4 西部の荒野：最大の銀行問題は強盗なんかではなかった

ジャクソンの勝利により、銀行創設はそれぞれの州の仕事になった——そしてみんな、嬉々としてそれをやった。州立銀行は黄金と銀の裏付けを持つ自前の紙幣を発行した。これは何章か前に挙げた、仮想的なお米銀行とそんなにちがわない。そしてお米銀行と同じで、必ずしもハッピーエンドとはならなかった。銀行の質、ひいてはその銀行紙幣の質にはすさまじい差があった。経済状況がよければ、銀行家も借り手も楽しげに踊り続けた。1830年にはアメリカには329行あり、それが紙幣6100万ドルを発行していた。そのたった七年後、セカンドバンク閉鎖後には、788行が1・49億ドルを流通させていた(38)（私は統計学の本も書いたので、みなさんに代わって計算してあげよう[*4]。10年もしないうちに、銀行の数も流通しているドルの量もざっと140パーセント増えたということだ）。

[*3] アメリカのファーストバンクとセカンドバンクはまた、金融政策の初歩的なものも実践していた。州発行の紙幣を買い取ることで、この二つの銀行は州立銀行が融資を行うときの追加準備金を提供し、マネーサプライを拡大した。逆にこの両銀行は州の紙幣を黄金や銀と交換し、州立銀行が融資を行う引き当て金となる準備高を減らして、マネーサプライを減らせた。

[*4] はてどんな本かとご思案の向きに申し上げますと『統計学をまる裸にする』と申しまして『ニューヨーク・タイムズ』で「きらめくようでとんでもなく読みやすい」と評されております。

信用のもたらす宴会が手に負えなくなっても、お酒をとりあげてくれる中央銀行はなかった。最終的にはイギリス人たちが、アメリカの信用大盤振る舞いの質を懸念して、明かりを消して宴会を終わらせた。イギリスの融資者たちは太平洋を越えた信用の流れを抑えた。これに他の要因も拍車をかけて、1837年のパニックが生じた(39)。人々は銀行に殺到して紙幣を黄金に替えようとした（そうしないと紙幣が無価値になると恐れたからだ）。これが銀行の破綻を引き起こし、経済は恐慌に陥ってそれが四年続いた(40)。当時の経済データは粗雑なものだ。でも医療記録を見ると、当時の状況がどんなにひどかったかについて、背筋の凍るようなスナップショットが得られる。1840年代初期に生まれた子供たちは、その10年前に生まれた子供たちよりも身長が平均5センチ近くも低いのだ(41)。

バブル、破綻、繰り返し。ものぐさな歴史家とお思いだろうが、19世紀後半はだいたいこれでまとめられる。1848年にカリフォルニアのサターズミルで黄金が見つかると、これでアメリカは十年にわたる急速な金融拡大と急成長を経験した。これは経済史家グリン・デイヴィスに言わせると「高品質のお金が持つ刺激力を示す、歴史的に最もはっきりした事例の一つ」(42)だ。もちろんこの宴会もひどい終わりを迎えた。1857年秋にまたも銀行パニックが起こり、その翌年には5千事業が倒産した(43)。この時点で、いい報せと悪い報せが生じた。いい報せは、この危機が深刻ながらも短命に終わるというものだ。当時英『エコノミスト』誌が書いたように「これほど深刻な危機もなかったが、これほど急速な回復もなかった」(44)。悪い報せは、南北戦争が近づいているということだった。

5 南北戦争（どっちが勝つか知っていてもこの節はちゃんと読むこと）

さきに手を出したのはどっちか、だれでも知っている。手を出すって、何に？　これは避けがたいお金の印刷とインフレの話だ。南部連邦のほうが経済は弱かったので、戦費調達のためにほぼ即座にお金の印刷を始めた。1861年から1865年にかけて、南部の物価水準は30倍近くに跳ね上がった[45]。北部連合は増税や借り入れでしばらくは印刷機を止めておいたけれど、やがてそれでは足りなくなった。1862年に財務長官サルモン・P・チェースは、金銀には変えられないけれど法定通貨と宣言される、財務省紙幣を出そうと提案した。マサチューセッツ州上院議員チャールズ・サムナーは、こんな手口に対する議会の疑念をこうまとめている。「我々みんな、紙幣には反対のはずではないか」。でもサムナーですら、その状況の深刻さには勝てず、上院にこう述べている。「戦上の兵たちは給料もいるし食べ物もいる。（中略）イヤイヤながら、苦痛を感じつつ、私は同意する」[46]

北部連合は「グリーンバック」の印刷を始めた——このグリーンバックという名称は、片面が緑のインクで印刷されていたことと、その紙幣に金や銀の裏付けがなかったことの両方から生じた二重のあだ名だ。南部のすさまじいインフレに比べれば、新通貨はそこそこうまく行き、北部が経済的な優位性を固めるのに貢献した。歴史家H・W・ブランズが論じたように「グリーンバックは南北戦争での北部連合の勝利をまかない、アメリカの産業革命を加速させた」[47]。南北戦争のさなかに、北部はアメリカ初の不換通貨——政府がそれに価値があると宣言したという事実以外に何の価値も持たないお金——を成功裏に創り出したのだった。

南北戦争終結が近づくと、アメリカの通貨ストックはグリーンバックと、各種の州憲章銀行が発行した紙幣の寄せ集めになっていた。どんな紙幣でも支払い手段として受け入れる前に、その銀行が本当にあるか確認が必要だ。そしてその紙幣が偽札でないかもチェックが要る。そしてその銀行が財務的に健全で、その紙幣を金や銀に換えられると信用できるかも確認する必要がある。商業に伴う地理的な距離が増すにつれて、これはますます困難になった(48)。ニューヨークの商人がニューハンプシャーにでかけ、自分の地元銀行の発行した5ドル札を持っていったら、それを受け入れてくれる相手は見つかるかもしれないけれど、額面の5ドルよりは低い価値でしか受け取ってもらえないのが通例だ。皮肉なことに、定評ある大手銀行紙幣の偽札のほうが、無名の銀行による本物の紙幣よりも価値が高かったりした。

6 国定通貨:アルバニアの千レック紙幣ってどんなもの?

今日、世界中のどんな通貨でも支払いができることになったら、商売はどうなってしまうだろうか。アルバニアの千レック紙幣を見て判別できる必要があるし、さらにはそれが本物か偽札かを見分ける必要がある。このたとえは、実は当時の難問から見ればかなり手ぬるいものだ。1860年代には、現在独自通貨を発行している国の数よりも、紙幣を発行する州認定銀行のほうがたくさんあった。個人や事業が、受け入れていい紙幣と断るべき紙幣とを見分けられるようにするため、各種紙幣の特長について説明した刊行物さえあった(49)。

議会は1863年と1864年に国定銀行法を可決し、金融的な混乱を解消しようとした(50)。国定の認可を受けるためには、銀行は国債を買って、それを新生の通貨監督庁（これは国認定銀行の審査規制を司るところだ）に開いた口座に保管しておかねばならなかった。この担保のお返しとして、政府はそれらの銀行に、対応するだけの国定銀行紙幣を提供した。この新しい国定紙幣は外見はすべて同じだったけれど、発行銀行の名前入りでカスタマイズされていた。

あらゆる国定銀行は、他の国定銀行の紙幣を額面通りに受け入れねばならない（割引はできない）。でもそれを金や銀と交換する義務があるのは発行銀行だけだ。発行銀行が紙幣と交換できるだけの金や銀を持っていなければ、政府はその銀行の持つ国債を売り払い、紙幣の保有者に対する支払いを行う(51)。この取り決めで、国民は均一な通貨が得られたし、銀行やその紙幣への信頼も高まった[*5]。同時に議会は、あらゆる州立銀行紙幣には10パーセントの税金をかけたので、やがてこちらは使われなくなった。州認定銀行は事業を続けたものの、それは銀行としてであって、通貨発行体としてではなかった。これが未だに続くアメリカの二重銀行システム（州認定の銀行と連邦認定の銀行とがある）の起源だ(52)。（当然の話を一応述べておくと、名前に「ステート」と

[*5] 南北戦争の最終段階だと、この仕組みは北部連合にとっておまけの便益をもたらした。国定銀行が国債を買って、通貨監督庁にそれを預けねばならないという取り決めのおかげでこうした国債の市場が拡大し、おかげで北部連合は戦費調達が容易かつ安上がりになった。

入っている銀行は州が認定したものだ。「ナショナル」とあるのは連邦認定だ)。

もっと均一化された国定通貨という利点があっても、アメリカの銀行システムはまだ不安定だった。その理由はこれまでの章で説明した各種のものがある。たとえば取り付け騒ぎを抑える仕組みがなかった。政府はしばしばバブルやパニックにつながる、経済的な熱狂と破綻を鎮める力もなかった(53)。もっとも危うい政策問題は、銀と金の役割だ——もっと正確には、銀の役割がないということだった(54)。1873年の鋳造法で、議会は銀貨の無制限の発行をやめ、実質的にアメリカを金本位制にした(55)。その後20年にわたり、銀の生産者とその政治的な仲間は、アメリカの通貨ニーズを満たすほどの黄金はないと主張した。これはおおむね勝ち目のない戦いではあった。でも1893年にアメリカはまたもや深い経済停滞に陥った。農業価格が下がると、銀を支持する気運が全国に広がり「銀主義者たち」が複本位制への永続的な復帰を確保する最後の、そして最善のチャンスをもたらした。そのチャンスとは、ウィリアム・ジェニングス・ブライアンが1896年の大統領選で候補になったことだった(56)。

ブライアンはネブラスカ州出身の元民主党議員で、大統領選すべてをたった一つの提案に集中させた。銀を16対1の比率で自由鋳造するというものだ。すでに述べたように、自由鋳造というのはアメリカ造幣局が生の銀をもらって、かわりに銀貨を提供するというものだ。16対1の比率は、ブライアンによる銀と金の価値に関する提案だ。銀16オンスが金1オンスに相当するというわけだ。この比率は、1830年代の金と銀の市場相対価格に基づいていた——でも、すでに時代は1830年代ではなかった。その後銀の価値は劇的に下がっていた。実は1896年の市場価格だと、金の1オンスはだいたい銀32オンスに相当した——ブライアン提案の倍だ(57)。

ブライアンの提案の唯一の狙いは、金に対する銀の価値を高めることだ。造幣局に、ある人が銀を32オンス持ってきて、別の人が金を1オンス持ってきたら、銀を持ってきた人が倍のドル硬貨をもらえる。でも根底にある金属の市場価値は同じだ（もちろん金1オンスのヤツが賢ければ、まず銀に交換してから造幣局に持ってくるだろう。その方が金をそのまま持ってくるより倍のドルを受け取れる）。いずれにしても、ブライアンは銀の自由鋳造で人々は造幣局にもっとたくさん銀を持ち込み、それで国のマネーサプライは拡大してインフレが起こる（そして借金漬けの農民が助かる）し、経済成長も高まると考えた。

比類なき雄弁家だったブライアンはすぐにポピュリスト的な英雄になった。1896年の党大会での演説は本章の冒頭に引用したものだけれど、空前絶後の名政治演説と絶賛されている。ブライアンの発想は、農民などの地方有権者には強く支持された。その多くは借金を抱えていたからだ。やがてブライアンの総選挙の相手になるのは、ウィリアム・マッキンリーだ。かれは銀行家を始めとする東部エリート層の強い支持を得ていた（インフレは債務者の友で、銀行の宿敵だ）。

ブライアンは、今なら階級戦争と呼ばれるものにひるんだりはしなかった。民主党全国大会でのブライアンの電撃的な演説の録音が残っている。かれはこう叫ぶ。「あなたがたの都市を焼き払っても、畑をそのままにすれば、都市は魔法のように再び立ち上がるだろう。でも畑を破壊すれば、全国のあらゆる町の街路に草が生い茂るだろう」[*6](58)。その劇的な結論で、ブライアンは再び金本位制を攻撃する。「おまえたちは労働する額にこのイバラの冠を押しつけることはできない、と。おまえたちに人類を黄金の十字架にはりつけにはさせない」。そしてかれはここで両手を横に広げてはりつけの真似をすると、壇上を立ち去った(59)。

ウィリアム・ジェニングス・ブライアンは負けた。1890年代末に立て続けに黄金が発見され、マネーサプライが拡大して経済が好況に向かったのに加え、1896年の大統領選が複本位制を巡る論争に終止符を打った(60)。四年後、マッキンリー大統領は1900年金本位法に署名して法律として成立させ、それまでの実質的な金本位制を公式なものにして1ドルを金25.8グレイン、あるいは1トロイオンスあたり20.67ドルに固定した(61)。

7 連邦準備制度の設立：アンドリュー・ジャクソンざまあみろ

1907年にアメリカはまたもや銀行危機に直面した(いや、既視感があるのは気のせいだ。銀行危機はとにかく何度も起きているのだ)。各種の理由で、世間はいくつかのニューヨーク市の銀行に不信感を抱き、顧客は預金を引き出しに殺到した(62)。マンハッタンの銀行、ニッカーボッカー信託銀行の秩序を守るために警察が動員された。『ニューヨークタイムズ』の報道だと「預金者が一人立ち去るたびに十人がやってきて預金を返せと求めた」(63)。パニックが全市に広がると、銀行家たちはすぐに、自分たちを救えそうな人は一人しかいないことに気がついた。J・P・モルガンだ。中央銀行がないので、金融と産業の巨人モルガンこそが最後に頼れる貸し手として機能するしかない。モルガンは、自宅に影響力ある銀行家たちを集めた。そして自前で大金を投入して銀行を底支えするといい、他の銀行家たちにもそうしろと脅した。『金融恐慌1907』でロバート・ブルナーとショーン・カーはその様子をこう描く。「［モルガンは］あっさりと、いまから10分から12分ほどで2500万ドルを用意しないと、少なくとも証券取引会社50軒が倒産すると述べた」。一同はシステムを延命させられるだけのお金を用意できた。

モルガンは仲間の銀行家を操っただけでなく、世間も操った。銀行仲間の一団をメディアに派遣して、救済措置の金融的な詳細を発表させ、もう一団を教会牧師のもとに派遣し、日曜の説教で銀行が健全な状態だと保証するように推奨させた(64)（もし人々が、パニックが終わったと納得すれば、それでパニックは終わるのをお忘れなく）。

これで危機は回避された――でもそれは、アメリカ最高のお金持ち二人が場当たり的に介入したおかげでしかない（ジョン・D・ロックフェラーもかなりの額を拠出した。ある時点で自分の資産の半分を供出してアメリカの信用を確保した）(65)。1694年にイギリスがやり、1800年にフランスがやったように、アメリカも中央銀行を設立すべきだというコンセンサスが生まれつつあった(66)。1913年に、長々とした調査の後で、ウッドロー・ウィルソン大統領は連邦準備法を可決させ、これで連邦準備制度がアメリカの中央銀行として機能すべく創設された。第5章で述べたように、中央集権に対する強い反対のおかげで（これでアメリカのファーストバンクとセカ

［*6］　ブライアンは後にこの演説を、1923年7月3日にジェネット・スタジオで録音している。これは正当歴史センターで聞ける。http://www.historyonthenet.com/authentichistory/1865-1897/4-1896election/19230703_Cross_of_Gold_Speech_Recording-WBJ.html

ンドバンクは潰された）ＦＲＢは分散構造となった。全国に広がる地方銀行12行があり、ワシントンに理事会がおかれてそれらの調整と監督を行う(67)。この法律はまた、連邦準備紙幣を創り出した。これは要求次第で黄金に換えられる法定通貨となる(68)。これがいまアメリカ人のお財布に入っている紙幣だ（ただしいまではもう黄金とは換えられない）。

連邦準備制度の明示的な役割は、金融安定性を促進し、慢性的な銀行パニックに終止符を打つことだった(69)。ＦＲＢは最後に頼れる貸し手となり、預金取り付け騒ぎに直面するあらゆる健全な銀行に一時的な融資を提供する。ＦＲＢのもう一つの責務は、やがてだんだん拡大するものだ。元ＦＲＢ副議長ロジャー・ファーガソンが述べたように「当初の連邦準備法は、制度として求めるべき明示的な目標をほとんど何も含んでいなかった」[*7](70)。この新制度に対する最初の大きな試練は、１９２９年の株式市場大暴落と、それに伴う経済的な騒乱だった。ＦＲＢは、まあこのテストに惨憺たる成績で落第したと言うにとどめよう(71)。次の章ではこの落第ぶりをイヤというほど細かく説明するので、ここでは大恐慌と第二次世界大戦はとりあえず飛ばそう。

でも予告編を。１９３０年代には銀行１万行近くが破綻した(72)。経済史家グリン・デイヴィスが結論づけているように「柔軟な通貨を提供するために設立されたＦＲＢは、患者を絞殺してしまった」(73)。

8 ブレトンウッズ：単なる美しいリゾート地に非ず

マウント・ワシントンホテルは、アメリカ北東部最高峰のワシントン山麓、ニューハンプシャー州ブレトンウッズ町にある。すばらしいスキー場だし（特にクロスカントリー）、夏と秋にも美しい場所だ（本書を見せたら、5パーセントの割引が得られるかもしれない[*8]）。経済学おたくは、ブレトンウッズ合意が調印されたこのホテルの部屋を訪れることもできる――これは戦後期の国際金融アーキテクチャを構築した国際合意だ。

1944年夏、44ヶ国の代表がブレトンウッズに集まり、1930年代の金融崩壊を阻止できるようなシステムを作ろうとした。この会議から出てきたシステムは、主に二人のアイデアに基づいていた。一人はイギリスの経済学者ジョン・メイナード・ケインズ、もう一人はアメリカ財務省の経済学者ハリー・デクスター・ホワイトだ(74)（ケインズは交渉の終わり近くに軽い心臓発作を起こしてしまう(75)）。

第二次世界大戦後にアメリカが、西側における支配的な軍事・経済的列強となるのは明らかで、

[*7] FRBが財務省と独立に金利を設定する力を与えられたのは、やっと1951年になってからだった。議会は1977年に連邦準備法を改正し、FRBに明示的な目標を与えた。「雇用最大化、物価安定、穏健な長期金利」。三つの目標が明示的に定められているのに、これは二重の責務として知られるようになる。https://www.richmondfed.org/publications/research/special_reports/treasury_fed_accord/background/および Ferguson, "The Evolution of Central Banking in the United States."

[*8] たぶん無理だけれど、やってみる価値はありますぜ。

それまでそうした役目を果たしたイギリスに取って代わることとなる。考案されたシステムはアメリカの圧倒的優位を反映したものだった。アメリカは金本位制で、世界の他の主要通貨はドルにペグされている。H・W・ブランズが憶測したように「ケインズの心臓発作を引き起こしたのは、強引なスケジュールではなかったかもしれない。むしろブレトンウッズがイギリスとポンドの決定的な落日を示すもので、それがアメリカとドルに取って代わられると悟ったせいなのかもしれない」(76)。

アメリカはドルの価値を再確認し、それを黄金1オンス35ドルで固定した（十年前にルーズベルト大統領が定めたのと同じ価格だ）。アメリカはさらに、どんな国もこのレートでドルを黄金と交換できると宣言した。これがシステムのアンカーとなり、他の参加通貨の価値はドルを基準に定義された。各国は、指定されたペッグ——為替レート——を非常に小さな幅の範囲で維持すると宣言した(77)。たとえばポンドがドルと比べて増価して（つまり価値が上がって）ペッグが危機にさらされたら、イングランド銀行は国際市場でポンドを売ってドルを買うよう義務づけられる。それでポンドの価値がドルに比べて下がり、二つの通貨はペッグに見合った為替レートになるからだ。このシステムを強化するため、代表団は国際通貨基金（IMF）を創設した。これはペッグを維持するのに苦労しているすべての国に通貨を課してくれる国際組織だ(78)。

ブレトンウッズは、ドルを世界の準備通貨として確立した——つまりはドルが新しい黄金になったということだ。世界中の中央銀行はドルを保有して、為替レートを安定化させ、国際支払いの決済を行う。でも黄金とちがい、アメリカ政府はドルを安上がりにいくらでも印刷できる。ブレトンウッズ合意が崩壊した後ですら（これはすぐに説明する）ドルは国際的な優位性を維持している。1960年代にあるフランスの財務大臣はこの偏った仕組みについて「とてつもない特権」と評している。バリー・アイケングリーンが（その実に適切にも『とてつもない特権』と題した著書の中で）説明しているように、「アメリカ製版印刷局が100ドル札を作るには数セントしかかからないけれど、他の国は100ドル札を得ようと思ったら実物財で100ドル分を用意しなければならない」(79)

ドルを世界の準備通貨として確立させることで、ブレトンウッズは戦後秩序におけるアメリカの経済的支配を正式なものにした。新しい金融システムは、マーシャルプラン（第二次大戦後にヨーロッパを復興しようとしたアメリカの計画）による支出と相まって、1950年代と1960年代にすさまじい経済成長をアメリカでも外国でも引き起こした。戦争で最も荒廃した二つの国、日本とドイツは、経済的な強豪へと成長する(80)。でも1965年になるとドル覇権はますます攻撃にさらされるようになった。フランス大統領シャルル・ド・ゴールは、フランスがニューヨークFRBのマンハッタン地下深くにある金庫から、四億ドル相当の黄金を引き出すと発表した(81)。「アメリカ帝国主義は（中略）様々な形を取るが、中でも最も陰湿なものはドルという形だ」とド・ゴールは宣言した(82)。ド・ゴールの行動は、別のもっと不穏な現実に人々を注目させた。世界中の中央銀行がドル準備高と引き換えに黄金を要求したら、アメリカはその要求に応えられるほどの黄金を持っていないのだ(83)。これはまたも銀行取り付け騒ぎだ――ただし今回は、国際金融システムの核心にある通貨に対してのものとなる。

1969年にリチャード・ニクソンが大統領になる頃には、状況はますます悪化していた。アメリカは輸出よりもずっと多くを輸入しており、この経常赤字が急速にFRBの金庫から黄金を奪っていった(84)(各国がアメリカから買うよりもたくさんアメリカに売ったら、各国の手元にはドルが残り、これを提示すれば黄金での支払いが得られることになる)。ニクソンの財務長官ジョン・コナリーは、ニクソンのホワイトハウスがこのわき起こる問題をどう見ていたかについて雄弁に述べている。「外国人どもは我々をコマしにきている。我々の仕事は先にこっちがコマしてやることだ」(85)。

1971年8月、ニクソンは見事に先に世界をコマした。13日の金曜日にニクソンは、最高経済顧問たちとキャンプ・デービッドにこもった。その終末にかけて、「黄金の窓」を閉じるという決定がなされた。つまり、他の国はもはやドルを黄金に交換できないということだ。日曜の晩に、ニクソンは全米に(そして世界に)演説して、ドルはもはや黄金にペッグされないと発表した(そしてアメリカの悪化するインフレと対処するための無意味な試みとして、賃金と物価統制も発表した)(86)。フランクリン・ルーズベルトは個々のアメリカ人が、ドルと黄金を交換する権利を1933年に廃止した。いまや中央銀行もその権利を失った(87)。その後二年にわたり、主要金融列強国はなんとかブレトンウッズ体制を救おうとしたけれど、手遅れだった(88)。世界の通貨はもはや、どんな形であれどんな商品にも紐付けされていなかった。

9　スタグフレーション：ここの食い物は最悪なうえ量も少ない

1970年代は、歴史的に異様なものをいくつかもたらした。ディスコ、レジャースーツ、ひどい髪型、そしてスタグフレーションだ。いまの最初の三つについてはいろいろ言いたいこともあるけれど（特に中学校のダンス教室に行かされて『サタデーナイト・フィーバー』のサントラにあわせてラインダンスをやらされたのは苦い思い出だ）、ここでは最後のスタグフレーションだけを扱おう。これは高いインフレと高い失業という不思議な組み合わせだ。

本書でこれまで説明してきたように、高失業と高インフレは通常は共存しない。インフレは通常、経済が制限速度を超えたときに起こる。企業は財に対する需要が供給を上回ると価格を上げる。これが起こるのは、ほとんどあらゆる人が雇われているときだ。同じように、賃金が跳ね上がり出すのは経済が完全雇用に近いときだ。企業は新しい労働者を引きつけるのに、もっとお金を出す必要が出てくるからだ。

失業率が高いと――雇われていない人がたくさんいると――物価や賃金は通常は下がるか、少なくとも上がらなくなる（売れ残り商品が山ほどあるデパートは、通常は値上げはしない）。ウッディ・アレンをパラフレーズするなら、失業とインフレは食事の量の少なさとまずさみたいなもんだ。普通は、片方しか問題にならない。ただし1970年代は別だった。経済学者たちはいまでも、何がおかしくなったのかをまとめきれずにいる。レジャースーツやディスコのように、だれが悪かったのかは決してわからないかもしれない。それでも、FRBがマネーサプライの管理をまちがえ、低金利をあまりに長く続けたという説は強い。

カーネギーメロン大学の経済学者でFRBの包括的な歴史を著したアラン・メルツァーは、1970年代にFRBが二つの速度しか持っていなかったと批判した。速すぎか遅すぎだ(89)。問題の一つは、当時多くのマクロ経済学者が信じていた理論にあった。高インフレは低い長期失業をもたらすというもので、これはフィリップス曲線と呼ばれる(この関係を初めて提唱したニュージーランド生まれの経済学者ウィリアム・フィリップスにちなんだ名前だ)。この発想によれば、失業を下げるには高インフレが必要だった。この経済観はその後否定された(ミルトン・フリードマンは1960年代にこの説に鋭く反対していた(90))。ほとんどの主流経済学者はいまでも、インフレが予想外のものならフィリップス曲線が短期では成立すると考えている。消費者は自分が金持ちになっていると思い込んでしまうので、もっと消費するというわけだ。企業は高い支出に対して生産拡大で応じる(第2章のバーツのビッグビーフをご記憶だろうか?)やがて消費者も企業も、みんな手持ちのお金は増えても物価が同じくらい上がっていることに気がつくと、この効果は薄れてしまう。ベン・バーナンキが説明したように「キャンディバーに例えるといいかもしれない。キャンディバーを食べると、短期的にはエネルギーが急増するけれど、しばらくしたらデブになるだけだ」(91)。

金融政策をややこしくしたのがOPEC(石油輸出国機構)による、中東でのアメリカ政策への抗議で行われたアメリカに対する原油輸出停止だった。原油価格は4倍になり、経済学者が

「供給ショック」と呼ぶもの、つまり物価水準の上昇と経済産出の引き下げの両方をもたらす出来事が生じた。1970年代を通じて経済学者アーサー・オーカンは「悲惨指数」というものを作った。これはインフレ率と失業率を足したものだ。ジミー・カーター大統領の下で、悲惨指数は16パーセント以上を平均で維持した。戦後期の大統領としては最高水準だ（1980年のカーター政権末期にはこれが20パーセント近かった――カーター大統領に第二期がなかったのも当然だろう）(92)。

経済学者アレックス・ニコロスコ＝ルゼブスキーとデヴィッド・パペルは、経済の完全雇用制限速度に関する適切な推計も含め、当時のデータを見直した。かれらは、もしFRBがインフレ率2パーセントを目指しているなら、フェデラルファンド金利（FRBが目指す短期金利）は一貫して低すぎたと結論づけている(93)。一方、国民は好況不況にかかわらず、物価は上がるものだと考えるようになった。おかげでもちろん、好況不況を問わず物価が上がり続けるようになってしまい、FRBのインフレ阻止任務はややこしくなった。アラン・メルツァーは、FRBがインフレとの戦いでビビっただけだと論じている。「FRBの反インフレ的な動きで失業率が6・5パーセントとか7パーセントとかになると、かれらは自分の約束を忘れ、再びマネーサプライを拡大して金利引き下げに走った」とかれは書く(94)。

インフレ期待が人々の心にしっかり根付くと、インフレを止めるプロセスはそれだけ痛々しいものとなる。ベン・バーナンキが指摘したように、ゆるい金融政策は他の政策的なまちがいで拍車がかかった。政府はベトナム戦争（「銃」）や他の社会支出（「バター」）の支払いのために財政赤字となっていて。これがさらに需要を締め上げた。経済を、自動車学校の教習車にたとえたモデルをご記憶だろうか。そこにはペダルが二セットずつある——財政政策と金融政策だ。

1970年代初頭には、FRBも議会もペダルを思いっきり踏み込んでいた。そして経済が制限速度を超えて走り始めると、ニクソンは政府により賃金と物価統制を敷いてインフレと闘おうとした。ミルトン・フリードマンはこの政策について、ストーブが加熱しているのを直そうとして温度計を壊すようなものだと評した。物価はしばらく人工的に抑えられたけれど、やがて政策は瓦解して、バーナンキの表現では「バネをリリースしたときのように物価は跳ね上がった」。OPECの原油輸出停止のひどいタイミングと相まって、このダメな政策のごった煮は、一見すると解決不能な経済問題を作り出した(95)。

1979年8月にFRB議長に指名されたのがポール・ヴォルカー以外のだれかだったら、スタグフレーションは確かに解決不能だったかもしれない。ヴォルカー（別名インフレファイター）は、インフレ終結を心に誓って就任した。この戦いの勇敢さは第5章で述べた。ヴォルカー就任後3ヶ月で、連邦公開市場理事会（議長はヴォルカー）は金利を大きく引き上げた。ヴォルカーはインフレ期待を消し去るには、マネーサプライを継続して引き締め続けることが必須だというのを知っていた。これは短期的な経済費用が生じるけれど、それは我慢するしかない。FRB議長は失業の急増で、世間からも政治家からもすさまじい批判を浴びた。失業率は10パーセントにも達したのだ。

ヴォルカーの頑固さはやがて成功した。インフレは1980年には12パーセントだったのが、

1983年半ばには3パーセントに下がった(96)。1987年にヴォルカーは引退し、後を継いだアラン・グリーンスパンは、2006年までFRBを率いることになる。

10 ― 大中庸：インフレファイターよありがとう

1980年代になると、ディスコもレジャースーツも、慢性インフレもすべて廃れつつあった。その後の20年は、長引く低インフレが続きGDP成長率があまり変わらないという独特の時期になった。1987年の株式市場崩壊、第一次湾岸戦争、ドットコムバブルの崩壊といった騒ぎはあっても、一時的な経済的波紋が生じた程度だった。グリーンスパン議長があまりに金利を抑えすぎ、2008年金融危機を引き起こした不動産バブルを創り上げたという議論は成り立つ。この論争については次の章に譲ろう。

ここでは重要な点は、1983年から2008年にかけての25年間はアメリカ市場で唯一無二だということだ。ベン・バーナンキが説明したように「グリーンスパンがその任期の大半で実現した最も重要な業績は、経済の安定性を高めたことだった。（中略）経済の安定性があまりに改善されたので、この時期は大中庸時代として知られるようになった。これは1970年の大スタグフレーション時代や1930年代の大恐慌にも比肩するものだ。大中庸時代は、とても現実で驚くべき現象だった」(97)

国際的に見ると、状況はこれほど申し分ないものではなかった。ブレトンウッズ体制の崩壊で、世界の経済列強は為替レートや世界資本フローを協調させようと必死だった。この面で成功した出来事、たとえばプラザ合意などですら、かなり場当たり的なものだ。第6章で述べたように、世界の主要国は1985年にニューヨークに集まり、ドル引き下げを仕組むような政策協調を行った（アメリカの主要貿易相手国は、もっと弱いドルを後押しするよう説得された——これは主にアメリカの輸出業者にとって有利になる。アメリカの貿易赤字はあまりに増大して、世界の安定性に対する脅威と見なされたからだ）。その後2年でドルは40パーセント下がった——実は下がりすぎた。同じ主要国が1987年にパリに集まり（ルーブル合意）、ドルを安定させようとした。でもその程度だ。世界はいまや、システムを安定させて万国に繁栄をもたらすような、各国の経済政策協調のための正式なプロセスや機関を持たない。

11 ——2008年：ひどかった。最悪。ご存じのものよりずっとひどい

大中庸時代は、あまり中庸ならぬ終わりを迎えた。2000年代初頭、不動産市場は経済学者お気に入りの表現だと「泡立っていた」。価格が着実に上がるにつれ、ますます多くの人が市場に参入した。

銀行はどんどん融資した。無職？　資産なし？　問題なし。これは実話だけれど、2005年頃に我が家の愛犬バスター（可愛いがそれ以外にはこれといって傑出したところのないラブラドール・レ

トリバー）はＶＩＳＡカードの事前審査に通った。たぶん住宅ローンの審査にも通ったはずだ。別にいいじゃないか。住宅価格は実に安定して上がっていたから、バスターは返済に困っても、すてきな犬小屋をすぐに利ざやつきで売れたはずだ。住宅価格が停滞したり、まして暴落したりしたらどうなるかなんて、ほとんどだれも――貸し手も借り手も――考えなかった。

その末路はご存じの通り。

次の章では、１９２９年と２００８年の政策対応の決定的なちがいを含め、どろどろした細部を詳しく描き出そう。ここでは単に、事態がどれほどひどいことになりかねなかったかを示すものとして、こんな小話を紹介するにとどめよう。ニューハンプシャー州の元上院議員ジャッド・グレッグは、共和党にとって予算と金融問題についての要石的な存在だけれど、２００８年９月のリーマンブラザース破綻直後に、格式高いディナーから国会議事堂に呼び出されたという。ブッシュ政権は、金融システムのために法的な防御策をまとめようとしていた（後に不良資産救済プログラムことＴＡＲＰとなるものだ）。グレッグはこう回想している。

夜の九時頃にミッチ・マコネルから電話があった。かれは私に、上院共和党の金融危機対応をまとめてくれと依頼していたんだ。ミッチは、すぐに議事堂に来いと言う。15分か20分でこられないか、と。私は「いいけど」と答えた。そして議事堂にでかけ、上院フロアからすぐはずれのＳ-２１９室に入った。そこには私以外にクリス・ドッド、チャック・シューマー、ケント・コンラッドがいた。バーニー・フランクとスペンサー・バッカスも、下院銀行委員会からきていた。

ハリー・リードが部屋に入ってきて、確かミッチも一緒だったと思う。そしてこう言うんだ。「10分ほどしたらバーナンキ議長が、ポールソン財務長官といっしょにここにくるんだ。みんなしっかり耳を傾けてほしい。2人の言うことはとっても重要なんだ」。そして2人は部屋を出た。

で、4、5分ほどでバーナンキ議長とポールソン長官が職員数人とやってきた。そんなに多くなかったな。みんなすわって、前置きみたいなものは一切なしに、バーナンキ議長があっさりこう言った。「もしポールソン長官が要求通りのものを手に入れなければ、それも72時間以内に手に入れなければ、アメリカの全銀行システムが破綻し、世界の銀行システムも道づれになる」(98)

第9章

1929年と2008年

1920年代と1930年代初頭の経済政策担当者たちは、モーツァルトの治療に水銀を処方した18世紀の医者たちのようなものだったというのが明らかとなる。経済的な病気の治療にまったく効果がないどころか、患者を殺してしまったのだ。

ピーター・テミン　MIT経済史家(1)

大恐慌のすさまじい悲劇からわずかにいいことがあったとすれば、それは中央銀行についての重要な教訓を学んだということだ。そうした教訓を忘れてしまうのは残念なことだ。

ベン・バーナンキ　2008年金融危機到来の6年前(2)

2007年夏、ベアスターンズ社の二つのヘッジファンドが破産を宣言した。どちらもレバレッジがきわめて高く、不動産へのエクスポージャーがとても大きかった。不動産価格は冷え込み始めていたので、きわめて異様な抵当ローン証券[*1]を持っているヘッジファンドの一部がつまずき始めるのは、それほど意外なことではなかった。ベアスターンズ社のヘッジファンドの報せは、他のニュースの喧噪の中ですぐに消えてしまった。今にして思えば、これはベアスターンズ社の終焉の始まりであり、不動産価格低下がもっと大きな金融システムにどれほどの被害を与えかねないかを示す、最初のヒントではあった。

ざっと9ヶ月後の3月16日日曜日、鮮明に覚えていることだが、デスクで働いていると衝撃的なニュースがインターネットで流れてきた。J・P・モルガンチェース社が、ベアスターンズ社を1株2ドルで買収すると申し出たというのだ。ベアスターンズ株が169ドルだった頃から一年もたたない時期だ。2ドルというのは、ウォール街の立派な会社としては想像を絶する安値だ。父は後半生をベアスターンズ社勤務で過ごし、数年前に退職した。かつてはあの騒然としたトレーディングフロアに父を訪ねたものだ。フロアではみんな、父のことを「ホイールズ」と呼んでいた。いまだに退職ポートフォリオにはベアスターンズ社の株を大量に持っていた。

ベアスターンズ社のニュース（これは実質的に同社の崩壊を意味する）を見て、私はフロリダの両親に電話した。だれが電話に出たかは覚えていない。妻と子供たちがすでに、春休みで両親を訪ねに出かけていたことは漠然と覚えている。いずれにしても、私はこう言った。「パパに、J・P・モルガンがベアスターンズ社を1株2ドルで買収してると伝えて」。この値段はあまりに低すぎて、両親は私が冗談を言っていると思ったほどだ。私はときどき電話をかけて、とんでもないことを言うクセがあったからだ（「まちがったフライトに乗っちゃって、いまアルバニアにいるんだ」）。驚いたことに、両親はしばしば私を信じた――少なくとも一時的には。でもこの日曜の晩には、1株2ドルでの買収なんて絶対にプラクティカルジョークだと判断した。でもちがった。J・P・モルガンチェース社は最終的には、取引価格を1株10ドルに引き上げたけれど、大した慰めにはならない。ウォール街の名門企業が、不動産関連の異様な金融商品を使った大きな賭けのせいで、基本的に一掃されてしまったわけだ(3)。

ベアスターンズ社の崩壊は、しばらくは孤立した出来事と思われていた。実はこれは、2008年金融危機となるものの、最初の大きなさざ波ではあった[*2]。リーマンブラザース社が六ヶ月後の2008年9月15日に崩壊する。その頃には、さざ波は津波に変わっていた。そこから生じた

[*1] 抵当ローン証券というのは、抵当ローンの束を裏づけとして持っている資産だ。たとえば投資銀行は、抵当ローン千本の束を（その融資を行った銀行から）買い取り、それを一つの証券にして、その証券を投資家に販売する（そして手数料を稼ぐ）。抵当ローン証券を持っている投資家は、その根底にあるローンが返済されると、その返済金を受け取る。もちろんその投資家は、返済遅延やデフォルトのリスクも受け継ぐ。住宅ローンの支払いが滞る世帯が増えると、抵当ローン証券の価値は暴落することもある。資産担保証券はこれ以外にも、自動車ローン、クレジットカード負債など、将来的に安定した支払いストリームを生み出す各種の負債の束を使って造れる。

危機は雇用を破壊し、アメリカ人たちを自宅から蹴り出し、世界中に同じような悲惨をばらまくことになる。この金融危機の結果として生じた失業は、最大10パーセントにも達した。2008年から2012年までに、1200万物件が差し押さえにあった。経済は底打ちするまでに実質で4パーセントも収縮した。それでも、前章末の一節が示唆するように、事態がもっとひどくなった可能性もあった――それもずっとひどく。世界は金融大惨事に向けて進みつつあった。それでも、経済を完全な内部崩壊からは何とか救いおおせたのだ。これに対し、大恐慌のときには失業率は25パーセントを超えた。経済も同じくらい収縮した。

この章では、大恐慌と金融危機が多くの点で驚くほど似ていたことを論じる。どっちもきっかけはバブル崩壊だった――1929年は株価バブル、2008年は不動産だ。どっちも金融システムに内在する弱点、特にパニック時の取り付け騒ぎ（広い意味で）によって拍車がかかった。どっちの危機も悪循環を引き起こした。貯蓄、住宅、事業を失った人々が支出を削減したからだ（そのせいで他の人々が貯蓄や住宅や事業を失うことになった）。でも、一つ決定的なちがいがあった。大恐慌のときには、連邦準備制度――まさに危機を予防して経済変動を安定化させるために作られた制度――がしくじったのだった。MIT経済史家ピーター・テミンが述べたように、医者は患者を殺してしまった。政策担当者たちが、1929年と1930年代初期の出来事に対応したやり方は、岡目八目ながら、まったく非生産的だった。

2008年には、患者は救われた。それができたのは、主に1930年代に学んだ教訓のおかげだ。はい、苦痛はあった。人間の愚考と貪欲さが、最初から最後までむき出しになった。政策担当者はまちがいをしでかし、その一部はもっと時間がたたないと露呈しないだろう。金融危機に対応した規制変化は、次の大規模な危機を避けられるかどうかはわからない。でもこうした事実で根本的な論点を見失ってはいけない。私たちは歴史を繰り返す運命にあるわけではないということで、その大きな理由は私たちが歴史から学んだからだ。

実に幸運な偶然として、２００６年から２０１４年までＦＲＢ議長を務めたベン・バーナンキは大恐慌の研究者だった。まだプリンストン大学の経済学教授だった２０００年にかれはこう書いている。「たぶん私は、大恐慌おたくなんだろう。一部の人が南北戦争おたくなのと同じ形でね」(4)。別にそのせいでジョージ・Ｗ・ブッシュ大統領がかれを経済諮問評議会議長に任命し、のちにはアラン・グリーンスパンの後任としてＦＲＢの議長になれたわけではないけれど、でもふたを開けてみたら、それが大いに関係していた。バーナンキは２００２年にシカゴで、ミルトン・フリードマンの90歳の誕生日を祝う会議で直裁な演説をしている。フリードマンは（すぐに触れるように）そのキャリアの相当部分を１９３０年代にＦＲＢがとんでもなく無能だったと糾弾するのに費やしてきた。バーナンキはその晩、フリードマンと、しばしばかれと共著を刊行しているアンナ・ジェイコブソン・シュウォーツによる、金融政策の役割と大恐慌に関する重要な研究について語った。そして誕生日のトリビュートを締めくくった台詞は、バーナンキやＦＲＢ、アメリカにその後10年間で起こることを考えれば驚異的なものだった。「終わりに、ＦＲＢ公式代

[＊2] アメリカ経済が不景気に突入したのは2007年末だが、いま私たちが金融危機の始まりと考える出来事は2008年に入ってから始まった。

表としての地位をちょっと濫用させていただきましょう。私はミルトンとアンナにこう申し上げたい。大恐慌について。おっしゃる通り、われわれがやらかしました。本当にごめんなさい。でもあなたたちのおかげで、二度と繰り返しませんから」(5)

FRBは、確かに繰り返さなかった。2008年の政策対応は、議会のものもFRBのものも、その場しのぎで、不人気で、きちんと説明されないことも多かった。こうした政策の長期的な影響はいまだに十分にはわかっていない。危機は終わったけれど、執筆時点でもまだ平常には戻っていない。短期金利はいまだにゼロ近い。FRBは帳簿に資産4.5兆ドルも抱えている――2007年の5倍だ[*3](6)。バーナンキの遺産は、危機の中でのFRBのすさまじい活躍が長期的にどんな影響を持つかで決まってくる。ポール・ヴォルカーの評価は、時代とともにだんだん高まってきたけれど、これはかれのインフレに対する勝利の持続性のおかげだ。アラン・グリーンスパンの評価は低下してきたけれど、それは在任時代に住宅ローンをめぐる騒動の原因となる規制の緩みを創り出したからだ。今のところ、バーナンキ時代のFRBは、1930年代のまちがいを繰り返さなかったという説得力ある主張ができる。ミルトン・フリードマンは2006年に死んだ。私の見る限り、ベン・バーナンキはフリードマンへの約束を守り抜いた。

1 大恐慌

1929年の株式市場大暴落は、大恐慌となる一連の出来事の一部だった。株価暴落が大恐慌を引き起こしたのではない――これはとても重要なポイントだ。ベン・バーナンキが書いているように「1929年の株式市場大暴落は、ずっと深刻な停滞の第一歩でしかなかった」[7]。株価暴落は、ほぼまちがいなくFRBやその他政府による拙い政策のせいで悪化した。この種の歴史は確かにちょっとやっかいな部分があって、政策担当者たちがちがった対応をしていたら何が起きたか――いわゆる反実仮想――は、決してわからない。比較対象として、1987年10月19日に株式市場が一日で22・6パーセント下がったのは知っている――比率の低下で見れば、1929年のブラックマンデーやブラックチューズデーと大差ない(このときは24・5パーセント)[8]。でも1987年の株式市場暴落のもっと広い経済的影響は、かなり小さなものだった。ならば1929年の暴落はなぜ大恐慌に発展したんだろうか――特に当時のアメリカ人の大半、つまり9割ほどは、株式を持っていなかったのに[9]?

株価の暴落が実体経済に広がったのは、本書ですでに長々と論じてきた二つの加速要因を通じてのことだった。レバレッジと銀行システムに内在する脆弱性だ。株価は1920年代には目ま

[*3] この資産は、危機の中でFRBが国債などの各種証券と交換に金融システムに新しいお金を注入したことで抱え込んだものだ。

ぐるしいほど上昇したので、投資家や投機家たちはマージン取引で株を購入できた。つまり購入価格の25パーセントだけ払って残りは借入でまかなえたということだ（そう、この部分を読んだら2000年代の不動産を連想してほしい）。価格が上昇したら、レバレッジは利益を増幅する。投資家が100ドルの株を現金で買って、株価が倍増して200ドルになったら、これは100パーセントの利益だ。これは大した儲けだ。でも借金を使ったらこれがさらに向上する。マージン取引をすれば（支払い額は25パーセントだけ）購入者は同じ100ドルの現金を使って、400ドル分の株を買える（残り300ドルは借入だ）。その株価が倍になって800ドルになったら、購入者は借りた300ドル（それに利息分）を返済し、500ドル近くを懐に入れる——最初の100ドルの資本に対して400パーセントの利益だ。

あらゆるバブル同様、世間的には株価が一方向にしか向かわないと思われていた。絶対に上がる、と。アーヴィング・フィッシャーは、1929年10月17日という大暴落のほんの数日前に、史上最悪の経済予測ともいうべきものを行った。「株価はどうやら永続的な高水準に到達したらしい」(10)。銀行や証券業者はマージン融資を熱心に行い、しかもかなりの高金利を課した。残念ながら、音楽が止まるとレバレッジは物事を吹っ飛ばしてしまう。前説で大儲けしたのと同じ例を使い、今度は株価が上がるのではなく、たった25パーセントだけ下がったとしよう。100ドルの株を現金で買ったら、それがいまは75ドルだ。あまりいい日ではないにしても、破産したわけじゃない。当初のお金の75パーセントはまだ残っている。

でもレバレッジの高い投資家は、この25パーセントの下落で破産だ。400ドル分の株式は3

00ドルの価値になり、これは購入者が株の購入のために借りたお金と同じだ。投資家のもとの資本100ドルは完全に消えている。レバレッジは、25パーセントの市場下落を100パーセントの損失に変えてしまった。負債は、機会均等の増幅装置だ。儲けもでかくなるが、損もでかくなる（この主題もまた、2000年代に復活する）。投資家たちが単に損をするだけでなく破産してしまうと、まもなくウォール街のかれらが破産したことで、ほとんど株なんか持っていない実業界でも痛みが生じる。

1929年、株価大暴落で音楽が止まった（ただしFRBは同年のもっと早い時期に、投機を抑えようとして金利を大きく引き上げ、お酒を取り上げてしまってはいた）。FRBがウォール街を抑えるために金利を引き上げている間に、ミルトン・フリードマンとアンナ・ジェイコブソン・シュウォーツが指摘したように、経済はすでに不景気に突入していた（1929年8月から）。FRBの最初のまちがいは、経済全体としてはもっと宴会にお酒を供給すべきで、減らすべきではなかった時期に金利を上げたことだと十分に言えるだろう（投機バブルを抑えるのに金融政策を使うという問題は、第14章でもっと一般化して扱う）。いずれにしても、株価暴落は特に銀行システムに対して大きな経済被害を与えた。株主や証券会社はマージン融資が返済できず、一部の銀行は債務超過となった。いつもながら、債務超過がちょっと匂っただけで、取り付け騒ぎが起きた。市場暴落にまったく無関係な預金者たちは、貯金を引き出そうと殺到し、それがもっと銀行破綻を引き起こした（そしてそれがパニック状態の預金者をもっと増やした）。1930年11月には256行が破綻した。翌月にはさらに352行が破綻した。

いくつかの仕組みを通じて、危機は大西洋を渡った。その仕組みの筆頭は、1929年のアメリカ金利上昇だ。金本位制の特徴の一つは、他の国もアメリカのきつい金融政策（高金利）にあわせるか、さもないと黄金がアメリカに流出する危険を冒すことになる、というものだった。すでに述べたように、他の国がアメリカの緊縮金融政策に対応しないと、アメリカの高金利が世界の資本を引きつけ、黄金がアメリカに流出するようになる。大量の黄金を失った国は、約束のレートで通貨を黄金に替えられるだけの十分な準備高を持てなくなり、金本位制を維持できなくなる。ピーター・テミン（本章冒頭で引用）はこう書いている。「大恐慌を引き起こしたのは、金本位制を維持しようという試みだった。こうした試みは世界経済にデフレ圧力をかけた。その強さと世界的な一貫性は空前のものだった」

フランスは黄金のため込みにおいて変な役割を果たした。ダートマス大学経済学者ダグ・アーウィンは、1930年代の金融収縮でフランスが果たした独特の役割を指摘する、挑発的な論文を書いている（かれの無遠慮な題名は「大恐慌を引き起こしたのはフランスか？」という）。フランスの経済政策は、1920年代から黄金の蓄積を優先するようになった。アーウィンが記述しているように、フランスは世界の黄金準備高に占めるシェアを、1927年の7パーセントから1932年の27パーセントまで高め、通常ならこうした不均衡を是正したはずの経済プロセスをすべてショートさせてしまった[*4]。金本位制のそもそもの意義は、黄金が決まった量しか存在しないということだ。もしフランスに黄金がたくさんあれば、それ以外の国の持ち分は減る——だから黄金に支えられたお金も減る。アーウィンが説明したように「この『黄金ため込み』は人工的な準備金不足を作りだし、他の国にすさまじいデフレ圧力をかけた」(11)（ここには不気味な歴史的後記がある。ウサマ・ビン・ラディンは、アメリカ海軍シールズ部隊に襲撃されたとき、アーウィンのこの一見マニアックな論文を隠れ家に保有していたのだった）(12)

1931年に、オーストリア最大の銀行クレディトアンシュタルトが、アメリカで醸成中の問題とはあまり関係ない理由で破綻した。翌月には、ドイツの大銀行が何行か破綻した。その時点で、大西洋の両側で銀行システムが強い圧力にさらされていた。ミルトン・フリードマンが述べたように「金融パニックは国境などまるで尊重しない」(13)。経済損失がさらなる経済損失を引き起こした。事業も消費者も、収入源と懲罰的案ほど高い金利に対し、買い物と投資を控えることで対応した（おかげで人々の収入はさらに下がった）。1930年に可決されたアメリカのスムート＝ホーレイ関税は、輸入品に懲罰的な関税をかけた。他の国も報復関税をかけ、この貿易戦争のおかげであらゆる輸出業者が打撃を受けた。

1931年8月から1932年1月までの6ヶ月間で、さらに1860行が業務停止に追い込まれた。フリードマンとシュウォーツによると、この期間に総マネーストックは、年率31パーセ

[＊4] フランスは、増大する黄金準備高を「不胎化」していた。つまり通常のプロセスのように、黄金備蓄が増えても、それを使ってお金のストックを同じだけ増やそうとはしなかったということだ。通常、このプロセスは自己修正的だ。フランスの物価が上がると輸入品が安く、輸出品が効果になり、これがフランスの貿易収支を変えて、黄金は再びフランスから流出したはずだ。でもフランス政府は国債を売って、大量の黄金流入で生み出された余分なお金を「吸い取る」などの手立てを講じた。

ントの勢いで減少していた――かれらが研究した53年間で最大の減少率だ(14)。銀行破綻がマネーサプライを減らす方法は三つある。当然ながら、融資を行う銀行の数が減る。同時に、ビビった消費者たちは富の中で現金で持つ分を増やそうとする。タンス預金が増えると、その分は銀行システム経由で貸し出せなくなる。最後に、破綻していない銀行は引当金を増やして融資に慎重になる。こうした仕組みすべてが経済から融資を奪い、本当なら健全だった事業や家計に被害を与える。

物価下落と銀行破綻を前に、アメリカ人たちは現金を持ちたがった――でもしばしば、現金はひたすら足りないことが多かった。大恐慌の大きな特徴の一つは、通貨が慢性的に不足していたことだ。現金不足は、ルーズベルト大統領が就任後たった36時間の1933年3月6日に銀行緊急閉鎖を行ったことで悪化した(15)。すべての銀行は4日にわたり閉鎖され、それが後に一週間に延長された(16)。通貨がないので、政府も企業も金持ちも、推定10億ドルにのぼる代用通貨を出した。これは体のいい借用証でしかない。それも紙に書かれただけでなく、皮革、金属、木、古タイヤ製のものもあった。『ニューヨークデイリーニュース』が1933年にマディソンスクェア・ガーデンでボクシングの試合を主催したとき、現金不足があまりにひどかったので、プロモーターたちはざっと50セントくらいの価値のものならなんでもチケットと引き換えにした。スパークプラグ、ナイトガウン、ソーセージ、聖書、ジグソーパズル、「ゴルフズボン」まで何でも(17)。

どんな尺度で見ても、大恐慌はひどかった。たぶんもっとうまい表現の形容詞があるだろうけれど、でもここは数字に語らせよう。物価は1931年と1932年にそれぞれ10パーセント近く下がり、1933年にはさらに5パーセント下がった。農民たちなど、固定の負債返済額を価格が急落する製品の販売でまかなおうとしていたアメリカ人たちにとって、デフレはきわめて苦しいものだった。経済は1929年から1933年にかけてざっと四分の一収縮した（世界経済は15パーセントほど収縮）。失業率はアメリカでは25パーセントにも達した。1930年代にはアメリカの銀行がざっと9千行破綻した——1933年だけでも4千行だ(18)。

端的に言って、FRBは仕事をしくじった[*5]。ちょうどインフレ暴走が無責任な中央銀行のせいでしかあり得ないのと同じように、デフレも中央銀行のせいだ(19)。ミルトン・フリードマンとアンナ・ジェイコブソン・シュウォーツの大きな貢献の一つは、1930年代初期のすさまじい経済騒動を引き起こしたのがマネーサプライの収縮なのであって、その逆ではないと説得力ある形で実証したことだった（フリードマンはこの時期をわざと大恐慌ではなく、大収縮と呼んでいる）。アンナ・ジェイコブソン・シュウォーツはかれらの知見をこうまとめている。「連邦準備制度は、一連の銀行パニックの間に最後に頼れる貸し手として行動し損ねたことで、マネーサプライのすさまじい収縮を容認し、これが総需要と国民所得と雇用の圧縮を招いた」(20)

アメリカが回復に向かい始めたのは、ルーズベルト大統領がアメリカを金本位制から離脱させ

[*5] ダグ・アーウィンは、FRBについて筋の通った擁護論を述べている。当時、FRBは議会から明示的な任務を与えられていなかったというのだ。FRBが何をすべきか、その成績をどう評価すべきかについて、明示的な記述は何もなかった。かれらの仕事が金本位制の維持だったなら、FRBはこれをルーズベルト大統領の時代になって議会が政策を変えるまで続けた。

て（ドルを大幅に減価させて）デフレを終わらせ、銀行パニックを止めるために預金保険を導入してからのことだった。ベン・バーナンキが説明したように、「ルーズベルトがやって最も成功した二つのことは、基本的にＦＲＢが作り出した、あるいは少なくともその責任を果たさないことで悪化させた問題を相殺することだった」(21)。でもなぜそんなに無能だったのか？　なぜＦＲＢは患者を殺してしまったのか？　１９３０年代の不作と干ばつが多少の経済的損失を引き起こしたけれど、おおむねこの危機は人工的なものだった——完全な政策的崩壊だ。

一部の歴史家はＦＲＢ内部のリーダーシップが貧相だったせいだと言う。この制度はできたてで、きわめて分散していた。アメリカの経済学者ジョン・ケネス・ガルブレイスが当時のアメリカの中央銀行を描いた表現を借りれば「驚くほどの無能の集合体」だったのだ(22)。連邦準備制度は、地域銀行12行で構成されているので、ＦＲＢが実際に金融政策を実施するツールも分散していた。この構造は混乱と行動不足と頻繁な権力闘争を招いた。ルーズベルト政権はやがてＦＲＢを再編し、金融政策についての完全な権限を、ワシントンにあるＦＲＢの連邦公開市場委員会（ＦＯＭＣ）に与えた[＊6]。

でももっと大きな問題はイデオロギー上のものだった。ＦＲＢ内外の有力な指導者たちは、大恐慌の問題を緩和するどころか悪化するような考え方にしがみついていた（だからピーター・テミンは、それをモーツァルトの治療に水銀を使うようなものだと例えたわけだ）。当時の多くの有力な思想家たちは経済の「清算主義理論」を奉じていた。かれらは１９２０年代に経済が急成長しすぎていたと論じ、均衡回復のためにはデフレの時期が必要なのだと論じた。放埒な家族や農場や企業が破産して一掃されれば――そして残った資産は負債返済に回されれば――それがシステムの腐敗と過剰を排出させ、新しくやり直す機会を作り出す、というわけだ。ベン・バーナンキが説明したように、「この理論によれば大恐慌は残念ではあっても、必要なものとされた」(23)

でもあらゆる問題の親玉だったのは、FRBが金本位制を厳しく遵守したことで、このためにFRBは銀行も救えず、物価低下に対する手も打てなかった。FRBは、破綻する銀行に対する最後に頼れる貸し手として行動するだけの新しいお金は作れなかった。新しいお金は黄金の裏づけが必要だったからだ。収縮する経済に対応するために金利を大幅に引き下げるわけにもいかなかった。そんなことをしたら、黄金が流出してしまう。苦闘する他の国々も同じ制約に直面した。アメリカでも世界でも、政策担当者たちは高金利を維持することで黄金の供給を守った――回復を促進するのに必要な行動とは正反対だ。ピーター・テミンが著書『大恐慌の教訓』で結論づけているように「工業経済を金本位制に縛り付けておくというのは、可能な手段の中でも最悪のものだった」(24)

金本位制を採用しなかった国々は、大恐慌をほぼ完全に回避できた(たとえば中国)。金本位制から真っ先に離脱した国(たとえばイギリス)が真っ先に回復に向かった。金本位制に最後までしがみついた国が、最も深く、最も長い不景気を経験した(アメリカとドイツ)。それどころか、テミンが指摘したように、金本位制のままでまともな回復を持続できた国は一つもない。

[*6] 第5章で述べた通り、連邦公開市場委員会(FOMC)は大統領任命による連邦準備理事会理事7人、ニューヨーク連邦準備銀行総裁、さらに他の連邦準備銀行11行の総裁たちのうち、回り持ちで4人ずつで構成されている。

まちがった治療法にしがみつくなんて、形こそちがえ無能でしかないという主張もできるだろう。表現はどうあれ、ＦＲＢがその中核任務に失敗したことはだれも異論がないはずだ。その中核任務とは、通貨の価値を安定させて、金融パニックに対して保護を提供することでマクロ経済安定性を実現するというものだ。ベン・バーナンキが大恐慌の評価で書いたように、ＦＲＢは「デフレ阻止と経済崩壊防止に金融政策を積極的に使わなかったので、その経済安定性という機能で失敗した。そして最後に頼れる貸し手としての機能もまともに実施せず、多くの銀行破綻を容認し、結果として信用収縮とマネーサプライ収縮を容認した。だからＦＲＢはこの点でもその任務を果たせなかった。これらは重要な教訓であり、２００８〜２００９年の金融危機にＦＲＢがどう対応したかを考えるにあたっては、これらを念頭に置いておきたい」

ここでのポイントは、死んだ政策担当者を罵倒することではない。ここでは、同じまちがいをしないようにすることだ。それを念頭に、金融危機を見ることにしよう。特に、ベン・バーナンキ——世界屈指の大恐慌研究者の一人——のやったことはどこがちがっていたのだろうか？

2 —— 2008年金融危機

金融危機の最悪の時点の一つで、大成功したＣＥＯになった私の大学時代の学友は銀行にでかけ、１万ドルを引き出して、そのお金をカウボーイブーツに隠した。後でその話を聞いたとき、私は二つの点に衝撃を受けた。まず、かれがカウボーイブーツなんか持っていたということ——そしてこれがどれほどのパニックを意味しているかということだ。別の友人は、アメリカ最大の金融機関のトレーディングフロアという危機の震源地にいたが、拳銃を買おうとした（が、細君に止められた）。金融システムが崩壊しつつあった。危機に近い人々ほど、最悪の日々には震え上がっていた。前章でベン・バーナンキが議会指導者に警告していた通り、私たちは金融のどん底をのぞき込んでいたのだった。

発端ではみんなずっと幸せな立場だった。不動産価格の上昇で多くの人は、少なくとも紙の上ではずっと豊かになった。ご近所の家が驚くほどの高額で売れるたびに、妻と私は内心で自分の家の価値――つまりは純資産価値――を計算しなおしてみた。通り外れのあの家――うちほどいい家じゃないぞ！――が50万ドルで売れたって？　するとわが家も、先週に比べて10万ドルは豊かになったってことか！

アメリカ中みんな同じことをしていた。不動産価格が（あらゆる歴史的なデータに反し）急激に上昇を続けるはずだという感覚があり、一部の市場ではすでに物件取得が手遅れになりそうだと思われていた。アーヴィング・フィッシャーが存命だったなら、たぶん住宅価格が新しい高水準に到達したと言ってその理由について一文をものしたんじゃなかろうか（多くの自称専門家はまさにそうした）。金利は歴史的な水準から見て低かったし、おかげで住宅ローンも組みやすくなった。どっちの政党も――珍しく意見が一致して――持ち家を促進した。1997年から市場がピークに達した2006年までに、住宅価格は152パーセント上昇した[25]。そしてみんな、それがずっと上がり続けると思った。『金融危機調査報告書』によると、2005年には「住宅販売の一割以上が、投資家か投機家か、二軒目の家を買おうとする人物への販売だった」[26]

そこで音楽が止まった。『金融危機調査報告書』は、ウォーレン・ピーターソンの痛ましい証言を掲載している。かれはカリフォルニア州ベーカーズフィールドの住宅建設業者で、好況期と不況期を身をもって体験している。25年にわたり、ピーターソンは年間に建て売りカスタム住宅を3軒から10軒ほど建ててきた。でも住宅ブーム期には、年間30軒建てていた――が、需要があっさり消えた。住宅価格がどこでも暴落し、それまで高騰していたところほど下落も激しかった。２００８年だけでも11兆ドルの富が失われた。これはアメリカの純資産の18パーセントほどだ――記録されている中で、この下落幅は史上最大だ[27]。「２００５年末から、私が建てた家はたった一軒だけですよ」とピーターソンは２０１０年に委員会に語っている。どうして宴はこれほど収拾がつかなくなってしまったんだろうか？　なぜ音楽は止まったのか？　そして宴が終わったとき、世界金融システム全体を危険にさらしたものはなんだったのか？

これには長い答えと短い答えがある。長い答えについては、多くのとてもよい本が概観している。『金融危機調査報告書』についてはは何章か前にあれこれグチったけれど（５４５ページもあって字も小さい）、それが主要参加者すべての証言を活用したすばらしい文書だということは認めざるを得ない。通読する価値は十分にある――空港で数日ほどカンヅメになっているのであれば。基本的に同じ結論を引き出した、もっと読みやすい記述としては、プリンストン大学経済学者アラン・ブラインダーの『音楽が止まったとき』（未訳）をおすすめしよう。ブラインダーは危機の前にＦＲＢの副議長で、最前列で見物できるくらいには現場に近いところにいながら、一部の当事者（ポールソン、バーナンキ、ガイトナー）とちがって、自分の行動を正当化しないですむ程度の距離は置いていた。危機についての記述はすべて、出来事の連鎖を記録している。不動産価格上昇が無謀な借入につながり、それが最終的に現代版の取り付け騒ぎに相当するものを招いた、というわけだ。

でもこれは、バカな人々による行動ではなかった（大部分は）。2008年危機のユニークな特長は、実に多くのちがった参加者たちが、それぞれ合理的なインセンティブに反応して、金融的に愚かなことをやって儲け、すばやくリスクを別の当事者につけまわしたということだ。まるで住宅ローン版の巨大なエンガチョ遊びさながらだった。

悪者参加者たちみんなを数ページに押し込められるかやってみよう（悪者参加者はとてもたくさんいたから、成功したらご喝采）。底辺から始めようか。あまりに多くの人が、不動産を買うためにあまりに借金をしすぎた。私たちは銀行家やローン仲介業者に責めを負わせたがる（これはまもなくやる）。でも現実には、不動産バブルは人々や企業に対し、大量の借金をして、価値があまり下がらないとまちがって思い込んでいた物件を買うように仕向けた。そうした根本的な判断ミスなしには、危機の他の部分は起こりえなかった。当時の不動産購入は一般に、1929年の株式市場暴落につながった株のマージン取引よりもはるかにレバレッジが高かった。住宅購入の頭金5パーセントということは、残り95パーセントは借入だ（そして宴が本格化した頃には、頭金5パーセントですら古くさいと思われた）。

この無謀な借入を煽った悪漢たちはたくさんいた。それはおおむね、当人たちはその結果のとばっちりを受ける立場ではなかったからだ。住宅ローン仲介業者は、まとめたローンの規模と量に基づいて手数料をもらい、そのローンがきちんと返済されるかは関係なかった。最大の手数料をもらえる取引の一部は、信用に多少傷のある買い手のサブプライム住宅ローンをまとめることだった。もちろん仲介業者の資本はまったくリスクにさらされない。かれらは文字通り、他人のお金（銀行のお金）でローンを組んでもらうことで支払いを得ていた。いちばん悪徳なローン業者が、自分の売りさばく住宅ローンの質などほとんど気にしなかったのも当然だ。住宅ローンがでかければ、手数料もでかくなる。

銀行もまた、驚くほど気にしなかった。そう、確かに貸し出されていたのは銀行の資本だけれど、これはもはやジョージ・ベイリーの建築融資とはちがう。その頃なら銀行は30年のローンを出して、それは完済されるまで帳簿に残る。でもいまは、銀行はすぐに証券化というプロセスを通じてそのローンを売り払ってしまえる。他の金融機関、特に投資銀行は、住宅ローンの束を買ってまとめ、基本的には債券のような属性を持つ証券にして売る。これが通常、担保ローン証券と呼ばれるものだ。あなたのマンションのローンは、他の住宅ローン999件と束ねられ、投資家に売り飛ばされる。その投資家は、そうした住宅ローンが（願わくば）返済されるにつれて、安定した収入ストリームを得たいと思っているのだ。

これは発端でしかない。住宅ローンは束ねられただけではない。その束がこんどは、いろんな形で切り刻まれる。住宅ローン千件の束を、5つのちがった証券に切り分けたりする。一番安全な証券の持ち主は、最初のローン返済金をもらえる。二番目は次の支払いだ。そんな具合にどんに含まれるリスクは、どんどん見えにくくなる。

どん底まで進み、最もリスクの高い証券は、物件所有者のローン返済が滞りはじめたときに、ひどく損害を受ける立場となる。こうしたご大層な証券の一部はさらにあれこれ加工される（そして企業はその加工の手間賃をたっぷりもらう）。結果として、ますます複雑化する住宅ローンの束に含まれるリスクは、どんどん見えにくくなる。

10日分の新聞を束ねて、それをシュレッダーにかけたとしよう。そこでだれかが、先週水曜日のスポーツ欄に書かれていた野球試合の詳細について尋ねたとしよう。そうした細部を復元できる可能性はないに等しい。新聞の場合でもそうだし、各種詰め合わせによる奇妙な住宅ローン証券の場合でも同じだ。『金融危機調査報告書』が述べたように「プロセスが完了する頃には、フロリダ南部のある住宅のローンは、何百人もの投資家が保有する何十もの証券の一部となってしまう――あるいはさらに数百人が行っている賭けの一部と化している」(28)

強欲と無能の行列で次にやってくるのが格付け機関だ。ムーディーズ、スタンダード&プアーズ、フィッチといった会社だ。この危機全体が巨大な自動車事故だとすれば、格付け機関は飲んだくれのドライバーに鍵を渡して、運転席にすわるのを手伝った人物に相当する。その証券に束ねられた資産の質を投資家がきちんと理解している限り、住宅ローンの証券化には本質的にいけないところは何もない。格付け機関は、個別の証券を評価して、その相対的なリスクに基づいた格付けを行うことで、このプロセスの筋を通すはずだった。最高の格付けがＡＡＡで、次がＡＡ、次がＢＢＢ、といった具合だ。安全な証券は高い格付け（ＡＡＡ）になる。高リスクな証券は低い格付け（ＢＢ）だ。でも買い手は気をつけなさい。映画評論家がアダム・サンドラーの新作映画に星半分しかつけなかったら、それを観に行ってどうしようもない映画だったとしても、お金を返せとはなかなか言えない。でも、もし映画評論家たちが、ダメ映画に四つ星をつけはじめたらどうだろう——しかも映画のプロデューサーたちがかれらにお金を払って星を水増しさせていたら？

ここでもインセンティブが壊れている。格付け機関は、驚くなかれ、その証券を発行する機関から支払いを得ている。これはまるで、映画プロデューサーが自分の映画の星取りにお金を出すようなものだ。当然ながら、アダム・サンドラーから小切手を受け取っておいて、その映画がクソだと公言したら、たぶん次はお声がかからないだろう。でも『アダルトボーイズ遊遊白書』に星四つをつけたら、たぶん次回作でもその次でもお声がかかる可能性は高い（ちなみに、この例えにまったく誤解がないようにするために言うが、『アダルトボーイズ遊遊白書』は本当にどうしようもなくひどい映画だった。さらに明記しておくと、アダム・サンドラーはお金を払って映画評を書かせたりはしない）。貪欲さと無能と不正直の組み合わせを通じて、格付け機関は住宅ローン関連証券の驚愕するほど大きな割合に対し、AAAの格付け——負債としてこれ以上はないほど安全という評価——を与えたのだった。でも実は2000年代を通じた不動産価格のトレンドが、歴史的に異常だというはっきりした証拠があったのだ。そして全米の住宅ローン審査プロセスがますますいい加減になり、多くの場合には明らかに詐欺的になってきたのもはっきりしていた。

二つの大きな準政府機関、ファニーメイとフレディマックがこのダンスにやってきたのは、まさにバンドが「ツイスト・アンド・シャウト」を演奏し、宴が最高潮に達したときだった[*7]。ファニーメイは大恐慌のときに設立され、貸し手から住宅ローンを買い上げて、新規融資に使える資本を増やすのが狙いだった。銀行が住宅ローンを売り払えば、その資本を使って新しい住宅ローンが出せる。平常時なら、これはいいことだ。1970年に議会は、基本的に同じ目的でフレディマックを設立した。ファニーメイもフレディマックも、通常の住宅ローンの証券化に重要な役割を果たした(29)。ここでひねりが入ってくる。ファニーメイもフレディマックも、公開企業として政府からスピンオフされたのだった。その独特な歴史——公共目的のためにもともと政府がつくった民間企業——のおかげで、何か問題が起きたら政府が救済してくれるという信念ができてしまったのだった（そして最終的にはそうなった）。

この政府出資企業ことGSEとして知られる両企業は、官民の最悪の部分の組み合わせとなった。民間は利潤を追求し、何かヘマをやったら政府保証が暗黙でついている。2005年にファニーメイとフレディマックは、サブプライムローンの束を買って保有するようになった——不動産市場のまさにピークとほぼ同時期だ。これがひどい結果になったと言うにとどめておこう。2008年9月には、ファニーメイとフレディマックは巨額の損失を出してどちらも倒産しそうになったので、連邦政府がどちらも国有化した。

最後ながら負けず劣らずすごかったのが、AIG（アメリカンインターナショナルグループ）で、かれらは極度に異様な住宅ローン関連証券の保険を引き受けることで、このウンコのケーキの飾

[＊7]　正式名称は、それぞれ連邦住宅抵当公庫（ファニーメイ）と連邦住宅金融抵当公庫（フレディマック）。

り付けをやってくれた。専門的に言うなら、ＡＩＧは「クレジットデフォルトスワップ」を提供した。これはある証券の発行者がデフォルトしたり、支払い遅延したりしたときに補償するという約束だ。でも通常の保険形態とちがい、ＡＩＧは潜在的な損失について引き当て金を留保しなくてもよかった。不動産価格は安定的に上がっていたし、これはすばらしい商売だった――台風シーズンでないときに、フロリダ州で台風保険を出すようなものだ。小切手が安定的に送られてくるなんて、文句の付けようもないではありませんか。でも台風シーズンがやってくると――不動産市場が崩壊すると――ＡＩＧは約束を遵守できなかった。これまたひどい結果に終わった。２００８年９月に、連邦政府はＡＩＧを政府管理下に置き、倒産を避けるために新規資本８５０億ドルを供給した[*8](30)。

この破綻したインセンティブ連鎖を総括しているのは、ある証人、融資係官を教育する企業研修講師が金融危機調査委員会に語ったせりふだ。「リスクがつけ回されているのは知っていました。出しているローンがクズかもしれないのも知っていました。でも最終的には、これは椅子取りゲームみたいなものでした。音楽の音量は下がっても、私たちが痛手を被ることはないと思ったんです」(31)

でも実際には最終的には、私たちみんなが痛手を受けた。

２００７年が終わる頃には、世界中の投資家たちは大量に借金をして、すさまじく複雑な住宅ローン証券を抱え込み、それが安全な投資だと信じこんでいた。１９２０年代の過大評価された株式と同じく、不動産バブルの崩壊は問題の発端でしかなかった。ベン・バーナンキは次のように指摘する。

アメリカ中のサブプライムローンを集めて、それがみんな無価値だと考えても、金融システムの総損失は、株式市場が一日低迷したのと同じくらいだ。大した金額ではない。問題は、それが各種のちがった証券やちがった場所のいたるところに分布していたので、だれもそれが本当にどこにあるか、だれが損失を背負うのか本当にわかってはいなかったということだ(32)。

不動産価格が崩壊しつつある現在、だれがだれにいくら借りがあるんだろうか？　過去五年に金融機関が販売していた（そしてバランスシート上に保有していた）複雑な証券には、ずばり何が含まれているんだろうか？　高度な投資家たちはシュレッダーにかけた新聞の山を見つめつつ、突然その記事を読もうという気になっていた。

これで、危機のときに何が起きたかという短い答えが出てくる。住宅バブルの破裂で、現代版の取り付け騒ぎが起きたのだ。これはベイリー・ブラザース建築貸付組合の前に立って預金を取り戻そうとする顧客たちではなかった。ＦＤＩＣ保険が一般預金者を保護している。金融システムの中をうごめく、こうした複雑な住宅ローン関連証券に内在するレバレッジと透明性欠如は、

[*8]　この資本はＦＲＢからの850億ドル融資だった。この取引の一部として、連邦政府はＡＩＧの所有権79.9パーセントを手に入れた。

むしろ別種のパニックを作り出したのだった。大恐慌後の数十年で、企業が現金を保管したり借入したりする別の方法を提供するため、影の銀行（シャドーバンキング）システムが発達してきた。こうしたイノベーションの一つは、買い戻し条件付取引、別名レポの創出だった。これは超短期の、しばしばオーバーナイトの融資で、信用力の高い企業が、通常は証券を担保として行うものだった。

あらゆる面で、レポ市場は大企業の銀行として機能した。FDICが保証してくれるのは、最高25万ドルまでの預金口座でしかないのをお忘れなく。ゲーリー・ゴートンが指摘したように「1億ドル預金したいなら、FDICが保証してくれる当座預金口座は存在しない」(33)。代わりに企業が必要としたのは、大量の現金を置いておけて、そこそこの収益も得られ、比較的安全で流動性の高い場所だった。レポ市場はまさにそれを提供した。

たとえばヴァンガード社のようなミューチュアルファンド会社は、口座保有者に代わって株式や債券を購入するので、株式市場や債券市場に投資しようとしている現金を、数億ドルほど手元に持っていたりする。そんなお金を戸棚に置いておいたり、通常の銀行に預けたりするかわりに、ヴァンガード社は余った資金を手数料少々と引き換えに、短期資本を必要とする企業にオーバーナイトで貸し出せる。多くの企業、特にウォール街の企業は、レポ市場を使って自社の活動資金を得ている。必要に応じて短期融資を借り換えるのだ。1億ドル借りる必要があるとき、10年融資でその金額を借りてもいいし、毎日それを借り換えて、それを10年続けてもいい。後者のほうが柔軟性は高い（ただしずっと手間がかかりかねない）。でも通常の時期なら両者には大差ない[*9]。

レポ市場で借入する企業は、その融資全額分の担保を提示する。これまで論じてきた住宅ローン関連債券のような資産担保証券は、そうした担保として典型的なものだった。

これで話の先が読めたかもしれない。すでに述べた通り、これが銀行のように融資し、銀行のように借入するなら、それは銀行だ。ただ、銀行のような保険はないかもしれない。2000年代になると、影の銀行（シャドーバンキング）システム全体が、あらゆる銀行システムと同じ根本的な脆弱性を持っていたのに、大恐慌以降導入された銀行保護はまったくなかった。というか、こうした機関の多くはまさに、そうした保護とそれに伴う費用を避けるように明示的に設計されていたのだった（たとえば銀行はFDIC預金保険を受けるためには、預金に対する手数料を支払わねばならない）。

レポ市場は基本的には銀行だ。レポ市場に貸しつける企業は預金者みたいなものだ。望み次第でいつでもお金を取り戻せる。でもその場合、預金を引き出しに銀行に駆けつけるのではなく、オーバーナイト融資の更新を止めるだけだ（あるいはずっと多くの担保を要求する）。そうなると、1億ドルの10年融資を受けるのと、1億ドルを毎日借り換え続けるのが大きくちがってくる。ベアスターンズ社やリーマンブラザース社のような企業は、長期の事業資金を得るために、レポ市場で短期借入をしていた。毎晩住宅ローンを借り換えて住宅資金を捻出するようなものだ。物件価格が下がると、借り換えはぐっとむずかしくなる。

[*9] 理論的には、10年融資の金利は、1年融資を10回繰り返したときの期待平均金利と同じになるはずだ。そしてそれぞれの1年融資金利は、オーバーナイト融資365回の期待平均金利になる。

貸し手が、担保として提示されている住宅ローン関連証券の価値について不安を抱いたら、悪いことが起こり始める。一部の貸し手はレポ融資の更新を拒否した。担保をもっと要求した人もいた（たとえば1億ドルの融資に対して1.2億ドルの証券を提示しろと要求する）。ベアスターンズ社などは、資本がどんどん不足してきた。資金調達のためには、資産（たとえば住宅ローン証券）を売却せざるを得なかったので、そうした資産の価格は下がり、おかげでシステム全体の財務的な苦境はさらに悪化した。

住宅ローン負債、特にサブプライム債が束ねられ、切り刻まれた方法のおかげで、それぞれの企業がこの財務的苦境にどれくらいエクスポージャーがあるのかを見極めるのは不可能だった。ゲーリー・ゴートンは、不良住宅ローン債が危機の中で果たした役割を、大腸菌に汚染された挽肉の発見に例えている。金融危機調査委員会での証言で、かれはこう説明している。「ほんのわずかな大腸菌のありかが確実にわからないだけで、何万トンもの挽肉がリコールされかねない。どの挽肉に大腸菌が入っているか政府にわからなければ、パニックが生じる。人々は挽肉を食べなくなります。みんなが1ヶ月、1年にわたりハンバーガーを食べなければ、マクドナルドやバーガーキングや、ウェンディーズなんかにとっては大問題です。かれらは倒産する。金融危機で起きたのはそういうことです」(34)

だれも汚染された挽肉なんか持ちたくないし、汚染された挽肉の持ち主に融資したくないし、汚染された挽肉に対してエクスポージャーがある企業と取引もしたがらない。元FRBの総裁だったケヴィン・ウォーシュは「2008年のパニック」という表現こそが起きたことを最も適切に表しているとと述べた。はいはい、不動産バブルがきっかけではあった。はいはい、無責任は融資とひどいローンの証券化が問題を増幅して拡大させた。でも結局のところ、これは昔ながらの金融パニックだった。顧客は銀行の前に行列はしなかった。むしろ企業や機関投資家が、ベアスターンズ社やリーマンブラザース社、シティバンクなど、ニュースで見かけた各種金融機関にお金を返せと要求していた。ある商人が金融危機調査委員会に語った通り「レポ市場ですが、いやそれまでずっとうまく機能してたのに、ある日いきなり止まっちゃったんですよ」(35)

金融危機調査委員会は、事態の責任を実に広く負わせた。いい加減な住宅ローン融資。多すぎたご大層なデリバティブ。無責任な格付け機関。企業ガバナンスとリスク管理のすさまじい失敗。倫理の崩壊。広範な規制の失敗。「過剰な借入と高リスク投資」の有害な組み合わせ。

でも報告書全体で最も強力な主張は、委員会が真っ先に発見したことだった。「我々は、この金融危機が回避できたと結論する[*10]」(36)

大恐慌と同じく、悪性のフィードバックループが経済的被害を悪化させた。問題を抱えた銀行は融資を減らし、このため民間部門は信用不足に陥った。苦しむ企業は労働者をレイオフして資

[*10] FCICの結論では、ファニーメイとフレディマックはこの危機に貢献はしたけれど、その主要な原因ではなかった。また委員会は、低所得地域での銀行融資を促進するために1977年に成立したコミュニティ再投資法が「サブプライム融資や危機における大きな要因ではなかった」と結論している。私がこれを指摘するのは、金融危機についてのお手軽ながらまったく不正確な説明として、ダメな政府の政策が民間部門を脱線させたと主張する人がいるからだ。政府は確かに規制の面で大コケしてくれたけれど、金融危機が過剰な政府介入の結果だとか、低所得者向け住宅の目標が暴走したせいだとか言うのはまるで不正確な解釈だ。本章がたっぷり実証するように、民間部門も幾度となくひどいヘマをやらかしてくれた。

本投資を延期した。失業労働者は住宅ローン返済ができず、これが住宅ローン関連証券の引き起こした問題をさらに悪化させた。銀行は差し押さえた住宅を売却したので、不動産価格はさらに下がり、他の世帯が借り換えしたり、住宅を売っても手持ちエクイティを無事に残したりするのを難しくした。健全な世帯や企業すら現金を貯め込み購入を控え、自動車産業や観光旅行業を低迷させた。レイオフされる労働者はさらに増える。それがどんどん続く。こういう話、覚えてますよね？

3 — で、FRBは何を？

いろいろな対応プログラムは実にややこしいものだけれど、FRBが2008年パニックへの対応としてやろうとしていたことは、かなりストレートなことだった。ただし、ちょっと目新しいひねりがあり、空前の規模ではあった。FRBはその根本的な責任を果たそうとしていた（そして1930年代のまちがいを繰り返すまいとしていた）。

1. 最後に頼れる貸し手として行動することで金融システムを守る。
2. 金融政策を使って腰砕けの経済を刺激し、デフレを阻止する。
3. 規制構造を直して将来の危機を防ぐ[*11]。

流動性を供給しよう。危機の間、中央銀行の一番大事な役割は、最後に頼れる貸し手として行動することだ。ウォルター・バジョットが最初に処方した通り、パニックのおかげで融資が受けられない健全な企業に対しては、中央銀行はよい担保を取って、大いに（そしてとても高利で）融資すべきだ。FRBは様々な形でまさにこれをやった。2007年12月に、FOMCは割引率（銀行への融資金利）を4・75パーセントから0・5パーセントに引き下げ、しかも融資満期を大幅に延長した。ターゲット・フェデラルファンド金利（銀行がお互いに融資しあう金利）はゼロちかくに引き下げられた。FRBは、自国銀行を支えるのにドルが要りそうな、世界中の他の中央銀行にも融資してまわった。

危機が広がるにつれて、FRBは伝統的な市中銀行以外の金融機関にも流動性を供給する手立てを見つけねばならなかった。そっちが危機の震源地だったからだ。連邦準備法13条3項は、「非常で緊急の事態においては」担保さえ出せばほぼあらゆる存在に対して融資する権限をFRBに与えている。2009年――明らかに非常で緊急の事態があった――なら、あなたのおばあちゃんが、エルビス・プレスリーのコレクター用お皿のセットをもってFRBに出かけたとしても、現金を多少は貸してくれたかもしれない。いまの例は、誇張ではあってもさほどひどい誇張

[*11] 蛇足ながら言っておくと、FRBによる各種の発明物――TALFだのQEだの（そして財務省のTARPだの）を命名したのがだれだか知らないけれど、そいつはニューヨーク連邦準備銀行の地下金庫に、黄金と一緒にぶち込まれるべきだ。よい報せを述べておくと、そこに入れられた人は本当に地下金庫で生き延びられるはずだ。金庫は毎晩鍵をかけられるけれど、でも一つ風変わりな伝統があって、だれかがうっかり一晩中そこに閉じ込められたときに備えて、施錠時点でサンドイッチが金庫内部におかれるのだ。

ではない。多くのノンバンク機関が持っている資産は、コレクター用お皿セットよりさほど流動性が高いものではなかった。ＦＲＢの副議長ドナルド・コーンは、この戦略の重要部分を「債務超過していない機関に対して流動性のない担保をもとに融資する」と表現している。これにより、こうした機関は必要な流動性を手に入れ（おばあちゃんは現金が得られる）、資産をたたき売りせずにすむ（たたき売りは危機を悪化させる）。ＦＲＢは、短資市場のミューチュアルファンドや、証券会社など「主要ノンバンク市場参加者」に融資するプログラムを作った。財務省と協力して、ＦＲＢは学生ローンに基づく証券や自動車ローン、クレジットカードのローン、中小企業局保証の有利などに基づく証券を担保に融資する仕組みも作った。その他いろいろ。

こうした各種プログラムの狙いは、危機の間に流動性を失った資産についての市場を創り出すことで、必要とする企業に流動性を提供することだ。ＦＲＢがおばあちゃんのプレスリーコレクター皿セットを担保に融資するようになれば、そうしたお皿は価値を回復する。ベン・バーナンキが書いたように、「この危機でちがっていたのは、制度的な構造だ。苦境にあったのは銀行や預金者ではない。仲介業者やディーラー、レポ市場、マネーマーケットファンド、コマーシャルペーパーだった。でもパニックを抑えるために短期の流動性を提供するという基本的な発想は、バジョットが１８７３年に『ロンバード街』を書いたときに考えていたものときわめて似ていた」(37)。２０１０年のＦＲＢ議会報告によれば、危機の間にＦＲＢが行ったおよそ2万1千件ほどの融資のうち、デフォルトしたものは一つもなかった。それどころか納税者たちはむしろ利息を稼いだのだった(38)。

ＦＲＢの対応についての、この『素晴らしき哉、人生！』でのジョージ・ベイリーじみたまとめには、一つ不愉快なシワがある。現状の資本主義を救う中で、ＦＲＢ（と議会）は、危機を煽るようなとんでもない振る舞いをしでかした企業や個人も救わざるを得なかった。こうした連中は、単に寝たばこしていたどころではない。これまでの数ページではっきりしたはずだけれど、こいつらはボイラー室で葉巻を吸いつつ、ふたを開けたガソリンの缶の上に座っていたに等しい。私たちはこのバカモノどもも助けてやった。ＦＲＢの消火部隊はそこにかけこんで、燃えさかる炎からこいつらを引き出してやったのだった。もちろんこれほど悪質でない被害者みんなも助けたのだけれど。

政策立案者たちは、いまや「大きすぎて潰せない」問題と呼ばれるものに真正面からぶつかったのだった。「清算だ、清算だ、清算だ」とわめきたてるのはたいへん結構。バカなことをやった人々が、その結果に苦しむのを眺めるのは大いに溜飲が下がる。でも、腐敗を排出するその家庭で、その他大勢の人々も道連れになってしまうのだ。危機対応策の中で、実業界からＦＲＢや財務省の理事会まで、あらゆる人々の神経を逆なでする部分というのは、危機について最大の責任を負うべき連中が、救済策のおかげですさまじく恩恵を受けたということだ。一部は、ＦＲＢが供給した流動性に救われた。一部は債務超過だったり、そうなりかけていたりして、新規の資本注入が必要だったけれど、それが不良資産救済プログラム（ＴＡＲＰ）という形で議会からやってきた。いずれの場合にも、こうしたアクターたちは世界金融システム全体を不安定化するふるまいをして、事態が落ち着いていたときには大儲けをし、事態が崩壊したら政府救済策によりもっと大儲けした。

バーナンキたちは、こうした企業が大きすぎて潰せないと判断した。もっと具体的には、一握りの巨大問題企業を破産させつつ、システムのその他部分が崩壊しないですむような、秩序だったプロセスが存在しなかったのだ（たとえばファニーメイ、フレディマック、ＡＩＧなど）。この意味で、消防署の例えはまだ成立する。ご近所全体を救うためには、火事の原因となった連中も救うしかなかったのだ。あるいはちょっとちがう言い方をすると、ボイラー室の葉巻部屋が爆発しようものなら、その爆発で私たち全員が吹っ飛んでしまうのだ。バーナンキはこう説明する。「２００８年９月に私たちが抱えていた問題は、ベアスターンズやＡＩＧなどの企業を倒産させつつ、それがシステムの他の部分にすさまじい被害を引き起こさないようなツール――法的ツールも政策ツールも――もまったく持っていなかったということだった」。ＦＲＢは、二つの悪のうちマシなほうを選んだわけだ(39)。

不用意な連中の救済で困るのは、それ自体が不公正だというだけにとどまらない。救済すると、次のときにも救済の可能性が高まるという問題がある。これまたモラルハザード問題だ。政府救済の見込みがあると、救済を必要とするリスクを奨励することになってしまう。コイン投げで表が出たらオレの勝ち、裏が出たら尻ぬぐいは政府、というわけだ。バーナンキはたとえばＡＩＧ救済について実に強い論調で「これは二度と起こってはならない」と述べた(40)。その点について、反対論はほとんどなかった。

金融刺激策。危機を切り抜けるもう一つの仕組みは金融政策を使い、経済活動を奨励して景気下降を（1930年代のように）増幅しかねない、負のフィードバックループを追い払うことだ。買い入れを奨励し、支出を増やすための伝統的ツールは、フェデラルファンド金利を引き下げることだ。マネーサプライを増やすことで、FRBは短期金利を引き下げて、事業投資と消費者支出を刺激できる。金融危機のときには、問題があった。短期金利がほぼゼロだったので、FRBはゼロ下限で動いていた。FRBは、短期名目金利をゼロ以下にする実務的な手法を持っていなかった。

解決策は、金融政策を使って長期金利を下げることだった。多くの点で、長期金利のほうが支出や投資に与える影響は強力だ。住宅ローン金利や長期の企業借入コストなんかに影響するからだ。でも長期金利を引き下げるプロセスは、いささかややこしい。長期金利は短期金利が長期的にどうなりそうかという期待を反映する。もし短期金利がいまとても低くても、投資家たちが5年後にはそれがずっと高くなるのではと恐れていたら、長期金利は高くなる。簡単な数値例を考えるといい。仮に金利が今年は2パーセントだとしよう。でも投資家たちは、来年にはFRBがそれを4パーセントに引き上げると期待している。二年ものの債券はおそらく3パーセントの利率になるはずだ――現在の一年金利と来年の一年金利の期待との平均を反映したものだ。

通常、FRBは来年の金利を直接左右はできないし、まして29年後の金利は絶対に変えられない。その頃のFRB議長がだれだかわかりっこない――幅広のネクタイが再流行している可能性さえある。この課題（幅広ネクタイではなく、長期金利の引き下げ）に対応すべく、FRBは二つのことをやった。まず、金利の将来計画についての「フォワードガイダンス」を発表した。FOMCは、様々な時点で、ある一定期間（たとえば2010年の第一四半期の間）とか、経済が何らかのベンチマーク（たとえば失業率が6パーセントを切るとか）を達成するとかまでは金利は低いままにしておくと宣言してきた。これは債券購入者に対し「おい、短期金利はいまは低いし、それが来年も低いと約束してあげるから、いま二年物の国債を買うなら、その金利が低くても文句言うなよ」と言っていることになる。

もう一つのアプローチはもっと直接的だった。FRBはそのお金をつくりだす権限を使い、長期国債を購入した。これが量的緩和（QE）のやろうとしたことだ（そしてその二段目のQE2とその次のQE3も）。いずれの場合にも、FRBは大量の長期国債を買った。その結果として需要は増え、それだけ金利は下がった（需要と供給の話だ）。長期債の需要が増えれば、発行者——この場合は財務省と連邦機関——は低金利で国債を販売できる）。ここでも、あれこれ喧伝はされたものの、これは実は古い話の焼き直しでしかない。金融政策は常に政府債の売買がからんでくる。これは公開市場操作の基本的なツールだからだ。そしてFRBが金利を引き下げようとするときには、常に新しいお金を作り出して、そうした証券を買う。確かに、今回の規模は空前だったし、介入の性質も目新しかったけれど、やってきたことは魔術でも何でもない。ベン・バーナンキが説明したように、「これは実は名前を変えた金融政策にすぎない。短期金利に注目するかわりに、我々は長期金利に注目はしていた。でも経済を刺激するために金利を引き下げるという基本的な論理は同じだ」(41)

どうやらこれは、意図した通りの効果を挙げたようだ。2014年に英『エコノミスト』誌はこう報じている。「研究者の間では、QEが確かに借入コストを引き下げ、したがってその支持者たちが意図した通り、経済産出とインフレの双方を増やしたというコンセンサスがある」(42)

2023年の危機を防ぐ。金融危機の後で、ジョージ・ワシントン大学の学生向け講義でベン・バーナンキはこう述べている。「FRBは監督と規制の面でまちがいを犯した」。これはまちがいなく、この十年で屈指の過少表現の一つだろう。『金融危機調査報告書』の批判はもっと広範で、危機前にきちんとした住宅ローン融資基準を設定する権限を与えられていた政府機関はFRBだけだったのに、それをやらなかったと指摘している(43)。もちろん職務不履行はFRBだけではなかった。金融危機調査委員会の結論では「金融規制と監督の広範な破綻は、我が国の金融市場安定性にとってはひどい結果をもたらした」(44)。イタタタタ。

それ以来ずっと、政治家たちは納屋の扉を釘付けにして開かないようにしようとあれこれ手を尽くしてきた。私はすでに、500ページにのぼる『金融危機調査報告書』を読んだ。だから2300ページものドッド・フランク法を読むだけの気力がないけれど、この法律こそが危機に対するワシントンの対応だった。公平を期すために言えば、金融パニックは驚くほどの頻度で起こるから、納屋の扉を釘付けにして開かなくするというのは、出発点として決して悪くはない。ドッド・フランク法は2008年におかしくなった多くのものを防ぐ条項を含んでいる。収奪的な金融商品から人々を守るための消費者保護局。金融機関強化のために資本要件の引き上げ。金融デリバティブにもっと透明性を義務づけてリスクを見極めやすくする、といった具合。最も重要かもしれないのが、ドッド・フランク法は金融安定性監督評議会を創設したということだ。これは主要な連邦金融規制機関の長を集めたもので、金融システム全体を見渡して、その安定性への脅威を見極めるのが仕事だ。銀行に保険をかけて見張る独立政府機関、連邦預金保険公社（FDIC）は、大規模金融機関の「秩序だった清算権限」を与えられた。これでFDICは大規模金融機関――これまでは大きすぎて潰せないとされてきたものも含む――を接収して、秩序だった効率的なやり方で清算する力が持てた。これは通常の債務超過銀行に対して歴史的にやってきたのと同じことだ。

おおざっぱに言えば、ドッド・フランク法は2008年におかしくなったことに対する論理的な対応になっている。そうは言ったものの、規制は予想外の帰結を作り出すので悪名高い。金融機関は、言われたことを迂回する手口を見つけるのが巧みだ。議会が次の危機を予防できたのか――それともひょっとして、その可能性を高めてしまったのか――はだれにもわからない。

4　批判者たち

2009年5月4日、『ニューヨークタイムズ』紙は有力な経済学者二人による二つの論説を掲載した。一つはコラムニストでプリンストン大教授のポール・クルーグマンによるもので、もう一つはカーネギー・メロン大の経済学者アラン・メルツァーによるものだ。どちらも実に頭のいい人物だし、金融政策については深く理解している。それなのに、二人の処方箋は真逆になっていた。クルーグマンは、賃金下落が家計債務を悪化させかねず、回復を抑え、デフレと経済停滞をもたらしかねないと警告していた。だからもっと経済刺激をやれと言う。その論説は恐ろしげな結論で終わっていた。「アメリカが日本になってしまうというリスク——何年にもわたるデフレと停滞に直面するというリスク——は、どう見ても高まっているようだ」(45)。この論説を読んだ人は、FRBのベン・バーナンキ直通番号に電話して、スーパー量的緩和(SQE)を要求したくもなる。

でもまさに同じ論説ページで、メルツァーは状況についてちがった見方をしていた。かれはFRBがその職務をはるかに超えたことをやったと糾弾し、それがまちがいなくインフレをもたらすと述べた。かれはこう書く。「独立した中央銀行は、このFRBがやったようなことはしない」。それどころか、かれはもしきちんと計測すれば、インフレがすでに起こっていると論じた。この論説は恐ろしげな結論で終わっていた。「次の数年間で[FRBは]インフレ上昇を無視できなくなる」(46)。この時点で、たぶん読者はバーナンキの直通番号に電話をかけなおすだろう。「あ、もしもし、さっきスーパー量的緩和を頼むメッセージを留守電に入れといたんだけど、いまからキャンセルってできるかな?」

2012年に『アトランティック』誌に載った、ベン・バーナンキについての論説にはこうあった。「左派はかれが大嫌いだ。右派はそれ以上にかれを嫌っている」(47)。どうしてこんな遺恨が?これはすべて、一つの単純な問題に帰着するけれど、それが重要な帰結をもたらす。多すぎるのか、少なすぎるのか、ちょうどいいのか、というものだ。ＦＲＢは危機に対する即時対応の点では一般に高い評価を得ているし、特に流動性の面ではだれもがＦＲＢをほめる。でも時間がたつと――現在のジャネット・イェレン議長の時点まで――金融政策面での疑問は「金融刺激はどれだけやるとやり過ぎになるのか」というものになってきた。

政治左派からの批判者たちは、アメリカ人たちの仕事を取り戻すために、もっと積極的な金融緩和をきわめて声高に呼びかけた。でもこの見解は左派だけのものではなかった。英『エコノミスト』誌（通常は経済問題については右がかっている）は２０１４年末に、「量的緩和を終えるのは、角を矯めて牛を殺すことになるかもしれない」と警告している。この一派は一貫して、世界経済の回復がまだ弱いし脆弱だと主張してきた。失業は必要以上に高く、賃金はおおむね横ばいだ。ＦＲＢなど世界の中央銀行は、回復が強力になるまでアクセルを踏み続けろというわけだ。イングランド銀行金融政策委員会のアメリカ人委員アダム・ポーゼンは２０１１年にこう書いている。「現代経済史上一貫して、あらゆる大規模な金融危機は、１９２０年代西欧のものも、１９３０年代アメリカも、１９９０年代の日本も、持続的回復のために必要な刺激策の早すぎる解除――時にはその逆転――が続いた。悲しいかな、世界はこのまちがいを繰り返しているように見える」(48)

その一方で、多くの保守派経済学者や投資家たちは２０１０年にベン・バーナンキに公開書簡を送りつけ、このように糾弾した。「我々は連邦準備制度の大規模資産購入計画（通称「量的緩和」）は再考し、廃止すべきだと信じている。我々は現状に照らし、このような計画が必要であるとも、望ましいとも思っていない。計画されている資産購入は通貨の毀損リスクを持ち、私たちはそれ

が雇用促進というＦＲＢの目標を達成できるとは思わない」(49)

5 で、いまはどうなの？

今のところ、インフレの恐れは無根拠だった。それでも勝利宣言にはまだ早い。結果はすべて、ある一つのもの次第となる。準備高だ。アメリカの銀行は、ＦＲＢの口座に預けてある、２・７兆ドルもの準備高の上にすわっている(50)。言い換えると、ＦＲＢが経済に注ぎこんできたお金の相当部分は、銀行の金庫に等しいものに入ったまま、何もせずに死蔵されているのだ。量的緩和の批判者たち、特に後年の量的緩和を批判する人々は、銀行がいきなりこうした準備高を融資にまわしはじめたら、マネーサプライは爆発し、物価が跳ね上がると恐れている。ＦＲＢの高官たちは、準備高を管理し、ＦＲＢのバランスシートを「解きほぐす」（つまり危機の間にＦＲＢが貯め込んだ証券を売りさばく）方法はいろいろあると固執する。この危機と戦うことで、ＦＲＢが次の危機の下地を創ってしまったかどうかは、時間が経たないとわからない。今のところ、まちがいなく言えるのは、ベン・バーナンキは大恐慌のまちがいは犯さなかったということだ。

あまりに遅すぎる回復で、ポール・クルーグマンが警告したように、アメリカは日本になってしまうんだろうか？　私にはわからない。でもこれはすばらしい疑問を提起するものではある。そもそも過去20年で、日本では一体全体何が起きていたんだろうか？

第10章

日本

そう、だれも日本になりたくはない。日本は30年にわたり世界最速で成長する経済だったのが、過去18年にわたり這いずるような速度にまで減速してしまった、堕ちた天使だ。だれも日本が繰り返し体験したような、デフレ（物価下落）のトラウマを抱えて暮らしたくはない。

ケネス・ロゴフ　ハーバード大学経済学者で、国際通貨基金（ＩＭＦ）元主任経済学者、２０１０年(1)

１９９０年代の日本は、政策のつまずきが現代的な経済をデフレにたたき込む方法についての教科書を書いてくれた。いまや日本はそこに、どうやってデフレから回復するかという章を加筆しつつある。

ジェイコブ・シュレジンガー　『ウォールストリート・ジャーナル』、２０１４年(2)

病院帰りの友人に出くわしたとしよう。なんでも、もっと太れと医者に何度も言われたのに、それが実現できずにいるのだとか。診察ごとに、二人で目標を設定するのだという――あと3キロ太れ、とか。そして診察ごとに、目標達成ができないどころか、かえって1キロほど体重が減っていることも多い。どうしても、医師の奨める体重増加を実現できないらしい。その友人は、体重増加なんてそもそも可能なんだろうかと思ってしまうこともある。というのも体重増加を阻害しそうな各種の習慣を身につけてしまったからだ（死ぬほど長距離を走ったり、やたらに健全なブランマフィンを食べたり、タイツをはいたり）。こちらとしては、太るなんて驚くほど簡単だと説明する――それに楽しいぞ、と。実は、こちらは大人になってからの大半の期間にわたり、太るのが大得意だったのだ。ピザは効くぜ。アイスクリームも最高。それとポップコーン――バターはケチるなよ。ライトビールなんかに手を出すな。揚げ物上等。寝る前に必ずおやつを。一般に、おいしいものはとにかく食え！

友人は、今度こそ太ると約束したのに、またもや目標を達成できない。とうとうあきれ果てたあなたは（自分は6キロも太ったばかりなので）こう叫ぶ。「太るなんてそんなむずかしいことじゃないって！　あたりを見ろよ、他の連中はだいたい、正反対の問題で悩んでるじゃないか。これまで書かれたダイエット本はすべて、体重を減らす方法についてだ。おいしい食べ物はどれもカロリーたっぷりだ。太るなんて何も苦労しないはずだろう！」。そう叫ぶあなたの腹はぶよぶよと弾んでいる。この状況でストレスがたまったあなたは、チョコドーナツを食べたくなってしまう。

この演説をベン・バーナンキがやったのは２００２年だった。はいはい、この通りのことを言ったわけじゃない。でも体重を減らすというのがデフレの比喩だと認識できれば、かれがこの演説をしたというのも理解できるはずだ。不換通貨の歴史――政府が好きなだけお金を造れる時代――にあって、悩みはいつもインフレだった。無責任な政府は、お金をたくさん作って支払いができる。結果として生じるインフレは、既存の政府債務の価値を減らす。その過程でもちろん、物価上昇のためにそのお金を使っている市民たちは損をする。余計なお金を刷れるというのは、金融政策のチョコバーに等しい――なかなかやめられないのだ。

この無責任な誘惑――チョコパフェの上にカラメルソースたっぷり――の見本がジンバブエなら、日本は奇妙な例外だ。20年以上にわたり、日本はデフレとそれに伴う経済的な費用と格闘してきた。物価が下落していると、名目金利が安く見えても、実質金利はかなり高くなったりする。消費者たちは購入を先送りして価格が下がるのを待つ（おかげで小売業者は値下げを余儀なくされる）。負債の実質価値は上がってしまう。不動産などの資産価格は下がり、家計は富を失って、そうした資産を担保として持つ銀行も被害を受ける。国際通貨基金が２００３年に結論づけたように「日本で今なお続いている体験は、ごく軽いデフレですらどれほど費用がかかるものかについて、他の場所の政策担当者に対して警告するものであり、それを治療するという課題に直面するよりは、それがそもそも生じないようにするべきだという教訓となっている。日本にとっての教訓は明らかだ。デフレはどれほど軽いものであっても、経済に大きな費用をかけ続けている。したがってインフレ期待を復活させる政策がきわめて必要とされている」(3)

何年にもわたり、経済学者たちはインフレを起こせと日本の尻を叩き続けて来た。あるいは少なくとも、物価下落は止めろと。太るのと同じで、そんなのは実に簡単きわまるはずだ。他の状況でなら無責任となることをやればいいだけ。もっとお金を刷って、それが消費者たちの手にわたる方法を見つけろ。ビュッフェで三回目のおかわりをするのを金融政策でやればいい。おばあさんを押しのけて、最後のエッグ・ベネディクトを奪取するときにはもうしわけなさそうに「すみません、オランデーズソースが必要だと医者に言われてまして」と言えばいい。

ベン・バーナンキが2002年に全米経済学者クラブ(そう、そんなものが実在するのだ)の前でこの演説をしたときの大きな主題は、なぜ日本式のデフレがアメリカでは決して起こりえないか、というものだった。話しぶりはいかにも中央銀行家だった。「不換通貨(つまり紙幣)システムのもとでは、政府は(実際には中央銀行が他の機関と協力して)常に名目支出とインフレ増加を引き起こせるはずです。これは短期金利がゼロでも成り立ちます」。表現こそ堅苦しいけれど、バーナンキの演説はFRBの高官による演説として最も重要なものの一つかもしれない。かれは、FRBが常にドル供給を増やす(またはそうすると脅す)ことで物価下落に対処できると指摘した。たとえば政府が減税して、FRBはその分と同量の国債を買えば、減税を「新しいお金」でファイナンスできる。バーナンキは聴衆にこう告げた。「お金で調達した減税は、基本的にはミルトン・フリードマンの有名な、お金を『ヘリコプターからばらまく』のと同じです」(4)。この瞬間にバーナンキは、ヘリコプター・ベンというあだ名を獲得したのだった。

バーナンキはさらに、中央銀行は短期金利がゼロになっても——さっき述べたゼロ下限——「武器弾薬が尽きたりは」しないと説明した。かれは経済刺激のための、各種の非伝統的なツールを説明した。長期国債を買う。決まった期間にわたり短期金利を抑えると確約する。担保能力があると見なした各種の民間資産（住宅ローンなど）を担保に銀行に融資する、といった具合。かれはこう主張した。「本日の私の主要なメッセージは、通常の政策金利がゼロにまで引き下げられた中央銀行でも、矢玉が尽きたわけではないのは確実だということです」。かれが述べたツールは数年後にFRBが金融危機と対処するときに使う手引き書となった。みんなこの演説に含まれている。

バーナンキは一つ重要な質問には答えを出さなかった。日本では何が起きているんだろう？　これは現代マクロ経済学上の大きな謎の一つとなっている。1989年に巨大な不動産と株価のバブル破裂から始まった日本の経済停滞は、20年以上もダラダラと続いている（もともと「失われた十年」と呼ばれていたものは、いまや失われた数十年になりつつある）。2011年に『ウォールストリート・ジャーナル』は次のようにコメントしている。「日本は長年にわたり経済学者たちにとっての謎だった。それはまるで、微熱が続く患者で、それが悪化するわけでもなく、改善するわけでもなく、治りもしないようなものだ」(5)

経済疾病の原因は複雑だし、日本は相変わらず世界で最も豊かな国の一つではある。でも日本の辛苦をめぐるほとんどどんな分析を見ても、デフレが経済的な病気を悪化させていると結論づけている。物価上昇で日本経済を苦しめるものすべてが治るわけではないけれど、デフレを終わらせると役にはたつし、それもかなり有益かもしれない。不換紙幣の時代にインフレを起こすのがそんなに簡単なら、なぜ日本の中央銀行はもっと物価高を演出できない（あるいはしない）のだろうか？　ミルクシェイクにパイを追加して注文すればすむ話なのに。

それとも、これまでの経済学がまちがえていたのかもしれない。日本銀行（日本の中央銀行）の元総裁は、日本の独特な人口構成の下でインフレを創り出そうとするのは「空気を殴る」ようなものだと頑固に主張した(6)（その批判者たちは、期待が重要なのだと反論した。日銀の親分が、物価は上がらないと信じているなら、他のみんなも上がらないと思うだろう）。日本は豊かな国だけれど、人口は減少して高齢化しつつある。公的債務もきわめて高いし、組織化された政治的集団の利害が必ずしも経済全体の健康とは一致していない（デフレは貯蓄のある人や、固定収入を持つ高齢者にはありがたい）。先進国の多くはいずれ日本と似てくる（低成長、年寄りたくさん）ので、失われた数十年を慎重に検討して、金融政策と銀行システムがその喪失にどんな役割を果たしたのかを考える必要がある。

1　まずは危機

本格的な金融危機がお望みなら、まずはバブルから始めるといい。株価バブルとか。土地バブルとか。あるいは日本の場合には、その両方とか。

世のバブルの基準から見ても、日本のやつはとんでもなかった。１９８６年から、不動産や土地価格は過去のトレンドから見て急上昇しはじめた。商業不動産価格は、1986年からその5年後のピークにかけて75パーセント以上も上がった。株価上昇はもっとすごかった。日経225（日本最大の公開企業の株価に基づいた指数）は1986年にだいたい1万3千円ほどだったのが、1989年には3万9千円になった(7)。あらゆるバブルと同じく、このときもこうした目のくらむような価格上昇について、多幸感（そしてその場しのぎの説明）があった。1980年代日本でのベストセラーの一つは『ジャパン・アズ・ナンバーワン：アメリカにとっての教訓』だった(8)。私が大学を卒業したのはまさにこの頃で、当時の雰囲気だと日本はまさにアメリカをすべて買い取って、世界経済を征服する寸前とされていた。三菱地所が1989年にロックフェラーセンターの筆頭株主になったとき、『ニューヨーク・タイムズ』はこの取引について「日本人がアメリカの風景の重要な一部を買い取り続けている最新の事例の一つでしかない」と大興奮して表現している（その1ヶ月前に、ソニーがコロンビアピクチャーズ社を買っていたのだ）(9)。東京の皇居の土地はカリフォルニア州全体より価値が高いと聞かされたのを思い出す。このトリビアの出所は見当もつかないけれど、みんながこれをしらふで言えたということだけでも、当時の雰囲気はおわかりいただけるだろう。

ご想像通り、銀行はこのバブルに融資した。第4章で論じたように、銀行は景気循環に乗っかる。つまり、景気がいいと融資を増やし、悪くなると融資を減らす——これにより経済的な変動を増幅してしまう。もっと口の悪い言い方をすると、価格が上がると銀行家たちはバカみたいに見境なくなるということだ。日本政府も日本銀行も、酒池肉林の大宴会が進行中なのはわかっていた。日銀は1989年に金利を上げて、株価上昇と発生しかけたインフレを抑えようとした。その翌年、政府は地価上昇を抑えるために規制を変えた(10)。

パチン。

日経平均は1989年12月29日に、3万8957円というピークを迎えた。これは日本株を買うのに実に不都合な時期だったと言っておこうか。その後20年にわたり、株価は着実に下がり続け、2009年には7千円ギリギリのところで底入れした——1989年のピークから82パーセントの低下だ。地価が頂点に達したのはちょっと遅れて1991年のことで、その後はカリフォルニア大学バークレー校の経済学者モーリス・オブストフェルドの表現だと「無慈悲に下がり続けた」(11)。

本書のいたるところで説明した理由から、不動産価格と株価の急落は日本の銀行をはじめとする金融機関に、すさまじい資本損失を生じさせた。家計もまた、巨額の富を消失させた。ちなみに、三菱地所は1995年に、ロックフェラーセンターの筆頭株主だったパートナーシップが破産申請したときに、投資物件から手を引いた。『ニューヨーク・タイムズ』は（こんどは以前ほどの興奮は見せずに）こう報じている。「三菱地所が突然ロックフェラーセンターから撤退を決めたのは、ニューヨークからホノルルに至るまで日本企業が1980年代に不動産大盤振る舞いで購入した、目立つ不動産物件からの一連の撤退の中で、最も衝撃的なものだ」(12)

バブルが破裂すると、悪いことがいろいろ起こる。経済成長は、1991年に3.3パーセントだったのが、1992年には1パーセントを割って、1993年には0.2パーセント、1994年にはマイナス2・4パーセントになった[13]。銀行は、大量の不動産投資と株式市場へのエクスポージャーのおかげで困り切ったことになった。多数の企業は苦闘するか破産した（そして銀行はさらに弱体化した）。日本経済はまた、第6章で述べたプラザ合意にも苦しめられた。1985年に、アメリカ、西ドイツ、日本、イギリス、フランスの財務相たちがニューヨークのプラザホテルに集まって、米ドルの価値を下げる協調行動を行ったのをご記憶だろうか。「上がるものはいずれ下がる」という格言に外貨版ひねりを加えたものとして、ドルが下がれば円が上がるしかない。1985年から1988年にかけて、円はドルに対し75パーセント近く増価した。

強い円のおかげで、1980年代にロックフェラーセンターのようなアメリカの物件は、日本の買い手にとっては相対的に安く見えるようになった。その裏返しは当然ながら、日本製品がその他世界にとって高く見えるようになったということだ。日本の経済的な台頭は、競争力の強い輸出部門のおかげだった。1980年代にアメリカが経済的な被害妄想に陥ったのは、日本ブランドがますます支配力を強めてきたせいだった。ホンダ、トヨタ、ソニー、パナソニック、キヤノン、任天堂、三菱。円の急激な増価は日本の輸出業者にとってはつらいものだった。それでも、街頭で暴動が起きたりはしなかった。日本は、かなり標準的な不景気と銀行危機に苦しんでいるだけだった。それどころか、預金保険のおかげで一般市民は銀行破綻から隔離されており、おかげでチャールズ・キンドルバーガー（狂乱やパニックの師匠格）をして「パニックなき破綻」と言わしめたものが生まれていた[*1][14]。この種の話に対応するための、標準的なマクロ経済的ツールがある。

1. 金利カットで支出と投資を刺激。

2. 金融システムのお掃除。こぼしたミルクと同じで、悪い投資はすでにやってしまったことだ。破綻した銀行は何とか資本注入しなくてはならない。信用は現代経済では不可欠だし、信用の主要な通り道は(特に日本では)銀行なんだから、さっさと直せ。

3. 必要なら、公共支出をして、そして/あるいは減税して財政刺激をしなさい。我が家の10代の娘なら「不景気なんでしょ。ちゃんとやることやってよ」と言うところだ。

でもここで、日本の経済的な困難が独特になってくる。政策担当者たちはほぼまちがいなく、やるべきことをやりたがらなかった。代わりに生まれたのが「ゾンビ企業」だった。

2 ゾンビ:ホラー映画にはよいが、経済には不都合

ときどき、子供のだれかが何かを床にこぼしてしまう。するとその子は、割れたコップと、こぼれた牛乳や水をじっと眺め続ける。涙くらいは流すかもしれない。やがて私が(正直言えば、必要以上の苛立ちをこめて)こう言う。「いつまでも突っ立ってるんじゃない。さっさと片づけなさ

[*1] とはいえ、金庫の売上げは伸びていた。これで貯蓄者は家に現金を貯め込んでおける。物価が下落しているときには、現金を貯め込んでいても何の損もない。物価上昇時なら、金庫につめこんだお金はだんだん購買力を失うけれど、物価下落時には時間とともに逆に価値が高まる。"To Lose One Decade May Be Misfortune..." *Economist*, December 30, 2009.

い」。日本の政策担当者は、長いことその惨状を眺め続けた。何年も何年も。確かに、すさまじい惨状ではあった。シカゴ大学ブースビジネススクールの経済学社アニル・カシャップは２００６年に、金融システムの清算には日本のＧＤＰの２割ほどかかると試算した(15)。だれも救済なんかしたくないけれど、日本の根本的な問題はお馴染みのものだ。ブーム、破綻、不良債権、銀行破綻。ここで日本は、伝統的な台本から大きく逸脱した。清算するかわりに、対応はおおむね、問題がないふりをするということに終始したのだった。

規制当局は、債務超過の借り手に融資を継続するよう銀行に圧力をかけた。このプロセスは通称「追い銭」と言って、いずれ避けられない企業の破産を先送りにした。ある研究の試算によれば、２０００年代初頭には製造業、建設、不動産、小売り、卸、サービス部門の日本企業のうち、３割という衝撃的な割合が銀行からの「生命維持」に頼っていた。これらは通称ゾンビ企業と呼ばれた――経済的な意味では死んでいるのに、動きだけは生きているような形を採っている。

ゾンビ企業は多くの短期的な経済ニーズを満たすものではあった。政府は倒産と失業を避けるために、破綻寸前の企業を支えたくてたまらなかった。銀行は、追い銭がデフォルトを防いで自分たちのバランスシートの問題がいかに深刻かを隠してくれたので、役所の言うことをきいた。預金者は損失から隔離されていたので、自分の銀行がどれほどひどい融資をしていようと、資金を引き出そうと殺到することもない。みんな、万事快調のふりをした。まるで何やらうわべだけ取りつくろった感謝祭のディナーのようなものだ。いとこのジョーニーちゃんのお腹がふくれているる理由については、絶対に尋ねないこと。当然ながら、いとこのジョーニーちゃんが妊娠していないふりをしたところで、問題が消えるわけじゃない。クリスマスの頃には、そのお腹はさらにでかくなっていることだろう。

公平を期すために言っておけば、世界的な基準から見て事態がそんなに悪いわけじゃなかった――皮肉なことに、これもまた問題の一部だったかもしれないけれど。東京は豊かで栄えていた。失業率はそこそこ低かった（上昇しつつあったけれど）。本章冒頭で引用した、IMF元主任エコノミストのケネス・ロゴフは、日本の何十年にもわたる問題を「スローモーションの危機」と呼んでいる(16)。短期の救済は、長期的な改革を阻害した。ゾンビ企業を生かしておくために、死んでいるべき企業に資本が振り向けられ、革新的で高効率の企業がそうした産業に参入しにくくなった。儲かっていない企業相手に競争してお金を儲けるのはむずかしい。ゾンビたちは追い銭融資（これは基本的に政府の補助金だ）を使い、不自然な高賃金を支払い、非現実的な価格を製品につけた。アニル・カシャップはこう結論づけている。「経済危機についてきわめて近視眼的な見方をすることで、政治家や規制当局は全員をまちがった場所から抜けられなくしてしまった」(17)

3 日銀が（いやいやながら）助けに

日本銀行は、伝統的な金融的救済策を処方していた――ある程度は。日銀は、オーバーナイト金利を1991年の8パーセントから、1999年にはほぼゼロにまで着実に引き下げた。ゼロ金利政策は、独自の略称すら獲得した：ZIRPという。本書でこれまで述べた理由から、名目金利は通常はゼロ以下にはならない。日銀はゼロ下限に達したけれど、それでもＧＤＰは２００１年と２００２年には基本的に横ばいだった。もっと恐ろしいことに、物価が年率１パーセント近く下がり続けていた[18]。

ちなみに言っておくと、デフレは必ずしもそんなにひどいものとは限らない。生産性上昇が物価下落につながり、みんながよい目にあう場合も存在する。豊作だった農業国を考えよう。トウモロコシや小麦やブタの供給が異常に上がって、物価は下落する。みんながもっと食べ物を得られるから社会全体が喜ぶ。販売量が増えて価格の低下が相殺されれば、農民たちですら得をするかもしれない。日本が経験していたのは「よい」デフレではなかった。物価が下落していたのはむしろ、需要が減りつつあったせいだ（農場の例えを使うなら、トウモロコシや小麦やブタの価格が下落していたのは、消費者がそうしたものすべてをあまり買わなくなったせいだ。農民たちは販売量も減り、おかげで価格も下がっていたわけだ）。日本で起きていたのは、ベン・バーナンキが述べたように「支出の減少があまりに激しすぎて、生産者は買い手を見つけるために継続的に価格をカットするしかなかった」という事態なのだった[19]。

日本の失業率は２００３年には５・５パーセントに達した――この世の終わりではないとはいえ、１９９３年の倍以上の水準だ[20]。問題は、人々が道端で餓えていたということではなく、世界で最も堅牢な経済の一つが潜在能力のはるか下でエンストを続けているということだった。ウィリアムス・カレッジ経済学教授ケネス・カットナーと、アダム・ポーゼンがはるか以前の２００１年に指摘したように「ＯＥＣＤ（経済協力開発機構）の他のどの国も、これほど容赦ない潜在力以下の成長に長々と苦しんだことはない。それどころか、この半分ほども急激で長引くものを経験したことさえない」[21]。ちょっとした中断が何度かあったとはいえ、日本の消費者物価指数は15年にわたり下がり続けた。消費者物価は、1999年から2012年にかけて年平均0・3パーセントずつ下がり続けた。

高金利といった通常のデフレ関連問題にとどまらず、デフレは労働市場も台無しにしてしまう。特に賃金があまり柔軟でない場合にはなおさらだ。物価が下がると、給料の額面は同じでも、実質賃金は上がっていることになる（給料が同じでも変えるモノは増える）。賃金が凍結されても、実質で見ればみんなの賃金が上がる。結果として、時給2千円の労働者は、デフレが続けば着実に企業にとっては高価になる。名目賃金を下げるのはむずかしいので（これは労働組合、契約、心理要因など本書の前半で議論した要因のせいだ）、企業はしばしばレイオフで対応する。企業はまた、新規の労働者を雇うのに慎重になる。新規労働者は自動的に（実質で見て）だんだん高価になるからだ。衝撃的な分析として、2001年にノーベル経済学賞を受賞したジョージ・アカロフと、その共著者二人の計算では、アメリカで1パーセントのデフレが起こったら、長期均衡失業率は5・8パーセントから10パーセントに上がる[22]。

日本の停滞を見ていたほとんどの経済学者は、インフレを処方した。物価上昇で経済が治るわけじゃない。でも役にたつのはまちがいない——ちょうど本章の冒頭の、体重を増やすべき患者と同じだ。2003年のIMF報告の結論にはこうある。「長引く予想外のデフレは金融政策の有効性を妨害し、金融市場の活動を妨げ、企業の収益性を圧迫し、民間と公共の債務負担を増やした」[23]。さらに、物価上昇は理論的には太るのと同じで、簡単に実現できるはずだ。ジンバブエの連中を思い出そう。かれらはビール価格を1時間で500億ドル引き上げられた。だったら日本だって、年に物価を2、3パーセント上げるくらいできるはずじゃないか。ジンバブエは2008年に自国通貨を廃止した。同国の中央銀行にはいまだに職員が2千人いて、そのほとんどは何もしていない。思うに、ジンバブエ中央銀行の元総裁ギデオン・ゴノも就活中だろう。そいつを雇おう[24]！　インフレを本気で創り出す気だというのを宣伝したいなら、100兆ドル札を導入した連中を雇うのが何よりだ。

お笑いはさておき、経済学者たちは失われた数十年の間ずっと、もっとできることがあるし、それをやれと言い続けてきた。カットナーとポーゼンは、政策的な「フリーランチ」に等しいものを提案している――そんなものはあり得ないはずなのだ。日銀は政府と協調して、大量のお金を刷って使えばいい[*2]。結果がどうあれ、それは日本にとってよい結果となり、しかも納税者にはまったく負担がない。その支出でインフレが起きなければ、国は新しい橋や道路や社会便益を得る――しかも増税もなく、政府負債も増やさずに。あるいは政府と中央銀行の強調でインフレが起きたら、デフレが直る。

これで本章冒頭の例えまで一直線だ。あの太らなくてはいけないヤツの話を思いだそう。そいつはすぐに、ダブルチーズバーガーをフライドポテトとマックシェイクつきで注文すべきだ。それで太ればお医者さんのすすめ通り。太らなければ、本当にうまーい食べ物をたくさん食べられる。だったら何でやらないの？　日本政府と中央銀行はどうして二十年近くも物価下落を我慢してきたんだろうか。その対症療法、いやうまくいけば治療法にもなりそうなものが、どうやらお金を刷るという単純なことだったというのに？　この話は何を見落としているんだろうか？　銀行が破綻して、経済が複数の面で苦しんでいるとき、物価を押し上げるのは本当にそんなに簡単なのか？　そしてもしそうなら、なぜ政府と中央銀行はそれをやろうとしなかったのか？　それとも、これに関連した経済学は、思ったより複雑なのかもしれない。

4 ― インフレにできないって、マジですか？

なぜ日銀がもっとやらなかったのかについては、わかりやすい答えもみんなの合意する答えもない。皮肉なことに、当時の日銀総裁白川方明はシカゴ大に学び、ミルトン・フリードマンの講義を取っていた。白川は、日銀在任時代には、十分なお金を経済に注ぎこめばいずれ物価は上がるというフリードマンの主張が「事実によって反証された」と主張した。白川や日銀の他の高官たちは、人口減少や生産性上昇の鈍化、中国などのアジア新興国からの競争激化といったデフレ経済圧力に直面して、金融政策が有効かどうか疑問視していた。２０１１年の『ウォールストリー

[＊2]　実務的な観点から言えば、これは政府債務の「マネタイズ」で実現できる。政府は新規支出のために国債を発行する。でもそれを普通に売ると政府の負債が増えてしまうので、その債券は日銀に売却され、政府はかわりに新しいお金をもらう。要するに政府は、新しいお金を使って各種の支出をまかなう。通常、これはひどく無責任なやり方だ。日本は、もうちょっと無責任なほうがいい、というのが経済学者たちの主張だった。

ト・ジャーナル』のインタビューで、白川は日銀のバブル以降の対応を擁護し、一つたりとも間違いを認めようとはしなかった(25)。

公平のため言っておけば、インフレファイターの鑑たるポール・ヴォルカーすら、日本の中央銀行が物価上昇を作り出せるか懐疑的だった。2011年に私はヴォルカーに、1980年代初期にかれがアメリカでやったこと——4パーセントのインフレに信用できる形でコミットする——の逆をやったらどうなるだろうか、と尋ねた。「できないだろう」とヴォルカーは答えた。物価を押し下げる各種の圧力はとにかく強すぎるというのだ(26)。経済要因もさることながら、日銀は「信用できる形でコミット」の部分で失敗した。物価の下落を止めるためには、世間が物価下落が止まると納得しなければならない(たとえばジンバブエでは、人々は物価が上がるものと確信しきっていた)。日銀高官たちは、しばしばデフレはそんなに悪くないかも、というシグナルを出し続けた。ケネス・カットナーは2000年に、当時日銀総裁だった速水優が行った演説についてこう述べている。「かれは日本のデフレが有益か、少なくとも無害であると断言し、対策のための政策手段について強硬に反対した」(27)。

皮肉なことに、積極的な金融政策が効き過ぎるかもしれないと恐れる人々もいた。私は2000年代初期に日本を訪ねて、衆議院議員の一人に、なぜ日本はお金をもっと積極的に刷らないのか尋ねた。するとその人物は、第二次世界大戦後のハイパーインフレが、無責任な金融政策に対する永続的な恐怖心を日本人に植え付けたのだ、と説明した(次章で見るように、ドイツでも同じことが起きた)。一方、一部の日本の政策担当者、特に経済的保守派は、経済を金融刺激策でもり立てたら、さらなる経済構造改革の必要性が隠れてしまうと心配していた。２００８年世界金融危機後に、ＦＲＢが長期にわたって低金利を維持したときにも、アメリカで同じ議論が出てきた。日本が手をこまねいていた理由についてのまとまった説明とはつまり、日本経済は心臓発作を起こしたわけじゃなかったということかもしれない。心臓発作なら、患者が息を吹き返すまであらゆる手が講じられただろう。でも日本の症状は動脈硬化みたいなもので、患者は鈍くなり弱々しくはなっても、相変わらずいつもの行動は続けられたわけだ。

そうはいっても、日本の政治家たちは結局はしびれを切らした。２０１０年に、与党だった民主党の国会議員たちの一部が脱デフレ議連を結成した。一年もしないうちに、この議連は衆議院の四分の一以上が参加するものとなった。この議連のリーダーの一人は、日銀の白川総裁の金融面での努力に対して落第点をつけた[28]。２０１２年には有権者たちもうんざりした。同年12月、安倍晋三が国会の圧倒的多数の議席をとって首相に選ばれ、経済的な倦怠感を終わらせるという明示的な目標を掲げた。安倍は「経済の三本の矢」を掲げた。もっと財政刺激策を出して経済を一気に始動させる。大量の金融拡大でデフレを終わらせる。構造改革で日本の長期効率性を改善、というものだった[29]。

これぞ人呼んで、アベノミクスだ。

5 デフレファイター

ある昔からの日本ウォッチャーが「自業自得の麻痺状態からルーズベルト的決意」への転換と表現したものを実現すべく、安倍首相は即座にその矢を放ち始めた(30)。財政政策の矢は、需要刺激をもたらすよう設計された大規模支出パッケージの連続だった。構造改革の矢は、「事業規制を削減し、労働市場を自由化し、法人減税を行い、労働力の多様化を行う」ことで経済の制限速度を引き上げるためのものだった(31)。本書で私たちが注目するのはもちろん金融政策の矢で、安倍首相はここで「レジーム転換」を約束した。

新任の日銀総裁黒田東彦は、その目標の一つが「市場や経済参加者たちの期待を劇的に変える」ことだと宣言した。2013年には、日本銀行は史上初めて明示的な2パーセントのインフレ目標を発表し、それを二年で実現するために、あらゆる手を尽くすつもりだと述べた。これは口先だけでなく、マネーサプライを増やすための、各種のツールを使ったすさまじい行動も伴っていた。ある『ウォールストリート・ジャーナル』誌の記事の見出しはこうある。「停滞する日本が緩いお金の新時代でサイコロ博打」(32)。予想通り、「批判論者の大コーラス」もあった。ある政府高官は同紙にこう述べた。「もちろんそんなこと不可能ですよ。黒田さんだって、それが不可能なのを知っていると思う」(33)。

介入の規模は世界的にも前例がないほどのものだった。日銀保有資産の価値は、2014年にはGDPの57パーセントに達した——金融危機以後にアメリカFRBが保有した資産規模の倍以上だ(34)。安倍首相が提案した改革が政治的な障害にぶち当たると、かれは2014年に総選挙を行って、有権者たちからもっとアベノミクスをやれという使命を獲得した。かれの政権はいま、金融政策で可能なことの限界を試しつつある。

いまのところ、安倍首相の矢はふらふらしてはいても、おおむね目標に向かいつつあるようだ。日本専門家のアダム・ポーゼンは2014年末にこう書いている。「基本的に、日本の回復は快調とは言えなくても正しい方向に向かっている」(35)。インフレの萌芽はいくつか見られた。日本の消費者物価指数は、生鮮食品と新たに引き上げられた消費税の影響を除くと、2014年半ばまでに1・5パーセントほど上がった(36)。でもインフレ率は2015年初頭には、世界的な原油価格の下落もあって、ゼロに戻ってしまった(37)。

外交問題評議会は、2015年のまとめで次の評価を下している。「今のところ、これら『三本の矢』の成功ははっきりしない。巨額の政府刺激策にもかかわらず、日本は2014年第2四半期には不景気に逆戻りした。インフレ率は当初は少し上昇したものの、いまや世界的な原油価格の下落のおかげで低下しつつあり、同国は2015年に再びデフレに直面しかねない。ふくれあがる政府債務についての懸念は残っているし、2014年12月に安倍の連合政権が初期の選挙で強い支持を得たとはいえ、多くは安倍が困難な構造改革——その一部は特定産業にはきわめて不人気だ——を行うだけの政治的意志を奮い起こせるか疑問視している」(38)

6 日本の経験から学べること

アベノミクスの評価は時代が下すことになる。結果はどうあれ、日本の事例は独特だし示唆的だ。ジンバブエのような国からの教訓は、かなり単純なものだ。独裁者に狂ったようにお金を刷らせてはいけないということだ。日本からの教訓はもっと細やかで、複雑で、おそらくはもっと重要なものだ。日本は高齢化しつつある経済で、いささか硬直した政治構造を持つ。世界の他の富裕国もこの方向に向かっている。失われた数十年とアベノミクスから、今のところ引き出せるのは以下のような教訓だ。

見た目ほど悪くはない――でももっとひどい。日本の失われた数十年なんて、そんなにひどくないよと一蹴したい誘惑はある。日本の人口減少は確かに同国の経済指標をゆがめる。日本の一人当たりGDPは、2001年から2010年にかけて（確かにこれは異常な時期ではあるけれど）、アメリカやユーロ圏よりも高い成長を示した。それでも、使うべき適当なベンチマークは、日本経済がその潜在力と比べて過去20年でどんな成績を示したかということだ。ケネス・ロゴフが書いたように「だれも世界の勝者から、経済停滞の見本に変身したくはない」。日本はそれをやった。日本の経済実績とその潜在力とのギャップ――通称産出ギャップ――は規模も期間も驚異的なものだった。経済実績が潜在力を下回ったら、成長の不在で最も苦しむのは、最も弱い立場の市民たちだ。日本の経済停滞の期間に、ホームレスの数も自殺件数も上昇した。経済停滞で特に痛手を受けたのは、まともな職を求める若者たちだった[39]。日本の停滞を一層やりきれないものにしているのは、政策担当者の行動がちがっていれば、それがおそらくは起こらずにすんだはずだという説得力ある主張だ。英『エコノミスト』誌が述べたように「もし日本が過去10年か20年にわたり、金利ゼロ下限につかまっていなければおおむねまともな経済として機能できたはずだと考えるなら、それがデフレの罠にはまった経験は同国経済に何兆ドルにも相当する産出を失わせ、個々の日本人労働者たちの無数の仕事や賃上げも犠牲になったということだ」[40]

金融危機はよくない。ポール・ヴォルカーが（記憶が正しければクスクス笑いながら）私に指摘してくれたように、「最初の教訓は、そもそもでかいバブルが二つも生じないようにしろってことだ」[41]。不動産と株式市場の暴落が創り上げた経済的な大惨事は、政策担当者がどう対応しようとも、片付けるのがむずかしいものだ。だったら最初から、そんなバブルとその崩壊を防いだほうがいい。ベン・バーナンキも、なぜ、どのようにアメリカは日本型危機を避けられるかを2002年に説明したとき、同じ基本的な論点を述べている。「FRBは、その規制力と監督力を使い、金融条件が急変したときにも金融システムが抵抗力を維持できるようにすべきだし、実際にそうしている」[42]。でもちょっと待った。バーナンキがこの演説をしているまさにそのとき、アメリカの不動産バブルはちょうど勢いづき始めていた。興味深い問題――日本と米国の双方の経験から見て――は、中央銀行がバブルを見極められるのかというのと、もしそれができるなら、それにどう対処すべきかということだ。これは中央銀行の活動で大きな課題の一つだし、第14章でもまた登場する。いずれにしても、バブルが破裂したら、その尻ぬぐいは必要だし、特に銀行と関連機関はなんとかする必要がある。ある日本の専門家が指摘するように、「まともに動かない金融セクターをひきずってまわるほどひどいことはない」(43)。これはアメリカの政策担当者たちが2008年の金融危機で決して忘れなかったメッセージだった。

デフレはあまりにひどいので、中央銀行は多少インフレになってもいいからデフレ阻止をがんばろう。完全な物価安定――インフレゼロ――の問題は二つある。まず、ごくわずかな変動があるだけでデフレになってしまい、そこから波及的に他の問題が出てきかねない。第二に、中央銀行が実質金利を操作する余地を減らしてしまう。インフレが2パーセントで名目金利が1パーセントなら、実質金利はマイナス1パーセントだ――これはかなりの金融刺激となる。中央銀行は、インフレがゼロやマイナスなら、マイナスの実質金利は生み出せない。こうした理由から、FRBなどの中央銀行は最近はある程度のバッファを持ち、インフレゼロを目指すよりは、インフレ目標を1～3パーセントにしている。

デフレ期待はインフレ期待と同じくらい強力だ。基本的な発想は同じだ。物価は、人々が期待する方向に変わりがちとなる。日本では、若者たちのまるまる一世代は、物価が上昇し続けるのを見たことがない。東京でビッグマックの値段は、2014年も1998年も同じだった。神戸の技術系企業の従業員は、『ニューヨーク・タイムズ』にこう語っている。「私はインフレを経験したことがない。だからあまり実感がないんです」[44]。日本最大の小売業者が、従業員5万4千人の賃金を上げると2013年に発表したとき、この報せはあまりにオドロキだったので、日本の公共放送では晩のニュース番組でこれが筆頭にきた[45]。価格を引き上げた企業は、謝罪メッセージを発表している。木戸泉酒造は顧客にこんなメッセージを出した。「誠に心苦しいことながら、まもなく価格改定発表をさせていただきます」[46]。英『エコノミスト』誌がまとめたように「持続的にプラスのインフレを再確立するのは、信頼ゲームとなる。家計が［物価上昇を］信じていれば、支出するし、企業は人をやとい、物価は上がる。家計が政府のインフレ引き上げへのコミットメントを疑問視すれば、このゲームは負けとなる」[47]

金融政策は供給サイドの改革に代わるものではないけれど、それを補う重要なものにはなれる。金融政策は、経済をその制限速度で走り続けられるようにする。女性の労働力参入奨励や、生産的なインフラ建設といった経済改革は、制限速度そのものを引き上げる。失われた数十年の間、日本はどちらの面でも苦しんでいた。アベノミクスはいまや、両方の面に矢を放った。ケネス・ロゴフが書いているように「農業、小売、政府の非効率はもはや伝説的だ。世界を撃破した日本の輸出企業ですら、高齢者ネットワークに内包された利害に直面したがらないおかげで、不採算生産ライン――およびそれを作る労働者たち――の廃止は困難になっている」[48]。はいはい、こうしたものは改める必要がある。でも構造改革は、経済が縮小停滞しているときよりは、成長しているときのほうが絶対に政治的にやりやすい。インフレがちょっとでもあれば、このプロセスを潤滑するためのグリースが得られる――たとえば実質賃金カットもやりやすくなる。

お金は経済をもっとなめらかに動かすはずのものだ。プロスポーツの試合の役職者と同じで、背景にいてあまり目立たない存在のはずだ。役職者ばかりにみんなが注目しているようなら、どこかおかしい。お金もそうだ。通貨が新聞の見出しに出るようになるとき、そのニュースはあまりよい報せではないのが通例だ。

身をもってそれを語ってくれるのが、ギリシャ人やドイツ人たちだ。

第11章

ユーロ

私たちは、金本位制とユーロはヘンリー・ワーズワース・ロングフェローが描いたある若き女性の属性を共有していると主張する。その描写は次の通り：

女の子がおりまして、おでこの真ん中には
小さな巻き毛がありました。
そしていい子のときには、とてもとてもよい子でしたが
悪い子になったときには、もう最悪。

カリフォルニア大学バークレー校のバリー・アイケングリーンと、ＭＩＴのピーター・テミン(1)

適切な通貨圏とは何だろうか？　一見するとこれは、純粋に学術的な問題でしかないように思えるかもしれない。というのも国の通貨が、何か別の仕組みを支持するために廃止されるなどということは、政治的な実現可能性の範囲内にはほとんど登場するとは思えないからだ。

ロバート・マンデル　1961年（ユーロ創設30年前）(2)

2002年1月1日、フランスのフランは消滅した。ドイツマルクも。イタリアのリラも。真夜中が訪れた瞬間、欧州連合（EU）の12ヶ国が共通通貨ユーロを採用した（公式の立ち上げは3年前だった。1999年からユーロ建ての銀行預金や電子送金が始まっていた）。ATMはぱりぱりの新しいユーロ札をはき出すようになった。ユーロ圏全体で、価格は新しい国際通貨で表示されるようになった。欧州中央銀行ことECBが創設され、参加国すべての金融政策実施を引き受けることになった。ECBの任務には物価安定の維持が厳格に義務づけられていた（物価安定は「中期にわたり2パーセント以下だがそれに近い」インフレ率と定義されていた）(3)。ドイツのブンデスバンクなど各国の中央銀行は、規制面での活動は続け、ECBへの支援も提供した。

ユーロの始動は規模の面でも野心の面でも空前のものだった。ユーロは3億人以上の地元通貨に置き替わった(4)。あるニュースはユーロ始動をライト兄弟になぞらえた。ライト兄弟は、空気より重いものでも飛べることを証明したからだ。ユーロは通貨連合が政治統合なしに実現可能だということを証明してみせた(5)。2015年になると、欧州連合の19ヶ国が通称ユーロ圏に加わっていた。EU外の一部の小国もユーロを採用した。他の多くの国も、自国通貨をユーロにペッグさせた。

1 幸せな発端

ヨーロッパの大部分で使う共通通貨の始動は、結婚まがいの興奮をもって大いに喧伝された。なんといっても、この国々はそんじょそこらの国ではない。20世紀は、比喩的にも文字通りの意味でも、これらの国々にとっては血みどろの大惨事だったと言える（それ以前の数世紀だって、平和と協力が特長とはとても言えない）。ドイツ、フランス、イタリア、ベルギー。第一次世界大戦で塹壕の中からにらみ合い、その後はヒトラーが世界を脅かす中でにらみあった国々が、いまや大胆な経済的もくろみで手を取り合っていたのだ。この結婚は、ヨーロッパを積極的にジャン・モネのビジョンの方向に動かすよう意図された、和解行為だったのだ。ジャン・モネは、第二次大戦後の騒乱期に、統一ヨーロッパを夢想したフランスの外交官だ。

ユーロは、欧州統合という長い道のりの中の重要な一歩だった。第二次大戦後十年もたたずに、フランスと西ドイツなど一部の欧州諸国は、欧州石炭鉄鋼共同体を作り、参加国の間で天然資源を共有しあうことにした。その明示的な目標の一つは、将来的な武力紛争を最低限に抑えることだった。それに続いて他の超国家的な組織も生まれ、それぞれがヨーロッパ全体の経済と政治的な協力を拡大した。欧州経済共同体（1958）は加盟国の間で自由貿易圏、この地域に輸入される財の関税を統一した。欧州為替相場メカニズム（1979）は、加盟国の間で為替レート変動を最小限に抑えるため、狭いバンドの中でペッグされた為替レートの束を作り出した。1992年にはマーストリヒト条約が欧州連合（EU）を作りだした。これは28ヶ国で構成される、共通の法制度（労働、食の安全などについて）を持ち、人や財やサービスや資本の自由な移動を認める集団だ。さらには欧州議会など、各種の超国家的な政治機関も創り上げた。

言い換えると、これらの国々は長いことデートを重ねてきた。共通通貨はこの関係を固めるものとなる。ポール・クルーグマンが書いているように「ユーロ創設はこのプロセスの次なる論理的一歩だと宣言された。ここでも、欧州統合を強化する行動を通じ、経済成長が促進されることとなるわけだ」(6)。統一通貨はヨーロッパの貿易を促進して、値づけの透明性をもたらす（比較する商品が同じ通貨で値づけされていたら、国境を越えた価格差を見つけるのはずっと楽だ）。一部の参加者から見れば、ユーロは当然のように、もっと密接な政治的協力にもつながる。特にそれは、もっと巨大で（東西統一後の）強力なドイツを、しっかりと強いヨーロッパの中に根付かせる。そのドイツに対しては、新生の欧州中央銀行は、ドイツの中央銀行であるブンデスバンクを特徴づけたのと同じだけの熱意を持って、インフレ——いやそのごくわずかな兆しですら——と闘うという約束がなされた。

あらゆる結婚と同じく、特に両家が昔から争い合ってきた場合にはそうだけれど、いくつか批判的な意見もあった。ミルトン・フリードマンは、ユーロ創設は政治的緊張を緩和するどころか、それを引き起こすと論じた。フリードマンから見て、統合を提案している各国は、ユーロを共有するほどの共通点はなかった。かれはユーロ始動2年前にこう書いている。「現時点で、欧州連合の一部集団——ドイツ、ベネルクス諸国、オーストリアだろう——は、EU全体よりは統一通貨に有利な条件を満たしかけている」。統一通貨は「為替レート変化により簡単に対応できたはずの各種ショックを、対立的な政治問題に変えてしまうことで、政治的緊張を悪化させる」(7)

まさにその通りとなった。もうかなりの期間にわたり、ギリシャとドイツはお互いを罵倒し合っている。ユーロの制約下で苦闘している南欧諸国——ポルトガル、イタリア、ギリシャ、スペイン——はPIGS［訳注：ブタの意味］との烙印を押された。これはどう見ても望ましいことではない[*1]（これはブラジル、ロシア、インド、中国、南アフリカを投資家たちがまとめてBRICSと呼んだのにちなんだ侮辱的な呼び名だ）。ユーロが崩壊するリスクもあり、これは世界経済に多大なコストをもたらしかねない。結果がどうあれ、ハネムーンは明らかに終わった。とっくの昔に。ギリシャとドイツの反目があまりに高まったので、ギリシャの政治家たちは第二次大戦中のナチスによる占領について賠償金を要求したほどだ(8)。ギリシャがユーロを離脱する可能性は独自の呼び名を獲得した。「グレグジット（Grexit）」だ。関係が悪化したときにだれもが思う

［*1］やはりヨーロッパの周縁部にあるアイルランドも、後に救済を必要としたので、それを含めてPIIGSと呼ばれることもある。

のと同じで、いまや人々は「あのときあの人たちの忠告を聞いておけばよかった」と思っている。が、先を急ぎすぎた。ユーロの始動は、興奮と経済的な約束の時期だった。婚前の取り決めは何もなかった。欧州連合やユーロを作り出す条約はどれ一つとして、統一通貨を解体するときの条件なんかまったく触れていなかった。これは意図的なものだった。取り組みの当初からユーロ解体について交渉するのは、その成功へのコミットメント欠如を示唆するものとなっただろう（これは一部の人々が婚前契約を嫌うのと同じ理由だ）。確かに、当初の数年は、これは幸せな連合だった。参加国が増えるにつれて家族も大きくなった。ギリシャ、キプロス、エストニア、ラトヴィア、スロヴェニアなどだ。ユーロは当初は価値が下落したけれど、その後は着実に増価し、世界の準備通貨としてドルを置き換える、あるいは少なくとも補う候補となった。

2 ちょっと待った——だったら世界統一通貨はいかが？

ここにはもっと基本的な問題が潜んでいる。娘の友だち／ボーイフレンド[*2]が、実に無邪気に最近尋ねたものだ。世界はみんなが同じ通貨を使った方がいいんじゃないの？　多くの有力な思想家、たとえば哲学者兼政治経済学者ジョン・スチュワート・ミルとウォルター・バジョット（中央銀行についてのバジョットの著作にはすでに言及した）も、同じ問題をちがった形で尋ねている。どうしてみんなドルとか、ユーロとか、「ワアルド」とか使わないの？　いいから好きなの選べばいいじゃん。複数のグローバル通貨があるなんて、バベルの塔からの転落にも等しいものに思える。通貨が言語のようなものなら、少ない方が協力と統合を促進するように思える。ドルはアメリカではうまく機能しているようだし、バーモントとテキサスほども離れて多様な地域で使われている。ユーロがフランスとイタリアでうまく機能しない理由もないはずでは？　カリフォルニアとイリノイよりも地理的には近い、フランスとイタリアとの間で貿易をするときに、いちいちフランとリラを交換しなくてはならないことで、いったいどんなメリットがあるというのか？　これらはしょせん、紙切れでしかないのをお忘れなく。貿易のポイントは「実体経済」を促進すること、つまりフランスのワインとイタリアの靴とを交換して、みんなに得をしてもらうことだ。一種類の紙の通貨を使うだけで、どうしてヨーロッパが経済崩壊寸前になってしまうんだろうか？

ヒントを一つ。共通通貨は金本位制のようなものだ。各国の通貨価値を固定し、国際取引を簡単で予想しやすくする。本書の他の部分を読んだ人は、金本位制にはいくつか面倒が伴うこともわかるだろう。つまり各国が金融政策を使って、自国経済を管理する能力を制限してしまうことだ。ドイツとギリシャとの関係がこじれた核心にあるのがこの問題だ。これはまた、同じ通貨を使うのと、独自の通貨を持つこととの根本的なトレードオフとなる。経済学者ロバート・マンデルは、なぜ世界がたった一つの通貨を持つべきではないかという分析により1999年にノーベル賞

[*2]　二人は一時、まちがいなくつきあっていて、いっしょに踊りにいったりしていた。でもその後、どうもわかれたらしいけれど、相変わらずいっしょにハイキングにでかけるし、毎日のように登校時にうちの前に車を止めている。いったい二人がどうなってるのか、ホントにまったく見当がつかない。いずれにしても、この子はとても感じのいい知的なヤツで、金融政策についていい質問をするのだ。

を受賞した。マンデルが鋭かったのは、通貨を共有する便益と問題点は、最適通貨圏の概念から出てくる、というのに気がついたことだった。ある地域は、小さすぎても、大きすぎても独自の通貨を持てず、ちょうどいい必要がある（たぶん『3びきのくま』を書いたロバート・サウジーもこの知的洞察にある程度の貢献をしていると思うけれど、でも1843年に死んでいるからノーベル賞の共同受賞は無理だった）。

ある地域で通貨を共有する利点は、取引費用が下がるということだ——隣の州や国や地域と取引するときにお金を替える必要がない。反実仮想をしてみよう。アメリカが州ごとに50種類のちがう通貨を持っていたらどうだろう。州境を越える取引はすべて外為取引が必要になる。さらに為替レートがどう変わるかについて、不確実性が加わる。カリフォルニア州のワイン生産者は、その支出をカリフォルニアドル建てで支払っているだろう。でもその売り上げは、他の州の49通貨建てになっていて、それぞれがカリフォルニアドルに対して変動している。単一通貨、少なくともなるべく少ない通貨のほうが、世界的な取引をずっと簡単で、透明性が高く、予想しやすいものにしてくれる。

共通通貨をみんなで持つのは実に楽しいことかもしれないけれど、それに冷や水を浴びせる懸念が二つある。まず、共通通貨を持つ国々は、共通の金融政策も持たざるを得ない。欧州中央銀行はユーロ圏全体の金利を決める。ちょうどFRBの金利決定が五十州すべてに適用されるのと同じだ。フランスがフランをあきらめたら、フランス中央銀行がドイツとちがう金利を定める能力もあきらめたことになる。ユーロ圏のある国が不景気で、別の国が好景気だったら、ECBは金融政策をどうすべきだろうか？　ロバート・マンデルは1961年に的確に尋ねている。「変動為替レート方式がもともと提案されたのは、金本位制にかわるものとしてだった。この仕組みについて多くの経済学者は、1929年以後の不景気の世界的拡大を引き起こしたと非難している。でも金本位制批判論が正しいなら、多地域国での共通通貨システムにだって、同様の議論が当てはまらないはずがあるだろうか？」(9)

第二に、通貨を共有すると、その他世界との貿易パターンを左右するために為替レートを使えなくなってしまう。通貨が弱まるというのは、その他世界の消費者たちに大バーゲンをしてあげるようなものだというのを思い出そう。通貨が相対的に強くなった国に輸出された財は安くなる。もちろん第6章で述べたように、通貨切り下げには経済的に不利な点もある。輸入品がもっと高くなり、弱くなった通貨の国民は、外国で売ったものの対価として得られるものが減る——実質所得が減るわけだ。それでも、弱い通貨は経済を刺激したり貿易不均衡を修正したりする最高の方法である場合が多い。

特に、生産性を高めている他の国に対して競争力を保つためのいちばん簡単な方法は、通貨を弱めることである場合が多い。独自の通貨を持つ二つの国をいい加減に選んでみよう、そうだな、ユーロ導入前のギリシャとドイツにしようか（はいはい、そんなにいい加減じゃありませんね）。どっちの国も工業製品を作って輸出している。仮にドイツ企業がギリシャ企業より5パーセント生産性を上げたとしよう。つまり同じ財を5パーセント安く作れるということだ。ギリシャで100ドルで作れるものが、いまやドイツでは95ドルで作れる。これでドイツ企業にはうれしい選択肢ができる。一つは、労働者にもっと賃金を支払うことだ。これでドイツの労働者たちは、ギリシャの労働者よりも立場がよくなる（生産性が上がったおかげだ）。これをやると、ギリシャとドイツの製品価格差はなくなってしまう。ドイツ労働者の賃金上昇により、ドイツの財の価格は再び100ドルになるからだ。ドイツとギリシャの財は再びグローバル市場で競争できるようになる。ドイツの生産性上昇は、ドイツの賃金上昇で相殺されるからだ。ドイツ人たちはギリシャ人たちよりもお金持ちになるけれど、ギリシャ人たちは相変わらず昔ながらの賃金で雇われている。万事快調。

別のやり方は、ドイツ企業が生産性上昇を利用して、世界市場で自国製品の価格を下げるというものだ。製品の価格を95ドルに下げても、前と同じ利潤が得られるのだ[*3]。これでギリシャ人たちは苦境に追い込まれる。ドイツ人との競争力を保つには、生産費用を5パーセント下げなくてはならない。通常これは賃金カットが必要だ。賃金をカットするのはむずかしいというのは衆目の一致するところだ。給料が下がることについては、心理的な忌避がある。さらに短期的に労働費用を引き下げるのをむずかしくするような、制度的制約もある（労組とか）。経済学者たちは、賃金（そして他の投入財の価格）は通常「ねばっこい」と言う［訳注：日本語だと「硬直的」という訳語があてられる］。つまり経済的な状況で求められるほどすばやくは調整されないことが多いという意味だ。私たちのあまり仮想的ではない例だと、ギリシャ人にとって費用を5パーセントカットするのはかなりきつい。

でもちょっと待った！　ユーロ導入前には、ギリシャ人たちがドイツ人たちと張り合える、政治的にも経済的にももっとすばやい手法があった。ギリシャ政府と中央銀行はギリシャ通貨、つまりかつてのドラクマが、ドイツマルクに対して5パーセント減価するのを容認すればいい。ギリシャ人たちは生産性を高めたわけではないし、製造業のコストをうまく引き下げたわけでもない。むしろ、あらゆる輸出品の価格を、通貨の減価により5パーセント引き下げただけだ。ここにはフリーランチならぬ無料のギリシャジーロ［訳注：有名なギリシャ料理］があるわけじゃない。ギリシャ人は通貨減価の代償を支払う――文字通りの意味で。通貨が弱くなれば、あらゆる輸入品は5パーセントだけ高くなる。ギリシャ人たちはその他世界に比べれば損をする。賃金カットがあった場合と同じだ。これまた実質所得の減少ではある。ちがいは、通貨の減価はずっと実現しやすいということだ。中央銀行は金融政策でこれを実現できる。労組交渉もいらない。契約破棄もなし。ほとんどの場合には政治家も口出ししない。ミルトン・フリードマンが簡潔に説明した通り「国内物価構造を構成する無数の価格変化に頼るよりも、たった一つの価格、つまり外国為替の価格が変わるようにするほうが、はるかに簡単だ」(10)

これは実は、お金の錯覚（貨幣錯覚）の一例だ。労働者たちは、実質賃金が為替レートで減らされるほうが、給料の額面変化で減らされるよりも文句を言わない。インフレの場合と同じく、人間は完全に合理的ではないから、実質賃金（賃金で何が買えるか）よりは名目賃金（給料の振り込み金額）に注目してしまう。ポール・クルーグマンは、この点で驚異的な例を挙げている。ユー

[*3] 当然ながら、この中間にはいろいろ組み合わせがあり得る。

ロ危機のとき、アイルランドは物価をおおむね5パーセント押し下げるのに、2年にわたるつらい失業に耐えねばならなかった。でもその10年前にも満たない時期に、アイルランドがまだ独自通貨（プント）を持っていたとき、プントを切り下げることで賃金はドイツに比べ10パーセントも引き下げられ、しかもそれがはるかに素早く痛みもなしに実現されたのだった(11)。

が、さらにちょっと待った！　独自の金融政策を持つのがそんなに重要なら、どうしてこれはFRBが仕切るアメリカの実に多様な各種の州にとっては問題にならないの？　メイン州が不景気で、オクラホマ州はフラッキング[*4]が大量に行われているせいで好況だったらどうなる？　あるいはサウスカロライナ州の労働者たちが、ミシガン州の労働者より着実に生産性を高めていたら？　これはドイツとギリシャの場合とどうちがうの？　ロバート・マンデルの慧眼は、最適通貨圏というのが、地域がどこまで経済的に統合されているか（たとえば労働者が別の場所に簡単に移動できるとか）、それを支える制度の品質（栄えている地域から苦闘している地域にお金を移転できるような政府があるか）で決まるということだった。

アメリカの各州は、通貨と中央銀行が共通というだけじゃない。言語も中央政府も共通だ。サウスカロライナ州とミシガン州は、同じ連邦制度の中の2州だ。これはどうでもいい話ではない。ミシガン州の経済が弱くなったら、連邦政府は自動的に所得を好況の地域からそちらに振り向ける。所得税は所得に比例するから、急成長地域は税額が増え、苦労している地域は税額が減る——自動的な減税がある。同様に、政府は不景気中の地域では支出を増やしがちだ。連邦福祉手当、フードスタンプ、失業保険、不作保険などなど。一部の連邦プログラムは、苦しんでいる地域を明示的に対象とする。たとえばインフラ投資などだ。労働力移動も役に立つ。デトロイトとチャールストンは、言語は共通だ。労働者がミシガン州を離れて、もっと景気のいい地域で仕事を見つけるのに、法的にも文化的にも大きな障害はない。最後に、通貨を共有する地域は共通の金融規制当局を持つというのも理にかなっている。これは経済的な好況や不況を作り出すのに、銀行や金融機関が果たす役割を考えれば当然だ。

まとめると、いろいろちがった通貨を持てば、経済的な調整が素早くできるようになるけれど、貿易面では大きな費用がかかるし、特に通貨の数がふえればそれだけ費用もかさむ。マンデルは、ある地域や「圏」にまたがる通貨の共有が理にかなうのは、いくつかの条件が必要だとまとめている。その通貨圏内で労働力が移動できる。共通の金融規制当局がある。通貨圏全体を一つの政治機構がカバーする。地域の不均衡が起きても失業やインフレが容認できる。これはかなり広範な前提条件だ。マンデルが1961年に指摘したとおり「現実世界ではもちろん、通貨は主に国の独立主権の表現だから、実際の通貨再編が実現可能となるのは、それに伴って大幅な政治変化が起きるときだけだ」

［*4］ いま、エッチなことを空耳した人のために説明しておくと、フラッキングというのは天然ガスを採取するための水平ドリル手法のことだ。

3 ほう、つまり当初からいくつか問題はあったと……

アメリカの最適通貨圏チェックリストを眺めてみよう。

労働力移動：大丈夫。

共通の金融規制当局：大丈夫。

ドル圏全体をカバーする政治構造：大丈夫。

経済不均衡のとき、地域的なインフレや失業を容認できる：大丈夫。

おめでとう！　あなたは共通通貨を持ってよろしい！

では、1990年時点のヨーロッパを評価してみよう。興奮したユーロ圏諸国が付添人のドレスを選び、通貨の絆を交わす準備をしていた頃の様子だ。

労働力移動：あまりない。ヨーロッパ諸国はほとんど共通の言語を持っていない。文化的なギャップは相当なものだ。欧州連合の法律のおかげで市民は加盟国のどこにでも引っ越して働けるけれど、実際にはギリシャのレンガ職人がミュンヘンにでかけても、なかなか仕事は見つからない。

共通の金融規制当局：ない。欧州中央銀行が創設されたのは、ユーロ圏の金融政策管理のためだけれど、各国政府（そして各国の中央銀行も解体されずに残っている）は相変わらず、自国の金融規制の責任を負う[*5]。

ユーロ圏全体をカバーする政治構造：なくはない。欧州連合は無数の超国家的な政治機関を持つ。でもユーロ発足当時、ＥＵは重要な権限を持っていなかった。たとえばユーロ圏内で資金を再分配したり、危機時に加盟国に融資したりする能力などだ。

経済不均衡のとき、地域的なインフレや失業を容認できる：無理。欧州中央銀行の設計と運営に支配的な役割を果たしてきたドイツ人たちが、インフレ恐怖症にかかっているという話はまだしていなかった。物価や賃金の上昇なんてナイン！　インフレの恐怖が生まれたのは、第一次大戦後のドイツの経験から生まれたもので、同国通貨は切り下げられすぎたために、人々は手押し車に現金を山積みにして買い物をしたり、家の暖房で紙幣を燃やしたりしていた。ドイツの政策担当者はその対応として、戦後には強い安定した通貨の維持に無慈悲に専念した。ユーロが創始されると、ドイツ首相ヘルムート・コールはフランス大統領フランソワ・ミッテランに対し「ドイチェ・マルクは我々の旗だ。それはドイツ戦後復興の礎だ。それは我が国家の威信の本質的な一部だ。我々には他に大したものを持って

[*5]　２０１１年に欧州銀行監督局が創設され、大きなＥＵの銀行システムを保護するために必要とあらば、各国の規制の頭越しに規制をかける権限を与えられた。

いないのだ」と語った(12)。

さらに、事態をもっと悪化させる話として、ドイツ人たちはすさまじく貯蓄が好きだ。これは普通は美徳だ――でも大陸のほかの部分が不景気に苦しんでいて、ドイツ消費者にかれらの財を買ってもらわないと回復できない場合にはそうはいかない。

いまのユーロチェックリストは、婚礼の前の晩に、新郎が新婦の親友の一人に手を出しているところを見てしまったに等しい代物だ。先に控える結婚にとっては、あまりうれしい徴候ではない。でもユーロの開始時には、楽観主義者たちですらユーロがお見合い結婚のようなものになると示唆していた。最初のうちは完璧とはいかないだろうけれど、でも統合の中でパートナーたちも成長して、問題点はだんだん改めていくだろう、というわけだ。

多くのオブザーバーたちは、ヨーロッパでも比較的貧しい南部のユーロ諸国が、北部の豊かな国に追いつくにつれて、全域で経済的な収斂が起こると予想した。これは決して無理な期待ではなかった。南北戦争の後で、アメリカの南部は全国で最も貧しい地域だった。その後百年にわたり、この地域は最も高い成長を見せ、着実に北部と差を詰めた(13)。ギリシャやイタリアのような国は、ユーロに参加すれば安く借入ができた。世界の投資家たちはもはや、こうした国々の債券がじわじわ減価する通貨により価値を減らすのではと恐れずに済んだからだ。それに、ドイツの財政金融面での規律は、もっとおおらかな隣国にも感染するかもしれないじゃないか。ユーロ参加の前提として、参加国はインフレや財政赤字や長期金利に制限をつける「収斂基準」を満たさねばならなかった[14]。まるで、頭のいい、身持ちのいい大学生たちが、だらしない連中と寮で同室になるようなものじゃないか!（一つ指摘しておくと、ギリシャは当初から怠け者だった。同国はユーロ参入の基準を満たせなかったのに、それでも入れてもらえたのだった）

幸せな時期もあった。2000年代半ばには、ドイツ国債とPIGS国債は似たような価格で取引されていて、ドイツ的な規律が本当に感染したことを示唆していた[15]。分析によれば、ユーロ圏内の貿易は、共通通貨がなかった場合よりは増えていた[16]。第一次大戦前の金本位制と同じく、ユーロは為替レートの安定性をもたらした（だって為替レートがなくなったんだから）。え、いま金本位制とか言いました？ これまで金本位制はみんな大嫌いだったのでは？ アイケングリーンとテミンが書いているように「固定為替レートは、よい時期には商業や通信を支援してくれるけれど、悪い時期がやってくると、問題をさらに悪化させてしまう」[17]

ユーロは究極の固定為替相場だ。そして、本当に悪い時期がやってきた。

4 ― 2008年：結婚の危機

事態が悪化すると、人間関係も苦しくなる。家族で死人が出たり、失業したり、金銭問題が起きたり、といった場合だ。ユーロ圏にとっては、2008年金融危機はそういう問題がまとめてやってきたに等しかった――そしてその後、ドイツ人とギリシャ人たちは、お互いの家族のペットを殺しあうようになる。アメリカの不動産バブル（およびその他世界での不動産バブル）破裂は、折り重なるように3つのヨーロッパでの危機を引き起こし、そのそれぞれが他のものを悪化させることになった。順不同で、最初のものは銀行危機だった。ヨーロッパの銀行は、アメリカの有毒資産（ふざけたAAA格付けつき）の大手購入者だった。スペインとアイルランドは自分たちでも不動産バブルを抱えていて、銀行は悲惨なことになった。すでに学んだように、銀行が苦境になると、経済の他の部分も道連れになることが多い。

2つ目の問題は、ソブリン債——政府の借金だ。ギリシャなどの国々は低金利で借り入れられるという新しい機会を活用して、すさまじい借金を積み上げた（ギリシャのような財政的不埒者を、ドイツや欧州中央銀行がやってきて救ってくれるはずだという信念があったため、貸す側にもモラルハザードがあったとは言える）。金融危機の後で、不安にかられた投資家たちはギリシャやイタリアのような重債務政府について、もっと意地悪い味方をするようになった。金利が跳ね上がり、そうした国々は借入の資金調達費用が増えた。ソブリン債問題はまた、銀行問題も悪化させた。ヨーロッパの銀行は、ドイツの銀行も含め、重債務政府に大金を貸していたからだ。

3つ目の問題は、ギリシャ、スペイン、イタリアなどの国が、ドイツなどヨーロッパでもっと生産的な国々との競争力を維持しようとして、成長が停滞したことだった。これぞユーロが最大の被害をもたらした部分だとも言える。ユーロ諸国は独自の金融政策を採れず、自国通貨を切り下げることもできない。このどれかでもできれば、経済は刺激されたはずだ。ECBは（ドイツの強い影響下で）苦しむ南欧諸国の調整を助けたはずの高いインフレをヨーロッパの他の部分で引き起こしたがらなかった[*6]。だからインフレはゼロ近く、ときにはマイナスにすら入り込むこともあり、企業は競争力を保つために賃金や価格をカットするしかなかった。
何度も何度も述べたように、これはとてもつらいことだ。ギリシャのようなところでは、その結果として賃金カットと失業が起きた。そしてこれは、最初の二つの問題をさらに悪化させるフィードバックとなった。弱い経済は銀行の被害も増やすし、政府が借金を返すのもむずかしくなる。結果として、2011年の分析によると「国債価格の低下と銀行の弱体化と低成長のスパイラル」が生じた(18)。

危機が山積みになると、ユーロを取り巻く多くの制度的な弱さに注目が集まった。単一の規制当局があれば、スペインやアイルランドのようなところで起きたバブルを止められたかもしれないし、少なくともユーロ圏全体に広がった銀行問題も最小限に抑えられただろう。多くのヨーロッパ諸国が苦境に陥っていたのは明らかだったけれど、危機対応で欧州中央銀行が果たすべき役割については、意見の相違があった。FRBとちがい、ECBの唯一の責務は物価安定であって、雇用促進でもなければ、最後に頼れる貸し手として行動することでさえない。欧州連合は、債務不履行に陥った加盟国や、パニックを切り抜けるために流動性を必要とする政府に融資するための仕組みをまったく持っていなかった。あるニュース記事は、2010年の深刻な状況をこうまとめている。「本当の問題は、(ドイツが気がついたように)逸脱した国々に対処するための信頼

[*6] たとえば、ユーロ圏のインフレが4パーセントで、ギリシャ企業の名目賃金が一定なら、これは実質的には賃金の4パーセントカットとなる――これで同国企業の競争力は維持される。インフレはまた、各国が借金の返済に価値の下がったお金を使えるので、既存の政府借金の実質価値を引き下げる――これは借金残高の実質価値が下がったに等しい。

できる計画がないということ、ドイツと競争力の低い南欧諸国との構造的な不均衡、そして何よりも、そうした貧しく弱い南欧諸国の成長見通しが実に悲惨で、しかもそれが財政再建により悪化させられているということだった。通貨切り下げの可能性を失った、ポルトガルや、こんどはスペインのような低成長国は、労働費用を引き下げ、事業を刺激し、競争をもたらし、競争力を回復させるような構造改革を探す必要が出てきた」(19)

5 救済：この結婚を救えるか？

2010年4月、スタンダード&プアーズ社はギリシャ国債の格付けを「ジャンク」格に引き下げた(20)（専門的な言い方をすれば、その格付けは「投資水準以下」だ）。ギリシャの債務はGDPの100パーセント超（つまりその債権者に返済するには、国全体の所得すべてをつぎ込んでも一年以上かかるということだ）。財政赤字[*7]はGDPの14パーセント近く――これは世界の投資家に対し、ギリシャ国債は止めどなくふくれあがり続けるだろうと示唆するものだった。どんなまともな指標で見ても、ギリシャは債務超過に陥っていた(21)。

でも最悪の話はそれではなかった。ギリシャのデフォルトは、ユーロ圏の他の部分を道連れにするだけでは済まず、世界経済すべてを道連れにする。ユーロの狙いはそもそも、ヨーロッパ経済をもっと密接に結びつけることだった。これは一本のロープにつながった登山者たちのようなものだ（このたとえは以前も使った）。一人が転落したら、全員が転落する――状況を悪化させずにロープを切る方法がない限り。ギリシャで金融大惨事が起きたら、投資家たちはイタリアについてもっと厳しい見方をするようになるだろう。イタリアははるかに大きな国だけれど、それでもかなり同じような形で脆弱さを抱えているのだから。そうなったら、終わりの始まりだ。英『エコノミスト』誌が2011年に述べたように「世界第3位の債券市場［イタリア］が座屈しはじめたら、大惨事が待ち受けている。ここにかかっているのはイタリア経済だけでなく、スペイン、ポルトガル、アイルランド、ユーロ、欧州連合の単一市場、世界銀行システム、世界経済、その他思いつくほぼありとあらゆるものなのだ」(22)

つまりは、ひどかった。そして、ヨーロッパの官僚たちがつなぎあわせたものを分離するための、婚前契約はなかったことをお忘れなく。

結果として生じたのは一連の関連し合う反応で、それが現在まで続いている。まず、各種ヨーロッパの機関が弱い国を下支えして感染を防ごうとした、救済が起きた。欧州委員会、IMF、欧州中央銀行はギリシャ向けに数十億ドルもの救済パッケージをいくつかまとめあげた(23)（はい、「いくつか」だ。一回の救済が不十分だと、追加でまたやったのだ）。2012年には、アイルランド、ポルトガル、スペインがみんなヨーロッパの飼い葉桶にやってきて、救済を求めた。2013年には銀行が大量のギリシャ債を持っていたキプロスも救済パッケージを必要とした。

第二に、それぞれの救済は紐付きで、その一部は助けを求める国々にとってひどく不都合なも

[*7] 政府の支出と、政府が歳入として集めているものの、毎年の差額。

のだった。ここにはそれなりの理屈があった。救済パッケージは、ヨーロッパ周縁国がそもそも問題に陥った原因となる、根底の経済的な弱点を直そうとしていた。その弱点とは財政赤字と非効率な民間部門だ（救済を依頼した頃のスペインは、起業の容易さで世界133位、ケニアの一つ後にランクしていた[24]）。ギリシャは公務員給与の凍結、増税、支出カット、早期退職の抑制などを強制された。次のパッケージがきたときには、もっとやらされた。ギリシャやその他諸国でのこうした犠牲は、まとめて（正確に）「緊縮」と呼ばれた。

第三に、ユーロ諸国はこの助け船を構築するとき、すでに船出したあとでそれを作り上げようとしていった。欧州銀行監督局などの新しい機関が作られ、各国規制当局の作業を協調させようとした。欧州中央銀行などの古い機関は、新しいことをやった。2012年にECB総裁マリオ・ドラギは、ユーロを守るためには「必要なことは何でもやる」と宣言したことで有名だ。これは苦闘するユーロ諸国の国債大量購入も含む[25]。これは、当初の任務が物価安定だけだととても狭くされていた中央銀行からはすさまじい逸脱となる。

意外でもなんでもないけれど、ヨーロッパ中の有権者たちはこの救済策が大嫌いだった――お金を出す側の有権者も、もらう側の有権者も。財政的にしっかりしたヨーロッパ諸国、特にドイツにとって、放埒な近隣国を救済するなんてのは、ユーロを採用するときには聞いていなかった話だった。ドイツ人たちは、緊縮で他国が被るコストについてあまり同情的ではなかった。それはかれら自身がかつて緊縮をやってきたからというのもある。東西ドイツ再統一後に、ドイツは世界的な競争力を保つために、砂を噛むような改革を実施した――賃金を抑え、労働市場を柔軟にして、政府プログラムを削減したのだ(26)。労働費用は、EUの他の地域に比べ、最終的に20パーセントも下落した――そして失業は最大12パーセントにも達した(27)。ギリシャ、スペイン、ポルトガルだって、同じ事をやればいいだろうに?

それを言うなら、助けられる側はもっと怒っていた。緊縮は不快なものだ。だからこそ緊縮と呼ばれる。『ニューヨーク・タイムズ』の記事にはこうある。「支出削減で、多くのギリシャ人が人道的危機と考えるものが生じた。人口の25パーセントが失業している。ギリシャのGDPは4分の1縮小した。自殺もホームレスも増えている。悲惨なほど予算のない病院は、医薬品を探し回っている」(28)。2014年末までに、イタリアとスペインの若年失業率は40パーセント以上だった(29)。ポルトガルで『フィフティ・シェイズ・オブ・グレイ』より売れた数少ない本の一つが『なぜ我が国はユーロを離脱すべきか』だった(30)。

こうしたすべての経済的な苦痛には残酷な皮肉がある。大した成果は上がらなかったのだ。各国が予算や年金や賃金を削減すると、経済は収縮し、政府は債務返済が一層つらくなる。ポール・クルーグマンが2011年に(「ヨーロッパは救えるか?」というそのものずばりの題名を冠した論説で)説明したように「各国がうまく賃金を引き下げても(ユーロ危機諸国すべてでこれが行われている)、次の問題にぶちあたる。所得が下がっても負債は下がらないのだ」(31)。確かに政府支出は大なたを振るわれた――でも歳入も同じくらいの勢いで減った。ギリシャ債務の対GDP比率は、かえって上がってしまっている。これは分子(負債)が増えているからではなく、分母(GDP)が縮小しているからだ(ちょっとしばらく、この意味を考えて見てほしい……)。

一方、ユーロ圏外の諸国は「だから言わないこっちゃない」と言い続けていた。その好例がアイスランドだ。同国は2008年に壮絶な銀行崩壊に苦しんだ。でもそれが復活した。その相当部分が、同国の通貨アイスランドクローナの大幅な下落によるものだ。価格は貿易相手諸国に対して40パーセントも下落し、アイスランドの競争力は復活して経済は再び活気づいた。アイスランドは、自国ニーズにあわせて独自の金融政策を設定できた(32)。これに対し、ユーロは金本位制とそっくりな感じになってきた。本章冒頭の引用をパラフレーズするなら「悪いときには、もう最悪」というわけだ。

6 愛はすでに消え

2015年にギリシャは緊縮に対する反動として、左翼系政党の連合政権、通称シリザを選出した。ユーロのごり押しに対するギリシャの態度は、新任のギリシャ財務大臣ヤニス・バルファキスに体現されていた。スキンヘッド、派手なシャツ（ノーネクタイ！）、革ジャン、そして（啞然）バイクまで。財務相はそんな格好をするものとは思われていなかった（ヨーロッパの他の地域で、バルファキスは「ディスコの入り口警備員」「中古車セールスマン」などと評されている）。また行動も、ちっとも財務大臣らしくなかった。ドイツ財務大臣ヴォルフガング・ショイブレとの会合後の記者会見では、以下のようなやりとりが見られた。

ショイブレ：我々は合意しないことに合意しました。

バルファキス：こっちの見たところ、我々は合意しないことに合意すらしませんでしたがね[(33)]。

あまり花開きそうな関係とは思えない。ギリシャは、当時目前に迫った債務返済ができなかった一方、再びかれらを救済しようとする、いつもの債権者連中が要求する追加の妥協にも応じたがっていなかった。ＩＭＦ職員たちは非公式にギリシャについて「この基金が70年の歴史の中で相手をした中で最も非協力的な国」と呼んでいる[(34)]。怒りのポーズがもっと交わされたあげくに、やがて２０１５年夏に新たな救済合意が交わされ、危機の最悪の部分と感染リスクは終結した。それでも、根本的な問題は解決していない。ギリシャとドイツほどかけ離れた国が、一つの通貨連合の中でやっていけるんだろうか、というものだ。そしてもしやっていけるなら、ギリシャはユーロに押しつけられた拘束衣の中で、どうやって経済の競争力を高めればいいのか？

今後数年、いやうまくいけば数ヶ月で、ユーロの運命は決まる。そして世界経済への意味合いはすさまじいものとなる。参加国はこの危機を、お互いの関係の構造を変えるための好機として使い、この連合を修理して強化するかもしれない（すでにかなりの改革が行われている）。あるいは、「グレグジット」が生じるかもしれない。ギリシャ（そして他の苦闘する国々）がユーロを離脱し、それに伴う多大な騒乱を引き起こすかもしれない。するとギリシャ内のユーロは新通貨、おそらくドラクマと交換される。ギリシャ人たちはユーロ債務の一部についてはデフォルトし、新通貨で再出発となるけれど、その通貨はユーロに対して大幅に下落するだろう（ドイツの通貨を持つか、ギリシャの通貨を持つか、どっちか選べといわれたら、あなたならどっちを選ぶだろう？）。

あるいは、北部ヨーロッパ諸国の一部（フランス、ドイツなど）がユーロを離脱して、独自の通貨を使い始めるかもしれない。これまた同じ種類の大惨事を引き起こすけれど、離脱するのは別の国となる。たとえて言えば、子供の養育権だの別荘の権利だのについて同じようなケンカは起きるだろう。多くの点で、これは形こそちがえ、結局は同じことだ。どっちの分裂だろうと、強いヨーロッパ通貨が一つと、ずっと弱い通貨が一つできるからだ。ここに分裂の根本的な課題がある。ユーロ分裂を匂わせただけで、ギリシャやポルトガルにユーロ預金を持つ人々は、それをドイツにあわてて移そうとするから、すさまじい資本逃避——つまりは別種の取り付け騒ぎ——がおきかねない。それを防ぐためには、政策担当者たちは資本統制（国を出入りする資本の移動を制限する）を行わねばならないし、短期的には銀行預金者たちが自分の現金にアクセスするのも制限することになりかねない。一方、みんながお互いに訴訟しあうことになる。これはすべて、法的には処女地だからだ。英『エコノミスト』誌は危機のどん底でこう述べている。「ヴィクター・フランケンシュタインのように、かれらは自然の掟を破って怪物を創り出した。このホラー話の怖いところは、自国通貨への復帰の費用よりユーロ維持のほうが安上がりということだ」(35)

ポール・クルーグマンは、事態の進展について二つの悲劇を正確にまとめている。まずユーロはいまのところ、善意が裏目に出たという話になっている。第二に、問題の兆候の多く——というか基本的な経済条件――は発端からそこにあった。「ユーロ惨事の悲劇は、ユーロの創設が壮大かつ気高い事業における最高の瞬間であるはずだったということだ。その事業は何世代にもわたり、平和、民主主義、繁栄の共有を、かつてしばしば戦争で引き裂かれた大陸にもたらすはずだった。でもユーロ構築者たちは、プロジェクトのお題目とロマンスに目を奪われて、共通通貨が当然ながら出くわすはずの退屈な問題を無視することにしてしまった――ヨーロッパが、共通通貨をうまく機能させるだけの制度を欠いているという、しょっぱなから指摘されていた警告を無視することにしたのだ」(36)

はい、ユーロが金融政策の大胆な一歩前進か、失敗した実験かは、いずれ明らかになる。いまのところ、この両方が当てはまる。通貨の共有はむずかしいのだ。でもここにヘンテコな話が出てくる。通貨を共有しないというのも、これまたむずかしいのだ。これは現在、アメリカと中国の大きな摩擦原因となっている。

第12章

アメリカと中国

中国はアメリカン・ウェイ・オブ・ライフに補助金を出している。アメリカ人は中国人をカモにしているのか――それとも中国人のほうがアメリカ人を手玉にとっているのか？

ジェイムズ・ファローズ　『アトランティック』誌、2008年

アメリカと中国の経済――それぞれ世界最大の経済と、最も急成長している大経済――は分かちがたく絡み合うようになり、一種の共依存関係に陥って、どちらもことさら健全ではないものの、どちらも当面はその関係を解消しようとはしない。

『ワシントン・ポスト』紙　2009年のオバマ大統領初訪中に際して(1)

2009年11月にオバマ大統領は初の訪中を果たした。その会合前の数ヶ月、『ニューヨーク・タイムズ』紙は中国の役人たちが、後に医療費負担適正化法こと「オバマケア」となる健康保険法制について、やたらに細かい質問をしていると報じた。当然ながらオバマケアは中国の保健医療には関係ない。だったらなぜ中国官僚は、議会審議中の法制に関する異様な細部にそんなに関心があるんだろうか？　考えられる説明はいろいろある。

一つは、中国の役人はヘルスケア改革を勉強することで、オバマ大統領が北京に到着したときに、小話の話題を作っておこうとした、というものだ。招待する側が優秀なら、客の興味を事前に探っておいて、会話をその方向に誘導する。たとえば外交晩餐で会話がちょっと途切れたら、中国の官僚は「コミュニティ保健組織がマンモグラフィ装置使用を経済的に行うようにするためのインセンティブには感激しましたよ、ヘルスケア法案731ページの脚注に書いてあったやつですよ」なんて言うかもしれない。大統領としては、自分の重視する法案にこれほど注目してもらえたことで、感激して身を乗り出すしかないでしょう。これが可能性の一つだ。

別の説明としては、中国の役人たちはヘルスケアに深い知的関心を抱いているというものだ。個人的な使命による民間の保険に基づくシステムは、カナダやイギリスのような単一支払者システムと、医療アクセスや費用の面でどんな差がつくだろうか？　これは我が経済学者の同僚たちが（自発的に情熱をもって）昼食を食べながら議論することだ。ヘルスケアはアメリカでも世界でも、公共政策の課題としておどろくほどむずかしい。オバマケアとなる法案は複雑で、独特で、しかも状況を一変させるものだった。政策おたくであれば、その細部に関心を持たずにはいられまい。だから中国人は、私の同僚たちと同じくヘルスケアの政策的な含意に夢中だったのかもしれない。

いやいや。実はこの説明はどれも、的を外しまくっている。中国の役人がアメリカのヘルスケア改革に興味を持っていたのは、あなたの家や別荘や車2台のローンを出した銀行が、あなたの買おうとしている大型ヨットに関心を持つのと同じ理由からだ。船乗りとも釣りとも、舳先に立つときのために買ったクールな船長帽とも関係ない。銀行は、ローンが返済できるか、それもこんなバカ高いヨットにもっとお金を払うのに、いまのローンの返済余力があるのか、と心配しているのだ。北京でのヘルスケアに関する説明について述べた『ニューヨーク・タイムズ』記事にはこうある。「中国の役人は、議会やホワイトハウスが決定するものがなんであれ、その資金を提供できると予想している。その方法としては財務省債券を買うことで、あらゆる銀行家と同じく、アメリカがそれをちゃんと償還するつもりがあるという証拠を求めていたのだった」(2)

当時、中国はアメリカ財務省国債でざっと8千億ドルをアメリカに貸していた。今やそれが1.3兆ドル近い。中国はアメリカ政府に対する外国で最大の債権者だ(3)。大型の貸し手に依存するといくつか欠点がある（これについてはギリシャ政府に聞いてみるといい）。しょっちゅう資金を用立ててくれる人は、その資金提供をテコにいろいろ要求をしてくるかもしれない。アメリカ人が中国の融資に頼っていることで、人権問題や台湾や南シナ海の支配といった対立点での外交上の武器にされてしまわないだろうか。その一方で、ジョン・メイナード・ケインズが指摘したように「銀行の支店長から千ポンド借りたら、相手の言いなりだ。でも100万ポンド借りていたら、相手がこちらの言いなりだ」。そして1・3兆ドル借りているなら、相手はこちらの囚人も同然だ。これは一部の中国の役人も主張している(4)。アメリカは新規融資で中国に依存するかもしれないけれど、中国は一兆ドル以上をアメリカが返済してくれるかどうかに依存している[*1]。2013年に、議会が予算案で対立し、共和党が債務上限の引き上げに同意しないぞと脅してたとき――これは厳密に言えば一部のアメリカ国債のデフォルトを招いたかもしれない――中国政府の反応は悲鳴のようだった。公認の新華社通信は、ヒステリックな若者が書いたかのような声明を掲載した。それは世界の準備通貨をドルから変えるべきだ（人民元でなくてもいい――とにかく他の何かに！）と述べ「脱アメリカ化した世界」を呼びかけた。『ニューヨーク・タイムズ』紙の見出しがもっと大きな状況を捉えている。「自分のお金がリスクにさらされた中国、米国に激怒」(5)

両国は奇妙な抱擁関係から抜けられなくなっている。本章冒頭での引用に出てきた、不健全な共依存だ。中国は巨額の貿易黒字を出してきた――その他世界に対し、買うよりも多くを販売してきた。アメリカは、そうした中国の輸出品に対する最大の市場で、おかげで中国企業は大量の

[*1] 専門的に言えば、この債務は決して返済されないかもしれない。中国政府が大量の利付きアメリカ証券（満期になったら新規証券発行で償還される）を持ちたがる理由はいろいろある。でも大きな話は相変わらず同じだ。中国政府はアメリカ国債の価値がデフォルトやインフレにより大幅に下がってほしくはない。

米ドルストックをため込んだ(6)。そうしたドルが、アメリカの財やサービスに普通に使われていれば、本章はここで終われる。その場合、中国からアメリカへの輸出は、だいたいアメリカの中国に対する輸出と同額になる。ふつう貿易ってのはそういうものだ。だいたい同じくらいの価値のものを交換するわけだ。そしてどっちも得をする。自分が手放すものよりも、自分が手に入れるもののほうを好むからだ。学校の食堂にいる子供たちを見ているといい――ポテトチップスをチョコクッキーと交換して、どっちもニコニコ顔で食事を終える[*2]。

米中貿易関係は、これよりも不均衡だ。中国の対米輸出は、逆方向に太平洋を渡る輸出品で相殺されてはいない。実は、貿易不均衡を緩和する通常の仕組みがショートさせられているのだ。ふつう起こるのは、余計なドルをため込んだ中国企業はそのドルを元に換えて地元で使う。中国が慢性的な貿易黒字を出しているなら――アメリカから買うよりもアメリカに売っているもののほうが多い――外為市場では、ドルを人民元に換えようという企業のほうが、その逆よりも多いはずだ。肉屋が、顧客のほしがるよりもたくさんポークチョップを持っていたらどうなるだろう？肉屋は価格を下げて、消費者が冷蔵庫のポークチョップを全部買ってくれるようにする。米中の場合、余計なドルこそが売り切るべき商品となる。ドルを人民元に換える企業は、価格を下げてすべての消費を売り切るようにする。もちろんその価格というのは、人民元とドルの為替レートだ。これが自己修正的メカニズムだ。ドルが人民元に対して減価すると、アメリカの対中輸出は安くなる。中国の対米輸出は高価になる。そして相対価格が変わるので、当初の貿易不均衡も修正されるようになる。変動為替相場は、自然に貿易不均衡を緩和する潜在力を持つのだ。

残念ながら最後の段落は「ふつうは」とか「変動為替相場は」といったことばを使っている。米中関係はふつうではない。人民元は変動しない。過去数十年にわたり、中国はアメリカに対してずっと巨額の経常黒字を出してきた（経常収支は貿易収支に加えて、送金や外国投資収入など両国間の他の資金流を含む）。いつも偏った貿易関係にもかかわらず、人民元は一部の観察者たちが思っているほど急速に、ドルに対して増価していない（そうした観察者——かなり怒った議員たちも含む——についてはまた後出）。むしろ過去20年の中国政府の方針は、アメリカ国債を買うことで、ため込んだドルをアメリカに「リサイクル」することだった──つまり実質的に、そのドルをアメリカに貸しているわけだ。この政策の明示的な狙いの一つは、人民元が通常ほどは急速に増価しないようにすることだ——というのもアメリカで稼いだドルは人民元に換え戻されないからだ。アメリカ国債はまた、巨額のたまった資本をおいておくのに、比較的安全な場所だ（中国政府はアメリカ政策担当者の放漫支出に激怒するかもしれないけれど、この前の2章を読んだら、日本円もユーロもドルに代わるものとしてはあまりよろしくないことがわかるはずだ）。

この取り決めにはいろいろよい部分がある——短期的には。中国にとって、安い人民元は力強い輸出主導成長戦略を実施するのに役立ってきた。中国のような比較的貧しい国にとって、貧困を逓減させる実績ある手法は、世界中の豊かな国に対し、安い労働力を使って輸出品を作ることだ。これは第二次世界大戦後に日本が使った道筋でもある。また、「アジアの虎」——シンガポー

[*2] はいはい、深刻なナッツアレルギーの子はニコニコ顔ではいられず、むしろチョコクッキーの中のナッツのせいでアナフィラキシーショックを起こしてしまうかもしれないのはわかる。それでもこれはただの例えだから、このままにしておく。

ル、韓国、台湾、香港――の経済的な成功もこれで説明できる。輸出部門を強化する方法は、通貨の価値を過小にしておく（あるいは少なくともあまり増価しないようにする）ことだ。安い通貨は、こちらの商品を買おうとする他の世界にとってはバーゲンクーポンと同じだというのを思いだそう。通貨が安ければバーゲン率も大きくなる。

一方、そのバーゲンを利用しているのはアメリカの消費者だ。「メイド・イン・チャイナ」とある商品をドルで買ったら、弱い人民元（そして相対的に強いドル）のおかげで、その人の給料で買えるものは増えた。でもそれだけではありません！　中国がアメリカ国債を大量に買ってくれることで、アメリカの金利も下がった。人生の他のあらゆるもの同様、国債は需要と供給の法則に従う。需要が大きければ――たとえば中国が毎月のように何十億ドル分も買ってくれるとか――財務省は金利を低く提示できる。だからアメリカ政府はもっと安く借りられて、消費者も低金利が得られる。安い商品と、それを買うためのお手軽な融資ほど「アメリカ！」をよく表すものはない。

何が問題なのか？　この関係は長期的には持続不可能ということだ。中国は、消費者に大量の資金を貸し付けることで自分の輸出市場を支えている。おかげでアメリカはやたらに負債をかかえて、中国の役人はそれを不安そうに見張る羽目になっているし、また人工的に安くした人民元は中国経済内部で歪みを創り出している。アメリカにリサイクルされるドルは、自国に投資したほうがいいかもしれない――インフラ、学校、公共保健などに投資するのだ。輸出主導成長に基づく経済はいずれ、国内市場向け財の生産に移行しなければならないのに、過小評価された通貨が輸出業者に提供する暗黙の補助金が、このプロセスの足を引っ張ってしまう。世界中の政策担当者たちはしばしば中国に「もっと均衡ある成長」を目指せとハッパをかけている。

アメリカのほうはといえば、こちらは文字通り分不相応な生活を続けてきた――世界の他国から自分が輸出するよりたくさん買い込んで、その差額は借金でまかなっている。これは持続可能な状況じゃない。どこかの時点で、返してもらえないかもと恐れ始めた時点で貸し手たちは貸すのをやめる。多くの識者が指摘したように、中国は本来よりも生活水準が低く、アメリカは本来よりもいい暮らしをしている。ピーターソン国際経済研究所の中国専門家ニコラス・ラーディは、これを麻薬中毒患者と売人との関係になぞらえる。「アメリカは安い財と安いお金に中毒しているし、中国はそうした財を売って得られる収入に依存するようになった」(7)

これが現状だ。アメリカと中国の不均衡があわさって、見事に不健全な関係ができあがっている。短期には共生的だけれど長期的には持続不可能だから、経済学者ハーバート・スタインの有名な観察が出てくる。「永遠に続くわけにはいかないものは、いずれ止まる」。『アトランティック』誌のライターで昔から中国を見てきたジェイムズ・ファローズは、このハーバート・スタインのせりふを援用してこう評価する。「経済の実に多くの不均衡と同様に、これも永遠には続けられないし、だから続かないだろう。でもその終わり方――突然終わるか、段階的に終わるか、予想可能な理由で起こるか、パニックの中で起こるか――は今後数年の米中経済にすさまじいちがいをもたらすし、さらにヨーロッパその他の傍観者たちに与える影響は言うまでもない」(8)

1　なんと異様な

　ここで一歩下がって、米中経済関係がいかに変なものになったかを、もっと詳しく検討しよう。まずそもそも、貧しい急成長国は、豊かな成熟国に大金を貸したりはしないのが普通だ。経済学者でもとハーバード大学学長ラリー・サマーズが指摘したように、「遠くから見ると、これは控えめに言っても異様だ」(9)。理論的にも歴史的にも、資本は逆の動きを示すはずだ——富裕国で蓄積され、それが限界投資収益が高いはずの発展途上国に融資される。新しい道路や港湾や工場を建てるのは、道路や港湾や工場が比較的少ないところのほうが、アメリカのような先進国でよりはもっとインパクトが強い——したがって潜在的な利潤も高い。だからこそ19世紀には、資本が世界のその他部分からアメリカに流れてきた。でも21世紀に資本が中国からアメリカへ？　ファローズは、中国の派手な投資については山ほど書かれてきたものの、基本的なインフラ改善が、暮らしの質や市民の将来の生産性に大きな影響を与えられる場所は大量に、特に都市部以外に存在することを指摘する。「よい学校、もっと豊富な公園、ましなヘルスケア、都市部の下水道改善——何を挙げても、それが工場輸出経済と何らかの形で結びついているのでない限り、中国には欠けているか、不十分だ」(10)

　似たような話として、中国は異様に高い国民貯蓄率を持っている——50パーセント台だ。貯蓄行動が示すのは、将来使われる一ドル（それが稼ぐ金利を含む）は今日使われる一ドルより多くの価値（あるいは満足や幸福）を生み出すということだ。実に多くの世帯がまだ比較的貧しいのに、これは不思議な判断だ。はいはい、中国は急成長はしてきたけれど、でも出発点がとても低かった。一人当たりGDPは（購買力平価に基づく為替レートで計測すると）いまだにたった1万3千ドルほどだ。そしてこれはただの平均だ。つまり何億人もはずっと貧しいということになる。十分に発達した社会的セーフティーネットがないので（たとえば社会保障も医療保険もない）、貧しい家計は非常時（家が流されたりとか）のためにかなりの金額を貯めておくのが理にかなっている。それでも、稼いだ金額の半分以上を貯蓄するというのは、多くの基本的ニーズが満たされていない国では、すさまじい自己否定行為だ。

同じくらい奇妙なこととして、アメリカの貯蓄率は異様に低く、このために外国から巨額の純借入が必要になっている。個人貯蓄は1960年代から1980年代には平均でGDPの7パーセントだったのが、1990年代には4.5パーセント、2000年代には1.1パーセントになった。政府貯蓄は2000年代には（慢性的財政赤字のせいで）マイナスだ(11)。一人当たりGDP5万5千ドルのアメリカ(12)は、消費と投資をすべてまかなえるだけの現金を持ち合わせていない[*3]。だから、中国（貧しい国）が基本的ニーズを我慢して、アメリカ（とても豊かな国）がお金もないのにどうしても今すぐほしいハンドバッグ（たとえて言うなら）を買えるようにしてあげているというのも、完全な戯画化というわけじゃない。

さて、個々の中国企業や家計がこうした貯蓄決断の責任を負うと言いたいわけではない。中国

[*3] 国民貯蓄は、政府、家計、企業の貯蓄（またはマイナス貯蓄）で構成される。純国民貯蓄はその数字をすべて足し合わせ、既存資本ストック（たとえば去年より価値の下がった建物やコンピュータ）の減価償却分を差し引く。

の非民主的管理経済の決定的な特徴の一つは、資本配分に政府がかなり口出しするということだ。具体的には、輸出販売でドルをため込む企業は、最終的にその稼ぎを中国人民銀行（中央銀行）に、政府が決めた為替レートで差し出さねばならない。アメリカなどの開放経済とはちがい、企業はドルを使ったり投資したりするわけにはいかない。人民銀行に行くのだ。プロセスは今述べたより回りくどいものだけれど、でも運用上のポイントとしては、中国の輸出収益は、明示的な経済政策によりドル建て国債に「リサイクル」されるのであって、多くの経済アクターたちが独立に、余ったドルをアメリカに投資しようと決めたからではないということだ。あるコメンテーターが述べたように、「通常の中国人は、いついかなる時点においても、そんな大金をアメリカに送ろうなどと決めてはいない」(13)

公平のため言っておくと、中国政府の政策は最強輸出マシーンを作りだし、おかげで空前の数の人々がたった一世代の間に貧困から抜け出した。中国の政策担当者たちは、1985年にプラザ合意の結果として円が高騰したのは、日本がそれを容認するよう脅されたからで、それがその後のバブルと経済停滞につながったと主張し続けている(14)（ＩＭＦはこの議論にずいぶん反論したけれど、どうも効果はないようだ(15)）。2008年金融危機は、資本の自由な流れや変動為替レートが現代経済では実にスムーズに働くのだという主張に対する中国の疑念を深めただけだった。2010年に中国首相の温家宝は、自国の為替レート政策をこう擁護した。「人民元が不安定なら、中国と世界に大惨事が生じる。もし一部の人々が主張するように人民元を2割や4割引き上げたら、我が国の多くの工場は閉鎖され、社会は紛糾する」(16)。はい確かに、それは困りますねえ。

2 ── だれも操作屋は好きじゃない

人民元は変動為替ではない。中国政府がアメリカ国債を大量に買うとき、ドル資産を大量にため込む明示的な狙いの一つは、人民元の対ドルレートを管理して、人民元がドルに対してあまり上昇も下落もしないようにするということだ。このドルに対するおおざっぱなペッグは、活気ある輸出部門には欠かせないものだ。そして輸出部門は繁栄増大の鍵となる。ブルッキングス研究所の中国専門家アーサー・クローバーが説明するように「中国指導者たちは、工業時代に貧困から富裕へと成長したすべての国は、例外なく輸出主導成長でそれを実現したとみている。だから為替レートを、おおむね輸出に有利なように管理する。ちょうど国内の他の市場や価格を管理して、基本的な産業やインフラを創り出すといった開発目標を実現するのと同じだ」(17)。

いまのところ、この戦略は成功している――ちょうど19世紀イギリスで成功し、20世紀アメリカで成功したのと同じだ。この二国はクローバーが指摘するように、「自国企業が世界技術リーダーシップの地位を確立し、保護の必要性が薄れた」後になって自由貿易支持に転じた。為替レートは、もっと広い開発戦略のツールの一つでしかない(18)。為替レートが大きく変動したら、この開発戦略を脅かし、するとこれはすぐに政治的不安定を引き起こしかねない。中国では本物の政治がしょっちゅう行われているわけではないのをお忘れなく、中国政府の正当性は、安定成長と生活水準改善をもたらせるかどうかにかかっている。

一方、太平洋の反対側（こちらには本物の選挙がある）では、アメリカの政治家たちが中国の「不公正」貿易慣行について激怒している。ミシガン州民主党上院議員デビー・スティブナウは上院でこう述べた。「アジア諸国が使う最大の貿易障壁は為替操作です」。２０１５年には彼女とオハイオ州共和党上院議員ロブ・ポートマンは、ＴＰＰ（12ヶ国が参加する貿易協定[*4]）関連の法改正を提案した。この改正案では、交渉者たちはこうした貿易協定で為替操作を禁止するルールを含めるような圧力を受けることになるはずだった。この改正案は僅差（48－51）で否決された。

オバマ政権のホワイトハウスはこの改正案に反対したし、共和党多数派指導者ミッチ・マコネルも反対した。その根拠は、為替操作ルールは貿易協定の成功をむずかしくするというものだった。それでも、上院で48票というのは通貨操作に対する厳しい見方を示す。安い人民元（あるいはその他各種過少な通貨）は、輸出業者への補助金と同じで、アメリカ人がウォルマートで買うトースターすべてについて、外国政府が支払いの一部を負担してくれているに等しい。これはアメリカ企業から利潤を奪い、アメリカ労働者から職を奪い、アメリカの慢性的財政赤字に貢献していると思われている。スティブナウとポートマンの両上院議員がそれぞれミシガン州とオハイオ州からきているのも偶然ではない。この二州の製造業はアジアとの競争で大苦戦しているのだ(19)。

自由貿易は、中国批判者から見ると、自由な貿易に依存するわけで、自由な貿易というのは真の価値より人工的に抑えられていない通貨ということだ。過小評価された人民元について文句を言っているのは、中国の貿易相手に限らない。国際通貨基金（ＩＭＦ）は米中関係が引き起こした「不均衡」について、世界金融システムの不安定要因になりかねないとして懸念を表明している。IMFの合意協定は、「不公正な競争優位」を獲得するための通貨操作を禁じているけれど、IMFが加盟国をそうした悪行で有罪とした例はないし、有罪にしてもまともな是正措置は持っていない。ルールはどうあれ、市場経済での価格はそもそも、情報伝達が重要だ。価格が「まちがっている」と、それがダメな信号を送って、中国でも世界でも判断をゆがめてしまう。

もちろん、通貨が過小評価されているというのと、中国が通貨操作をしていると糾弾するのとでは、話がかなりちがう。はいはい、確かに過去20年の大半にわたり、状況証拠はかなり強い。中国の金融政策は、犯罪現場近くで盗まれた財布を持って立っている男に等しい。かなり不利な状況だ。外為市場への絶え間ない介入。ドルの着実な蓄積。購買力評価などのベンチマークに基づけば安く見える通貨。2010年に英『エコノミスト』誌は年次ビッグマック指数の一部として、過小評価された通貨はフリーランチなんかじゃないと宣言しつつ、中国では「お安いランチを提供できる」と述べた。当時のドル元為替レートによれば、北京ではビッグマックは2・18ドル相当で、アメリカでは平均で3・71ドルだ(20)。

それでも、第6章の話を思い出していただければ、経済的な観点からすると厳密に正しい為替レートなんてものは存在しない。2005年にIMF経済学者たちは、広範な研究を集めて、中国の貿易面での猛威が不自然に安い人民元のせいだと明言できるか確定しようとした。でもその基本的な疑問には答えられなかった。様々な時点の様々な研究が様々な手法を使い、人民元がどれ

[*4] 中国はTPPには参加していない。

だけ過小評価されているかについて様々な評価にたどりついていた。その幅は、ゼロから50パーセントまでいろいろ[21]。これでは有罪宣告はなかなか得られない。

財務長官時代の公聴会証言で、ティム・ガイトナーは上院議員が述べた質問に対して書面で回答した。中国の通貨政策についての厳しい批判者であるニューヨーク州上院議員チャールズ・シューマーへの質問に対しての回答は、「操作」の一語を使っていた。「オバマ大統領は、広範な経済学者たちの結論に基づき、中国が通貨を操作していると考えている」。でも政権はすぐにその主張を撤回し、この証言が中級職員によって書かれたもので、ガイトナー氏の見解を反映したものではないと宣言した[22]。

もっと最近、ブースビジネススクールのグローバル市場イニシアチブ（ＩＧＭ）フォーラムで、イデオロギー的に多様な有力経済学者たちのパネルに、次のような声明を評価してくれと依頼している。「経済分析で、国々が為替レートを使い、貿易相手の公正を犠牲にして自国民に便益を与えているか見極められる」。いちばん多い答えは「どちらとも言えない」（37パーセント）、残りの専門家たちは「賛成」（30パーセント）と「反対」（34パーセント）でほとんど真っ二つに割れた。「強く賛成」「強く反対」をつけた人は一人もいなかった[23]。ＩＧＭパネルはそれにつづき、政策的にはもっと重要かもしれない質問を投げられた。アメリカ人たちは外貨の狼藉者たちによって損をしているだろうか？　具体的には、専門家たちは「日本銀行の金融政策で円が弱くなると、アメリカ人たちは全般に損をする」という主張への賛成／反対を問われた。はいはい、これは日本円で、人民元ではないけれど、基本的な発想は同じだ。ほとんどの専門家は弱い円がアメリカ人の害になるという主張に反対した（54パーセント）。36パーセントはどちらともいえないだった。安い円がアメリカ人にとって（総じて）損になると同意したのはたった9パーセントだった[24]。

２０１２年に中国との貿易が「アメリカ人のほとんどに得か」――おそらく安い人民元はこの質問に暗黙に含まれている――と尋ねられたら、経済学者の１００パーセントは「賛成」「強く賛成」と答えただろう[25]。はいはい、フォードは客をトヨタに取られるかもしれない……でもトヨタ販売店に向かうアメリカ人はすべて、お得な買い物ができるわけだ。

3 — そんなにいけないことですか？

何段落か前に、安い人民元はウォルマートの買い物客に対し、中国商品すべてにバーゲンを提供するようなものだと述べた。金融的な悪行の中で、これはそんなにひどい話には思えない。というか、もしドルが相対的に高いのでアメリカ人たちが中国製品を安く買えるなら、他で使えるお金が増える。そして他で使えるお金は雇用を生む！　過小評価された人民元は、中国の輸出品と競合する（あるいは中国に製品を輸出しようとする）アメリカ企業にとっては文句なしに悪いものだけれど、過小評価された通貨が、アメリカ経済全体に与える影響はそんなにはっきりしない。人民元が、経済ファンダメンタルズの示唆するよりずっと弱いと想定してみよう。それがどうしたね？　この点でも、経済学の論文は意見がわかれる。ピーターソン国際経済研究所による２０１２年報告書は、アメリカが外貨操作により雇用を１００万から５００万ほど失ったと推計し、中国が「最大の操作国」の一つだと述べた。意外でも何でもないけれど、その著者たちはアメリカが通貨でインチキをしている国に対して強気の対応をしろと主張する。たとえばそうした国々からの輸入品に関税をかけるなどだ[26]。

逆に、ニューヨーク連邦準備銀行の経済学者たちが1980年代と1990年代のデータについて行った分析では「為替レートの動きは、雇用の数や労働時間にあまり大きな影響を与えない」と結論している。でも著者たちは、一部産業では確かに賃金には影響があり、利ざやの大きい産業（たとえばジェットエンジン）よりは利ざやの小さい産業（繊維や材木）での影響が大きいことを発見している[27]。スタンフォード大学の経済学者でもジョージ・W・ブッシュ大統領の経済諮問会議元議長だったエドワード・ラゼアは、米中為替レートは過去数十年の貿易フローについて、あまり説明力がないことを指摘している。ドルと人民元の為替レートは1995年から2005年にかけて厳密にペッグされていた（1ドルあたり8元強）。この期間、アメリカに対する中国輸出はだいたい年率20パーセントで伸びた。2005年に中国通貨は急激に上昇した——おかげで中国財はざっと21パーセントも高くなった——けれど、アメリカへの輸出はおおむね同じ勢いで増え続けた。

同様に、人民元はドルにペッグされていた期間（2000〜2004年）に、ユーロに対しては下落した。でもアメリカとヨーロッパに対する中国の輸出の伸びはだいたい同じくらいだった。ラゼアに言わせると、中国の為替操作というのは、アメリカの経済パフォーマンスのスケープゴートでしかない。アメリカの経済は、こずるい中国の中央銀行家たちよりは、アメリカの経済政策でのほうが説明できるのだ(28)。

でも、不均衡の問題はある。つまり中国がためこんだ1・3兆ドルのアメリカ国債だ。これがアメリカにとって創り出すリスクは、ティム・ガイトナー的というよりはジェームズ・ボンド的なもの、つまり金融的恫喝だ。アメリカは戦略的なライバルにこれほど借金をすることで、弱みを作ってしまったのでは？　アメリカと中国が、何か地政的な問題、たとえばチベットの未来とか、南シナ海の支配とか、上海の路上で売られるテイラー・スウィフトCDの海賊版とかについて、意見の相違が出たとしよう。北京は、アメリカ国債を放出してアメリカ経済をむちゃくちゃにするぞと脅し、アメリカを思い通りに操れるだろうか？　中国政府がアメリカ国債をたたき売れば（あるいはそうするという信用できる脅しですら）、米国債価格は暴落し、アメリカ金融システムはテールスピンに陥る。金利ははねあがり、経済はショックで不景気のどん底に陥るか、それ以上にひどい状態になる。経済学者でもと財務長官のラリー・サマーズはこれを「金融テロのバランス」と呼んだ。

国防総省は、こういう金融恫喝に基づいたウォーゲームをやるべきなのかもしれない。でもこれはきわめて考えにくいシナリオだ。アメリカを罰する過程で、中国自身にもすさまじい被害が生じるからだ。デヴィッド・レオンハルトが述べるように「中国がアメリカ国債の購入を大幅に減らしたら、米国債の価値は急落して、すでに何十億ドル分も米国債を持つ中国人たちが痛手を被ることになる」(29)。実は専門家たちはこの危険があり得ないことを説明するため、冷戦時代の核抑止の用語を使っている。冷戦中、ゲーム理論家たちはアメリカとソ連との平和は両国が第二撃能力を持つ限り維持されると論じた——つまり両国が、先に攻撃を受けた後でも大量の核攻撃を繰り出せるということだ。理屈としては、アメリカもソ連も、報復攻撃で自分たちが破壊されると確信していれば、自分から攻撃をしかけたりはしないというものだ——だから「相互確証破壊」またはMADという名称が出てきた（皮肉なことに、この理屈からすると、核攻撃に対する保護を提供するものすべて、たとえばミサイル防衛シールドなどは、核保有国間のこのバランスをきわめて不安定にし、したがって平和をも脅かすことになる）。ジェイムズ・ファローズが書いた通り「中国はアメリカ人たちにドルを食わせ続けるのを止められない。止めたら中国自身の持つドル資産が大変なことになるからだ。この論理が成り立つ限り、この仕組みは機能する。成り立たなくなったとたん、大問題が生じる」(30)

よい報せは、アメリカもソ連も、冷戦中に核ミサイルを一度も発射しなかったということだ。悪い報せは、相互確証破壊は事故や誤解で危機が引き起こされるのを防ぎはしないということだ。アメリカ人たちは、アラスカ上空を飛ぶ飛行船がレーダーに映ったのを、ソ連ミサイルの攻撃と誤解してしまうかもしれない——債券市場は噂や中国の不謹慎な発言で簡単に動揺しかねない（中国政府も中国人民銀行も、透明性は褒められたものではない）。中国が米国債を吐き出すというわずかな兆しでもあれば、銀行取り付け騒ぎと同じようなパニックを創り出す。とりあえず国債を売っちまえ、あれこれ調べるのは後でいい、というわけだ。当然のことを改めて述べておくと、それに代わるものが完全な破壊だからというだけで安全だとされるシステムは、すべてよく考え直してみるべきだ。

4　どう終わらせようか？

事態は改善はしている。金融危機から出てきたよいものは少ないけれど、中国と米国との不均衡が縮小したというのはその一つだ。金融危機の後でアメリカ経済がゆっくりと強さを回復するにつれ、中国経済は（過去の成績に比べれば）苦闘しはじめた。FRBが金利引き上げを議論しはじめる一方、中国人民銀行は刺激策の注入をやっていた。人民元はいまではそんなに過小評価されているようには見えない。中国は2005年に米ドルへの正式なペッグを廃止した。人民元はその後、ドルに対して3分の1ほど増価した（そしてドルが強いので、他の通貨に対してはもっと増価している）(31)。そうは言ったものの2015年の中国株式市場暴落に対する反応の一つは、ドルに対して人民元がいきなり2パーセント下落したということだった――暴落ではないものの、古い論争を再燃させるに足るものではあった。

2015年にIMFは、人民元は公正な値づけになっていると宣言した。ただし同時に中国に対して山ほど政策アドバイスを提供はしたけれど。筆頭副専務理事デビッド・リプトンは中国に、経済的不均衡に取り組み、将来の成長源として消費を促進し、もっと柔軟な為替レートに向けて移行するよう促した(32)（これに対してアメリカ財務省は、人民元が「著しく過小評価」されているると述べたものの、ここでもまた「操作」という用語を使うのは踏みとどまっている）(33)。リプトンによれば、中国は大規模で成長する経済の管理ツールとして、数年以内に変動為替制度への参加を目指すべきだ。

米中が、ドイツとギリシャよりはうまくやっているからといって、金融面での課題が終わったことにはならない。単純に言えば、アメリカはもっと貯蓄して消費を減らすべきだ。中国はその逆をやるべきだ。短期的には、その移行は太平洋のどちら側でもむずかしいものとなる。長期的には、どっちの国もそれで得をする。元財務長官の二人、ハンク・ポールソンとロバート・ルービンは、前者は共和党で後者は民主党だけれど、2015年に両国が「お互いの経済的批判を受け入れて行動」するよう促す小論を2015年に共著している[34]。言い換えると、両国とも相手に対する処方箋は正しいということだ。アメリカは財政をまともにすべきだ――それは中国政府がオバマケアの費用を心配しているからというだけの理由ではない。アメリカの巨額で増大する負債はおそらく、将来の給付金支出（高齢者向けの社会保障とメディケア）を考えれば持続不可能だし、将来世代に不公平だし、投資家たちがアメリカの返済能力を疑いはじめようものなら、潜在的には世界経済を不安定化しかねない。

中国は、輸出ばかりに依存した形から、もっと国内消費向けの生産を重視する形へと経済を再調整すべきだ。中国の役人は、人民元が部分的または全面的にドルにとってかわり、世界準備通貨になるというビジョンを持っている。これは「脱アメリカ化した世界」を取り巻く加熱したレトリックの一部だ。人民元をもっと魅力的にするには、中国の金融政策――そして全体的な経済――はもっと透明性を持ち、もっと国債資本流に対して開かれ、政府の操作を少なくする必要がある。皮肉なことに、これらはすべてアメリカや、もっと広い世界金融システムとの経済関係にとってもよいものだ。

どっちの国も、太平洋をまたぐ活発な貿易で便益を得る（人民元の価値をめぐる米中の応酬を解決すべきだという論拠の一つは——経済学だけでなく——通貨操作をめぐる反目で議会が保護主義的な法制を可決しかねないというものだ）。一方、世界中の先進経済は現在の世界金融アーキテクチャ——あるいはむしろ、ブレトンウッズ体制崩壊後に、アーキテクチャが存在しないということ——が、危険な不均衡につながらない形で21世紀の資本流を管理できるものになっているかを検討する必要がある。当面の間は支配的な経済列強であり続ける米中は、そのシステムのアンカー役にならざるを得ない。ティム・ガイトナーは財務長官時代に、ある国を他の国よりも優遇しないような為替レート制度管理こそが「国際的な協力の中心的な実存的課題となる」と宣言している(35)。

ハンク・ポールソンとロバート・ルービンはこう書いている。「アメリカが中国の経済的未来に与える最大の脅威は、アメリカの経済的成功が終わるということだ。中国がアメリカに対して持つ最大の脅威は、中国経済の成長が止まることだ。これに対し、両国が自国の状況を片付けて、経済的に成功できたら、これは摩擦を生じさせる経済的な不安要因を減らす。そして将来に対する安心を高め、これが建設的な関係を育む」(36)

どっちの政府もやるべきことがある。でも政府と通貨をめぐる各種論争のさなかに、とても奇妙なことが起こっていた。実業家たちは新しい種類のお金を創り出したのだ。そしてそれは、政府をその仕組みから完全に排除している。これぞこうした争いすべてに対する答えなんだろうか？

ビットコインこそが未来なんだろうか？

第13章

お金の未来

将来のお金の姿がどんなものになるか、だれにわかるだろうか。コンピュータのバイトにでもなっているだろうか？

ミルトン・フリードマン　1994年(1)

お金を手に入れる方法はいろいろある。稼いだり、見つけたり、偽造したり、盗んだり。あるいは、驚異的に才能あるコンピュータプログラマであるナカモトサトシなら、発明してもいい。かれは2009年1月3日にそれをやった。キーボードのボタンを押し、ビットコインと呼ばれる新しい通貨を創り出したのだ。でも、それはすべてビットで、コインの部分はなかった。紙も銅も銀もない――単に3万1千行のコードと、インターネット上の発表だけ。

ジョシュア・デイヴィス　『ニューヨーカー』誌、2011年(2)

ビットコインはお金なのか？

この未来志向の質問に答えるには、皮肉なことに過去を眺めるところから始める必要がある。19世紀に、太平洋の島国ヤップ島は、ヨーロッパの探検家たちがその巨大な石貨を発見したことで悪名高くなった。ヤップ島民たちが独自の交換媒体を開発したという点は何らユニークなものではない。あらゆる文明は基本的にそれをやっている。かなり孤立した社会は、そこでつかいものになるお金を見つけるだろう。ちょうど監獄のサバや、植民地時代のアメリカのワンパムなどのようなものだ。でもヤップ島のお金は、なんというか、すっごくでかい。具体的には、この島民たちは巨大な石灰岩の円盤の真ん中に穴があいたもの（ライと呼ばれる）を使って重要な取引を行う。最大で最も価値の高い石の円盤は、直径3メートル以上にもなり、何千キロもある。この巨大なライを動かす必要があると、真ん中の穴に棒を通して男たちが集団で運ぶことになる[*1]。

ライを作るための石はヤップ島では採れない。その石灰岩はパラオ島——130キロほど離れている——で採掘され、カヌーか筏（後には船）でヤップ島まで運んでくる。石の生産にかかる費用——採掘、彫刻、輸送——が、お金として機能するあらゆる財に不可欠な希少性を生み出す。

このお話の変種は何度も聞いた。太平洋の島国の人々が巨大な丸い石を通貨として使うというのに驚いてみせる一方で、自分たちはエラい人の似顔絵がついた紙切れを物欲しげに求めるというのは、控えめにいっても文化的に傲慢だろう（確かに100ドル札は6人がかりでなくても運べる。その一方で、ライは偽造がむずかしい）。そうはいっても、ある一つのライをめぐるおもしろい出来事が、お金の未来についての衝撃的な洞察をもたらしてくれるのだ。

100年以上も前に、巨大なライをヤップ島に運んでくる船が嵐に出くわした。荒海の中、その価値ある石は海の底に沈んで失われてしまった。それなのに、その失われたライは、ヤップでは相変わらずお金として機能し続けている。一見すると、これはイカレている。財布をトイレに流してしまったら、どんなに説得力ある説明をしたところで、汚水処理施設の中に消えたドルを使ってスタバでコーヒーを買うわけにはいかない。でもライが商業を促進するためにどう機能するかを考えれば考えるほど、海底の石が何の問題もなく機能できるというのが何の不思議もなくなる。というか、それはまったく筋の通ったことなのだ——ただしその理解に到達するには、ちょっとした知的な旅が必要になる。

その知的な旅の出発として、ライが主に大規模取引と価値の蓄積で使われていることから始めよう——100ドル札よりは宝石に近い。ライの大きさは様々で、だから価値も様々なので、会計単位としてはうまく機能しない。価格は通常、一般的な作物、たとえばタロイモのバスケット数で述べられる（ライが厳密な意味でのお金だと言えるのかについては、学者の間で意見が多少は分かれる）。とりあえず、前庭の芝生に巨大なライを置いておいて、やがて子供の一人が大学

[*1] 今ではヤップ島を初めとするミクロネシアの島国では米ドルが法定通貨だけれど、目的によってはいまでもライが使われる。Michael F. Bryan, "Island Money," Federal Reserve Bank of Cleveland Commentary, February 1, 2004.

に進学したとしよう。その時点でそのライを、ヤップ大学に支払うことになる（ヤップ大学があるかどうかは知らないけれど、金融政策オタク向けのTシャツを作ったらすばらしい）。とにかく、大学はライを受け取り、そのヤップ大が俊英の金融政策専門家を雇ったら、その人物がライを手に入れる。さてここがおもしろいところだ。そのライはその間ずっとあなたの前庭にすわったままなのだ。ライの所有者が代わっても、石そのものは動かないのが通例だ。最大500キロにもなる通貨を持っていれば、そのほうが筋が通っている。「取引の参加者たちは、購買力が移転されたということを伝えるだけでいい」とこの島の通貨を研究したFRB経済学者マイケル・ブライアンは述べる(3)。このプロセスは、車の所有権移転のようなものだ。車がどこに駐車されていようと、所有権ははっきり移転している。

ヤップ島と石貨は通常、すばらしい不思議として紹介されることが多い。でも実は、私がこれまで述べてきたことはすべて、お金の役割についてもっと広い見方をすれば完全に筋が通ったものとなる。一部の文化は、でっかい丸い石が好きだ。黄金や銀が好きな文化もある。こうした鉱物はどれも希少で、価値貯蔵手段としてうまく機能する。ライが物理的に移動しなくても所有権を買えるという事実も、不思議ではないはずだ。これは実は、あらゆる現代的な銀行システムの特長でもある。ブライアンが指摘するように「ふつうの営業日で起こるほとんどのドル取引は、物理的なものの移転が一切なしに起こる。あらゆるドル取引の圧倒的な割合を占める電子振り替えは、銀行間のバランスシート調整しか必要としない」。

金本位制の下でも、人々は金の延べ棒を抱えて歩いたりはしなかった。貴金属自体は銀行の金庫に安置され、だれがそれを受け取りに来られるかを記録する紙の証書が流通していた（実際にはだれも受け取りにはこないのだけれど）。国際的に、各国が負債を決済するには黄金をやりとりする。その時にも、世界の黄金の相当部分はニューヨーク連邦準備銀行の地下深くにある巨大金庫に収められている（いまだにこの金庫は他の多くの国にかわって黄金を保管している。連邦準備銀行に黄金を保管している国の正確な数は秘密で、私がいくら頑張ってみても、ニューヨーク連邦準備銀行はヒントさえ与えてくれなかった）。各国が決済すると、黄金はＦＲＢの一つの部屋から別の部屋へ手押し車で移動される。黄金は、実際には会計ツールとして機能している——それは前庭に置いた巨大な丸い石に比べて、実用性が高いわけでも低いわけでもない。

第７章で、ウォーレン・バフェットのものとされる発言があったのを覚えているかもしれない。「［黄金は］アフリカかどっかで地面から掘り出される。それからそれを溶かし、別の穴を掘って、またそれを埋め、人をやとって周りに立たせて警備する。その黄金に何の効用もない。火星からやってきてそれを見ている人は、わけがわからないだろう」(4)。バフェットの洞察で、私たちの短い知的な旅は終わりにやってくるけれど、そこには質問が待っている。もし黄金がＦＲＢの金庫から決して出てこないのに、それでも所有権移転を通じて商業を促進する役目を果たせるのであれば、海底に鎮座しているライとどこがちがうんだろうか？

どこもちがわない。

ライが海底に失われたとき、その大きさ、価値、所有者については合意があった。それがわかっていて、あらゆる当事者がそれに同意していたら、そのライが自分の前庭にあろうと、太平洋の海底にあろうと、あるいはニューヨーク連邦準備銀行の地下金庫にあろうと、何かちがいがあるだろうか？　石の唯一の目的は、どこかに安置されるだけだ――どこでもいい――そしてヤップの人々が価値あるものを交換する中で、貸方と借方を記録しておく。まるで銀行の台帳やカジノのチップのようなものだ。だいじなのは情報で、石や台帳やチップそのものではない。マイケル・ブライアンが説明するとおり「ヤップ島の石貨は島に対する人の貢献の記憶として機能する」。お金として使われる奇妙な財だけに狭く注目したら、もっと大きな目的を見損ねてしまう。それはだれが他人に対して財やサービスを提供したかを記録しておくことだ。

基本的な作業が共同で行われる、一種のコミューンを想像してみよう。落ち葉かき、子守、密造酒造りなどだ。1時間の労働の価値が同じなら――1時間の子守は1時間の酒造と同じ価値を持つ――理論的にはお金は必要ない。労働時間は巨大なエクセル表に記録しておけばいい。怠け者たちは定期的に、集団に対して労働の借りがあるぞと忠告される。でもこのエクセル表は、コミュニティが拡大したり、作業ごとにちがう価値を持つようになったりすると、収拾がつかなくなる（私はあんたの芝生の落ち葉かきを1時間やった。あんたはフレッドとアンジェラの結婚相談を33分やったけど、結婚相談は落ち葉かきの1.75倍の価値だ――等々いろいろ）。お金はこの会計プロセスの分散化を可能にする。みんながお互いにどれだけ貸し借りを持っているか、巨大スプレッドシートで解決しようとするかわりに、取引が行われるごとにトークンがやりとりされる。おまけのボーナスとして、もはや怠け者たちに、グループから得ているよりグループに与えているものが少ないぞと教える必要もない。それだといずれトークンが底を尽くだけだ。コミュニティの中のお金の移動は、価値移転の暗黙の記録だ——石のライについた名前を変えたり、台帳を更新したりするのをもっと便利にやっているだけだ。ブライアンはこう書く。「一部の人は、少なくとも17世紀哲学者ジョン・ロックにまでさかのぼることだが、お金は単にコミュニケーションツールでしかなく、だれかの生産と消費についての社会的な記憶となっているのだと論じている」

お金は記憶なのだ。

この一節はずいぶんかっこいいけれど、私が考案したわけじゃない。1996年にナラヤナ・コチャラコタはミネアポリス連邦準備銀行で「お金は記憶である」と題した内部レポートを書いた。コチャラコタは、効率的な経済取引という点で、お金で実現できることはすべて、理論的には記憶で実現できる——あるいはあまり詩的でない表現を使うなら、非常に正確な記録管理で実現できる。コチャラコタがこの論説を書いたのは、ビットコインができるずっと前だけれど、でもその本質は予見していた。コチャラコタがこの論説は、当時クレジットカード利用が増えてきたと指摘する——それは法や短期負債をめぐる慣行が変わったからではない。情報の蓄積とアクセスの費用が激減してきたからだ。かれはこう説明する。「お金そのものと同様、クレジットカードは主に記憶装置だ」(5)。もちろん、海底のライだってそうだ。コチャラコタはミルトン・フリードマンの有名な格言をもじってこう述べている。「お金は常にどこでも記憶的な現象である」(6)

これぞ過去と未来が収斂する点だ。お金が会計または「記憶」なら、コンピュータコードが生み出した電子通貨であるビットコインは、石のライとさほどちがっているわけではない。どっちも記録保持装置だ(ライもビットコインも「採掘」されるというのは皮肉な偶然だ。ライは石切場で採掘され、ビットコインは複雑なコンピュータアルゴリズムで採掘される）。ＦＲＢの経済学者がヤップ島の石貨について論文を書いていたのには理由がある。はるか昔の２００４年（やはりビットコイン創始の数年前）、マイケル・ブライアンは商品を使うお金、不換紙幣（政府発行でそれ自体の価値はまったくない）と未来のお金とをつなげてみせた。かれはこう論じる。「不換紙幣は商品と同じくらいうまく取引を追跡できる一方、生産費用と貯蔵費用は節約できる。実はこの観点からすると、あらゆる取引がコストなしに即座に記録され、だれでも参照できるような未来が予見できそうだ。そこではお金、少なくとも物理的な創造物としてのお金は、時代遅れとなってしまう」

その未来がやってきた。ナラヤナ・コチャラコタはその「お金は記憶」論考でこう書いた。「もしお金が果たす機能が取引の完全な歴史記録で取って代わられるのであれば、お金の唯一の技術的な役割は、その記録を提供することであるはずだ」。ビットコインはまさにそれをやる。これは分散台帳であり、参加者たちはビットコインを電子的に、世界中のどこにでも移転できる――ウェスタンユニオンの送金サービスと同じだけれど、ずっと高速で、安く、匿名で、ドルではなく新しい会計単位ビットコインを使う。これはインターネットと巧妙なプログラミング、強力な暗号、実業家や投機家やリバータリアンなどが、政府の裏付けのあるお金を裏付けのない電子的なお金と交換する意欲を持ったことで実現した、歴史的な取引記録なのだ。

ビットコインはＳＦまがいだけれど、その創造物語はむしろミステリーにふさわしい。ナカモトサトシと名乗るプログラマが２００８年に世界にビットコインを導入した。これはその人物の本名かどうかはわからない[*2]。ナカモトはときどき掲示板で他のプログラマとやりとりする。ひょっとすると「ナカモト」はグループの仮名なのかもしれない。だれも自分がナカモトだと名乗りを上げたことはない［訳注：その後、２０１６年に名乗りを上げた人物は登場したけれど、その主張はおおむね否定されている］。いずれにしても、ナカモトを名乗るそいつ（またはそいつら）は、インターネットを通じてログインしただれにでも、複雑な数学問題を解くだけでビットコインを稼げるようにした。そういう人たちはビットコイン採掘者と呼ばれる。本当の採掘と同じように、仕事にかける資源を増やせば、成果もおそらく大きくなる。ビットコイン試掘者は複雑な素因数分解問題を解いて報酬を得る。話を単純化しすぎる危険はあるけれど、ビットコインのプログラムがまるで、一から無限大の間でランダムに当たり番号を選んだようなものだ。採掘者たちはコンピュータを使ってその数字を探す。コンピュータが高速で探索プロセスが高度なら、同じ時間でコンピュータが捜索できる数も増え、当たり番号を見つける可能性も高まる。

コンピュータが実際に問題を解いたら、それは電子版の大当たりだ。報酬は25ビットコインになる。元のプログラムは、平均で10分ごとに50ビットコインが見つかるように書かれていて、その発見率は４年ごとに半減することになっていた(7)。執筆時点で、流通しているのは１２００万ビットコインほどで、追加で見つかるのは残りたった９００万ビットコインだけと期待されてい

[*2]　私は自分がナカモトサトシであると証明も否認もできない。

る。この固定供給の約束――政府や中央銀行には手が出せない――はその魅力の一部だ。これは電子的な黄金なのだ。

ビットコインのネットワークは完全に分散化されている。ビットコイン採掘者たちは、時間とコンピュータ処理能力をビットコインプログラム実行に捧げることにした一般人だったりする――ちょうどカリフォルニアのゴールドラッシュで西部に向かったアメリカ人たちのように。かつてかなりの名門私立中学で、生徒数人が夕食の間ずっと採掘活動の話ばかりしていたのに会ったことがある。もちろん黄金やダイヤと同じく、富の見込みがあればもっと資金力も高度なツールもある大企業が引き寄せられる。『ウォールストリート・ジャーナル』が2013年に説明したように「採掘費用、これはつまりビットコイン創造に必要な高度な技術投資を指す業界用語だが、企業や人々が市場に飛び込むためのますます強力なコンピュータを作り上げようと競う中で、それが高騰している」(8)。たぶんあの中学生たち――かつてのゴールドラッシュで、ロバとツルハシとシャベル一丁ずつ抱えていた連中のビットコイン版――はもはやあまり儲かっていないと思う。ある最近のニュース報道によれば、アイスランドのある採掘活動は「100台以上のきらめく銀のコンピュータを並べ、それぞれが鍵のかかったキャビネットにおさめられ、どれも床の通気口から吹き上げる北極圏の空気で冷却されている」。ますます強力なコンピュータ（そしてそれを動かすための電力）は、ビットコインのリリースが意図的に減速していることもあり、収穫逓減をもたらす――これまた本物の採掘と同じだ。上述のビットコイン採掘は、比較的安い地熱発電と水力発電の電気を活用するためにアイスランドに置かれていた(9)。スーパーコンピュータと安い電力のない人にとって、ビットコインを手に入れる最もお手軽な方法は、ドルと交換で買うことだ。ちょうどフランスでの休暇前に銀行でユーロを買うように。

この活動で最も重要な側面の一つは、ビットコインのプログラムを実行しているコンピュータはすべて、だれがどのビットコインを所有しているかという、絶えず更新されるログを維持するピアツーピアのネットワーク〔訳注：中心となるサーバーを持たず、末端（ピア）のコンピュータ同士が分数的にデータの保管や処理を行うネットワーク〕の一部になるということだ。これは採掘者になるために支払う代償だ。ビットコイン所有権の分散記録が「ブロックチェーン」と呼ばれる——これはさっきの経済学者が純粋に理論的に考えただけの電子台帳になる。ある人が別の人にビットコインを送ると、ネットワークの各コンピュータは自分のログをチェックして、そのビットコインを提供しようとしている人が、本当にそれを所有するか確認する。一方、ビットコインを他人に送ろうとしている人は、取引への合意を証明する秘密鍵を提供しなくてはならない。ジョシュア・デイヴィスはこのプロセスを『ニューヨーカー』誌で次のようにまとめる。「ビットコインソフトは、それぞれの取引を暗号化する——送り手と受け手は単なる数字の列で同定される——でもあらゆるコインの移動に関する公開記録がネットワーク全体に伝えられる。買い手も売り手も匿名のままだけれど、コインがAからBに移動したことはだれにでもわかる。そしてナカモトのコードはAが使ったコインをもう一度使うのを防止できる」(10)

だからあらゆる取引は、公開鍵——その人が本当にそのビットコインを所有しているというネットワークによる認証——と秘密鍵——その個人が、取引を承認したという確認——を必要とする。

このプロセスは、銀行の貴重品保管金庫の電子版だ。銀行の金庫は通常、同時に二つの鍵を使わなくてはならない。片方は銀行が持っていて、片方は金庫の利用者が持っている（ビットコインだと、秘密鍵は数字の列で、パスワードに似ている）。ビットコイン取引が実施されると、システム内のあらゆるコンピュータは自動的にログを更新して所有者変化を反映させる。こうしてランダムな人々の分散ネットワークが、支払いシステムの機能に必要な計算力すべてを提供する。経済学者フランソワ・ヴェルドがシカゴ連邦準備銀行の公開するビットコイン概説論文で書いたように「結局のところこの新通貨とは何だろうか？　それは認証された取引の一覧で、その単位がある採掘者により創り出されたところから始まり、現在の所有者で終わっている。その通貨が交換できるのは、潜在的な受け手がみんな過去の取引を確認し、新しい取引を認証する手段を持っているからで、その所有権がノードたちのコンセンサスに基づいているからだ」[11]。ビットコインに難色を示す人々、というのはこの問題について私がこれまで話をした真面目なあらゆる人々を含むが、かれらですらこの技術には価値があることは認める。

でもちょっと待った――なぜビットコインを使いたいなんて人がいるんだろうか？　ビットコイン以外に、そのまねっこ版のどれかでもいい。アルファコイン、ファストコイン、ピアコイン、ネームコイン、ワールドコイン、フライコイン、ズースコイン、ｂｂｑコインなんてのまである[12]。私だってチャーリーコインを作り、うちの周りを一周走ったら進呈することにしてもいい。だからといって、そんなものをため込もうとする人がいるわけもないし、ましてピザや車のような本当に価値のある財と交換でそれを受け取ってくれるはずもない。ビットコインは、比較的無意味な数学問題を解くことで稼いだ数字の列でしかない。紙幣なら少なくとも、その他の価値がすべてなくなっても、燃やしたりトイレットペーパーがわりに使ったりはできる。

短い答えは、ビットコインが価値を獲得したのは、ビットコインに獲得された価値があるからだ。初期の実業家、たとえばネットスケープの共同創設者マーク・アンドリーセンや、キャメロン&タイラー・ウィンクルヴォス[*3]が投資を行い――その技術そのものと、ビットコイン自体にも投資をした――他の人々はそれを見てビットコインがつかいものになる電子通貨になるか、少なくとも一時的に価値を得るかもしれないと納得したのだった。ビットコインの価値が上がるたびに、他の人々はビットコインを持つと多少は儲かるかもと思い、それで価値がさらに上がった。最も悪名高い取引の一つは2010年に行われた。先駆的なビットコインマニアのラズロ・ハニェツがビットコインの掲示板に、ピザ2枚を届けてくれたらだれにでも1万ビットコインをあげると書き込んだのだった。別のビットコインおたくがその挑戦を受け入れ、パパジョンのピザ2枚をハニェツに届けさせた。2015年になると、その1万ビットコインは230万ドルにもなった。暗号通貨マニアたちはいまやこの先駆的な取引の行われた記念日、5月22日を、ビットコインピザの日として祝う(13)。やがて一部の主流商人、たとえばOkキューピッド（出会い系サービス）やワードプレス（ブ

[*3] この双子はフェイスブックの初期に関与したことで有名で、その後映画『ソーシャル・ネットワーク』でおもしろい描かれかたをしていたのでさらに有名になった。

ログ）などがビットコインを受け取るようになった。バスケットボールチームのLAクリッパーズは、チケット購入にビットコインが使える[14]。いまのところ、これは取引を容易にする仕組みというよりは、マーケティングの話題作りのような印象だ。小売業者は通常、ビットコインを受け取ったら第三者支払い企業を通じてそれを即座にドルに換える[15]。2014年に『ウォールストリート・ジャーナル』紙は、レイク・タホの不動産物件が2739ビットコインで売却されたと報じた[16]。これまた例外的なものでしかなく、かえってみんなの疑念を裏づけるものに思える。家がドルやユーロ建てで売られても、ニュースにはならないでしょう？

ピザ2枚に230万ドル相当を支払うことになりかねないという事実は、ビットコインがいかにすごい技術を使っていても、お金としてはダメな理由の一つだ。価値が予想のつかない形で上下動する資産は、電子だろうと他のものだろうと、お金としては悲惨だ。お金がうまく機能するには、購買力が比較的一定に保たれるほうがいい。スティーブ・フォーブスが嘆いたように「お金が最も最適なのは、その価値が固定されているときだ。ちょうど決まった重量や長さの尺度があると商業の役に立つのと同じだ。ハンバーガー1キロを買ったら、肉が千グラム入っている。1時間は60分。1マイルは5280フィート。こうした尺度は『変動』しない」[17]。フォーブスのコラムは見事にこう題されていた。「ビットコイン：なんであるにせよ、絶対にお金じゃない！」。この点について、私はスティーブ・フォーブスに肩入れしよう。第1章までずっと戻ると、お金には3つの基本的な機能がある。会計単位、価値の貯蔵手段、交換媒体だ。ビットコインはこのうち2つについて失格で、3つ目すら怪しい。

ビットコインは会計単位としての意味を持たない。2739ビットコインで購入されたレイク・タホの不動産物件の話に戻ろう。これは大きな敷地、それとも小さな敷地？　見当もつかないだろう。でもその物件が取引時点で160万ドルしたと言ったら[18]、すぐにそれがかなり結構な物件（またはすごく人気の地域にある小さめの敷地かもしれない）だとわかる。世界のほとんどの人にとって、160万ドルというのは何かしら意味を持っているけれど、2739ビットコインにはそういう意味はない（その裏づけとして、このビットコインによる画期的な不動産取引を喧伝する『ウォールストリート・ジャーナル』記事は、第一段落では価格をドル表記して、ビットコイン価格は第二段落に回している）。はいはい、だれでもいつでもビットコインの価値は調べられる。ちょうど新しい国を尋ねて現地通貨で考えるのを学んでいるときと同じだ。でもビットコインの価値はやたらに変動を繰り返してきた。1ビットコインの価値は、2013年1月から2014年1月の間に5千パーセントも増えた[19]。しかも安定した上昇ではなかった。年始には15ドル、4月には230ドルに上がり、7月には70ドルに下がり、11月にはめまいのするような上昇を見せて千ドル以上になった[20]（こうやってピザ2枚に230万ドル相当を使う人が出るわけだ）。2014年8月、ビットコインは一日で12パーセント下落した。ビットコイン投資ファンドの持ち主は当時こう説明した。「ビットコインってのは、とにかくこういう取引になるんですよ、よかれ悪しかれ」[21]。これを比較してみよう。ドルの国内購買力が年に3～4パーセントも変動したら、FRBがまともに仕事をしていないと思われる。それが1日12パーセント？

昔ながらの金融の友、多幸感とパニックに立ち戻ろう。ほとんどの人にとって、ビットコインの最も魅力的な点は、価値が着実に上がっていったということだった。資産の価値が上がるという期待で資産を買うのは投機だ。そして根底の価値（利潤や賃料やその他収入の流れ）のない資産で投機するなら、バブルにご注意。自分以上のバカ理論——明日は自分よりも高値をつける人が出るという信念に基づいて今日何かを買うこと——は、人類文明史のあらゆるバブルの常連客だ。人々が価値上昇を元にビットコインを買おうとするなら、状況が逆転したときにその人たちがビットコインをたたき売らない理由はない。ビットコインは、ユーロやドルや円と同じく、それ自体としての価値はない。ちがいは、ビットコインの価値を維持する責任を負っている政府も中央銀行もないし、どんな政府もそれを法貨として受け取らねばならないとは決めていないということだ。英『エコノミスト』誌が指摘したように「あらゆる通貨は何らかの共感的幻覚を伴うものではある。でもビットコインは、バーチャル通貨システムなので、他よりも幻覚成分が多い」[22]

バブルが破裂しなくても、会計単位というのはそもそも、購買力の見当がつくためのもので、特に長期の購買力の目安がほしい。ドルが有効なお金の形態なのは、単にいまそれでコーヒーが買えるからというだけでなく、ドルで30年ものの住宅ローンが組めるからだ。あなたも銀行も、ドルがその数十年でどんな価値を持つか、そこそこ見当がついている。ドルの将来価値は完全には予測できないけれど、その購買力はビットコインよりはすさまじく安定している。ビットコイン支持者はこの電子通貨の価値が対ドルで上がると（つまりはほとんどの財やサービスに対して上がると）大喜びする。バイク屋でヒッピー野郎から買った30ビットコインが、去年の7倍の大麻を買えるんだから、これは文句なしだろう（このドラッグの例を持ち出したのは、完全に恣意的というわけではない。これについてはすぐに述べる）。でも価値がこれほど大幅にふれる通貨は、もっと長期の取引では実に悲惨だ。実質価値で、期待したものの10倍、20倍、50倍になりかねない支払いを約束するような、住宅ローンなど長期取引を行ったらどれほど金融的に危険か考えてみよう。そして明らかにビットコインの価値が暴落したら、支払いストリームを受け取る側が損失を被ることになる。

ちょっと考えてほしいことがある。ビットコイン財団ですら、職員の給料を本当はビットコインで支払っていない。この組織は給料をドル建てで定め、給料日の為替レートにあわせて支払いをビットコインで行うのだ(23)。

似たような理由で、ビットコインはお金の第二の重要機能である価値貯蔵手段としてもあまりよくない。採掘できるビットコインの量は、中央銀行が好き勝手に作り出せる不換通貨とはちがい、固定されていることになっている。印刷機（またはその電子版）を持った官僚どもの介入なんかない。ほう、そうかもしれない。でもビットコインのプログラムをだれが書いたかわからない以上、どうしてその固定された量というのを確信できるのか、疑問視するのは十分に正当なことだ（電子マネーは潜在的には、紙よりさらに希少性が低い）［訳注：ビットコインのソフトはソースコードが公開されているので、その中身は十分にチェックされている。さらにビットコインの中核ソフトはその後有志による改良が進み、ナカモトサトシの当初のコードはそんなに残っていない。よってここに挙げたような懸念は実際には杞憂ではある］。ビットコインの利点として「政府の監督なし」を挙げるなら、同じことを欠点の側でも挙げるべきかもしれない。

電子マネー――ビットコインとその競合――が価値の貯蔵手段として持つ最大の制約の一つは、最も面白みのないものかもしれない。簡単になくしたり盗まれたりするということだ。それぞれのビットコインには秘密鍵――一連の数字――があり、それが電子的に電子ウォレットに保存できる。あるいはその数字を書き留めて、他の各種パスワードすべてといっしょに引き出しに貼り付けておいてもいい。どっちも鉄壁とは言えない。ソフトセキュリティ研究者二人は、パソコンからビットコインのウォレットファイルを盗むよう設計されたマルウェアを120種類以上発見している。こうした専門家たちは「コールドストレージ」を推奨している。つまりオフラインで「現金を物理的な金庫に入れるように」保管するというのだ(24)。いずれにしても、秘密鍵をなくしたらビットコインも永遠になくなってしまう。パスワードを忘れたりなくしたりしたことはあるだろうか？　さて、黄色のポスト・イットを必死で探し回り、見つからなければ老後用の貯蓄すべてが永遠におじゃんというのはどうだろうか？　いや、黄色でなくて青のポスト・イットだっけ？

ちょうどいいので、おもしろい余談を。あらゆる電子通貨の潜在的な便益は、それが犯罪に対してよい影響を持つかもしれないということだ。街頭での犯罪はしばしば、収奪的だし日和見的だ。現金でふくれあがった財布が少なければ、それだけ犯罪機会も減る。全米経済研究所に属する研究者集団は、「現金が犯罪の動機になるなら、現金をなくせば犯罪は減るだろうか」という疑問を投げかけている。答えはどうもイエスらしい。これはミズーリ州での巧妙な調査に基づいたものだ。ここでは州が福祉やフードスタンプ手当を、小切手（これは現金化される）で配るのではなく、小売店で使う電子システムに切り替えた。この移行は段階的に行われ、郡ごとに電子化の時点がちがっていた。デジタル化すると窃盗や強盗といった犯罪が有意に減った（残念ながらそれに対し、強姦、売春、ドラッグといった犯罪は減らなかった）(25)。

でも、あまりはしゃがないほうがいい。ジェシー・ジェームズは、自分が銀行強盗するのはそこにお金があるからだと言った。だったら21世紀には別の場所で強盗しただろう。ハッカーが連邦公務員の個人情報1800万人分を盗めるなら、デジタル通貨が安全だと考えるのは甘い。特にそこには、それを安全に保つ責任を負った機関がないのだから。結局のところ、究極の泥棒は、フットボールの試合をテレビで見ながら、居間でコンピュータを使って巨額のお金を盗むというものだ。これはすでに起こっている。2014年2月、世界最大のビットコイン取引所、東京のマウントゴックスが、74万4400ビットコインがなくなったと報告した。サイバー泥棒に盗まれたらしいという[*4](26)（その頃には、これはピザを買うには十分すぎる金額だった——5億ドル規模にのぼる）。一週間ほど後に、カナダの「ビットコイン銀行」が閉鎖した。ハッカーたちがその「ホットウォレット」（ビットコインのオンライン保管所）のビットコインをすべて盗んだのだ。他にもいろいろ(27)。こうしたサイバー泥棒の費用は、電子的に奪われたお金だけじゃない。通常はビットコインの価値が下がり、おかげでその通貨を持っている全員に損失が広がる。

[*4] はいはい、泥棒たちは捕まらなかったので、連中がフットボールを見ながら居間で泥棒をやってのけたかどうかはわからない。でもお面をかぶって銀行に押し入る必要はなかったのはわかっている［訳注：その後、犯人はつかまった。サイバー強盗は実在せず、取引所の主催者がビットコインを横領していたことが判明した］。

ジェシー・ジェームズが銀行強盗しても決してそんなことは起きなかった。

これで、お金の最後の中核機能、交換媒体にやってくる。この点でビットコインにはすさまじい価値がある——一部の人にとっては。ビットコインは、アルゼンチンやベネズエラなど、ハイパーインフレの歴史があり、銀行がむちゃくちゃで、通貨統制のおかげでお金を国から出し入れしづらいところでは重要な役割を果たし得る。『ニューヨーク・タイムズ』紙は2015年にこう報じている。「アルゼンチンは技術筋で、ビットコインが一般人により本当の商業取引で普通に使われている、最初の、ほぼ唯一の場所として静かに名を挙げつつある」(28)。歴史を通じて個人は、伝統的な金融システムが破綻すると、黄金や宝石の使用に頼ってきた。電子黄金も同じ役割を果たすかもしれない。

デジタルマネーは、現金の多くの利点と、電子支払いシステムの到達範囲や利便性を組み合わせている。クレジットカードで外国から買い物をしたい人は通常、多額の手数料が必要だし、大量の個人情報を残す。手数料が好きな人はいない。ビットコインの独特な技術は、世界中でお金を移動させる費用を大幅に下げる可能性がある。特に自国に送金する外国人労働者集団にとってはこれは大きい。別の集団は、本当に紙の取引記録を嫌っている。カザフスタンで武器を買おうとしている人——しかも法執行当局向けの電子的な証拠をあまり残したくない人々——は、現金入りのスーツケースを国内に持ち込む手段が必要だ。暗号通貨は現金の相対的な匿名性と、電子送金の利便性を組み合わせている。ビットコインは、現金入りスーツケースを電子的に世界中に送れる——だから巨額の匿名取引をやりたい人々にはことさら魅力的だ。

さて、正直で身持ちのいい人々でも、税務署や麻薬取締局やＦＢＩが自分の商売に鼻を突っ込んでほしくない人は多いはずだ。でもヤクの売人や脱税者や武器商人たちも、領収書を税務署や麻薬取り締まり局やＦＢＩに見せたくはないのもまちがいない。当初からビットコインは、お近づきになりたくない人々にとって、とても魅力的な交換媒体を提供してきた。たとえばシルクロードは、ビットコインに加えてＴｏｒという、物理的な位置を明かすことなくウェブサイトを持てるもう一つの新技術を使い、違法商品（主にドラッグ）を簡単かつ安心して売買できる初のウェブサイトだった[29]。あるニュース源はこのサイトを「違法ドラッグ向けアマゾン」と評している[30]。２０１３年にＦＢＩはシルクロードを閉鎖させたけれど、それまでにこのサイトでは１６０万ビットコイン以上の取引が行われていた（さっきの論点に戻ると、この数字を見てもたぶんちんぷんかんぷんだろう。これは現在の為替レートだと、３.６５億ドルほどになる）。

もっと驚くことに、ビットコイン財団の理事で、ドルでビットコインを買える重要なウェブサイトのＣＥＯだったチャールズ・シュレムは、シルクロードへの関与容疑で２０１４年１月に逮捕された。こうしたビットコイン関連逮捕には何層もの皮肉がある。シュレムはニューヨークのＪ・Ｆ・ケネディ空港で、北米ビットコイン大会での講演に向けて出発するところだった[31]。ＦＢＩはシルクロードを閉鎖させ、同社から14万4千ビットコインを押収したので、当時アメリカ政府が最大のビットコイン保有者になった[32]。もっと大きな論点として、法執行機関や規制当局は、技術に追いつくべくできる限りのことをしている。ベン・バーナンキが述べるように「規制当局に絶えずガサ入れされているようなら、世界的に有用な通貨になるのはむずかしい。でも規制当局はそれが主に違法活動の道具になっていると思えば、必ず取り締まる」(33)。一方、最大の便益を受けている人々がドラッグ王やテロリストなら、デジタル通貨の魅力も――リバータリアンたちにとってすら――色あせてくるだろうと予想せざるを得ないところだ。

でもほとんどの人にとって、新しい電子マネーの形態が持つ主な問題は、それがやると主張していること――お金としてふるまうこと――にあまり長けていないということなのだ。教授（しかも成績は甘め）として私の採点は以下の通り：

- 会計単位としての暗号通貨：F
- 価値貯蔵手段としての暗号通貨：D
- 交換媒体としての暗号通貨：ほとんどの人はC、政府崩壊中の国にいれば B+、テロリスト、武器商人、ヤクの売人、誘拐犯なら A+

でも、この驚異的な技術を暗号通貨といっしょに捨ててしまわないようにしよう。ビットコインや関連技術は、物事に対する支払い方法や送金方法を一変させる可能性を持っている。その単位はビットコインではなくドルかもしれないけれど。伝統的には、価値のトークンをある人から別の人へと移す取引すべてについて、基本的に2種類の選択肢があった。最もストレートな方法は物理通貨を使うことだ。現金のエレガントなところは、私が1ドルあげたら、それはあなたが持っていて、私の手元にはなくなるということだ。それについて、混乱や紛争が起こる余地はなかなかない。それ以外の支払いメカニズムはすべて、伝統的に取引を確認するのに仲介業者に頼ってきた。小切手を切ったりデビットカードを使ったりすると、口座に十分な資金があるかを確認して、別の人の口座にその資金を移すのは銀行だ。VISA、マスターカード、ウェスタンユニオン、ペイパルはみんな、基本的に同じ事をちがった形でやっている。受け手が、本当に存在する私のお金を受け取っているのかを確認し、私がそれを同時に別の6カ所で使ったりしていないかを見張る（クレジットカードの場合、使っているお金を貸してくれたりもする）。こうした業者は仲介を行うために多額の手数料を取る。これは現代経済で電子支払いの重要性を考えれば、決して無法なものではない。

歴史的には、仲介業のいないあらゆる電子支払い形態は、デジタル情報の性質そのものにより失敗を運命づけられていた。デジタル情報はいくらでもコピーできるのだ。50ドルの価値あるデジタルファイルを持っていたとしよう。これは現金の真逆だ。私がそれをメールで送っても、まだ私の手元にある。いや、それをわたしの連絡先の全員にメールで送ろう。これでみんな50ドルのファイルが手元にある。これでは支払いシステムとして機能しない。ビットコインの天才的なところは、VISAのような仲介業者ではなく、分散ピアツーピアネットワークが取引を確認するということだ。シカゴ連邦準備銀行のフランソワ・ヴェルドが説明したように「ビットコインのプロトコルは、デジタル通貨を創り出すときの問題に対してエレガントな解決策を提供している。その問題とは、その発行をどう規制し、偽造や二重消費をどう防ぎ、それが安全に伝わるのを確実にすることだ――しかも単一の当局に頼ることなしに」(34)。このイノベーションは、商業や資本流を一変させる能力を持つ——それを高速で簡単で安上がりにしてくれるのだ。これはまさにお金がやるはずのことだ。英『エコノミスト』誌（その編集部の暗号通貨に対する見解は、ビットコインならぬ「ビット詐欺《コン》」といった用語を含むことが多い）ですら、これをナップスターに比肩するものとしている。ナップスターはピアツーピアのファイル音楽共有サービスで、著作権侵害で閉鎖させられたものの、それでも音楽産業を一変させた[35]。

いい機会なので、この章全体の主題の一つをここではっきりさせておこう。電子支払いシステム——伝統的通貨を使った取引を電子的に行う仕組み——とまったく新しい形のデジタルマネーとは、根本的にちがうものだということだ。これまで説明してきたあらゆる理由で、後者には巨大な障害がある。でも前者——商業を電子的に行うための安くて簡単な手法——はまちがいなく発展を続ける。たとえばM-Pesaはケニアで人気あるモバイル支払いシステムで、利用者は携帯電話を使って送金できる。利用者は電話を使って商品を買えるし、店やスタンドで現金の引き下ろしもできる。M-Pesaは手元に現金をおく必要性を減らし、強盗を最小限に抑える。『ウォールストリート・ジャーナル』紙が述べるように「[取引は]同国のほこりっぽいリフト峡谷の村にいる牛飼いたちからも、賑わうモンバサ港の輪タクドライバーからも、渋滞だらけのナイロビの実業家たちからもきている」[36]。ケニア銀行協会が発表したある調査では、ケニア人の6割ほどが電話を使って金融取引を行っており、実際に銀行に出向くのは3割ほど、ATMを使うのはたった8パーセントだ[37]。でも決定的な細部を見落とさないこと。こうした取引はすべて、ケニアシリング建てなのだ。

現金が死滅するという主張は十分にあり得る。最低でも、紙幣はだんだん減るだろう。人々はますますカードをスワイプし、電話をふりかざし、ウォレットをタップし、その他ベーグルを素早く簡単に買えるようにする各種技術を使うようになるのだから。すでに航空会社などの機関が、電子的な支払いしか受け付けなくなった。現金の需要は多少は続くのではと私はにらんでいる。その匿名性と、少額取引での利便性のおかげだ——いずれわかるだろう（いまだにペニー硬貨があること自体、ちょっとあり得ないことだとは思うけれど、この話は別の本でまた）。ここで一歩下がり、お金の目的は経済の他の部分をうまく機能させることだというのを思いだそう。それは使うのがドル紙幣だろうとビットコインだろうと、ライ石貨だろうと、パック入りのサバだろうと変わらない。ここから、いくつか強力な予測が出てくる。

テレパシーを使ってスタバでコーヒーを買うようになっても、安定した会計単位はずっと必要。 責任ある中央銀行を持つ国での、政府の裏付けを持つ通貨、特に米ドルは、驚くほど一貫して予測可能な購買力を過去30年にわたり維持してきた。アーヴィング・フィッシャーの轍を踏むリスクは承知ながら、あえてこう言わせてもらおう。政府の裏付けを持つ通貨は当分の間、置き換わることはない、と。お金と取引の性質は変わるだろう——でも会計単位を維持する根本的なニーズは不変だ。

いつの世にも貸し手と借り手はいる。 貸し借りの性質は進化するだろう。伝統的な銀行業務の一部は、影の銀行に置き換わった。未来主義者たちは、インターネットがピアツーピア融資の台頭をもたらすと宣言している。そうなれば借り手と貸し手がどっちもオンラインにいて、中抜き業者はいなくなるという。そうかもしれない。でも願わくば歴史に学んでほしいのだけれど、融資システムはすべてパニックに弱い。いつの日か、借り手と貸し手は安い商用宇宙船で宇宙にでかけ、そこでランデブーして取引の成約をするかもしれない。好きにしてくれ。でも人間の本性が変わらない限り、貸し手がすぐにお金の返済を求め、借り手がそれを持ち合わせていない状況は起きる。これは宇宙旅行でも変わらない――ジミー・スチュワートが現場にやってきて、その婚礼用の現金をばらまいてパニックを抑えない限り。こうした状況は、最後に頼れる貸し手を必要とする。

世界経済は本質的に激変しかねない。その原因は、天災、技術変化、戦争、金融パニックなど人や自然がもたらせるありとあらゆるものになる。こうした激変を管理する実績あるツールは、借りたお金の価格――つまりは金利――を下げたり上げたりすることだ。ビットコインの皮肉の一つは、ナカモトサトシが金融危機に対する怒りを原動力の一部にしていたということだ。ビットコインは、銀行家や政治家や中央銀行から離れて成立する通貨となるはずだった。ジョシュア・デイヴィスは『ニューヨーカー』誌でこう述べる。「ナカモトが世界を運営していたら、あっさりベン・バーナンキをクビにして、欧州中央銀行を閉鎖し、ウェスタンユニオンも潰しただろう」(38)。でも危機が悪化するのを防いだのは、FRBが新しいお金をシステムに注入できたからだ。そして危機以後も、ドルの購買力はビットコインの購買力よりはるかに安定している。ビットコインが経済に入るのは、コンピュータアルゴリズムの指示に応じてであって、経済停滞を収めるために経済がもっとビットコインを必要としているからでもないし、財やサービスで見た価値を安定に保つためでもない。

ではおさらいを：

人々の取引方法は進化する――でも安定した会計単位のニーズは変わらない。貸し借りの性質は変わる――でも金融パニックの性質は不変だし、それに対する保護の必要性も同じだ。

経済は進化する――でも経済変動は相変わらず続くし、世界経済がますます相互接続されれば、変動はもっと大きく不安定なものになりかねない。

こうしたものすべてを管理する責任を負う機関とは何だろうか？　中央銀行だ。人々は、グーグルグラスだの自動運転車だので大騒ぎするけれど、イノベーションという点で見れば、21世紀に成長と安定を促進するためにできる最も重要なことの一つは、中央銀行業務のやり方をますます高度化することなのだ。

第14章

中央銀行業務の改善

2000年代半ばには、よりよいマクロ経済政策がもっと高い経済安定性をもたらせるし、実際にもたらしたと考えるのは、確かに決して不当なことではなかった。そこへ危機がやってきた。

オリヴィエ・ブランシャール、ジョヴァンニ・デラリチア、パオロ・マウロ

IMF報告、2010年(1)

あらゆる危機で、毎年、あらゆる状況でFRBがずばり正しい政策を採ったなどと主張できる人はだれもいないと思います。でも論争の余地がない点は、この機関がアメリカにとって実に役にたってきたということです。

ポール・ヴォルカー　連邦準備法百周年記念式典にて(2)

ＦＲＢは２０１３年12月に百歳の誕生日を祝った。百周年記念式典は、アメリカのお祝いの基準からすればかなり慎ましかった。小学校のときに鮮明に記憶しているアメリカ建国二百周年式典とは比べものにならない。花火もないし、テレビでドキュメンタリー番組もないし、パレードもない。金融危機の最悪の部分は２０１３年には過ぎていたけれど、ＦＲＢは相変わらず右派からも左派からも政治的な猛攻撃にあっていた。保守派はＦＲＢが債券市場に積極的に介入したので、インフレが手に負えなくなるぞと警告していた。進歩派はＦＲＢを正反対の理由で叩き、アメリカ人たちに雇用を創り出すためにやった施策があまりに控えめだという。ＦＲＢ議長ベン・バーナンキは、エリザベス・ウォーレンとリック・ペリーの両方から怒鳴られるという目にあった数少ない人物の一人だろう。一方、ロン・ポールは相変わらずＦＲＢと不換紙幣を廃止させようとして断固活動を続けていた。ＦＲＢでは百歳の誕生日を祝うケーキはなかった[*1]。

それはなんともかわいそうだ。というのも、どんなまともな客観的基準から見ても、百周年記念にはキャビアや氷の彫刻や、よく見る巨大なダンスバンドがあってしかるべきだからだ。過去10年の経済的トラウマはあっても、ＦＲＢは機関として大いに祝うべきものがあり、それは世界

[*1] 私はこれをちゃんと確認した。ＦＲＢ職員が以下のメモを送ってくれた。「２０１３年の百周年記念に関連したケーキはありませんでした」

の他の中央銀行だって同じだ。金切り声の批判はさておき、積極的な介入がなければ大恐慌よりも壊滅的なものになりかねなかった危機の中を、ＦＲＢがアメリカと世界を率いて抜け出させてくれたのだ。もっと長期で見れば、ＦＲＢや世界の責任ある他の中央銀行は、不換紙幣で低インフレを維持できることを実証し、商品通貨の便益をすべて実現しつつ、その欠点はなしですませてきた。確かにＦＲＢは最初の大きな試練である大恐慌ではしくじった。２００８年金融危機は、それを挽回するチャンスだった。今回のＦＲＢは英雄的な仕事ぶりをみせた。人々は実際にこの「英雄的」という用語を使っている。プリンストン大経済学者で、左派出身の元ＦＲＢ副議長アラン・ブラインダーは、バーナンキにA−の成績をつけている（マイナスは、リーマン・ブラザーズ社破綻を容認した点だ）。ジョージ・Ｗ・ブッシュが指名した財務長官ハンク・ポールソンはバーナンキについて、単に勇敢なだけでなく「史上最高のＦＲＢ議長の一人」と評している(3)。成績でいえばＡということにしよう。

数字を見てもこの成績は裏づけられる。失業は大恐慌時には最大25パーセントに達したけれど、金融危機では10パーセントだ(4)。大恐慌は延々と続き、一時的にちょっと改善しても、１９３０年代の大半にわたり続いた。金融危機が引き起こした不景気は、アメリカではたった3年で終わった（が、その後の成長は鈍かった）。だったら、なぜ１００周年記念に氷の彫刻がなかったのか？ 理由の一部は、バーナンキとＦＲＢのもらった成績は暫定的なものだということだ。金融危機の最大の部分は終わったかもしれないけれど、最終章のいくつかはまだ書かれていない。ＦＲＢのバランスシートはまだ、歴史的にみれば巨大だ。アメリカの中央銀行は経済に流動性を提供する中で、空前の米国債などの各種資産を買い込んだ。ＦＲＢはそうした資産を管理して、それをだんだん売却するか、満期まで保有するかしなくてはならない。一方、銀行は空前の準備高を保有している（ＦＲＢから得たものだ）。議会でのＦＲＢ批判者たちは、ＦＲＢの監査を義務づける法案を提案しており、これは実は立法者が金融政策の決定にもっと直接関わろうとする試みだ。実体経済のほうでは、多くのアメリカ人はいまでも救済について怒っている。

２０１５年夏に私はベン・バーナンキにインタビューする機会があった。かれは過去７年（あるいはそのさらに93年間）でのＦＲＢの驚異的な業績を祝おうとして、そこら中で万歳してまわっているような人物の雰囲気は持っていなかった。長年の戦いを経て、勝利はしたがくたびれきった将軍のように見えた。２００８年金融危機は、中央銀行家にとっては戦争に相当するものだ――金融システムに対する巨大な予想外のショックなのだから。ＦＲＢの対応は、過去の紛争――大恐慌、１９７０年代のアメリカ、１９９０年代の日本――からの教訓を活用しつつ、状況に応じて即興も取り入れた。

中央銀行業は、医療や製造業と同じく、過去の経験が現在の慣行に組み込まれるにつれて、着実に改善されるものであるはずだ。アメリカが金融危機を脱し、ＦＲＢが制度機関として２世紀目に突入するいまこそ、ふりかえり、あたりを見回し、先を見る好機だろう。危機を通じて中央銀行業について何を学んだだろうか、そしてもっと重要なこととして、そうした教訓を使って次の危機やパニックにどう備えればいいだろうか？　というのも、次は必ずくるからだ。中央銀行業務をどう改善できるだろうか？

1 いままでの勉強は正しかった

中央銀行業を下支えする多くの基本的な原理――私が大学院で教わったような代物――は金融危機でさらに強化された。戦闘と同じく、一部の基本的な教訓は時を超える（たとえば相手を見下ろす位置を確保せよ、など）。以下に中央銀行業の古典的な教訓をいくつか挙げよう。どれも実証されたものであり、将来の政策担当者は、これを無視したら自分がひどい目にあうことになるだろう。

最後に頼れる貸し手は必要だ。 取り付け騒ぎは取り付け騒ぎだ。それがベイリー建築融資銀行だろうとレポ市場だろうと。金融危機は、根底のところでは金融パニックだった。ベン・バーナンキはしばしばそれを、2008年パニックと呼ぶ。2014年にアメリカ経済学会で、かれはこう語った。「この危機は古典的な金融パニックと強い類縁的な相似性を持っていますが、それが21世紀の世界金融システムという複雑な環境で起きただけです」。パニックが広がると、病気の機関が健全なものに感染させる。個人や企業や政府はみんな流動性を求めて走り回り、根底にある危機を悪化させる。

時間とともに、歴史家や経済学者たちはFRBの実績の細部を批判するだろうし、それはやるべきことだ。それでも危機に伴う本能的な恐怖が落ち着く中で、事態がどれほどひどいことになりかねなかったかは決して忘れてはいけない。人間である私たちは、反実仮想を思い浮かべるのが実にヘタだ。ちがった選択を行えば何が起きたかもしれないか、ということだ。世界の主要中央銀行の介入がなかったら、完全な金融崩壊にどれほど近いところまできたかを、私たちは決して忘れてはならない。

2008年10月、スコットランド王立銀行、世界最大の銀行の一つが、デフォルト寸前に陥り、イギリス政府に支援を求めた。当時のイギリス財務相アリステア・ダーリングはこう述べた。「たぶん銀行システム崩壊の数時間手前まできていたと思う」(5)

どれほどひどいことになりかねなかったか? デヴィッド・"ダニー"・ブランチフラワーは、危機当時はイングランド銀行金利設定委員会の委員だったが、その決定的な数時間での会話で、アリステア・ダーリングがどんな発言をしたか述べている。「なんでも部下にこう尋ねたというんだ。『私が連中を救済しなかったらどうなるね?』 すると部下たちはこう答えた。『大臣、私たちもはっきりはわかりませんが、明日世界中のあらゆるクレジットカードとあらゆるATMが使えなくなる可能性が、かなりあると思います』。するとかれはこう言ったそうだ。『するときみたち、私にはさほど選択肢を与えてくれなかったということだねえ、え?』 そして部下たちはこう言った。『そうです』」(6)

債務超過はしていないのに流動性が不足している機関に対し、無限の金額を融資する力を持った中央銀行は、金融パニックを止められる唯一無二の立場にある。人間の本性や金融の世界が大幅に変わらない限り、パニックは起こり続ける。そしてパニックがある限り、それが起きたときに融資する中央銀行は必要だ。

金融政策は重要だ。 お金はしばしば、経済学入門講義では脚注扱いでしかない。重要なのは財の取引で、お金はそのプロセスに役立つツールでしかないというわけだ。これはその通り。本書が指摘しようとしてきたとおり、パック入りのサバだってその機能を果たせるし、丸い石や紙切れも使える。そしてお金は長期的には中立的だ。つまり、通貨につくゼロの数を増やすだけで社会が着実に豊かになったりはしないということだ。でも短期では、信用の値段――つまりお金が貸し出されるときの値段――を変えるのは、絶対に中立なんかではない。中央銀行政策は、だれが今年車や洗濯機を買えるかに影響するし、それが今度は車や洗濯機をつくる人々の失業率にも影響するし、それが経済の他の支出に影響し等々。ＦＲＢは２００８年に経済が崩壊しかかったとき大胆に行動して、短期金利を５・２５パーセントからゼロ近くにまで引き下げ、量的緩和などの介入を使って長期金利も引き下げた。反実仮定は直接見るわけにはいかないけれど、こうした行動が転落を緩和して回復を加速したという証拠は説得力があるものだ。

中央銀行の政治的独立性はその有効性にとってきわめて重要。 すでにかなりの時期にわたり、大きな政治的独立性を持つ中央銀行のほうがインフレを防いで安定成長をもたらすのがうまいというのはわかっていた。政治家たちは短期のインセンティブを持っている。中央銀行家たちは長期で活動しなければならない。前者が後者にあまりちょっかいを出さないようにするのは、有効な金融政策の重要な一部となる。でも伝統的な危険は、経済にいまお金を流したい政治家が、後にインフレが起きるのを無視してそれを無理強いするということだった。金融危機と、日本の失われた数十年からも得られる教訓の一つは、中央銀行は反インフレ勢からも保護されねばならないということだ。2008年以後に生じたFRBへの最も熾烈な批判は、政治的右派からのものだった。そこでは様々な影響力ある人々——学者から政治家まで——が、FRBのそれぞれの行動がインフレの暴走や、ハイパーインフレすら引き起こすのはまちがいないと主張した。今のところ、こうした予想は途方もなくまちがっていることが示された（私も大学院で、政治家たちが少なすぎるインフレを求めるかもなんてことは、まったく教わらなかった）。政治家たちのちょっかいでFRBの行動が邪魔されていたら、結果はほぼまちがいなく、有効性の低い政策になっただろう。もちろん、政治的左派もFRBを叩いており、一部の批判者は2008年以降で最大6パーセントのインフレを求めていた。

2008年危機に対するFRBの対応が完璧だったとは言わない。でもあの瞬間に議会が実施できたはずのどんなものよりもよかったとは断言しよう。それなのに議会は、金融政策にもっと手出ししたがっている。元FRB理事の一人フレデリック・ミシュキンはある論説でこう書いている。「ワシントンでは超党派の主張が消えたなんて誰が言った？ 共和党と民主党は財政赤字をどう抑えるかで合意できずにいるのに、どちらもFRBの独立性を弱めたがっている。これは経済にとって悪いことだ」(7)。現在、FRBを監査しようという法案が議会で審議中だ。はっきりさせておくと、FRBの金融操作はすでに政府監査院と、監察総監室が雇った外部監査機関により監査されている。ジャネット・イエレンはFRBにライトバンで乗り付けて、お金を家に持って帰って雑貨を買ったりはできない。でも議会がやりたがっているのは、金融政策決定の監査だ。

この法案は、ＦＲＢが金融政策実施にあたり明示的なルールを採用し、そのルールから逸脱したら議会に報告するよう義務づけるものとなっている。

ＦＲＢの元副議長で、何十年にもわたり大いに敬意を集めている政策専門家であるアリス・ライリンは、ＦＲＢ監督の強化の可能性を検討する下院委員会での証言で、あいまいな物言いはしなかった。「金融政策決定は政治的に人気がないものかもしれません。だから連邦準備制度の創設者たちが、そうした決定を政治的圧力から隔離したのは賢明でした。この取り合わせに別のグループを注入して、金融政策判断に後から文句をつけるようにするのは、せっかくこの機関のために創設した仕事なのに議会が一生懸命やっている独立機関をダメにするものです」(8)

ポール・ヴォルカーは１９７０年代のインフレと闘うために政治的プロセスから守られねばならなかった[*2]。これはまさに、ベン・バーナンキがデフレを阻止するために必要とした独立性でもある。いずれにしても、中央銀行の独立性はよいものだ。英『エコノミスト』が世界の中央銀行家に関する報告記事で述べたように「政治家たちは中央銀行のための明確な目標を設定する必要がある――そうしたら後は手出しをしてはいけない」(9)。そうした目標がどんなものであるべきかについてはすぐに触れる。

軽いインフレ目標のほうがゼロよりもまし。 金融危機の前に、中央銀行家たちの間で、理想的なインフレ目標はゼロではなく、１パーセントから３パーセントくらいだというコンセンサスがうまれた。その後ＦＲＢは２パーセントという公式目標を設定した。これは別に、インフレがいいものだと言っているのではない。着実に価値を目減りさせる通貨には、特に魅力的なところはない。でも、低めの予想可能なインフレ率は、景気下降期に中央銀行が、ゼロ金利制約にぶちあたる前に実質金利を引き下げる余地を増やしてくれる。この算数は前にやった。インフレがゼロでＦＲＢが名目金利をゼロに下げたら、実質金利——借入の真のコスト——もゼロだ。これは経済に重要な刺激をある程度は提供できる。でもインフレが２パーセントでＦＲＢが名目金利をゼロにしたら、実質金利はマイナス２パーセントだ。物価変動を考慮すると、借り手は返済が（購買力で見て）借りた金額より少なくてすむ。これはもっと刺激になる。

軽めのインフレ目標が持つもう一つの利点は、経済をデフレとそれに伴う各種問題からその分だけ遠ざけるということだ。崖から落ちるのが不安なら、縁のギリギリを歩かないこと。同じくデフレが心配なら、ゼロインフレを目指すべきじゃない。ちょっとでもミスをしたら物価下落が起こりかねない。むしろ２パーセントインフレを目指そう。経済が予想より弱かったら結果は１パーセントのデフレではなく、１パーセントのインフレになる。

中央銀行は、最後に頼れる貸し手になってあげる機関を規制監督すべきだ。私がボランティアの消防団に入り、火事の際にはすべてをなげうってあなたの家に急行すると同意したとしよう。だったら、ボイラー室に油まみれのボロを置かないでくれと私が要求するのは、決して変なこと

[＊2] ＦＲＢトリビアを。ポール・ヴォルカーの大学卒論は、ＦＲＢが第二次世界大戦中に失った独立性をどうやって回復すべきかというものだった。連邦準備法百周年記念式典速記録、Washington, DC, December 16, 2013.

ではない。最後に頼れる貸し手の必要性はケチのつけようがない。でもモラルハザードのリスクもはっきりしている。この二つの力――個人や機関が何かの害から守られているという事実が、それゆえにもっと無謀な行動をしたくなるという事実――で折り合いをつける唯一の方法は、潜在的に無謀な活動に対してある程度の制限をかけることだ。アメリカを含む一部の国では、規制任務は中央銀行と他の政府機関の共同で行われる。企業をもっともうまく規制するにはどうすべきかについては、もっと大きく複雑な議論がある――でも重要な用語は、どう規制すべきではないか、ということだ。悪い時期に救済を行う機関は、よい時期には査察を行うべきだ。これはパニック時にすぐ流動性にアクセスできるかわりに企業が支払う代償だ。

2　2008年に新しく学んだこと

はっきり言わせてもらおう。2000年代初頭の中央銀行家たちは、ずいぶんお高くとまった連中だった。アメリカは大中庸を享受していた。インフレは撲滅された。金融政策はもう完璧。英『エコノミスト』誌が述べたように、「金融危機以前は中央銀行家たちは裏部屋のテクノクラートだった。選挙で選出されておらず、グレーのスーツ姿であまりわくわくする人々でもなく、広く合意されたルールに基づいて物価安定のために金利を調節している」(10)。ところが、事態がずっとエキサイティングになった。そう、古いルールの多くはまだ当てはまる(前節参照)けれど、でもFRBはジャズ奏者みたいな即興を始めた。私が大学院で使った教科書はもう古びてしまった。

かを挙げよう。

金融危機が（おおむね）過去のものとなった現在、新しい教科書に書かれるはずの教訓のいくつ

ＦＲＢがゼロ金利制約にぶちあたっても、有効なツールはたくさんある。金融危機以前なら、短期金利が長期にわたりゼロ近くにとどまった場合にＦＲＢはどんな政策対応ができるか、どんな対応をすべきか、というのは、文字通り学術的な問題でしかなかった。そうなったら、ＦＲＢは手札が尽きるとも言える。というのも名目金利をマイナスにするのは（専門的には不可能でないにしても）むずかしいからだ。ケインズは、金利がゼロ近くで経済がいまだにヘタっているときの金融政策の無力さを例えるのに「湿った麺を押す」という表現を使った。かれやその後の人々は、その時点で残る唯一の療法は財政政策だと思っていた――減税や政府支出で需要を刺激するのだ。２００８年のＦＲＢの対応は、金融ツールキットは短期金利よりずっと多くのものを含んでいることを証明した。

日本銀行は、２０００年代に量的緩和を試してみた（短期金利がゼロにぶち当たったら、新しいお金で長期債を買った）。でもこの試みは比較的おっかなびっくりで、結果はそんなに説得力あるものではなかった。金融危機の間に、ＦＲＢは教科書に載っていない（でも教科書に載っていることと完全に整合した）各種政策に加え、量的緩和を何度も使い、もっと劇的な効果をあげた。ベン・バーナンキが大恐慌について抱いていた学術的な興味は、ふたを開けてみると驚くほど現代に関係していたのだった。これがここでの論点だ。金融ツールボックスは、みんなが10年、15

年前に想像していたよりもはるかにでかい。そしてグレーのスーツ姿の中央銀行家たちは？ 2012年の記事は激賞している。「2008年にかれらは世界を経済崩壊から救った。その後も復活を下支えした。これは山ほどの国債を買ったことが大きい。そしてかれらはグローバル銀行業のルールを書き直した」(11)

システミックリスクにもっと注意すべき。 危機の前には、個別機関を襲いかねないリスクについては、そこそこ理解できていた。火事の例えに戻ると、最もありがちな危険はわかっていた。寝たばこ、電気系の故障、ボイラー近くに積んだ油まみれのボロ、といった具合。残念ながら、いったん火の手があがったら、それがどんなに急激に広がるかについてはまったく理解していなかった。多くの専門家は、2000年代初頭には住宅市場が過熱していると思っていた。また一部の人はいい加減な住宅ローン審査や、住宅ローンの束を切り刻んで作り上げた変なデリバティブについて警告していた。でもだれも、住宅価格下落が連鎖反応を引き起こし、世界経済を崩壊寸前にするなどとは予想していなかった。

新しい流行のフレーズは「システミックリスク」と「マクロプルーデンシャル規制」だ。どちらも、個別のできごとがあわさると、単純な合計よりもはるかにひどいものにつながりかねないという発想を反映している。確かに、あなたは油まみれのボロをガレージの外、ボイラー室からずっと遠くに置いてあるかもしれない。そして私は寝たばこをしない。散歩にでかけたときに、外で喫煙する。2008年以前なら、これでこうしたリスクは制御できていると考えた。でも金融危機で学んだことは、散歩中に火のついた吸い殻を、あなたの家の前に投げ捨て、油まみれのボロがガレージの外に積んであったら、システミックな問題が生じかねないということだ。ちょっとした出来事が相互作用し、広がり、政策担当者がそれまで予想しなかった形で拡大しかねない。

ほとんどの機関と同じく、FRBでも透明性とよいコミュニケーションは重要。金融政策がしばしば謎に包まれていたというのは不思議だし、異様とすら言える。ウィリアム・グリーダーがFRBについて書いた1987年のベストセラーは『神殿の秘密』と題されていた。その裏表紙にはFRBが政府機関として「ある意味でCIAよりも秘密主義で、大統領や議会よりも強力」と書かれている。ある書評は「連邦政府がインフレと金利を引き下げるため、意図的に不景気を引き起こす」という「居心地の悪いちょっとした秘密」に驚愕する。連邦政府はFRBと同じではないという点や、金利はインフレが下がるときには上昇するのが通例だという点も置いておこう[*3]――この「居心地悪いちょっとした秘密」なるものは、実は単なる金融政策でしかない。

秘密と疑念は、中央銀行業務にとってよいものではない。中央銀行にできる最も重要なことの一つは期待を設定することだ。もし世間がインフレは来年2パーセントになると信じれば、インフレはおそらく来年2パーセントになる。これが期待の力だ。一方、中央銀行が政治的に右派からも左派からも不信を抱かれている機関だというのも知っている。中央銀行のやる仕事――金融

[*3] 長期金利はときどき、FRBがインフレを抑えるために短期金利を上げると下がることがある。債券の買い手はもはや将来に高いインフレを予想しなくなり、したがって低い名目金利を受け入れるようになるからだ。

政策の仕組み――はあまり理解されていない。ＦＲＢは無数の陰謀理論の標的だし、そうした陰謀論の一部は不安になるほど憎悪に満ちて反ユダヤ的だ。ＦＲＢは、自分が何をしていてなぜそれをやっているかについて、ずばり広めるべきだ――市場向けに期待を設定するため、アメリカの実体経済に対して何が起きているかを報せるため、そしてイカレた連中がインターネット上で書くネタを与えないために。

ベン・バーナンキが任期中に行った大きな活動の一つは、ＦＲＢをもっと透明性ある機関にすることだった。バーナンキはＦＯＭＣ会合後に必ず記者会見をするようにした。バーナンキは一般向けテレビニュース番組『60ミニッツ』に出演し、大学生とも話をして、市民会合も開いた。ＦＲＢはいまやツイッターさえやっている[12]。一方、ＦＲＢは市場初のインフレ目標（２パーセント）を採用し、将来何を期待すべきか市場に告げることで力を得る「フォワードガイダンス」といったツールも使い始めた。

こうした変化は金融危機が引き起こしたものではない。バーナンキが２００６年に就任したとき「透明性とアカウンタビリティを育む」と約束した[13]。でもこうしたコミュニケーションは、ＦＲＢの政策がもっと非伝統的になるとさらに重要性を増した。いきなり、世界は中央銀行家に注目するようになった――中央銀行家は、選挙で選ばれてもいないのに、世間一般がほとんど理解していないツールを使い、驚異的な力を持った指導者なのだ。今後、ＦＲＢが有効に機能するのに必要な独立性を維持するのであれば、この機関は「ＣＩＡより秘密主義」などではいられない。２０１１年に金融政策専門家グループが「中央銀行業務を考え直す」と題した報告を発表し、危機の経験に基づいた改革提言を行った。その報告の一部は、中央銀行が政治的独立性を維持しつつ政治的正当性も維持しなくてはならないという独特なニーズを指摘した。民主国の市民は、意図的に政治家たちから隔離された機関に権力を引き渡すよう求められている。これはなかなか厳しい話だ。最終報告にはこうある。「独立性が政治的に成り立つのはアカウンタビリティがある場合だけであり、中央銀行のアカウンタビリティを高める最高の方法は、透明性を高めてその目的や戦術について率直になることである」(14)

3 まだ勉強中のこと

金融危機は主流の経済学界を震撼させた。多くのモデルが投げ捨てられたのに、それらに代わるものがない。過去の十年でいくつか学んだことはあるし、過去の信念が強化された部分もあるけれど、まだはっきりと答えられていない疑問も提起された。中央銀行業務をもっとうまくやる——マクロ経済的、金融的な安定性を実現する——のが狙いなら、専門家たちがいまだに格闘し続け論争している問題は次のようなものだ。

FRBは次の危機を引き起こさない形でバランスシートを縮小できるだろうか? 周知の通り、FRBは金融危機に積極的に取り組むにあたり、国債などの証券を買った。狙いは経済に流動性を注入して金利を下げることだった。ここまでは結構な話だ。でも問題はここだ。FRB

が新しいお金で資産を買うと、その資産はどこかに行くしかない――すっごくでっかい保管金庫とか、ＦＲＢ議長のオフィスの片隅とか――どこでもいい。実は会計的な観点からすると、その行方はＦＲＢのバランスシートになる。金融政策は必ずこういう仕組みで働く。ＦＲＢが金利を下げるときには、短期国債を新しいお金と引き換えに買い、こうした証券を資産としてバランスシートにのせ、新しいお金を負債側にのせる。これは複式簿記を金融政策に当てはめただけだ。金利を上げるには、ＦＲＢは逆をやる。バランスシートの資産を売って、かわりに銀行準備高を受け取る（これにより資産と負債の両方が減る）。

会計っぽい話がお好きなら、すばらしい。そうでなければ、重要な点はＦＲＢがいまや空前の量の証券を持っているということだ。会計おたくたちなら、バランスシートの資産側が、２００５年には８億ドルほどだったのが、２０１５年には４兆ドル以上にふくれあがったのをおもしろがるだろう[15]。他の人々は、ＦＲＢ議長の部屋に債券入りの箱が山ほど積み上がり、廊下にまであふれ出ているところを想像してくれればいい。ＦＲＢはこうした証券を銀行から買ったことをお忘れなく。だから、これと並行して起こっていることがある。銀行システムはいまや３兆ドル近くの準備高の上にすわっている――ＦＲＢの口座に保有された電子的なお金で、理論的にはいつでも貸し出せる。この前代未聞の状況はどうやって解決されるだろうか？

楽観的な見方は、経済が回復するにつれて、ＦＲＢは資産を売って銀行準備を減らすことで引き締めを開始できるというものだ。そうなればすばらしい。これほど楽観的でないシナリオは、銀行が経済回復につれて急に自信過剰となり、準備高をどんどん融資し始めて、新しいお金を銀行システムにどんどん送り込み、批判者たちが長年警告してきたインフレを創り出す、というものだ。関連した懸念は、金利が上がり始めたら、ＦＲＢはポートフォリオに保有する証券で損をするというものだ（債券価格は金利と逆の動きを示すから、金利があがれば、ＦＲＢの巨額の債券ポートフォリオは価値が下がる）。ＦＲＢは、このいずれの見通しについてもさほど心配していない。銀行が準備高を融資するときの金利を管理するツールがあるというのが大きな理由だ。たとえばＦＲＢが保管している過大な準備高についてＦＲＢが支払う金利を下げたりすればいい（ＦＲＢは銀行の銀行だというのをお忘れなく。市中銀行が顧客の預金に支払う金利を上げ下げできるように、市中銀行がＦＲＢに保有する預金もＦＲＢが金利を上げ下げできる）。ＦＲＢが過剰な準備に支払う利率を上げたら、そうした準備を保有する銀行は、それを新規融資に使う意欲が下がる。一方、ＦＲＢはサンドイッチ屋や保険会社とはちがう。ＦＲＢがバランスシートの資産価値の変動で「損をする」という事実は、ほぼ無意味な概念だ（キーボードを叩くだけでお金を捻出できるなら、通常の財務のルールも同じようには当てはまらない）。

それでも２００８年金融危機は、完全に終わるまでは終結宣言はできない。ＦＲＢの初期の介入後に大幅なインフレを予想した金融政策専門家アラン・メルツァーは、いまでも巨額の銀行準備が脅威だと考えている。かれは２０１４年末にこう書いた。「私は銀行が、ＦＲＢの供給した新準備高のうち２・５兆ドルをブタ積みしておくと予想できなかった点でまちがっていたと、公式に認めた。これほどのことはいまだかつて起きたことがない。２・５兆ドルは銀行のバランスシートに乗っかっている。ＦＲＢがこのブタ積み準備高を、インフレも起こさず不景気も起こさず、その両方を同時に起こすこともなく、だんだん取り除く方法を見つける可能性はないわけではない。でもＦＲＢの歴史を見ると、それがこの作業に成功するという安心感を抱くべき理由は見当たらない」(16)

メルツァーは、この時点でＦＲＢの行動に成功宣言を出すのは、スポーツのハーフタイムで勝利宣言をするようなものだと述べる。これには一理ある。金融危機の到来から10年近くがたってはいても、デブのご婦人はいまだに試着室の中だ。この異様に長いゼロ金利期間は、次の危機の温床になっているかもしれない。最低でも、おそらく予想外の結果が生じるだろう。トンネルの果てに光は見えているけれど、でもまだトンネルの中にはちがいない。批判者たちは、２００８年以来ずっと主張してきたように、対向列車がやってきているぞと主張する。いまだにそれが間違っていると証明はできない。

ＦＲＢは何をやろうとすべきなのか？

これは引っかけ問題ではない。アメリカの中央銀行が物価安定だけに専念すべきか——つまりインフレ目標を宣言してその目標を達成する——それとも法律で現在決まっているように完全雇用維持も目指すべきかについては、論争が続いているのだ。物価安定と最大雇用への注目は、１９７７年連邦準備法が作りだした通称二重の責務だ[＊4]。人生のあらゆる活動に言えることだけれど、二つの目標があると仕事が不明確になる。娘を大学に送り出すときに「安全にして楽しんでこい」と言ったら——どっちなんだろう？　時には安全でいるとあまりおもしろくないし、楽しみがあまり安全でないこともある。常にトレードオフになるわけではないながら、そうなるときもあるし、トレードオフを管理するのは一つの指標だけに注目するより本質的にむずかしい。欧州中央銀行など世界の他の中央銀行は、物価安定だけを使命にされている。

批判者にとって、この二重の責務は中央銀行版のＡＤＨＤみたいなもので、だからこそＦＲＢはインフレと闘うという主要な責任を見失ったりするのだということになる。この集団は、政治的に右派が多く、ＦＲＢが雇用に注目するのは効果がないし潜在的に無謀だと考えている。量的緩和に伴う大量の国債購入はこの懸念を増幅させた。ＣＮＮは２０１０年にこう報じている。「一部批判者は、ＦＲＢが物価上昇のリスクを冒してまで雇用創出を重視するのにいい加減うんざりしています。成長を促進しつつインフレを抑えるというどっちつかずの業務は明らかに失敗しており、経済にとって危険な結果を持つ、大量の安いお金という政策につながっていると言うのです」[17]。ほぼ同時期に、インディアナ州の共和党下院議員（いまや州知事）はＦＲＢの責務を物価安定維持だけに限る法案を導入した[18]。その間ずっと、左派はＦＲＢがインフレの気配もないのに雇用方面でもっと頑張らないといって、ＦＲＢを叩き続けていた。

ポール・ヴォルカーは、ＦＲＢでの任期中に「二重の責務」という用語を自分が口にしたことはないと述べる。主な理由は、インフレを抑えるのが健全な経済のための大前提だったからだ。

[*4] 第５章で述べたように、1977年連邦準備法は以下の三つの目的について責任を負わせている。物価安定、完全雇用、穏健な長期金利だ。低インフレは自然に穏健な長期金利につながるので、この二つの目的は重複したものとなり、政策担当者はいまや、残った二つの狙いを二重の責務と呼んでいる。

「繁栄した安定成長のためにできる最も重要なことは、物価安定の維持だ。だから我々は、二重の責務は解除していた」(19)。でも金融危機後の回復の遅さは、1970年代と状況がまったくちがうこともあり、FRBには物価の守護者としての役割以外に雇用促進でも重要な役割を果たすべきだという主張を導くものだ。いまのところ、失業はインフレの様子をまったく見せずに着実に低下している（そして中央銀行がこれほど積極的に活動しなかった他の国々よりはその低下が速い）。ベン・バーナンキは、二重の責務について穏健な擁護をしており、これはヴォルカーのインフレ一辺倒の専念とは対立するものだ。バーナンキはこう説明する。「実務的には、あらゆる中央銀行は二重の責務を、少なくともある程度は持っている。ラールス・スヴェンソンは『フレキシブル・インフレターゲティング』という用語を提案した。これは基本的に、インフレを2～3年の期間で目標まで持っていこうとするけれど、でも短期では労働市場の展開などを含む経済条件に対応する余地を残しておくということだ。もしFRBと、たとえばイングランド銀行の実際の行動を見てみると、イングランド銀行は公式にはインフレ目標を持ち、FRBは二重の責務を持ってはいても、両者の行動は大幅にはちがっていない。フレキシブル・インフレターゲティングのアプローチはその余裕を与えてくれる。FRBの場合、雇用にも注意しろという責務がもっと明示的なだけだ」(20)

中央銀行は、明示的な金融政策ルールを持つのと、必要に応じて裁量的に行動するのと、どっちが効果的に動けるんだろうか？　言い換えると、各種のジャズ即興は便益よりも害のほうが大きかっただろうか？　ＦＲＢは楽譜を読んでいるだけのほうがいいのかもしれない。ＦＲＢがどう行動すべきかについて、大まかなパラメータについてはおおむね合意が見られる。経済が潜在力以下で動いていたら金利を下げる。加熱のリスクがあれば金利を上げる。問題は「潜在力以下」とか「金利を下げる」とかいう概念を、もっと厳密にコード化して、ＦＲＢ批判者たちが恣意的な手出しと呼びそうなものをなくせないか、ということだ。言い換えると、ＦＲＢはＦＲＢ議長やそのお仲間のＦＯＭＣ委員の裁量に従うのではなく、明示的な金融政策ルールに従ったほうが効果的に動けるだろうか？　ミルトン・フリードマンは、コンピュータにマネーサプライを仕切らせろと提案した[21]。でもマネーサプライと経済との関係が思ったよりずっと不安定だとわかると、かれはこの発想から足を洗った（変数の間の関係が時間とともに変わったり、経済状況に応じて変わったりする可能性があるなら、厳しい政策ルールに対する否定論となる）。

もっと最近だと、ルールに基づくアプローチを支持するスタンフォード大の経済学者ジョン・テイラーが、『ウォールストリート・ジャーナル』紙の論説で自分のビジョンを説明している。「長期的な物価安定性という単一の目標を、ＦＲＢがその目標実現のために金利やマネーサプライをどう設定するかという戦略を確立し、報告するという要件で補うべきだ。ＦＲＢがその戦略から逸脱すれば、書面でそれを説明し、議会で証言すべきだ」[22]

偶然ではないが、もっと一般的な金融政策ルールはテイラー・ルールだ――そう、いま出てきたジョン・テイラーにちなんで名付けられている。テイラー・ルールは、経済がその産出潜在力に比べてどんな状況かと、インフレ目標に比べて物価がどういうトレンドかを反映した方程式に基づき、最適な政策金利を示唆してくれる[*5]。これは直感的にはわかりやすいし、これまでの13の章で論じてきたことすべてと整合している。この魅力は、その単純さと厳密さだ。数字をたたき込めば、「正解」が出てくる。この発想なら、うちの12歳の息子でもテイラー・ルールとよいデータと電卓さえあれば金融政策ができる。でも方程式にこだわれば、積極的すぎる恣意的なFRBよりはまちがいも減る。ジョン・テイラーは、FRBが不動産バブル崩壊前は金利を低く抑えすぎ、上げたときには上げすぎ、いままた低すぎる状態が続きすぎていると論じる。もっと重要な点として、かれはルールに基づくアプローチならこうしたまちがいは起きなかったと考える(23)。

意外でも何でもないけれど、中央銀行家たちは、自分たちを方程式と、電卓を持った12歳のガキで置き換えられるとは信じたがらない。経済学者たちはみんなテイラー・ルールについて、金融政策が過去数十年にわたりどう運用されてきたかをうまく説明する、便利な簡便ツールとしては認めている。でも政策面での問題は、それが将来を決めるにあたる処方的な価値を持つかと言うことだ。これはもっと主張しづらいところだ。12歳のガキはさておき、データだけを考えよう。イングランド銀行の金利設定委員会にいたダートマス大経済学者デヴィッド・"ダニー"・ブランチフラワーは、このルールが示す精度は偽物だと主張する。「テイラー・ルールをめぐる論争は、何よりもそこに入れるデータをめぐるものだ。産出ギャップ［経済がその自然な制限速度とどのくらい乖離しているか］の規模を推測せねばならない。2008年に、私と委員会の他の委員たちとの最大のちがいは、基本的に産出ギャップの規模とそれがどう動いているかという点をめぐるものだった」(24)

経済の制限速度をめぐり意見の相違があり、ときには現在の巡航速度すら意見が分かれるなら、経済が速すぎるか遅すぎるかは、方程式ではわからない。さらに経済の潜在産出力はだんだん変化するし、モデル内の他の関係だって変わる。元ＦＲＢ理事ケヴィン・ウォーシュが述べたように「経済学と、金融政策の実施は、結局のところ物理学ではないのだ」(25)。そしてベン・バーナンキが指摘するように、別にＦＲＢは思いつきで金利を決めているわけじゃない。明示的な目標と、ルールに基づくプロセスがある——ただ批判者が求めるほど厳しくＦＲＢの手を縛るようなものはないというだけだ。

2パーセントのインフレ目標は十分に高いだろうか？

20年前なら、これを真面目な質問だと思う人はだれもいなかっただろう。インフレ率が低すぎるって？　マジですか？　でも金融危機の教訓の一つは、通常のときにインフレ率が高いと、本章ですでに述べたように、事態が悪化したときに中央銀行が金利をカットする余裕が広がるということだった。これは２０１０年にＩＭＦの経済学者たちが書いた報告「マクロ経済政策を考え直す」で述べられたアイデアの一つだ。ＩＭＦの主任エコノミスト、オリヴィエ・ブランシャールとその同僚たちはこう書いた。「平均

[*5] $i = r^* + pi + 0.5(pi - pi^*) + 0.5(y - y^*)$　ただし：
i = 名目短期金利　r^* = 実質欄期金利（通常2パーセント）　pi = インフレ率　pi^* = 目標インフレ率　y = 実質産出の対数　y^* = 潜在産出の対数
http://www.investopedia.com/articles/economics/10/taylor-rule.asp.

インフレ率が高く、つまりは名目金利が当初から高ければ、「金融危機の間に」金利をもっとカットできたので、産出減少や財政ポジション悪化もおそらく抑えられた」(26)。さっき私は、軽いインフレ目標がいいのだと主張した。でも2パーセントがいいなら、4パーセントはもっといいのでは？　インフレの害は知っているけれど、でも目標が明確でインフレが期待されているなら害は最小限ですむ。2パーセントのインフレに慣れた世界は、同じように4パーセントにだって慣れることができる。期待は設定しなおされ、中央銀行業はちょっと楽になる。

でもそうなんだろうか？　インフレに対する戦いはかなり厳しいものだった。世間がインフレ目標の倍増に納得するなら、それがさらに倍になるのを止めようがあるだろうか。ポール・ヴォルカー（別名インフレファイター）はこの発想を批判する。インフレファイターが世界のインフレ期待を引き下げたのは、政治家にその業績を浪費させるためじゃない。『ニューヨーク・タイムズ』論説でヴォルカーは、高インフレを求めるセイレーンの歌について警告した。この歌は「魅力的で予想できるもの」ではある。ヴォルカーが批判していたのは、目標の永続的な変化ではなく一時的なインフレ上昇だけれど、その批判は一般化できる。「ついついもう少しやりたくなってしまう――一見すると一時的で『理にかなった』4パーセントが、5パーセント、さらに6パーセント、そしてもっとという具合だ」。インフレファイターは、インフレ期待の上昇を再び撃破するために引退から復帰したくなどないのだ(27)。

別の選択肢があって、これは理屈の上では、インフレ目標の便益を得つつ、適切なインフレ率をめぐる柔軟性も高められる。それが名目ＧＤＰ目標だ（名目ＧＤＰ成長は、実質成長にインフレを足したものだ——財やサービスの生産変化に、そうした財やサービスの価格変化を足せばいい）。このアプローチだと、ＦＲＢは一貫した名目ＧＤＰ成長率を達成しようとする。たとえば５パーセントとか。するとインフレ率は、経済の成績次第で変動の余地ができる。実質成長がたった１パーセント——ほとんどの経済学者が、アメリカ経済の自然長期成長率だと考えるもの（約３パーセント）より低い——だったとする。名目ＧＤＰ目標は、インフレ率４パーセントを目指せと述べる——成長がトレンドに戻るまではとても緩い金融政策にするのだ。

逆に、好況の経済で実質成長が４・５パーセントとかなら、ずっときつい金融政策と低いインフレ率（たった０・５パーセント）が処方される。決まったインフレ目標ではなく、名目成長率を目標にすることで、政策担当者は経済変動への対処にもっと柔軟性が得られる。ある経済ブロガーが指摘するように「これは明示的にインフレ目標を上げるという毒まみれの政治なしに、一時的にインフレ目標を引き上げる隠密的な方法だ」[28]（『ニューヨーク・タイムズ』のコラムニスト、ポール・クルーグマンを含め同じ基本的な論点は多くの人が指摘している）。つまり名目ＧＤＰ目標をどう思うかは、ＦＲＢがインフレ目標をあちこち動かすのをどう思うかで決まってくるはずだ。

ベン・バーナンキはもっと現実的な懸念を述べる。名目ＧＤＰ目標では、インフレの変動目標など、世間がＦＲＢのやろうとしていることについて、高度な理解を持っていなければならない。変動する目標を元に期待をアンカーさせるのと、単一の数字を元にアンカーさせるのと、どっちがむずかしいだろうか。世間のインフレ期待がＦＲＢのやろうとしていることと整合しなければ、この政策は成功しない。

ここでもっと大きなポイントは、FRBは常にもっとよいツールを探しているということだ。ポール・ヴォルカーが議長として率いていた頃のFRBは、主に金利の管理が仕事だった。ヴォルカーの指導下で、FRBはマネーサプライを管理する方針に変えた。これでFRBはインフレに対処するための力が増えた。1990年代のグリーンスパン時代のFRBは、公式に目標を掲げることなく、インフレ目標を採用した。ベン・バーナンキは2パーセントのインフレ目標を正式に公表した。次の公式な改善はどんなものになるだろうか?

中央銀行はバブルを潰そうとすべきだろうか?

資産価格バブル——お友だちの多幸感とパニック——は金融システムのガンだ。金融にとってのバブルは、交通にとっての自動車事故だ。そこに作用する仕方のない力を考えたとき、被害を最小化する最高の方法とは? 中央銀行は、バブルが手に負えなくなるのを防ぐために金融政策を使うべきか、そしてその場合はどのくらい使うべきか? あるいは避けがたい事故が起こってから、その打撃を緩和するようにすべきなのか? 経済学者たちの間での一つの考え方は、中央銀行は資産価格がバブってきたように見えたら「風にもたれかかって」金利を上げるべきだ、というものだ。高金利は多幸感に冷や水をかけ、パニックを起こりにくくするか、起こっても被害を減らす。FRBは2000年代に金利を低すぎる水準に保ち過ぎたせいで住宅バブルに貢献したと非難されてきた(金融危機調査委員会は、危機についてのこの説明を否定し、たとえば金融政策がずっと厳しかった他国でも住宅バブルが起きたなどと指摘している)。

これに対する反対論は、金融政策は資産価格バブルへの対処には向かないツールだし、FRBは事後的にバブル後の惨状を、流動性注入と低金利で片付ける用意をしておけばいいのだ、というものだ。このアプローチは、一見したほど無為無策なものではない。資産バブルは、破裂するまでなかなか発見しづらいのだ。いずれにしても、経済の他の部分が弱ければ高金利はツールとしてかなりのコストを伴う——格言に言う、牛刀を用いてニワトリを裂くという事態になりかねない。

最近では、「バブル潰しか後片付けか」論争でもっと高度な考え方が少し出てきた。経済学者で元FRB理事のフレデリック・ミシュキンは、信用市場に深刻な影響を与えるバブルと、そうでないものを区別しようと言う。信用によりふくれあがったバブルでは、過剰な借入が不合理な熱狂をあおり、信用が引き起こすスパイラルをもたらし、そしてそれが崩壊すると金融システム全体に累が及ぶ。基本的な台本はすでにおなじみだ。借入が資産価格上昇を招き、それがそうした資産を担保にしたさらなる融資を奨励し、それが価格を押し上げ、といった具合。価格上昇の多幸感の中で、金融機関は融資基準をあまり気にしなくなる。担保価格上昇で損失から守られることになるからだ。どっかで聞いた話でしょう。

そのバブルが破裂すると、すべてが逆回しになる。資産価格が下がり、融資が回収できなくなり、貸し手は融資を縮小し、資産価格はさらに下がる。金融機関は困ったことになり、さらに経済全体での信用が制約される。この映画は前にも観た。1989年の日本、2008年のアメリカ、第4章に出てきた、のんきな米作村。でも、これほどおっかなくない映画もある――二種類目のバブルでは、不合理な熱狂は金融システムとあまり深く絡まない。たとえば1990年代末のインターネットバブルでは、株価上昇を担保にした融資はほぼなかった。はいはい、ハイテク企業の価値評価はとんでもないものだった。はいはい、1ドルも利潤を出したことのない企業が、紙の上ではIBMのような企業よりも価値が高いとされた。はいはい、17歳のヒッピーまがいのCEOたちが、とんでもなくバカなことを口走っていた（「技術により政府なんか関係なくなる」[*6]）。でも、愚考や狂気は大量にあったけれど、ハイテクバブル崩壊はもっと広い経済にはあまり影響を与えなかった。金融システムに大きく波及しなかったからだ。

これで「バブル潰しか後片付けか」論争で第三の道が示唆される。規制当局は、手遅れになるまではバブルを見つけられないかもしれない。でも資産価格が過大かどうかに関係なく、怪しげな融資慣行はまちがいなく見つけられる。すでに述べたように、うちのイヌが2005年頃に、事前承認された利用上限数万ドルのVISAカードを作れますよと言われた（私は『ニューヨーカー』誌の購読者名として、我が家のイヌW・バスター・ウィーランを使っており、どっかのクレジットカード発行者がその名簿を買ったのだろう）。これを見れば、信用市場がむちゃくちゃになっていることはわかる。金融機関がイヌになんか（文字通りの意味でも比喩的にも）融資していなければ、その後の不動産暴落はこれほど破滅的にはならなかっただろう。2010年にベン・バーナンキがアメリカ経済学会に述べたように「融資審査慣行や貸し手のリスク管理が持っていた問題を狙った規制監督強化のほうが、金利の全般的引き上げよりは住宅バブルを制約するための効果的でピンポイントな手法だったはずだ」(29)。

これで重要な論点がはっきりした。イヌにクレジットカードなんか発行しちゃいけない。これで次の問題が出てくる。

規制はこれでいいのか？　2005年にアイダホ州ボイシー市は、公の場での全裸を禁止したが、「真面目な芸術的」表現は例外にした。その直後、ボイシー市のエロチック紳士クラブは「芸術ナイト」を開催するようになった。パトロンたちは鉛筆とスケッチブックを渡され、全裸の女性をヨダレを垂らしつつ眺めるのだ。警察はこのクラブが法を破った（「警官たちは、パトロンたちが芸術に専念していないと結論した」から）としてこのクラブを書類送検した(30)。それでも、この巧妙さには脱帽だ――そして規制当局なら、この巧妙さは恐れるべきだ。金融規制というのは、ある種の機関が行うある種の活動を制約しようとして、何百ページにもわたる法律用語を使って、そうした活動や機関をなるべく具体的に定義しようとするものだ（たとえば「銀行」とか「融資」とか「真面目な芸術的表現」とか）。

金融システム規制は、モグラ叩きみたいなものだ。金融屋は小利口な連中だ。他のみんな同様、政府の指図は嫌う。規制当局が金融システムのある弱点を修正しようとしたら、他のちがう問題の扉を開けてしまうことが多い（たとえば影の銀行システムの台頭など）。ベン・バーナンキが説

[*6]　はい、本当にこれを口走る人にお目にかかったのだ。

明するように「一つ内在的な問題は、あらゆる規制には柵があるということだ。この区分の内部にいる人はみんな、『これ』をしなければならず、その外側にいる人はそうではない。だから当然、柵のすぐ外にいようという試みが必ず出てくる。金融市場はとにかくそういうふうに動くのであって、それは人間みんな同じだ」(31)。議会は金融危機に貢献した行動を変えようとして、3千ページほどを費やした。抜け穴を見つけるために、賢い連中が大金を支払われることだろう(「え、ここはストリップ劇場なんかじゃなくて、アート学校なんですよ」)。するとそれを防ぐのにまた千ページ追加になるかもしれない。

有権者はいずれにしても、規制当局を嫌いがちだ。そういう規制当局が何をしようとしているか、ちょっと考えてほしい。規制のおかげで危機を回避できれば――それが真の狙いだ――世間は危機があったかもしれないなんて知りようがない。規制がもたらす費用や不便をひたすらいやがるばかりで、そうした予防措置が債務危機や不動産暴落を防いだかも、なんてことはまったく考えない。問題が起きる前に止めても英雄にはなれない。もちろん、それこそが最も成功といえる政府介入なのだ。そして何か悪いことが本当に起きたら、規制当局はそれを阻止できなかったと罵倒される。

規制がなぜ本来あり得るほど有効ではないかについては、もっと不穏な見方もある。ウォール街の企業は、議会に要求を通させるだけの力を持っているのだ。元IMF主任エコノミストで『国家対巨大銀行：金融の肥大化による新たな危機』を書いたサイモン・ジョンソンは、ワシントンで数多く見られる天下りの一つが、政府の規制当局高官による、金融分野や巨大金融機関へのコンサルティングというすさまじい高給職への天下りだと指摘する。この両者の関係はあまりにぬくぬくしていて、それが納税者に大きな費用をかけている。ジョンソンによれば「みんな中央銀行業を、無味乾燥なテクノクラート的用語で語り、その背後にある権力構造を忘れてしまう。他の国を見ると権力構造が見える。でもアメリカではそれを見たがらない」(32)

2008年以後の現在、中央銀行が金融安定化を重視しなくてはいけないのは明らかだ。その後可決した規制の多くは完全に筋が通っている。たとえばシステミックに見て重要な金融機関が「生前遺言状」を作っておくというのは、理論的にはモラルハザードを起こすことなく、システムを感染から防ぐはずだ。生前遺言状は、債務超過になったときにその企業を秩序だった形で解体するための計画で、それによりシステムの他の部分にパニックや不安定性を広げるのを回避する。うまくいくだろうか？　金融機関は自分やその製品を作り直し、規制の柵の範囲のすぐ外にいられるようにしてしまうだろうか？　私には見当もつかない。でも、その答え次第で、あの金融危機が21世紀の一回限りの出来事だったのか、それとも世界大戦のように番号を振っていかねばならないのかが決まってくるのはわかっている。

そろそろブレトンウッズIIをやるべきか？　みんなブレトンウッズ以後については、何かしら文句がある。アメリカは中国が人民元を操作していると非難する。中国はドルが世界の準備通貨なのを嫌う。独自通貨を持つ小国は、為替レートの乱高下で右往左往させられる。独自通貨を持たない小国は、次のギリシャになるのではと心配する。世界中が不均衡を心配する——中国のような国がため込んだ巨額の国際準備と、アメリカが積み上げた巨額の赤字。資本は空前の勢いで国境を越え、内在的な不安定をさらに煽る。どこもかしこもいやなことばかりだ。

でももっと建設的な質問は、どうすればそれを改善できるか、というものだ。その答えはあっさり思いつくようなものではない。ユーロの教訓の一つは、超国家的な通貨制度は、それに対応する政府の仕組みがないとうまく機能しないということだ。現状では、新しい国際通貨システムを機能させるだけの権限と強制力を持つ国際機関は存在しない。そしてそんなものがあったとしたら、そもそもそれはどんな代物になるだろう？　過去数十年からの教訓は、通貨政策は多大な「国境を越えるスピルオーバー」（ブルッキングス研究所『中央銀行業再考』委員会の表現）があるということだ。アメリカが量的緩和をすると、インドからブラジルまで多くの国が通貨の増価や、高い収益を求める資本がどっと流入したりするのを心配しなければならない[(33)]。システムがもっと秩序だって予測可能だったらすばらしいのに。

それって、たとえば金本位制みたいにってこと？　ある元財務省高官が指摘したように、国際通貨システムが秩序だった予測可能なものになれば、その分だけ危機のときには硬直したものになってしまう。そして危機のときに硬直したシステムは、必要な調整もむずかしくなる。私たちは不可能な集合を求めている。自由に流れる資本の便益を享受しつつ、混乱はいやだ。変動為替レートの柔軟性はほしいけれど、予測不可能性は困る。通貨政策を国内ニーズに適合させつつ、他の国が同じことをしたときの頭痛はお断り。サイモン・ジョンソンは、なにやらブレトンウッズIIのような仕組みを作る、壮大な世界的合意など「基本的に不可能」と述べる[(34)]。

だからこれも何とかしないと。

こうした問題がいろいろあるからといって、世界の中央銀行家たちが、多くの重要な経済学的思考に支えられて達成してきた業績を否定してはいけない。確かに、金融危機はもっと謙虚さを求めるものだ。でも一方で、その結果は大恐慌やそれ以前の多くのパニックよりは目に見えてマシだった。私たちは着実に腕を上げつつあるのだ。

不換通貨の管理に伴い、独特の課題はいつの時代にも起こることだろう。不換通貨は、何もないところにお金を創り出す——あるいは消し去る——すっごい力なのだ。ちょうど神経外科が生きた脳を操作できるように——願わくば改善するためにだけれど、常に事態を悪化させるリスクはある——中央銀行は同じような驚異的な力を、経済全体——私たちの仕事、貯蓄、住宅——に及ぼせる。人々はFRBの決定で文字通り生死が分かれたりはしないかもしれないけれど、でもその影響は実に大きい。最低でも、お金が重要だということを本書で納得していただけたことを願いたい。それは単に、手持ちのお金が少ないよりは多いほうがいいというだけの意味ではない。あなたのポケットに20ドル札を入れるシステムが、私たちの重視する他の経済活動すべてを可能にしているのだということを、本書を通じてわかっていただきたいのだ。

注

はじめに

(1) John Whitesides, "Senior U.S. Lawmakers Condemn 'Provocative' Currency Devaluation," Reuters, August 11, 2015.

第 1 章　お金ってなに？

(1) Carl Menger, "On the Origins of Money," *Economic Journal* 2 (1892).

(2) Choe Sang-Hun, "North Korea Revalues Its Currency," *New York Times*, December 2, 2009.

(3) Ibid.

(4) Barbara Demick, "Nothing Left," *New Yorker*, July 12 and 19, 2010.

(5) www.federalreserve.gov/monetarypolicy/bst_recenttrends.htm を参照。

(6) Justin Scheck, "Mackerel Economics in Prison Leads to Appreciation for Oily Fillets," *Wall Street Journal*, October 2, 2008.

(7) "Hard to Kill," *Economist*, March 31, 2012.

(8) Ibid.

(9) Ibid.

(10) Michael Phillips, "U.S. Money Isn't As Sound as a Dollar," *Wall Street Journal*, November 2, 2006.

(11) Ibid.

(12) "Airtime Is Money," *Economist*, January 19, 2013.

(13) "The Nature of Wealth," *Economist*, October 10, 2009.

(14) Damien Cave and Ginger Thompson, "Coupons Ease Chaos in Efforts to Feed Haitians," *New York Times*, February 3, 2010.

(15) Susan Njanji, "Small Change Sparks Fights in Coin-Starved Zimbabwe," *Mail & Guardian*, August 5, 2012.

(16) Steve H. Hanke and Alex K. F. Kwok, "On the Measurement of Zimbabwe's Hyperinflation," *Cato Journal* 29, no. 2 (Spring/Summer 2009).

(17) "Gold Standard," IGM Forum, University of Chicago Booth School of Business, January 12, 2012, http://www.igmchicago.org/igm-economic-experts-panel/poll-results?SurveyID=SV_cw1nNUYOXSAKwrq

第 2 章　インフレとデフレ

(1) Merle Hazard, "Inflation or Deflation?" https://www.youtube.com/watch?v=2fq2ga1IIkQY&feature=PlayList&p=5BF8673A2848C5B0&index=0&playnext=1.

(2) "A Crisis It Can't Paper Over," *Los Angeles Times*, July 14, 2008.
(3) "Fly Me to the Moon," *Economist*, May 2, 2002.
(4) "Frequent-Flyer Economics," *Economist*, May 2, 2002.
(5) William Neuman, "Price Controls Keep Venezuela Cupboards Bare," *New York Times*, April 21, 2012.
(6) Milton Friedman, *Money Mischief: Episodes in Monetary History* (New York: Harcourt Brace & Company, 1994), xi. 邦訳フリードマン『貨幣の悪戯』（斉藤精一郎訳、三田出版界, 1993） 9.
(7) Ibid., 193. 邦訳 247.
(8) C.R., "When Did Globalisation Start?" Free Exchange, *Economist*, September 23, 2013, http://www.economist.com/blogs/freeexchange/2013/09/economic-history-1.
(9) http://www.boxofficemojo.com/alltime/domestic.htm を参照。
(10) http://www.boxofficemojo.com/alltime/adjusted.htm を参照。
(11) http://www.dol.gov/whd/minwage/chart.htm を参照。
(12) "The Perils of Panflation," *Economist*, April 7, 2012.
(13) Matthew Q. Clarida and Nicholas P. Fandos, "Substantiating Fears of Grade Inflation, Dean Says Median Grade at Harvard College Is A-, Most Common Grade is A," *Harvard Crimson*, December 3, 2013.
(14) "The Perils of Panflation," *Economist*.
(15) https://www.bundesbank.de/Redaktion/EN/Downloads/quotes_by_karl_otto_poehl.pdf?__blob=publicationFile を参照。
(16) Stephen G. Cecchetti, "Prices During the Great Depression: Was the Deflation of 1930–32 Really Unanticipated?" NBER Working Paper 3174, National Bureau of Economic Research, November 1989.
(17) "Irving Fisher: Out of Keynes's Shadow," *Economist*, February 12, 2009.
(18) Joan Sweeney and Richard James Sweeney, "Monetary Theory and the Great Capitol Hill Baby Sitting Co-op Crisis," *Journal of Money, Credit, and Banking*, February 1977.
(19) Paul Krugman, "Baby-Sitting the Economy," *Slate*, August 13, 1998. 邦訳クルーグマン「経済を子守りしてみると」 http://cruel.org/krugman/babysitj.html
(20) "The Babysitting Co-op: Crises of Confidence," *Economist*, October 11, 2011.

第 3 章　物価の科学、人文科学、政治、心理学

(1) Megan Woolhouse, "A Government Agent, on the Prowl," *Boston Globe*, October 9, 2012.
(2) Emily Wax-Thibodeaux, "The Government's Human Price Scanners," *Washington Post*, November 11, 2013.
(3) Consumer Price Index, Bureau of Labor Statistics, Frequently Asked Questions (FAQs), http://www.bls.gov/cpi/cpifaq.htm を参照。
(4) Wax-Thibodeaux, "The Government's Human Price Scanners."
(5) Ibid.

(6) Christmas Price Index, PNC Bank, https://www.pncchristmaspriceindex.com/pnc/about.

(7) Consumer Price Index, FAQs, http://stats.bls.gov/cpi/cpifaq.htm#Question_3.

(8) "Current Price Topics: The Experimental Consumer Price Index for Older Americans (CPI-E)," Focus on Prices and Spending, U.S. Bureau of Labor Statistics 2, no. 15 (February 2012).

(9) Ibid.

(10) BLS 経済学者 Steve Reed, Consumer Price Index Program とのインタビュー January 9, 2015.

(11) "The Experimental Consumer Price Index for Older Americans (CPI-E)," BLS.

(12) Robert J. Gordon, "The Boskin Commission Report and Its Aftermath," National Bureau of Economic Research, Working Paper 7759, June 2000.

(13) "And Now Prices Can be 'Virtual' Too," *Economist*, June 12, 1997.

(14) Timothy Aeppel, "An Inflation Debate Brews Over Intangibles at the Mall," *Wall Street Journal*, May 9, 2005.

(15) "Report on Quality Changes for 2015 Model Vehicles," Producer Price Indexes, Bureau of Labor Statistics, November 18, 2014, http://www.bls.gov/web/ppi/ppimotveh.pdf.

(16) Doug Short, "Chained CPI Versus the Standard CPI: Breaking Down the Numbers," October 22, 2014, Advisory Perspectives, http://www.advisorperspectives.com/dshort/commentaries/Chained-CPI-Overview.php.

(17) "Current Price Topics: A Comparison of the CPI-U and the C-CPI-U," Focus on Prices and Spending, Consumer Price Index 2, no. 11 (November 2011).

(18) "In 2014, Various Tax Benefits Increase Due to Inflation Adjustments," IRS, IR-2013-87, October 31, 2013, http://www.irs.gov/uac/Newsroom/In-2014,-Various-Tax-Benefits-Increase-Due-to-Inflation-Adjustments.

(19) http://www.ssa.gov/history/reports/boskinrpt.html を参照。

(20) Gordon, "The Boskin Commission Report and Its Aftermath."

(21) Kathy Ruffing, Paul N. Van de Water, and Robert Greenstein, "Chained CPI Can Be Part of a Balanced Deficit-Reduction Package, Under Certain Conditions," Center on Budget and Policy Priorities, February 12, 2012.

(22) Gordon, "The Boskin Commission Report and Its Aftermath."

(23) Dr. Econ, "What is 'core inflation,' and why do economists use it instead of overall or general inflation to track changes in the overall price level?" Federal Reserve Bank of San Francisco, October 2004, http://www.frbsf.org/education/publications/doctor-econ/2004/october/core-inflation-headline.

(24) "Lies, Flame-Grilled Lies and Statistics," *Economist*, January 29, 2011.

(25) "Motion of Censure," *Economist*, February 9, 2013.

(26) "United States Government Bonds," Bloomberg Business, http://www.bloomberg.com/markets/rates-bonds/government-bonds/us/.

(27) "Bryan's 'Cross of Gold' Speech: Mesmerizing the Masses," History Matters, American So-

cial History Project, http://historymatters.gmu.edu/d/5354/.

(28) Eldar Shafir, Peter Diamond, and Amos Tversky, "Money Illusion," *Quarterly Journal of Economics* CXII, no. 2 (May 1997).

(29) Professor E. W. Kemmerer, Shafir, Diamond, and Tversky, "Money Illusion" での引用。

(30) Shafir, Diamond, and Tversky, "Money Illusion."

(31) Binyamin Appelbaum, "In Fed and Out, Many Now Think Inflation Helps," *New York Times*, October 26, 2013.

第 4 章　信用と破綻

(1) Gary Gorton, "Questions and Answers about the Financial Crisis," U.S. Financial Crisis Inquiry Commission 向けの証言, February 20, 2010.

(2) Irving Fisher, *Booms & Depressions: Some First Principles* (New York: Adelphi Company, 1932).

(3) Andrew W. Lo, "Reading about the Financial Crisis: A Twenty-One-Book Review," *Journal of Economic Literature* 50, no. 1 (March 2012).

(4) "The Financial Crisis Inquiry Report," FCIC at Stanford Law School, http://fcic.law.stanford.edu/.

(5) Kenneth R. French et al., *The Squam Lake Report: Fixing the Financial System* (Princeton, NJ: Princeton University Press, 2010).

(6) http://www.imsdb.com/scripts/It's-a-Wonderful-Life.html を参照。

(7) The Internet Movie Script Database (IMSDb), http://www.imsdb.com/scripts/It%27s-a-Wonderful-Life.html.

(8) "The Dangers of Demonology," *Economist*, January 7, 2012.

(9) Ibid.

(10) Tami Luhby, "Cash-Poor California Turns to IOUs," CNN Money, July 2, 2009.

(11) Stephanie Simon, "Cash-Strapped California's IOUs: Just the Latest Sub for Dollars," *Wall Street Journal*, July 25, 2009.

(12) Charles P. Kindleberger and Robert Aliber, *Manias, Panics, and Crashes* (Hoboken, NJ: John Wiley & Sons, 2005), 82. 邦訳キンドルバーガー&アリバー『熱狂、恐慌、崩壊（原書第 6 版）』（高遠裕子訳、日本経済新聞出版社、 2014）

(13) Michiyo Nakamoto and David Wighton, "Citigroup Chief Stays Bullish on Buy-Outs," *Financial Times*, July 9, 2007.

(14) Kindleberger and Aliber, *Manias, Panics, and Crashes*, 47 での引用。

(15) Robert Solow, Kindleberger and Aliber's *Manias, Panics, and Crashes*, 2011 edition. への序文。

(16) Ibid., 10.

(17) Ibid., 11.

(18) Securities Industry and Financial Markets Association (SIFMA), January 12, 2015,

http://www.sifma.org/research/statistics.aspx.
(19) Walter Bagehot, *Lombard Street: A Description of the Money Market*, 1873; reprinted by CreateSpace Independent Publishing Platform (2013), 21. 邦訳バジョット『ロンバード街：金融市場の解説』（久保恵美子訳、日経 BP 社、 2011） 64.
(20) Kindleberger and Aliber, *Manias, Panics, and Crashes*, 205 での引用。
(21) "Rick Santelli and the 'Rant of the Year,' " https://www.youtube.com/watch?v=bEZB4taSEoA.
(22) "The Chicago Fire," Chicago Historical Society, http://www.chicagohs.org/history/fire.html.
(23) "The Slumps that Shaped Modern Finance," *Economist*, April 12, 2014.

第 5 章　中央銀行の業務

(1) "The Role of Monetary Policy," *American Economic Review* 58, no. 1 (March 1968), 13.
(2) William Poole, "President's Message: Volcker's Handling of the Great Inflation Taught Us Much," Federal Reserve Bank of St. Louis, January 2005, http://www.stlouisfed.org/publications/regional-economist/january-2005/volckers-handling-of-the-great-inflation-taught-us-much.
(3) Poole, "President's Message."
(4) "Feeling Down," *Economist*, February 21, 2015.
(5) Kenneth Silber, "The Fed and Its Enemies," *Research Magazine*, February 1, 2010.
(6) "Bin Ladin's Bookshelf," Office of the Director of National Ingelligence, http://www. dni.gov/index.php/resources/bin-laden-bookshelf?start=3.
(7) Jon Hilsenrath, Damian Paletta, and Aaron Lucchetti, "Goldman, Morgan Scrap Wall Street Model, Become Banks in Bid to Ride Out Crisis," *Wall Street Journal*, September 22, 2008.
(8) "Monetary Policy," European National Bank, https://www.ecb.europa.eu/mopo/html/index.en.html.
(9) "Inflation," Reserve Bank of New Zealand, http://www.rbnz.govt.nz/monetary_policy/inflation/.
(10) Federal Open Market Committee (see "Greenbooks," "Bluebooks"), http://www. federalreserve. gov/monetarypolicy/fomc_historical.htm.
(11) Paul Volcker, 著者とのインタビュー, May 2, 2011.
(12) Robert M. Solow, "We'd Better Watch Out," *New York Times*, July 12, 1987.
(13) Tyler Cowen, "The Age of the Shadow Bank Run," *New York Times*, March 24, 2012.
(14) "Weekly National Rates and Rate Caps," FDIC, https://www.fdic.gov/regulations/resources/rates/.
(15) James R. Barth, Gerard Caprio, and Ross Levine, "Bank Regulation and Supervision in 180 Countries from 1999 to 2011," Social Science Research Network, January 19, 2013, http://dx.doi.org/10.2139/ssrn.2203516.
(16) Julia Maues, Federal Reserve Bank of St. Louis, "Banking Act of 1933, Commonly Called Glass-Steagall," Federal Reserve History, http://www.federalreservehistory.org/Events/DetailView/25.

(17) Ryan Tracy and Victoria McGrane, "Big Banks Pass First Fed Test," *Wall Street Journal*, March 6, 2015.

(18) "Financial Stability Oversight Council," U.S. Department of the Treasury, http://www.treasury.gov/initiatives/fsoc/about/Pages/default.aspx.

(19) "2014 Update of List of Global Systemically Important Banks (G-SIBs)," Financial Stability Board, November 6, 2014, http://www.financialstabilityboard.org/wp-content/uploads/r_141106b.pdf.

(20) Paul Volcker, 著者とのインタビュー, May 2, 2011.

(21) Gerald P. O'Driscoll, Jr. "Debunking the Myths about Central Banks," *Wall Street Journal*, February 27, 2013.

(22) Paul Volcker, 著者とのインタビュー, May 2, 2011.

(23) "The Grey Man's Burden," *Economist*, December 1, 2012.

(24) Ibid.

第6章　為替レートと世界金融システム

(1) Francesco Guerrera, "Currency War Has Started," *Wall Street Journal*, February 5, 2013.

(2) Thomas Erdbrink, "Money Traders Fret Over Possible U.S.–Iran Pact," *New York Times*, November 20, 2013.

(3) Thomas Erdbrink and Rick Gladstone, "Violence and Protest in Iran as Currency Drops in Value," *New York Times*, October 3, 2012.

(4) See http://databank.worldbank.org/data/download/GNIPC.pdf.

(5) David Keohane, "All Currency War, All the Time," Alphaville, *Financial Times*, February 5, 2015, http://ftalphaville.ft.com/2015/02/05/2111521/all-currency-war-all-the-time/.

(6) Hiroko Tabuchi, "Japan Counted on Cheap Yen. Oops: Exchange Rate Hurts Toyota, Giving Rivals a Chance to Leapfrog It," *New York Times*, September 3, 2010.

(7) Sam Ro, "Boeing's 787 Dreamliner Is Made of Parts from All Over the World," *Business Insider*, October 10, 2013, http://www.businessinsider.com/boeing-787-dreamliner-structure-suppliers-2013-10.

(8) "Misleading Misalignments," *Economist*, June 23, 2007.

(9) T. Ashby McCown, Patricia Pollard, and John Weeks, "Equilibrium Exchange Rate Models and Misalignments," Occasional Paper No. 7, Office of International Affairs, Department of the Treasury, March 2007.

(10) Christina Romer, "Needed: Plain Talk About the Dollar," *New York Times*, May 22, 2011.

(11) "Race to the Bottom," *Economist*, March 4, 2010.

(12) Tom Lauricella and John Lyons, "Currency Wars: A Fight to Be Weaker," *Wall Street Journal*, September 29, 2010.

(13) "War Games," *Economist*, January 19, 2013.

(14) Barry Eichengreen, "Competitive Devaluation to the Rescue," *Guardian*, March 18, 2009.

(15) "Resources Boomerang," *Economist*, April 20, 2013.

(16) "Too Strong for Comfort," *Economist*, September 3, 2011.

(17) Paul Krugman, "Misguided Monetary Mentalities," *New York Times*, October 12, 2009.

(18) Norman Tebbit, "Black Wednesday? I think of the glorious day we left the ERM as Bright Wednesday," *Telegraph*, September 13, 2012.

(19) Stanley Fischer, "Ecuador and the IMF," address at the Hoover Institution Conference on Currency Unions," Palo Alto, California, May 19, 2000, https://www.imf.org/external/ np/ speeches/ 2000/051900.htm.

(20) "El Salvador Learns to Love the Greenback," *Economist*, September 26, 2002.

(21) "What Is the Euro Area?" Economic and Financial Affairs, European Commission, http://ec.europa.eu/economy_finance/euro/adoption/euro_area/index_en.htm.

(22) N. Gregory Mankiw, "The Trilemma of International Finance," *New York Times*, July 9, 2010.

(23) James Pearson, "Insight: Won for the Money: North Korea Experiments with Exchange Rates," Reuters, November 3, 2013.

(24) Mankiw, "The Trilemma of International Finance."

(25) "The Reformation," *Economist*, April 7, 2011.

(26) Kartik Goyal, "Rajan Warns of Policy Breakdowns as Emerging Markets Fall," Bloomberg News, January 31, 2014.

(27) "Forty Years On," *Economist*, August 13, 2011.

(28) "Trial of Strength," *Economist*, September 25, 2010.

第 7 章　黄金

(1) Robert A. Mundell, "A Reconsideration of the Twentieth Century," ノーベル賞受賞演説, Stockholm University, December 8, 1999.

(2) Christopher Klein, "Winston Churchill's World War Disaster, History.com, May 21, 2014, http://www.history.com/news/winston-churchills-world-war-disaster.

(3) Peter L. Bernstein, *The Power of Gold: History of an Obsession* (Hoboken, NJ: John Wiley & Sons, 2012).

(4) James Ashley Morrison, "The 1925 Return to Gold: Keynes and Mr Churchill's Economic Crisis," 2009 meeting of the American Political Science Association での発表論文。また James Ashley Morrison, "Shocking Intellectual Austerity: The Role of Ideas in the Demise of the Gold Standard," *International Organization* 70, Winter 2016 も参照。

(5) John Maynard Keynes, *Essays in Persuasion* (London: Macmillan, 1932), 201.

(6) Bernstein, *The Power of Gold*.

(7) Ibid.

(8) Ibid.

(9) Mundell, "A Reconsideration of the Twentieth Century."

(10) New River Media Interview with Milton Friedman, PBS.org, http://www.pbs.org/ fmc/ inter-

views/friedman.htm.

(11) "Gold Standard," IGM Forum, University of Chicago Booth School of Business, January 12, 2012, http://www.igmchicago.org/igm-economic-experts-panel/poll-results?SurveyID=SV_cw1nNUYOXSAKwrq.

(12) Donald T. Regan et al., "Report to the Congress of the Commission on the Role of Gold in the Domestic and International Monetary Systems," report of the Gold Commission, vol. 1, March 1982.

(13) Ron Paul, *End the Fed* (New York: Grand Central Publishing, 2009), 4. 邦訳ポール『連邦準備銀行を廃止せよ』（副島訳、成甲書房、 2012）

(14) "We Believe in America," 2012 Republican Platform, https://cdn.gop.com/ docs/2012GOPPlatform.pdf.

(15) "Full of Holes," *Economist*, November 29, 2014.

(16) http://www.bradford-delong.com/why-not-the-gold-standard-talking-points-on-the-likely-consequences-of-re-establishment-of-a-gold-st.html

(17) "Gold," U.S. Geological Survey, Mineral Commodity Summaries, February 2014, http://minerals.usgs.gov/minerals/pubs/commodity/gold/mcs-2014-gold.pdf.

(18) Paul, *End the Fed*, 117 邦訳ポール『連邦準備銀行を廃止せよ』

(19) Bernstein, *The Power of Gold*.

(20) "FAQs: Gold and Silver," Federal Reserve Bank of Richmond, https://www.richmondfed. org/faqs/gold_silver/.

(21) James Hookway, "Malaysian Muslims Go for Gold, But It's Hard to Make Change," *Wall Street Journal*, September 2, 2010.

(22) Matthew O'Brien, "Why the Gold Standard Is the World's Worst Economic Idea, in 2 Charts," *Atlantic*, August 26, 2012.

(23) Edgar L. Feige, "New Estimates of U.S. Currency Abroad, the Domestic Money Supply and the Unreported Economy," Munich Personal RePEc Archive, September 2011, https://mpra.ub.uni-muenchen.de/34778/1/MPRA_paper_34778.pdf.

(24) Edgar Feige, e-mail to author, April 21, 2015.

(25) Jason Zweig, "Is Gold Cheap? Who Knows? But Gold-Mining Stocks Are," *Wall Street Journal*, September 17, 2011.

(26) Matt DiLlallo, "Why Warren Buffett Hates Gold," *The Motley Fool*, September 13, 2014, http://www.fool.com/investing/general/2014/09/13/why-warren-buffett-hates-gold.aspx.

(27) Barry Eichengreen, *Golden Fetters: The Gold Standard and the Great Depression 1919–1939* (New York: Oxford University Press, 1992).

(28) Martin Wolf, "Only the Ignorant Live in Fear of Hyperinflation," *Financial Times*, April 10, 2014.

第 8 章　アメリカ金融史はやわかり

(1) "Bryan's 'Cross of Gold' Speech: Mesmerizing the Masses," History Matters, American Social History Project, http://historymatters.gmu.edu/d/5354/.

(2) "Dutch New York," Thirteen: WNET New York Public Media, September 1, 2009, http://www.thirteen.org/dutchny/interactives/manhattan-island/.

(3) https://historymyths.wordpress.com/2015/04/12/revisited-myth-45-the-dutch-bought-manhattan-for-24-worth-of-beads/.

(4) Matt Soniak, "Was Manhattan Really Bought for $24," Mental Floss, October 2, 2012, http://mentalfloss.com/article/12657/was-manhattan-really-bought-24.

(5) Gilbert W. Hagerty, *Wampum, War, and Trade Goods, West of the Hudson* (Interlaken, NY: Heart of the Lakes Publishing, 1985), 110.

(6) Jason Goodwin, *Greenback: The Almighty Dollar and the Invention of America* (New York: Henry Holt, 2003), 25.

(7) Glyn Davies, *A History of Money: From Ancient Times to the Present Day* (Cardiff: University of Wales Press, 1994), 39.

(8) Ibid., 456–57.

(9) Alvin Rabushka, "The Colonial Roots of American Taxation, 1607–1700," *Policy Review*, August 1, 2002, Hoover Institution, http://www.hoover.org/research/colonial-roots-american-taxation-1607-1700.

(10) Ibid.

(11) Davies, *A History of Money*, 461.

(12) David A. Copeland, *A History of Money: From Ancient Times to the Present Day* (Cardiff: University of Wales Press, 1994), 146

(13) Copeland, *A History of Money*, 149.

(14) Davies, *A History of Money*, 462.

(15) Ibid.

(16) Jack P. Greene and Richard M. Jellison, "The Currency Act of 1764 in Imperial-Colonial Relations, 1764–1776," *William and Mary Quarterly* 18, no. 4 (October 1961), 518.

(17) Eric P. Newman, *The Early Paper Money of America* (Racine, WI: Whitman Publishing Company, 1967), 12.

(18) H. W. Brands, *Greenback Planet: How the Dollar Conquered the World and Threatened Civilization as We Know It* (Austin: University of Texas Press, 2011), 4.

(19) Ben Baack, "Forging a Nation State: The Continental Congress and the Financing of the War of American Independence," *Economic History Review* 54, no. 4: 641.

(20) Ibid., 643.

(21) Kenneth Scott, *Counterfeiting in Colonial America* (New York: Oxford University Press, 1957), 253.

(22) Ibid., 254.

(23) Ibid., 262.

(24) Baack, "Forging a Nation State," 654.

(25) "Coinage Clause Law and Legal Definition," USLegal, http://definitions.uslegal.com/c/coinage-clause/.

(26) Brands, *Greenback Planet*, 4.

(27) "About the United States Mint," United States Mint, http://usmint.com/about_the_mint/.

(28) Angela Redish, *Bimetallism: An Economic and Historical Analysis* (Cambridge, UK: Cambridge University Press, 2000), 214.

(29) Brands, *Greenback Planet*, 5.

(30) Ibid.

(31) Ron Paul, *End the Fed* (New York: Grand Central Publishing, 2009), 11. 邦訳ポール『連邦準備銀行を廃止せよ』（副島訳、成甲書房、 2012）

(32) Jerry Markham, *A Financial History of the United States* (Armonk, NY: M.E. Sharpe, 2002), 90.

(33) "The First Bank of the United States," American History: From Revolution to Reconstruction, University of Groningen, http://www.let.rug.nl/usa/essays/general/a-brief-history-of-central-banking/the-first-bank-of-the-united-states-%281791-1811%29.php.

(34) Brands, *Greenback Planet*, 6–7.

(35) "The Second Bank of the United States," Federal Reserve Bank of Philadelphia, December 2010, https://www.philadelphiafed.org/publications/economic-education/second-bank.pdf.

(36) Gary May, *John Tyler* (New York: Times Books, 2008), 42–43.

(37) "The Second Bank of the United States," Federal Reserve Bank of Philadelphia.

(38) James Roger Sharp, *The Jacksonians Versus the Banks: Politics in the States After the Panic of 1837* (New York: Columbia University Press, 1970), 27.

(39) Major L. Wilson, *The Presidency of Martin Van Buren* (Lawrence: University of Kansas Press, 1984), 47.

(40) Ibid., 123.

(41) Jessica M. Lepler, *The Many Panics of 1837: People, Politics, and the Creation of a Transatlantic Financial Crisis* (New York: Cambridge University Press, 2013), 232.

(42) Davies, *A History of Money*, 484.

(43) "The Second Bank of the United States," Federal Reserve Bank of Philadelphia.

(44) Davies, *A History of Money*, 484.

(45) Ibid., 487.

(46) Brands, *Greenback Planet*, 12.

(47) Ibid., 1.

(48) Richard S. Grossman, "U.S. Banking History, Civil War to World War II," EH.net Encyclopedia, ed. Robert Whaples, March 16, 2008, http://eh.net/encyclopedia/us-banking-history-civil-war-to-world-war-ii/.

(49) Ibid.

(50) Ibid.

(51) "The State and National Banking Eras," Federal Reserve Bank of Philadelphia, December 2011, 9, https://www.philadelphiafed.org/-/media/publications/economic-education/state-and-national-banking-eras.pdf.

(52) Davies, *A History of Money*, 489.

(53) "The State and National Banking Eras," Federal Reserve Bank of Philadelphia, 12.

(54) Davies, *A History of Money*, 492.

(55) Ibid., 494–95.

(56) Hal R. Williams, *Realigning America: McKinley, Bryan, and the Remarkable Election of 1896* (Lawrence: University of Kansas Press, 2010), 36.

(57) Ibid., 36–37.

(58) Ibid., ix.

(59) Ibid., 85.

(60) Redish, *Bimetallism*, 237.

(61) Andrew Glass, "President McKinley Signs Gold Standard Act, March 14, 1900," *Politico*, March 14, 2013, http://www.politico.com/story/2013/03/this-day-in-politics-88821.html; and Davies, *A History of Money*, 497.

(62) Jon Moen, "Panic of 1907," EH.net Encyclopedia, ed. Robert Whaples, August 14, 2001, http://eh.net/encyclopedia/the-panic-of-1907/.

(63) Robert F. Bruner and Sean D. Carr, *The Panic of 1907: Lessons Learned from the Market's Perfect Storm* (Hoboken, NJ: John Wiley & Sons, 2007), 79.

(64) Ibid., 100–103.

(65) Ron Chernow, *Titan: The Life of John D. Rockefeller, Sr.* (New York: Random House, 1998), 543.

(66) Lawrence J. Broz, *The International Origins of the Federal Reserve System* (Ithaca, NY: Cornell University Press, 1997), xi; および Ben S. Bernanke, *The Federal Reserve and the Financial Crisis* (Princeton, NJ: Princeton University Press, 2013), 5. 邦訳バーナンキ『連邦準備制度と金融危機』（小谷野俊夫訳、一灯社、 2012）, 10.

(67) Davies, *A History of Money*, 502.

(68) Brands, *Greenback Planet*, 32–33.

(69) Bernanke, *The Federal Reserve and the Financial Crisis*, 14. 邦訳バーナンキ『連邦準備制度と金融危機』, 29–30.

(70) Roger W. Ferguson, Jr., "The Evolution of Central Banking in the United States," speech, European Central Bank, Frankfurt, Germany, April 27, 2005.

(71) Davies, *A History of Money*, 509.

(72) Bernanke, *The Federal Reserve and the Financial Crisis*, 22. 邦訳バーナンキ『連邦準備制度と金融危機』, 42.

(73) Davies, *A History of Money*, 509.

(74) Sandra Kollen Ghizoni, Federal Reserve Bank of Atlanta, "Establishment of the Bretton Woods System," Federal Reserve History, http://www.federalreservehistory. org/Events/DetailView/28.

(75) Brands, *Greenback Planet*, 63–64.

(76) Ibid., 64.

(77) Ibid.

(78) Ghizoni, "Establishment of the Bretton Woods System."

(79) Barry Eichengreen, *Exorbitant Privilege: The Rise and Fall of the Dollar and the Future of the International Monetary System* (New York: Oxford University Press, 2011), 3. 邦訳アイケングリーン『とてつもない特権』（小浜 裕久訳、勁草書房、 2012）

(80) Brands, *Greenback Planet*, 68–69.

(81) William L. Silber, *Volcker: The Triumph of Persistence* (New York: Bloomsbury Press, 2012), 43.

(82) Brands, *Greenback Planet*, 75.

(83) Silber, *Volcker*, 43.

(84) Brands, *Greenback Planet*, 77.

(85) Ibid.

(86) Sandra Kollen Ghizoni, Federal Reserve Bank of Atlanta, "Nixon Ends Convertibility of U.S. Dollars to Gold and Announces Wage/Price Controls," Federal Reserve History, November 22, 2013, http://www.federalreservehistory.org/Events/DetailView/33.

(87) Silber, *Volcker*, 91.

(88) Brands, *Greenback Planet*, 83.

(89) Allan H. Meltzer, "Inflation Nation," *New York Times*, May 3, 2009.

(90) Bernanke, *The Federal Reserve and the Financial Crisis*, 33.

(91) Ibid., 32–33.

(92) "Index by President," United States Misery Index, http://www.miseryindex.us/indexbyPresident.aspx.

(93) Alex Nikolsko-Rzhevskyy and David H. Papell, "Taylor Rules and the Great Inflation," Journal of Macroeconomics 34, no. 4 (2012).

(94) Meltzer, "Inflation Nation."

(95) Bernanke, *The Federal Reserve and the Financial Crisis*, 32–34.

(96) Ibid., 35.

(97) Ibid., 38.

(98) Judd Gregg, interview with author, April 29, 2015.

第 9 章　1929 年と 2008 年

(1) Peter Temin, *Lessons from the Great Depression* (Cambridge, MA: MIT Press, 1991), 12. 邦

訳テミン『大恐慌の教訓』（猪木他訳、東洋経済新報社, 1994）

(2) Ben S. Bernanke, "Asset Price 'Bubbles' and Monetary Policy: Remarks Before the New York Chapter of the National Association for Business Economics," New York, October 15, 2002.

(3) Financial Crisis Inquiry Commission, *The Financial Crisis Inquiry Report* (New York: PublicAffairs, 2011).

(4) Ben S. Bernanke, *Essays on the Great Depression* (Princeton, NJ: Princeton University Press, 2000), xi. 邦訳バーナンキ『大恐慌論』（栗原潤訳、日本経済新聞出版社、 2013）

(5) Ben S. Bernanke, "Remarks at the Conference to Honor Milton Friedman," University of Chicago, November 8, 2002.

(6) "Credit and Liquidity Programs and the Balance Sheet," Federal Reserve, http://www.federalreserve.gov/monetarypolicy/bst_recenttrends.htm.

(7) Ben S. Bernanke *The Federal Reserve and the Financial Crisis* (Princeton, NJ: Princeton University Press, 2013), 17. 邦訳バーナンキ『連邦準備制度と金融危機』（小谷野俊夫訳、一灯社、 2012), 33.

(8) "Dow Jones Industrial Averages: All Time Largest One Day Gains and Losses," Market Data Center, *Wall Street Journal*, http://online.wsj.com/mdc/public/page/2_3047-djia_alltime.html.

(9) "The Great Depression: 48b. Sinking Deeper and Deeper: 1929–33," U.S. History, Independence Hall Association in Philadelphia, http://www.ushistory.org/us/48b.asp.

(10) Gary Richardson, Alejandro Komai, Michael Gou, and Daniel Park, "Stock Market Crash of 1929," Federal Reserve History, http://www.federalreservehistory.org/Events/DetailView/74.

(11) Douglas A. Irwin, "Did France Cause the Great Depression?" National Bureau of Economic Research, Working Paper 16350, September 2010.

(12) "Bin Ladin's Bookshelf," Office of the Director of National Ingelligence, http://www.dni.gov/index.php/resources/bin-laden-bookshelf?start=3.

(13) Milton Friedman and Anna Jacobson Schwartz, *The Great Contraction 1929–1933* (Princeton, NJ: Princeton University Press, 2007), 34.

(14) Ibid., 40.

(15) Robert Jabaily, Federal Reserve Bank of Boston, "Bank Holiday of 1933," Federal Reserve History, http://www.federalreservehistory.org/Events/DetailView/22.

(16) William L. Silber, "Why Did FDR's Bank Holiday Succeed?" FRBNY Economic Policy Review, July 2009, http://www.newyorkfed.org/research/epr/09v15n1/0907silb.pdf.

(17) Stephanie Simon, "Cash-Strapped California's IOUs: Just the Latest Sub for Dollars," *Wall Street Journal*, July 25, 2009.

(18) Bill Ganzel, "Bank Failures," Farming in the 1930s, Wessels Living History Farm, 2003, http://www.livinghistoryfarm.org/farminginthe30s/money_08.html.

(19) I am indebted to Doug Irwin, whom I heard make this point on the EconTalk podcast (EconTalk.org), October 11, 2010.

(20) Friedman and Schwartz, *The Great Contraction*, ix.

(21) Bernanke, *The Federal Reserve and the Financial Crisis*, 23. 邦訳バーナンキ『連邦準備制度と金融危機』, 44.

(22) John Kenneth Galbraith, Thomas E. Hall and J. David Ferguson, *The Great Depression: An International Disaster of Perverse Economic Policies* (Ann Arbor: University of Michigan Press, 1998), 110. での引用。

(23) Bernanke, *The Federal Reserve and the Financial Crisis*, 20、邦訳バーナンキ『連邦準備制度と金融危機』, 39.

(24) Temin, *Lessons from the Great Depression*, 34、邦訳テミン『大恐慌の教訓』

(25) Financial Crisis Inquiry Commission, *The Financial Crisis Inquiry Report*, 156.

(26) Ibid., 5.

(27) Kevin Warsh, "Remarks at the Council of Institutional Investors 2009 Spring Meeting," Washington, DC, April 6, 2009.

(28) Financial Crisis Inquiry Commission, *The Financial Crisis Inquiry Report*, 10.

(29) Kate Pickert, "A Brief History of Fannie Mae and Freddie Mac," *Time*, July 14, 2008.

(30) Matthew Karnitschnig, Deborah Solomon, Liam Pleven, and Jon E. Hilsenrath, "U.S. to Take Over AIG in $85 Billion Bailout; Central Banks Inject Cash as Credit Dries Up," *Wall Street Journal*, September 16, 2008.

(31) Financial Crisis Inquiry Commission, *The Financial Crisis Inquiry Report*, 8.

(32) Bernanke, *The Federal Reserve and the Financial Crisis*, 71–72. 邦訳バーナンキ『連邦準備制度と金融危機』, 131–132.

(33) Gary Gorton, "Questions and Answers about the Financial Crisis," testimony prepared for the U.S. Financial Crisis Inquiry Commission, February 20, 2010.

(34) Gorton, "Questions and Answers about the Financial Crisis," 12–13.

(35) Financial Crisis Inquiry Commission, *The Financial Crisis Inquiry Report*, 136.

(36) Ibid., xvii–xxv.

(37) Bernanke, *The Federal Reserve and the Financial Crisis*, 97、邦訳バーナンキ『連邦準備制度と金融危機』, 182–183.

(38) Ibid., 99. 邦訳 186–187.

(39) Ibid., 86. 邦訳 159.

(40) Roger Lowenstein, "The Villain," *Atlantic*, April 2012.

(41) Bernanke, *The Federal Reserve and the Financial Crisis*, 104–5. 邦訳バーナンキ『連邦準備制度と金融危機』, 196.

(42) "Early Retirement," Economist, November 1, 2014.

(43) Financial Crisis Inquiry Commission, *The Financial Crisis Inquiry Report*, xvii.

(44) Ibid., xviii.

(45) Paul Krugman, "Falling Wage Syndrome," *New York Times*, May 4, 2009.

(46) Allan H. Meltzer, "Inflation Nation," *New York Times*, May 4, 2009.

(47) Lowenstein, "The Villain."

(48) Adam S. Posen, "Central Bankers: Stop Dithering. Do Something," *New York Times*, November 20, 2011.

(49) "Open Letter to Ben Bernanke," Real Time Economics, *Wall Street Journal*, November 15, 2010, http://blogs.wsj.com/economics/2010/11/15/open-letter-to-ben-bernanke/.

(50) "Reserve Balances with Federal Reserve Banks," Economic Research, Federal Reserve Bank of St. Louis, https://research.stlouisfed.org/fred2/series/WRESBAL/.

第 10 章　日本

(1) Kenneth Rogoff, "Japan's Slow-Motion Crisis," Project Syndicate, March 2, 2010.

(2) Jacob M. Schlesinger, "Bank of Japan Offers Lessons in Easing Deflation," *Wall Street Journal*, November 9, 2014.

(3) Taimur Baig, "Understanding the Costs of Deflation in the Japanese Context," IMF Working Paper, WP/03/215, Asia and Pacific Department, November 2003.

(4) Ben S. Bernanke, "Deflation: Making Sure 'It' Doesn't Happen Here," Remarks Before the National Economists Club, Washington, DC, November 21, 2002.

(5) Jon Hilsenrath and Megumi Fujikawa, "Japan's Bernanke Hits Out at His Critics in the West," *Wall Street Journal*, March 1, 2011.

(6) Phred Dvorak and Eleanor Warnock, "Stagnant Japan Rolls Dice on New Era of Easy Money," *Wall Street Journal*, March 21, 2013.

(7) Maurice Obstfeld, "Time of Troubles: The Yen and Japan's Economy, 1985–2008," NBER Working Paper 14816, March 2009, 5–6.

(8) Ezra F. Vogel, *Japan as Number One: Lessons for America* (Cambridge, MA: Harvard University Press, 1979).

(9) Robert J. Cole, "Japanese Buy New York Cachet with Deal for Rockefeller Center," *New York Times*, October 31, 1989.

(10) Obstfeld, "Time of Troubles," 7.

(11) Ibid.

(12) Stephanie Strom, "Japanese Scrap $2 Billion Stake in Rockefeller," *New York Times*, September 12, 1995.

(13) Obstfeld, "Time of Troubles," 7.

(14) Charles Kindleberger and Robert Aliber, *Manias, Panics, and Crashes: A History of Financial Crises* (Hoboken, NJ: John Wiley & Sons, 2005), 5.

(15) Anil K. Kashyap, "Zombie Lending in Japan: How Bankrupt Firms Stifle Economic Reform," Capital Ideas, University of Chicago Booth School of Business, September 2006.

(16) Rogoff, "Japan's Slow-Motion Crisis."

(17) Kashyap, "Zombie Lending in Japan."

(18) Obstfeld, "Time of Troubles," 11.

(19) Bernanke, "Deflation: Making Sure 'It' Doesn't Happen Here."

(20) Baig, "Understanding the Costs of Deflation in the Japanese Context," 16.

(21) Kenneth N. Kuttner and Adam S. Posen, "The Great Recession: Lessons for Macroeconomic Policy from Japan," Brookings Papers on Economic Activity, 2:2001, 99–100.

(22) George A. Akerlof, William T. Dickens, and George L. Perry, "The Macroeconomics of Low Inflation," Brookings Papers on Economic Activity, 1:1996.

(23) Baig, "Understanding the Costs of Deflation in the Japanese Context."

(24) Farai Mutsaka and Peter Wonacott, "Zimbabwe to Overhaul Its Central Bank," *Wall Street Journal*, September 18–19, 2010.

(25) "Transcript: Shirakawa on Japan's Economy," *Wall Street Journal*, March 1, 2011, http://www.wsj.com/articles/SB10001424052748704615504576172300556921580.

(26) Paul Volcker, interview with author, May 2, 2011.

(27) Kenneth Kuttner, "Monetary Policy During Japan's Great Recession: From Self-Induced Paralysis to Rooseveltian Resolve," PIIE Briefing 14–4, Peterson Institute for International Economics, December 2014, 71.

(28) Hilsenrath and Fujikawa, "Japan's Bernanke Hits Out at His Critics in the West."

(29) "The Battle for Japan," *Economist*, June 28, 2014.

(30) Kuttner, "Monetary Policy During Japan's Great Recession."

(31) James McBride and Beina Xu, "Abenomics and the Japanese Economy," CFR Backgrounders, Council on Foreign Relations, March 10, 2015, http://www.cfr.org/japan/abenomics-japanese-economy/p30383.

(32) Dvorak and Warnock, "Stagnant Japan Rolls Dice on New Era of Easy Money."

(33) Phred Dvorak and Eleanor Warnock, "Japan Central Bank Plan Meets Skepticism," *Wall Street Journal*, April 3, 2013.

(34) McBride and Xu, "Abenomics and the Japanese Economy."

(35) Adam S. Posen, "An American's Assessment of Abenomics at Mid-Term," PIIE Briefing 14-4, Peterson Institute for International Economics, December 2014.

(36) Tatsuo Ito and Jacob M. Schlesinger, "Japan's Zero Inflation a Setback for Abenomics," *Wall Street Journal*, March 27, 2015, http://www.wsj.com/articles/japan-inflation-hits-zero-1427416851.

(37) Ibid.

(38) McBride and Xu, "Abenomics and the Japanese Economy."

(39) "To Lose One Decade May Be Misfortune ..." *Economist*, December 30, 2009.

(40) "About That Debt," Free Exchange, *Economist*, November 18, 2014.

(41) Paul Volcker, interview with author, May 2, 2011.

(42) Bernanke, "Deflation: Making Sure 'It' Doesn't Happen Here."

(43) Kenneth Kuttner, interview with author, June 1, 2015.

(44) Hiroko Tabuchi, "Yen-Pinching Undercuts Japan's Push Against Years of Deflation," *New York Times*, March 10, 2014.

(45) "Waging a New War," *Economist*, March 9, 2013.

(46) Tabuchi, "Yen-Pinching Undercuts Japan's Push Against Years of Deflation."

(47) "About That Debt," *Economist*.

(48) Rogoff, "Japan's Slow-Motion Crisis."

第 11 章　ユーロ

(1) Barry Eichengreen and Peter Temin, "Fetters of Gold and Paper," National Bureau of Economic Research, Working Paper 16202, July 2010.

(2) Robert A. Mundell, "A Theory of Optimum Currency Areas," *American Economic Review* 51, no. 4 (September 1961), 657.

(3) "Monetary Policy," European Central Bank, https://www.ecb.europa.eu/mopo/html/index.en.html.

(4) "Use of the Euro," European Central Bank, https://www.ecb.europa.eu/euro/intro/html/index.en.html.

(5) "On a Wing and a Prayer," *Economist*, December 2, 2010.

(6) Paul Krugman, "Can Europe Be Saved?" *New York Times Magazine*, January 12, 2011.

(7) Milton Friedman, "The Euro: Monetary Unity to Political Disunity," Project Syndicate, August 18, 1997.

(8) Suzy Hansen, "A Finance Minister Fit for a Greek Tragedy?" *New York Times Magazine*, May 20, 2015.

(9) Mundell, "A Theory of Optimum Currency Areas," 660.

(10) Milton Friedman, *Essays in Positive Economics* (1953), "Forty Years On," *Economist*, August 13, 2011 での引用。

(11) Krugman, "Can Europe Be Saved?"

(12) "The Nico and Angela Show," *Economist*, November 12, 2011.

(13) Robert J. Barro and Xavier Sala-I-Martin, "Convergence across States and Regions," Brookings Papers on Economic Activity, 1:1991.

(14) "Who Can Join and When?" Economic and Financial Affairs, European Commission, http://ec.europa.eu/economy_finance/euro/adoption/who_can_join/index_en.htm.

(15) Krugman, "Can Europe Be Saved?"

(16) Ibid.

(17) Eichengreen and Temin, "Fetters of Gold and Paper."

(18) "A Very Short History of the Crisis," *Economist*, November 12, 2011.

(19) "Saving the Euro," *Economist*, November 18, 2010.

(20) "The Cracks Spread and Widen," *Economist*, April 29, 2010.

(21) "Acropolis Now," *Economist*, April 29, 2010.

(22) "That's All, Folks," *Economist*, November 12, 2011.

(23) "Greece Takes Bailout, but Doubts for Region Persist," DealBook, *New York Times*,

May 3, 2010, http://dealbook.nytimes.com/2010/05/03/greece-takes-bailout-but-doubts-for-region-persist/?_r=0.
(24) "Destructive Creation," *Economist*, November 12, 2011.
(25) "Casting a Spell," *Economist*, September 15, 2012.
(26) "On a Wing and a Prayer," *Economist*.
(27) "The Nico and Angela Show," *Economist*.
(28) Hansen, "A Finance Minister Fit for a Greek Tragedy?"
(29) "The World's Biggest Economic Problem," *Economist*, October 25, 2014.
(30) Patricia Kowsmann and Marcus Walker, "Idea of Euro Exit Finds Currency in Portugal," *Wall Street Journal*, May 28, 2013.
(31) Krugman, "Can Europe Be Saved?"
(32) Charles Forelle, "In European Crisis, Iceland Emerges as an Island of Recovery," *Wall Street Journal*, May 21, 2012.
(33) Hansen, "A Finance Minister Fit for a Greek Tragedy?"
(34) Karl Stagno Navarra, Ben Sills, and Marcus Bensasson, "IMF Considers Greece Its Most Unhelpful Client Ever," *Bloomberg Business*, March 18, 2015.
(35) "Europe on the Rack," *Economist*, June 30, 2012.
(36) Krugman, "Can Europe Be Saved?"

第 12 章　アメリカと中国

(1) Keith Richburg, "For U.S., China, Uneasiness about Economic Codependency," *Washington Post*, November 16, 2009.
(2) Helen Cooper, Michael Wines, and David Sanger, "China's Role as Lender Alters Obama's Visit," *New York Times*, November 15, 2009.
(3) "Major Foreign Holders of Treasury Securities," Department of the Treasury/Federal Reserve Board, October 16, 2015, http://www.treasury.gov/ticdata/Publish/mfh.txt.
(4) Richburg, "For U.S., China, Uneasiness about Economic Codependency."
(5) Mark Landler, "Seeing Its Own Money at Risk, China Rails at U.S.," *New York Times*, October 15, 2013.
(6) "Distribution of Chinese Exports in 2014, by Trade Partner," Statista, http://www.statista.com/statistics/270326/main-export-partners-for-china/.
(7) David Leonhardt, "The China Puzzle," *New York Times Magazine*, May 13, 2009.
(8) James Fallows, "The $1.4 Trillion Question," *Atlantic*, January/February 2008.
(9) Ibid.
(10) Ibid.
(11) Craig K. Elwell, "Saving Rates in the United States: Calculation and Comparison," Congressional Research Service, September 14, 2010.
(12) "Country Comparison: GDP Per Capita (PPP)," CIA World Factbook, https://www.cia.gov/

library/ publications/the-world-factbook/rankorder/2004rank.html.

(13) Fallows, "The $1.4 Trillion Question."

(14) Arthur R. Kroeber, "The Renminbi: The Political Economy of a Currency," *Foreign Policy*, September 7, 2011.

(15) "IMF to China: Plaza Accord Didn't Sink Japan," *Wall Street Journal*, April 11, 2011.

(16) Damian Paletta and John W. Miller, "China, U.S. Square Off over Yuan," *Wall Street Journal*, October 7, 2010.

(17) Arthur Kroeber, "China's Currency Policy Explained," Up Front, Brookings Institution, September 7, 2011.

(18) Kroeber, "The Renminbi: The Political Economy of a Currency."

(19) Siobhan Hughes and William Mauldin, "Senate Rejects Manipulation Rules in Trade Bill," *Wall Street Journal*, May 23–24, 2015.

(20) "An Indigestible Problem," *Economist*, October 16, 2010.

(21) Steven Dunaway and Xiangming Li, "Estimating China's 'Equilibrium' Real Exchange Rate," IMF Working Paper, October 2005.

(22) David Leonhardt, "The China Puzzle."

(23) "Currency Manipulation," IGM Forum, University of Chicago Booth School of Business, June 16, 2015, http://www.igmchicago.org/igm-economic-experts-panel/poll-results? SurveyID= SV_bCrHQToXMqPfLzD.

(24) Ibid.

(25) "China–US Trade," IGM Forum, University of Chicago Booth School of Business, June 19, 2012, http://www.igmchicago.org/igm-economic-experts-panel/poll-results? SurveyID=SV_003w6LBGnkOfDuI.

(26) C. Fred Bergsten and Joseph E. Gagnon, "Currency Manipulation, the US Economy, and the Global Economic Order," Peterson Institute for International Economics, Policy Brief, December 2012.

(27) Jose Manuel Campa and Linda S. Goldberg, "Employment Versus Wage Adjustment and the U.S. Dollar," *Review of Economics and Statistics* 83, no. 3 (August 2001).

(28) Edward P. Lazear, "Chinese 'Currency Manipulation' Is Not the Problem," *Wall Street Journal*, January 8, 2013.

(29) David Leonhardt, "The China Puzzle."

(30) Fallows, "The $1.4 Trillion Question."

(31) "Feeling Valued," *Economist*, May 30, 2015.

(32) Mark Magnier and William Kazer, "IMF Says Yuan Is Now Fairly Valued," *Wall Street Journal*, May 27, 2015.

(33) "China's Yuan Currency 'No Longer Undervalued': IMF," *Daily Mail*, May 26, 2015.

(34) Henry M. Paulson, Jr., and Robert E. Rubin, "The Blame Trap," *Atlantic*, June 2015.

(35) Damian Paletta and John W. Miller, "China, U.S. Square Off over Yuan," *Wall Street Journal*,

October 7, 2010.
(36) Paulson and Rubin, "The Blame Trap."

第 13 章　お金の未来

(1) Milton Friedman, *Money Mischief: Episodes in Monetary History* (New York: Harcourt Brace & Company, 1994), xii. 邦訳フリードマン『貨幣の悪戯』（斉藤精一郎訳、三田出版界, 1993）, 10.
(2) Joshua Davis, "The Crypto-Currency," *New Yorker*, October 10, 2011.
(3) Michael Bryan, "Island Money," Federal Reserve Bank of Cleveland Commentary, February 1, 2004.
(4) "Gold Gets Dug Out of the Ground," Quote Investigator, May 25, 2013, http:// quoteinvestigator.com/2013/05/25/bury-gold/.
(5) Narayana R. Kocherlakota, "Money Is Memory," Federal Reserve Bank of Minneapolis, Research Department Staff Report 218, October 1996.
(6) Narayana R. Kocherlakota, "The Technological Role of Fiat Money," *Quarterly Review*, Federal Reserve Bank of Minneapolis, Summer 1998.
(7) Noam Cohen, "Bubble or No, This Virtual Currency Is a Lot of Coin in Any Realm," *New York Times*, April 8, 2013.
(8) Robin Sidel, "Race to Mine Bitcoin Gathers Steam," *Wall Street Journal*, November 6, 2013.
(9) Nathaniel Popper, "Into the Bitcoin Mines," *New York Times*, December 22, 2013.
(10) Joshua Davis, "The Crypto-Currency."
(11) Francois R. Velde, "Bitcoin: A Primer," *Chicago Fed Letter*, Number 317, December 2013.
(12) Joe Light, "Bbqcoin? Virtual Money Is Smoking," *Wall Street Journal*, November 21, 2013.
(13) John Biggs, "Happy Bitcoin Pizza Day," Tech Crunch, May 22, 2015, http:// techcrunch.com/2015/05/22/happy-bitcoin-pizza-day/.
(14) Robin Sidel, Michael J. Casey, and Christopher M. Matthews, "Bitcoin's Boosters Struggle to Shore Up Confidence," *Wall Street Journal*, April 4, 2014.
(15) Sydney Ember, "Bitcoin's Price Falls 12%, to Lowest Value Since May," *New York Times*, August 18, 2014.
(16) Candace Jackson, "Sold! To the Bidder with Bitcoin," *Wall Street Journal*, August 9–10, 2014.
(17) Steve Forbes, "Bitcoin: Whatever It Is, It's Not Money!" *Forbes*, April 16, 2013.
(18) Candace Jackson, "Sold! To the Bidder with Bitcoin."
(19) Nathaniel Popper, "Bitcoin Figure Is Accused of Conspiring to Launder Money," *New York Times*, January 27, 2014.
(20) "Bitcoin Under Pressure," *Economist*, November 30, 2013; and "The Bitcoin Bubble," *Economist*, November 30, 2013.
(21) Sydney Ember, "Bitcoin's Price Falls 12%, to Lowest Value Since May," *New York Times*, August 18, 2014.

(22) "Bitcoin Under Pressure," *Economist.*

(23) Timothy B. Lee, "12 Questions about Bitcoin You Were Too Embarrassed to Ask," *Washington Post*, November 19, 2013.

(24) Nicole Perlroth, "To Instill Love of Bitcoin, Backers Work to Make It Safe," *New York Times*, April 2, 2015.

(25) "Less Coin to Purloin," *Economist*, April 5, 2014.

(26) "Mt Gone," *Economist*, February 25, 2014.

(27) "Bitconned," *Economist*, March 5, 2014.

(28) Nathaniel Popper, "Can Bitcoin Conquer Argentina?" *New York Times Magazine*, April 29, 2015.

(29) "Bitcoin Buccaneers," *Economist*, January 17, 2015.

(30) "Tales from the Crypt," *Economist*, February 4, 2015.

(31) Nathaniel Popper, "Bitcoin Figure Is Accused of Conspiring to Launder Money."

(32) Sidel, Casey, and Matthews, "Bitcoin's Boosters Struggle to Shore Up Confidence"; および Nicole Perlroth, "To Instill Love of Bitcoin, Backers Work to Make It Safe."

(33) Ben Bernanke, interview with author, July 6, 2015.

(34) Francois R. Velde, "Bitcoin: A Primer."

(35) "Mining Digital Gold," *Economist*, April 13, 2013.

(36) Matina Stevis and Patrick McGroarty, "Africa's Top Bankers: Mobile Phones," *Wall Street Journal*, August 16–17, 2014.

(37) Chad Bray and Reuben Kyama, "Tap to Pay (Not So Much in the U.S.)," *New York Times*, April 2, 2014.

(38) Joshua Davis, "The Crypto-Currency."

第 14 章　中央銀行業務の改善

(1) Olivier Blanchard, Giovanni Dell'Ariccia, and Paolo Mauro, "Rethinking Macroeconomic Policy," IMF Staff Position Note, International Monetary Fund, February 12, 2010.

(2) "Ceremony Commemorating the Centennial of the Federal Reserve Act," Washington, DC, December 16, 2013, http://www.federalreserve.gov/newsevents/press/other/20131216-centennial-commemoration-transcript.pdf.

(3) John Ydstie, "Bernanke's Fed Legacy: A Tenure Full of Tough Decisions," NPR, January 27, 2014.

(4) "The Recession of 2007–2009," BLS Spotlight on Statistics, U.S. Bureau of Labor Statistics, February 2012, http://www.bls.gov/spotlight/2012/ recession/pdf/recession_bls_spotlight.pdf.

(5) Alistair Darling, David Blanchflower とのインタビュー, CNBC Squawk Box, June 4, 2009.

(6) David Blanchflower, 著者とのインタビュー, September 10, 2015.

(7) Frederic S. Mishkin, "Politicians Are Threatening the Fed's Independence," *New York Times*,

September 29, 2011.

(8) Alice M. Rivlin, "Preserving the Independence of the Federal Reserve," Subcommittee on Oversight and Investigations, House Committee on Financial Services での証言, July 14, 2015.

(9) "The Grey Man's Burden," *Economist*, December 1, 2012.

(10) Ibid.

(11) Ibid.

(12) Binyamin Appelbaum, "Bernanke, As Professor, Tries to Buff Fed's Image," *New York Times*, March 21, 2012.

(13) Ben S. Bernanke, "The Federal Reserve: Looking Back, Looking Forward," Annual Meeting of the American Economic Association での発言, January 3, 2014.

(14) Barry Eichengreen et al., "Rethinking Central Banking," Committee on International Economic Policy and Reform, Brookings Institution, September 2011.

(15) "All Federal Reserve Banks–Total Assets, Eliminations from Consolidation," Economic Research, Federal Reserve Bank of St. Louis, https://research. stlouisfed.org/fred2/series/WALCL.

(16) Allan H. Meltzer, "My Response to NYT Columnist Krugman," e21, Economic Policies for the 21st Century at the Manhattan Institute, September 16, 2014.

(17) Annalyn Censky, "Republicans to Fed: Forget about Jobs," CNN Money, December 3, 2010.

(18) Daniel Foster, "Pence: 'End the Fed's Dual Mandate,' " *National Review*, November 16, 2010.

(19) Paul Volcker, 著者とのインタビュー, May 2, 2011.

(20) Ben Bernanke, 著者とのインタビュー, July 6, 2015.

(21) Roger Lowenstein, "Imagine: The Fed Dead," *New York Times*, May 1, 2011.

(22) John B. Taylor, "The Dangers of an Interventionist Fed," *Wall Street Journal*, March 29, 2012.

(23) Ibid.

(24) David Blanchflower, 著者とのインタビュー, August 18, 2015.

(25) Kevin Warsh, "The Federal Funds Rate in Extraordinary Times," Remarks at the Exchequer Club Luncheon, Washington, DC, May 21, 2008.

(26) Blanchard, Dell'Ariccia, and Mauro, "Rethinking Macroeconomic Policy."

(27) Paul Volcker, "A Little Inflation Can Be a Dangerous Thing," *New York Times*, September 18, 2011.

(28) "NGDP Targeting Will Not Provide a Volcker Moment," Free Exchange, *Economist*, November 1, 2011.

(29) Ben S. Bernanke, "Monetary Policy and the Housing Bubble," Remarks at the Annual Meeting of the American Economic Association, Atlanta, Georgia, January 3, 2010.

(30) "Strip Club's 'Art Nights' Fail to Skirt Nudity Ban," *Times* wire report, April 6, 2005, http://articles.latimes.com/2005/apr/06/nation/na-briefs6.5.

(31) Ben S. Bernanke, 著者とのインタビュー, July 6, 2015.

(32) Simon Johnson, 著者とのインタビュー, July 27, 2015.

(33) Barry Eichengreen et al., "Rethinking Central Banking."

(34) Simon Johnson, 著者とのインタビュー, July 27, 2015.

訳者解説

1 はじめに

本書は Charles Wheelan, *Naked Money* 全訳だ。翻訳にあたっては、著者から送られた pdf ファイルを元にしつつ、ハードカバー版も参照している。

本書は、当然ながらお金についての本だ。著者はすでに『経済をまる裸にする』『統計をまる裸にする』の二冊を刊行している（いずれも今回と同じチームの訳で日本経済新聞社）。この本は、そのシリーズの最新作となる（題名の傾向がちがうのは出版社の都合なので悪しからず）。

こう書くと、不思議に思う人もいるかもしれない。多くの人は、経済学というのはお金の学問だと思っているので、「え、お金の話は当然ながら『経済をまる裸にする』でやってないの?」という印象をもつかもしれない。でも、実はちょっとちがう。

2 経済学とお金

さっき述べたように、経済学というのはお金についての学問だと思っている人は多い。すべてをお金に換算してそのやりとりを論じるのが経済学、というわけだ。その結果として経済学者はろくでもない守銭奴と思われていることも多い。

でも実は、経済学の中でお金は明示的には出てこない。特に最初のうちは、お金は中立の存在で、実体経済の取引での透明な価値伝達媒体としてしか扱われない。そして……それがまちがっているわけではない。お金はそういう透明な媒体でもある。

それでもお金が面倒なのは、お金というのが価値をためこむ手段にもなっているからだ。お金があると、すべてを物々交換に頼らなくていいので楽だ（といっても、これがお金の起源ではないことはあちこちで指摘されているので念のため。でも物々交換が面倒なのは事実だ）。でもその一方で、お金があることで、いろんな取引が途中でとまってしまう。魚からキャベツ、キャベツからお鍋、お鍋から散髪や人生相談という具合に、経済は次々に人がものやサービスを売ったり買ったりすることで成り立つ。たいがいのものは、そのまま喰ったり使ったりするし、そうでなければずっと抱え込んでおくのも面倒で場所ふさぎで腐ったりもするし、なるべくさっさと処分して自分が必要とする別のものを手に入れたほうがいい。

でもお金だけは——抱え込むのが楽で、場所も取らず、腐ったりもしない。すると、価値が取引の中でお金にずーっと貯まってしまうこともあり得る。だから、お金があること自体が取引を起こりにくくしてしまう面がある。

世の中で、不景気が起こるのはそのせいだ。これは、史上最大の経済学者の一人、ジョン・メイナード・ケインズが20世紀初頭にきちんと示したことだった。かれの主著『雇用、利子、お金の一般理論』は、実体経済（つまり雇用）が、利子を通じて、お金の市場に左右されるんだよ、だからお金のことをきちんと考えないと、大恐慌後の失業はいつまでたっても解決されないよ、というのを述べた本だった。

でも、その後一部の経済学理論はそれを必死で否定する方向にも進み、不景気がお金とは関係なく起こるんだというのをしつこく証明しようとし続けている。経済学が専門だからといって、お金のことがわかるとは限らないのだ。

その一方で、経済学を勉強していない人も、お金について異様な考えを持っていることが多い。ピンク・フロイド、といってピンとくる人が本書の読者のうちどの程度いるのかは知らないけれど、70年代に一世を風靡したプログレッシブロックの名バンドが「お金（Money）」という歌を流行らせた。お金こそは、今日のあらゆる邪悪の根源だ、という歌だ。お金は人の目を曇らせ、犯罪に走らせ、なにやら怪しげな仕組みを通じて善良な人々を貧しくし、悪人の懐を肥やし、格差を広げ、人々を分断し、心を失わせ云々。お金は人々を悪しきグローバル経済に組み込む陰謀であり、地域社会を分断し等々、といった話は、善意の社会改良主義者たちがしょっちゅう口走ることだ。それもあって、20世紀の社会主義国家の中にはお金の廃止を本当に検討していたところも多い。実際にそれをやらかしたのは、クメール・ルージュ政権下のカンボジアくらいだけれど、それを聞いて中国の毛沢東は「オレですら怖くてやれなかったことをよくやった！」と激賞したというし、またチェ・ゲバラはキューバ革命後に中央銀行総裁（!!）になったけれど、旧政府の役人を粛清する傍ら、お金の廃止を本気で考えていたという。

でも実際にはお金は邪悪ではない。とても有益で便利なものだ。そして、いまのお金が完全な信用だけで成り立っていることについて、ハラリ『サピエンス全史』はそれが妄想の産物だと述べるけれど、まさにそれこそが、いまのお金の強みでもあり弱みでもあるのだ。

3 本書の特徴

この本は、そういった話を、非常に標準的な形であれこれを説明しようとした本だ。お金について、その起源、金本位制など昔の仕組みから、インフレやデフレの説明、物価指数の計算なんていう地味なところから、中央銀行の果たす役割まで説明したうえで、かつての大恐慌から最近の、リーマンショックやユーロ圏の大問題、中国と米国の課題、さらにはビットコインやアベノミクスと、時事的な話題まで盛り込んで、お金の果たす役割を述べる。特に、いまの何も裏付けのない不換紙幣というものが、危うさも抱えつついかにすごいかについて強調してくれる。

どの部分をとっても、まったく目新しい話が書かれているものではない。非常に堅実な入門書になっている。その意味で、この手の話に詳しい人は特に新しい発見はないかもしれない。さらに、中庸的な書き方をしているので、様々なことについて強い意見を持つ人は、逆に苛立つかもしれない。たとえば、ビットコインでお金のあり方が完全に変わり、中央銀行はもはや不要となり、しかもそれを通じて新しい世界が実現すると考えている人は、本書でのビットコインの説明を古くさい理解に基づく戯言だと断じるかもしれない。

が、まあそんなに詳しい人がこんな入門書を読むこともないだろう。そして、そうした人であっても本書の各種トリビアには「へえ〜」と思うこともあるんじゃないだろうか。ニューヨーク連邦銀行の地下金庫に、毎晩サンドイッチが置かれるなんていうネタは、ぼくも本書で初めて知った。知ってどうなるわけではないけれど……まあだからこそトリビアだ。

そしてその書きぶりもとても平易だ。アメリカ色の強いオヤジギャグが並ぶのにいささか閉口する人もいるだろう。インフレファイターの映画の話とか、いささか悪のりめいた部分はある。が、それはご愛敬だ。過剰な比喩で話の本筋がわからなくなるようなことも、比較的少ない。本書を通じて、お金についていろいろ多面的な理解が得られるのは確実だし、そしてそれがとてもスタンダードな理解だというのも重要なことだ。

4 ― 本書のその後：特にアベノミクスを中心に

さて、本書が出て少したつ。時事ネタの更新（ビットコインの話など）については、本書の訳注で少し補ったりしているけれど、大きな話についてここで少々触れておこう。

まずはユーロだ。ユーロは……相変わらず何も解決していない。もともと仕組み自体がかなり不安定なもので、それを政治的な意図でごり押ししたのがそもそもの問題というのは相変わらずで、それを本質的に変えるようなことは何も起きていない。ドイツと周縁国（ギリシャなど）との確執は続いていて、2017年にもギリシャは追加融資を受けつつも緊縮財政を強いられている。2016年のイギリスEU離脱の決定で、いまはユーロ問題から人々の目はそらされているけれど、いずれまた、どこかで大きな問題が起きてもまったくおかしくないところ。

そして暗号通貨ビットコインは、その基本技術であるブロックチェーンが持つ可能性については取りざたされ、応用が検討されている一方で、お金としてはまだまだ、という感じではある。利用は増えているけれど、いまのところあくまでも支払い手段としてであって、「お金」とは必ずしも言えない部分もある。それは本書の言う通りだ。そしてこれを書いている2017年7月時点で、利用者増加に伴う技術的な難点を解決するための仕様変更に伴うコミュニティ内の大きな亀裂や、最大の利用国だった中国政府による突然の全面禁止で、今後どうなるやらわからない状況だ。

さらにドルについては、アメリカＦＲＢはついに金利引き上げに転じ、さらに第10章で懸念されている、金融危機時に積み上げた資産の処分開始を発表した。いまのところ、まだ大きな市場の混乱は生じていないけれど、先行きははっきりしない。

そして……日本のアベノミクスの状況はどうだろうか？

まず、その話に入る前に本書におけるアベノミクスの基本的な描かれ方が非常に肯定的であることには注目してほしい。デフレは基本的によくないものだ。デフレはありがたいなんていうのは、そもそも見当違い。デフレは何とかすべきだし（そもそもデフレに陥らないようにすべきだし）、そのために多少のインフレになってもかまわない。アベノミクスはまさにそれをやろうとしている。それが構造改革とか成長戦略とかいったものに代わるわけではないというのは本書の述べる通りながら、そうしたものを支援するためにも金融政策がとても重要なのだ、というのはまさに本書の指摘するとおりとなっている。

が、残念ながらアベノミクス——中でも日銀の量的質的緩和——は、いまだにデフレを克服して２パーセントのインフレに持っていくところまではきていない。これを書く直前に、日銀の黒田総裁は２パーセント実現の目標をさらに先送りにして２０１９年にしている。これを見て、アベノミクスは失敗だ、効果があがっていないという論者もたくさん出ている。

でも一方で、雇用状況はそこそこ改善しつつある。失業者は減り、非正規雇用ばかりだという当初の批判をよそに、やがて正規雇用も増えてきて、ブラック企業は人集めに苦労するようになってきている。賃金も、少しずつ上がっている。こういうと「オレの給料は増えていない」とか「実感がない」といった話を持ち出す人が多いけれど、これは経済全体の話なので、あまりそういうミクロすぎる話をするのは適切とは言えないだろう。その意味で、金融緩和の効果は着実にあがっている。

じゃあ、なぜインフレにならないのか？　これについては諸説あるけれど、有力な説としては日本経済の潜在的な生産能力が思ったより高くて、経済回復とともに、これまで働いていなかった人も働き始めた、というのが大きいようだ。世の中、物価の大半は賃金だ。だから賃金がもっと大きく上がらないと明確なインフレにはならない。でも、労働者が増えるとその分だけ賃金の上がり方も遅くなって、インフレが起こりにくくなるようだ。

そしてもう一つ、いまの低金利の状態で経済を完全雇用にもっていくには、金融政策と財政出動の両方を一気にやる必要がある。1990年代は、財政出動が日本経済を下支えしたけれど、金融政策はバブルが怖いといって、デフレ退治にまったく取り組まなかった。だからその頃は、金融政策をもっと頑張ろうというのが大きな主張になった。でもその後、財政政策のほうは財政再建のかけ声と共に、ちょっと控えめになってしまった。財政赤字が大きい、国債発行しすぎというのがその議論だけれど、でも国債の利率はぜんぜん上がっていないので、実は発行しすぎとは言えない。そして、日銀の金融緩和で景気がちょっと上向いた瞬間に、財政政策のほうは消費税率を8パーセントに引き上げて大ブレーキをかけてしまったという、痛恨のミスがあった。

すると、日本銀行はもう少し実際の日本経済の底力にあわせて金融政策で頑張る余地があるし、それに伴い財政政策も、赤字を気にせず一気に大きなプロジェクト——教育充実でも子育て支援でも減税でも——をやる余地はあるはずだ。それができれば、本書の次の版ではアベノミクスについてもっと大絶賛になっているはずではある。

もちろん、それができるかどうかは大問題だ。日本銀行のほうは、デフレ克服に熱意をもった審議委員が次々に登場し、現在の政策が大きく変わることはしばらくなさそうだ。だから金融政策のほうはしばらく大丈夫かもしれない。その一方で財政政策のほうは、大きな無駄遣いとなって、景気を刺激するかもしれなかった東京オリンピックは、小池都知事のピント外れな独断による無意味な市場移転延期により、実現すら危うい状態になっているし、それ以上に消費税率を10パーセントに上げようという愚策も、これまでは延期され続けてはきたものの、どうなるかわからない。そして何より、政権与党の中に安倍首相の経済政策を引き継ごうという政治家がほとんど見当たらず、財政再建ばかりを掲げたがる人しかいないのが、大きなリスクとなっている。ホント、なぜこれほど世間的な人気の高いアベノミクスをそのまま受け継ごうという政治家が出ないのかはまったくの謎だ。財政再建を掲げて消費税率を上げたら、景気崩壊で政治生命を絶たれるに決まっているのに……

が、お金の話からはちょっとずれてしまった。どんな結果になるにせよ、本書の現在の書き方からもわかるとおり、アベノミクスの金融緩和の部分に関してはすでに一定の評価が定まっている。本書の立場がどれについてもきわめて標準的なものだ、というのは繰り返しておこう。いまだにアベノミクスについて、異常な政策だとか効果がないとか言う人がいるけれど、本書を読めば、決してそんなことはなく、むしろこんな入門書ですら取り上げるほどのごく標準的な政策なのだ、ということはわかるはずだ。

5 著者について、および謝辞

著者チャールズ・ウィーランは、いまや数多く見かける経済学入門書の草分け的存在である『経済学をまる裸にする』の著者として名高い。そのときも各種問い合わせにはすぐ答えてくれたし、本書でも休暇中にもかかわらず、つまらない質問にもすぐに回答をくれて大変に助かった。ありがとう。

翻訳にあたっては、前半を守岡、後半を山形が処理した上で、山形が全体を通して見直して訳文を統一している。原文からして軽快で読みやすい文章で、大きく悩むような部分はなかった。翻訳上の大きなまちがいはないと思うが、もし何かお気づきの点があれば、訳者まで是非ご一報を。サポートページ http://cruel.org/books/nakedmoney/ で、訂正などは随時公開するので。

また、本書を任せてくれたうえ、原著にはない図や小見出しをつけて、日本語版をとても充実したものにしてくれた、東洋館出版社の大竹裕章氏にも感謝する。ありがとう。

2017年8月　東京にて

訳者代表　山形浩生 (hiyori13@alum.mit.edu)

【著者】

チャールズ・ウィーラン

(Charles Wheelan)

ダートマス大学で公共政策と経済学を教える。著書に全米ベストセラーとなった *Naked Economics*（『経済学をまる裸にする』日本経済新聞出版社）と *Naked Statistics*（『統計学をまる裸にする』日本経済新聞出版社）がある。

【訳者】

山形 浩生

(Hiroo Yamagata)

評論家・翻訳家。大手調査会社に勤務するかたわら、科学、文化、経済からコンピュータまで広範な分野での翻訳、執筆活動を行う。

著書に『新教養主義宣言』『要するに』『訳者解説』ほか。訳書にチャールズ・ウィーラン『経済学をまる裸にする』『統計学をまる裸にする』、ケインズ『雇用、利子、お金の一般理論』、ピケティ『21 世紀の資本』、クルーグマン『クルーグマン教授の経済入門』『さっさと不況を終わらせろ』、エアーズ『その数学が戦略を決める』、伊藤穰一／ハウ『9　プリンシプルズ』ほか多数。

守岡　桜

(Sakura Morioka)

翻訳家。訳書にクルーグマン『国際経済学』、シラー『それでも金融はすばらしい』、アカロフ & シラー『不道徳な見えざる手』、アカロフ & クラントン『アイデンティティ経済学』、ボルドリン & レヴァイン『〈反〉知的独占　特許と著作権の経済学』、ウェイド『人類のやっかいな遺産』、ほか多数。

Naked Money: A Revealing Look at What It Is and Why It Matters
By Charles Wheelan

MONEY
もう一度学ぶお金のしくみ

2017（平成29）年12月15日　初版第１刷発行

著　者　チャールズ・ウィーラン
訳　者　山形 浩生
　　　　守岡　桜
発行者　錦織 圭之介
発行所　株式会社 東洋館出版社
　　　　〒113-0021　東京都文京区本駒込５丁目16番７号
　　　　営業部　電話 03-3823-9206 ／ FAX 03-3823-9208
　　　　編集部　電話 03-3823-9207 ／ FAX 03-3823-9209
振　替　00180-7-96823
U R L　http://www.toyokan.co.jp

カバーデザイン　水戸部 功
印刷　藤原印刷株式会社
製本　牧製本印刷株式会社

ISBN978-4-491-03436-2
Printed in Japan